Barbara Schenkbier

Die Vision
vom
göttlichen Menschen

Bilder von Margitta Bukovski

Verlag Via Nova

Barbara Schenkbier

Die Vision vom göttlichen Menschen

Bilder von Margitta Bukovski

Verlag Via Nova

2. Auflage 2000
Verlag Via Nova, Neißer Straße 9, 36100 Petersberg
Telefon und Fax: (06 61) 6 29 73
Satz: typo-service kliem, 97647 Neustädtles
Druck und Verarbeitung: 36037 Rindt-Druck, Fulda
Gestaltung des Titels: Hans Dieter Bittner, 36093 Künzell
Alle Rechte vorbehalten.
ISBN 3-928632-68-X

In Liebe

für

alle Menschen

Inhaltsverzeichnis:

Danksagung

Den vielen Menschen, meinen FreundInnen, SchülerInnen und PatientInnen, die mich während der Entstehung des Buches begleitet und unterstützt haben, sage ich aus tiefstem Herzen Dank.

Mein ganz besonderer Dank gilt meiner Familie, die mir und meinem Weg nicht nur vertraute, sondern auch den Freiraum ermöglichte, der nötig war, um dieses Buch zu schreiben, und die mich stets mit ihrem Rat und ihrer technischen Hilfe unterstützte.

Ich danke meinem treuen Wegbegleiter, Freund und Verleger Werner Vogel für seine unermüdliche Unterstützung, Ermutigung und inspirierende Hilfe bei der Überarbeitung des Buches.

Ich danke meinem Zenlehrer und Freund Pater Willigis Jäger, der mich in seiner herzlichen Offenheit, seiner nie nachlassenden Geduld und liebevollen Führung auf meinem spirituellen Weg zu diesem Buch ermutigt hat.

Mein besonderer Dank gilt Prof. Margitta Bukovski, die mit ihrer künstlerischen Fähigkeit und ihrem intuitiven Einfühlungsvermögen meine bildhaften Gestaltungsideen für dieses Buch in den Bildern verwirklichte.

Herzlich danke ich Birgit Ziemann für ihre Hilfe bei der Niederschrift des Buches.

Aus vollem Herzen dankt alles, was ich bin und was ich noch nicht sein kann, Gott, der Ursache meines Lebens. Allen geistigen Kräften, die mir aus dieser Quelle zur Seite gestellt wurden, danke ich für die lichtvollen Inspirationen, die es ermöglichten, dieses Buch zu schreiben.

Barbara Schenkbier

Vorwort

Vor einiger Zeit haben Paläontologen eine Art Wurm mit einer Wirbelsäule entdeckt, der vor vielen Millionen Jahren lebte und den sie für den entferntesten Vorfahren der Wirbeltiere und damit auch des Menschen halten. Sie gaben ihm den Namen Picaia. Die Spezies Mensch ist also genauso dem evolutionären Prozeß des Universums unterworfen wie alles andere. Das heißt aber, daß der Mensch, der in einigen Jahrmillionen leben wird, nicht mehr der gleiche sein wird wie heute. Wie sieht der „neue Mensch" der Zukunft wohl aus? Ist es der „göttliche Mensch", wie das Buch meint? Das hängt nicht zuletzt auch vom Menschen selber ab.

Die Evolution hat die Spezies Mensch mit einigen Erkenntnismöglichkeiten versehen, mit denen sie sich bis jetzt in der Biosphäre dieses Steinbrockens am Rande eines unvorstellbaren Weltalls einigermaßen zurechtfinden und behaupten konnte. Sein tiefstes Wesen in einer direkten Erfahrung zu erfassen, blieb dem Menschen zunächst versagt. Er brauchte es in den Jahren der Menschheitskindheit ja auch nicht. Zum Überleben der Spezies reichte es zunächst, sich fürchten und davonlaufen, sich verständigen und fortpflanzen zu können. Alles andere war für das Überleben nicht unmittelbar wichtig, und so hat es die Spezies auch nicht entwickelt.

Die Zeiten, in denen sich der Mensch mit der Entfaltung dieser Anlagen zufriedengeben konnte, sind vorbei. Er hat eine Bewußtseinsmutation durchgemacht. Er erwartet Gott nicht mehr von außen, sondern aus der Tiefe des Seins. Er kann es sich nicht mehr leisten, den Bereich des universalen Bewußtseins aus seinem Menschsein auszuklammern. Er erkennt und erfährt immer stärker die bi-polare Einheit von Ich und dem „wahren Selbst", dem „göttlichen Selbst". In der Erfahrung dieses seines tiefsten Wesens findet der Mensch Erfüllung, Lebenssinn und Weltdeutung.

Unsere Spezies ist schon öfter im Laufe ihrer Entwicklung in eine Sackgasse geraten. Nur der Quantensprung in eine neue Bewußtseinsebene kann sie offensichtlich vor dem Untergang retten. Nach Jean Gebser[1] entwickelte sich das menschliche Bewußtsein aus einem Vorbewußtsein in ein magisches Bewußtsein, aus dem magischen ins mythische und aus dem mythischen ins mentale. Offensichtlich steht der Mensch wieder einmal vor einer Öffnung seines Bewußtseins. Diese Öffnung zu vollziehen, darin liegen seine Überlebenschancen. Nicht nur der Christ (wie Karl Rahner es einmal formulierte), der Mensch der Zukunft wird ein Mystiker sein, oder er wird nicht mehr sein. In diese Bewußtseinsevolution einzuschwingen ist auch Aufgabe der Religionen, wenn sie dem Menschen weiterhin Lebenshilfe und zeitgemäße Weltdeutung geben wollen.

Es war wichtig für den Menschen, daß er das Feuer entdeckte, daß er das Rad erfand, Elektrizität und Rakete, daß er zum Mond fuhr und auf dem rationalen und technischen Sektor Unglaubliches erreichte. Aber er hat darüber andere Begabungen vernachlässigt, Begabungen, deren Entfaltung so notwendig ist wie das rationale Wissen und das technische Können. Das egozentrische, vom universalen Bewußtsein isolierte Wissen und Können hat den Menschen nahezu an den Abgrund seiner Existenz geführt. Egozentrismus und Narzißmus drohen alle Errungenschaften zunichte zu machen und der Spezies am Ende mehr zu schaden als zu nützen. Da sie die Bindung an einen Gott außerhalb verloren hat, bilden auch die Heilstaten und moralischen Vorschriften, die von einem metaphysischen Wesen ausgehen sollen, keinen tragenden Grund mehr. Orientierungslosigkeit ist eines der Hauptmerkmale unserer Zeit.

Neben den Menschen, die sich in ihrer archaischen Religiosität nach wie vor zu Hause fühlen (niemand soll sie dort herausreißen), gibt es eine immer größere Zahl, die sich darin nicht mehr aufgehoben fühlt. Sie haben bis jetzt nur wenige mutige Theologen, die sie in einem neuen spirituellen Selbstverständnis begleiten. Es zeichnet sich eine postkonfessionelle Religiosität ab. Die Zahl der tiefreligiösen Menschen, die sich keiner bestehenden Konfession zuzählen, ist im Wachsen. Manche lassen ihre Kinder noch taufen, weil sie innerhalb eines christlichen Kontextes bleiben wollen, lassen die Kinder

---

[1] Gebser, J., Ursprung und Gegenwart, Stuttgart 1953

14

aber in kein Taufbuch einschreiben. Sie wünschen sich keine Belehrung über festgeschriebene Glaubenswahrheiten, sondern eine Mystagogik, die in die Erfahrung der Einheit von Ich und dem göttlichen Urprinzip führt, was für eine wirkliche menschliche Reife erforderlich ist. Die Institution ist natürlich sofort bereit, solchen „Aussteigern" elitäres Bewußtsein, Selbsterlösung und Individualismus vorzuwerfen. Aber in Wirklichkeit geht es dabei um einen echten Individuationsprozeß, was für mich nichts anderes ist als ein Menschwerdungsprozeß im Sinne des christlichen Bildes von dem „imago Dei".

Es gibt eine metaphysische Welt, die sich nur dem offenbart, der die Eindrücke des rationalen Horizontes überschreiten kann. Der Mensch gleicht einem Passagier auf dem Ozeandampfer, er kann immer nur bis zum Horizont schauen. Aber was hinter dem Horizont liegt, ist viel gewaltiger als das vor dem Horizont. So geht es uns auch mit dem Bewußtsein. Unsere Ratio kann immer nur bis zum Ich-Horizont schauen. Aber was hinter diesem Ich-Horizont liegt, das Metaphysische, ist viel gewaltiger als alles, was Sinne und Verstand erkennen können. Das vorliegende Buch gibt Einblick in diese metaphysische Welt. Es läßt teilhaben an der Erfahrung, daß diese Welt nicht das ist, was sie uns zu sein scheint, sondern umfassendere Dimensionen aufweist.

Diese transmentale Ebene hat ihren eigenen Verstehensraum. Das Geschaute ist realer als das, was mit Sinnen und Verstand wahrgenommen wird. Es braucht aber Modelle und Figuren, um das Geschaute in Bilder und Sprache zu übersetzen. Da findet man die trokkene Sprache der Zenkoans oder die poetische Sprache eines Rumi und Johannes v. Kreuz oder die wissenschaftliche Sprache eines Nikolaus von Kues. Es treten oft auch Bilder auf, die von der mitgebrachten Vorstellungswelt abweichen. Oft ist es zunächst nur unzusammenhängendes Gestammel, was nach außen dringt, weil es dem Betroffenen „die Sprache verschlägt". Manchmal sind es nur Farben und Lichterscheinungen, denen Bedeutung zugeordnet ist.

Auch die Erfahrungen in diesem Buch, die wie ein gewaltiger Informationsstrom hervorquellen, müssen in die Außenwelt projiziert werden. Jeder Generation erschließen sich neue Züge und Aspekte des mystischen Raumes. Man muß sich hier einlassen und darf sich von ungewohnten Ausdrücken nicht abschrecken lassen. Auch dieses Buch hat seine eigene Sprache. Manchmal scheint sie abgehoben, so gar nicht dem angepaßt, was uns in Nachrichten und Zeitungen entgegentritt. Wer aber aushält, den führt sie in eine neue Welt. Es ist eine Welt, wie sie den meisten Menschen noch verschlossen ist. Aber es ist nicht eine Welt, die nur auf Zukunft verweist, denn es ist alles schon angebrochen, nur noch nicht erkannt. Wir sind bereits dort. Der „göttliche Mensch" liegt nur verschüttet in uns. Ihn auszugraben und zum Leuchten zu bringen, dazu will dieses Buch dienen.

Welches sind die Schätze, die im Inneren des Menschen auf Entfaltung warten? Wir nennen sie die transmentale oder transpersonale Ebene des Bewußtseins. Die Tradition nannte diese Ebene Mystik, das wahre Wesen oder auch einfach den Grund des Menschseins, aber auch kosmisches Bewußtsein, Gottheit, Sunyata, Brahman.

Die Wege, die in diese Erfahrung führen, werden im Buddhismus Zen oder Vipassana genannt, im Hinduismus Raja-Yoga, Kriya-Yoga, im Islam Sufismus, im Judentum Kabbala und im Christentum Mystik oder Kontemplation. Das vorliegende Buch beschreibt einen klaren überkonfessionellen Weg, der aus dem zeitlosen mystischen Strom schöpft und doch auch von ganz persönlicher Erfahrung berichtet.

Dieses Vorwort wurde am 6. August geschrieben. Die Christen feiern an diesem Tag die Verklärung Jesu auf dem Berg Tabor. Die Jünger erlebten nach dem Evangeliumsbericht, wie das göttliche Licht durch Jesus hindurchstrahlte. Jesus ist der Typus für uns alle. Wie das Licht auf dem Tabor durch ihn hindurchstrahlte, strahlt es durch jeden von uns und durch alle Wesen. Aber unsere Augen sind gehalten wie die der Jünger. Einmal aber werden wir sehend sein. Einmal werden wir den „göttlichen Menschen" in uns allen erkennen. Das Buch kann vielen Hilfe, Wegweiser und Ermutigung auf dem Weg in dieses Licht und damit zum göttlichen Menschen sein.

Heute, am 6. August 1995, ist auch der 50. Jahrestag des atomaren und zerstörenden Lichtes über Hiroshima. Der Mensch ist Ko-Kreator seines Heiles oder seines Unterganges. Er kann sich ins göttliche Licht hinein entfalten, er kann sich auch selbst vernichten.

Willigis Jäger

Einführung

Wie ein Lichtkeim liegt das Urwissen unserer Bestimmung als göttlicher Mensch in jeder Zelle unseres Körpers verborgen. Der göttliche Mensch ist unser wahres Wesen. Diese Urwahrheit wird sich immer mehr offenbaren und uns als innere Erkenntnis zuteil werden. Sie kann aus der Tiefe unseres Wesens durch unsere Bewußtseinsschichten hindurchstrahlen, wenn wir dafür offen sind.

Die Öffnung für die Wahrheit aus dem Urgrund setzt eine innere Bereitschaft hierfür voraus, eine Bereitschaft, die durch eine drängende und alles entscheidende Frage des suchenden Menschen vorbereitet wurde. Es ist die Frage: „Wer bin ich? Was ist der Sinn meines Lebens?" Aber es genügt nicht, nur danach zu fragen und sich dafür zu interessieren, sondern es muß eine von der Suche nach Wahrheit geprägte Absicht dahinter stehen und nach einer gewonnenen Erkenntnis eine klare Entscheidung gefällt werden. Wir müssen das Wagnis eingehen, durch die Tore der Bewußtseinsschichten hindurchzuschreiten, um auf den Weg zu gelangen, der in die Tiefen des Urgrundes unseres Seins führt. In diesen Tiefen erfahren wir, wer wir wirklich sind. Hier erkennen wir uns als göttlichen Menschen. Wir erleben uns als eins mit dem göttlichen Urgrund. Er ist unsere wahre Heimat. Im Urgrund erfahren wir das „Sein", für das es keinen Namen gibt. Keine durch unser Verstandesdenken geprägten Worte können die Fülle des Urgrundes unseres Seins zum Ausdruck bringen, denn alle Worte der Welt sind zu unvollkommen, um das auszudrücken, was das Sein in seinen Höhen und Tiefen, seinem glückseligen Leben und seiner grenzenlosen Liebe umfaßt.

In dieser Erfahrung wird unser gewöhnliches, an die dreidimensionale Ebene gebundenes, rationales Bewußtsein überschritten. Wir gehen dabei nicht nur durch die Tore der verschiedenen Bewußtseinsschichten, sondern wir überschreiten auch die an den physischen Körper gebundenen Sinne und Gefühle. Wir tauchen Stufe um Stufe ein in die Sphäre der Ewigkeit. Im Urgrund unseres Seins betreten wir heiligen Boden, der nicht entheiligt werden kann. Er birgt in sich das ewige Mysterium, in dem wir das intimste Liebesgeheimnis zwischen Gott und dem Menschen erfahren.

Die Erkenntnis unseres göttlichen Ursprungs, von dem wir nie getrennt waren, geschieht im alles verwandelnden Augenblick auf dem Weg in die Tiefen unseres Urgrundes. Wir erkennen, daß wir göttlichen Ursprungs sind und durch ihn eins mit allem Sein. In dieser Erkenntnis, die letztlich zur alles umfassenden Erfahrung der Einheit führen muß, sehe ich den Sinn des Lebens und die Aufgabe des Menschen auf dieser Erde. Im Einswerden mit Gott vollzieht sich das Reifen zum göttlichen Menschen.

Wenn wir nach dem Sinn des Lebens fragen und um Antwort ringen, muß immer die Frage erlaubt sein, aus welcher Ebene des Bewußtseins eine Erkenntnis zuteil wird. Die verschiedenen Schichten unseres Bewußtseins vermitteln uns Einsichten und Erfahrungen, die jeweils ihrer Ebene der Wahrnehmung entsprechen. Die Frage nach dem Sinn und dem Ursprung unseres Seins wird daher eine Person, die vom praktischen Materialismus geprägt ist, oder ein Wissenschaftler, der mit seinem mentalen Denken forscht und von dieser Ebene die Sinnfrage betrachtet, anders beantworten als ein Mensch, der sich auf den Weg in die Tiefe seines Seelengrundes hineingewagt hat. Die Erkenntnis des wahren Wesens aus dem Urgrund ist stets mit einer umfassenden, ganzheitlichen Verwandlung des Menschen verbunden. Es ist eine Verwandlung, die den Menschen immer mehr in sein wahres persönliches Leben hineinführt und ihm damit auch gleichzeitig eine neue Sicht des Lebens eröffnet, die seine bisherige Lebensqualität, was z. B. Liebe, Freude oder Glück betrifft, bei weitem überschreitet. Die wachsende Selbsterkenntnis auf dem Weg nach innen wird Stufe um Stufe vertieft, so daß sich sein Bewußtseinsraum für weitere, höhere Dimensionen des Daseins öffnen kann.

Das Wissen aus dem göttlichen Urgrund braucht im Gegensatz zum rein mental ausgerichteten Denken keine Beweise. Der „Beweis" ist hier immer der Mensch selbst. Die Erfahrung aus dem Urgrund geschieht dem Menschen unmittelbar, so daß dafür auch der Begriff Gnade verwendet werden kann. Durch die Gnade in der Erfahrung, die sich unmittelbar in der Tiefe des Menschen ereignet, wird das wahre

Wissen über den Sinn des Daseins enthüllt. Verbunden mit dieser inneren Erkenntnis strömt zuallererst die bedingungslose Liebe aus dem göttlichen Grund. Auf dem Weg durch die Tore des Bewußtseins wächst daher besonders die allumfassende Liebe.

Die Schatten des Zweifels, die allein dem mentalen Denken entspringen, werden durch das Licht der Erkenntnis auf dem Weg nach innen ausgelöscht. So wird der Mensch nicht mehr von Unsicherheit und Irrtum geplagt, wie es durch das mentale Bewußtsein nur allzu leicht geschieht.

Wie auch der Zweifel des Wissenschaftlers zu wichtigen Ergebnissen führen kann, die aber gleichzeitig wieder tiefere Einsichten verhindern können, zeigt das berühmte Beispiel von René Descartes, der als Philosoph unser heutiges Weltbild entscheidend mitgeprägt hat. Eine Vision hatte ihm den Glauben an die Wahrheit wissenschaftlicher Erkenntnis eingepflanzt. Er zweifelte nicht daran, daß diese Vision eine göttliche Eingebung war, und doch lebte in ihm der Zweifel weiter, den er schließlich ganz in den Vordergrund seines Forschens stellte. Der Zweifel veranlaßte ihn, alles in Frage zu stellen, bis das übrigblieb, was in ihm fragte, nämlich die Existenz seiner selbst als das denkende Wesen. Auf diese Weise gelangte er zu seiner berühmten Feststellung: „Cogito, ergo sum," „Ich denke, also bin ich."[1]

Descartes wagte offensichtlich nicht, den entscheidenden Schritt zu gehen, der ihn aus der Begrenzung seines denkenden und somit zweifelnden Bewußtseins hinausgeführt hätte. Sein philosophisches Denksystem wurde zur Grundlage des mentalen Zeitalters, das in dem technischen Fortschritt unseres 20. Jahrhunderts seinen Höhepunkt gefunden hat.

Heute ist das denkende Bewußtsein an seine Grenzen gestoßen. Diese Grenzsituation ist für unsere Evolution und die Entwicklung unseres menschlichen Geistes von großer Bedeutung, denn, so betont Lama Govinda in seinem Buch „Die schöpferische Meditation": „Wir müssen erst die Grenzen unseres Denkens *erreicht* haben, bevor wir qualifiziert sind, sie zu überschreiten."[2]

Auf dem Gebiet der Wissenschaft gibt es heute genügend Beispiele von Wissenschaftlern, die die Begrenzung des mentalen Bewußtseins erkannt haben. Als Beispiel möchte ich ein treffendes Zitat von der Paläontologin Colin Patterson vom British Museum of Natural History wiedergeben, die über ihre Erfahrung bei ihren Forschungen folgendes sagte: „Mehr als zwanzig Jahre glaubte ich, ich würde auf irgendeine Weise über Evolution arbeiten. Eines Morgens wachte ich auf ... und erkannte plötzlich, daß ich mehr als zwanzig Jahre lang über diese Dinge gearbeitet hatte und doch nichts wirklich darüber wußte. Es ist ein ziemlicher Schock zu entdecken, daß man so lange in die Irre gehen kann."[3]

Zu allen Zeiten gab es Menschen, die uns auf den entscheidenden Entwicklungsprozeß des Bewußtseins durch ihre Erfahrungen und ihre Erforschungen des Geistes hingewiesen und vorbereitet haben. Es sind die Meister des Lebens, die unerschrocken die Grenzen und Tore des gewöhnlichen Bewußtseins überschritten haben und von einem höheren Standpunkt aus nach dem Sinn ihres Daseins fragen.

Die Ursehnsucht des Menschen, wieder eins zu werden mit dem Urgrund, den wir auch Gott nennen, ist die Sehnsucht, die Augustinus ausrufen ließ: „Nicht ruhen soll mein Herz, o Gott, bis es ruht in Dir." Diese Pioniere der Menschheit sind erfüllt von einer unstillbaren Sehnsucht, die sie auf dem Weg zu ihrem wahren Sein nicht ruhen läßt, bis sie den göttlichen Urgrund erfahren dürfen. In ihrer wachsenden Liebe und ihrem unerschütterlichen Vertrauen, die Wahrheit zu finden, stellen sie ihr ganzes Denken und Handeln in den Dienst dieses Weges.

Teilhard de Chardin, der bedeutende Theologe und Wissenschaftler, der sich auch durch seine Forschung auf dem Gebiet der Evolution einen Namen gemacht hat, sagte über sie: „Man mag über diese Menschen spotten oder sie gar als Naivlinge bezeichnen, indes sind sie es, die uns gemacht haben und aus ihnen wird die Welt von morgen hervorgehen."[4]

Alle spirituellen Lehrer und Meister lehrten auf Grund ihrer Erfahrungen und tiefen Einsichten, daß die Hingabe an Gott der schnellste Weg zur Erfüllung der Ursehnsucht des Menschen ist. Auf dem Weg nach innen erreicht er durch sein hingebungsvolles Einlassen auf das höchste Sein tiefere Schichten des Bewußtseins, in denen die Erkenntnis über das wahre Sein immer umfangreicher aufleuchtet, dessen Grund die Liebe ist. Solche Menschen werden nicht mehr von einem Zweifel zum anderen geführt, sondern von einem Licht der Erkenntnis zu einem tieferen, immer umfassenderen Licht der Weisheit und Liebe geleitet.

Dieser grundlegende Unterschied zwischen der mentalen Erkenntnisebene und dem Zugang zur Wahrheit durch innere Erfahrung muß uns bewußt sein, wenn wir nach dem Sinn des Lebens und des menschlichen Daseins fragen. Ein Fragender wird der Mensch bleiben, weil ihm das Geheimnis Gottes in seiner Fülle verborgen bleiben wird, auch wenn ihm tiefste Geheimnisse aus dem Mysterium Gottes enthüllt werden.

Das große Abenteuer des Lebens ist somit zugleich das Abenteuer unseres Bewußtseins, das nach dem Ursprung des Lebens fragt und nach Antwort sucht. Die Erkenntnis des Ursprungs, des Anfangs und des Zieles unseres Seins übersteigt alle Verstandestheorien. Der Sinn unseres Lebens kommt aus dem Geist, der jeder Form zugrunde liegt und der sich gleichzeitig direkt vor unseren Augen in der Schöpfung offenbart. Der Sinn unseres Daseins entspringt der Quelle, die sich in ihrer Tiefe und Fülle nur eröffnet, wenn man Worte, Bilder und Vorstellungen hinter sich läßt. Wir finden ihn im unaufhörlichen Werden des Lebens. Er läßt sich überall erfahren: dort, wo wir mit unseren Füßen auf der Erde stehen, dort, wo wir mit unseren Händen arbeiten, dort, wo wir die Wunder der Natur schauen, dort, wo wir dem Klang der Schöpfung und der Melodie des Lebens lauschen. Überall vibriert das Spiel Gottes. Im Werden und Vergehen liegt der Tanz der Schöpfung. In jedem Augenblick unseres Daseins kann uns unmittelbar die unermeßliche Liebe aus dem Urgrund begegnen. So finden wir auch den Ursprung unseres Seins weder in der Vergangenheit noch in der Zukunft, sondern nur im unmittelbar gegenwärtigen Augenblick unseres Lebens.

Große Geister haben schon den Traum vom vollkommenen Menschen und einem göttlichen Leben geträumt. Daraus sind für die Entwicklung der Menschheit viele positive Impulse ausgegangen. Viele

Menschen ersehnen auch heute einen paradiesischen Zustand. Diese Träume sind aber meistens auf der Ebene des jetzigen mentalen Bewußtseins entstanden und entsprechen mehr den Wünschen des Egobewußtseins: Ein Dasein ohne Schmerz und Leid, ein langes, glückliches Leben zu erreichen, in dem alle menschlichen Bedürfnisse in Überfülle befriedigt werden. Diese Vorstellungen verschleiern aber die wahre Wirklichkeit der Zukunft des Menschen. Der Schleier wurde mir gründlich von den Augen gerissen. Die wahre Zukunft des Menschen offenbart sich im Aufstieg des jetzigen, vom Verstand geprägten Bewußtseins auf eine neue Höhe des Geistes, aus der uns die Wahrheit des Lebens aus einer höheren Quelle heraus eröffnet wird. Immer schneller und mit einer immer stärker zunehmenden Kraft wachsen wir in eine geistige Dimension hinein, die uns die Erfahrung der Wirklichkeit Gottes in uns, über uns und um uns herum schenkt.

Auf meinem Weg nach innen wurde mir das Geheimnis des göttlichen Menschen in der Tiefe meines Bewußtseins in der Einheit mit dem göttlichen Grund geoffenbart. In ihm erfahren wir die universale Liebe, die alle menschliche Vorstellungskraft übersteigt. Es ist die Liebe, die uns bis in den Kern unserer physischen Zellen ergreift und uns bis ins Mark erschüttert. Sie ist eine alles durchdringende Macht, die uns vollkommen verwandelt. Durch sie beginnt die Transformation zum göttlichen Menschen. In dieser Liebe beginnt eine Dimension unseres Seins, die uns mit einer unermeßlichen Freude beseligt, die alle sinnengebundenen Freuden dieser Welt übersteigt. In ihr beginnt die Demut des Herzens, die sich vor der unergründlichen Größe der Schöpfung verneigt und in der die Achtung vor allem Leben eine vollkommen andere Tiefe erreicht.

In diesem Buch soll zum Ausdruck kommen, daß das Wunder der Transformation zum göttlichen Menschen mit seiner alles verwandelnden Kraft der Liebe für alle Menschen Wirklichkeit werden kann. Die Erfahrung der Liebe, die unermeßliche Freude aus der Weisheit des Herzens und der Friede, der alle Wesen miteinander vereint, werden einmal als allgemeine Schwingung das Leben aller Menschen bestimmen. Ja, die ganze Erde mit all ihren Wesen und Kräften wird von dieser Liebesenergie durchdrungen und verwandelt werden.

Auch die sogenannte leblose Natur wird ihren Geist offenbaren. Der Lichtkeim, der in der Materie verborgen ruht, wird sich durch die Dynamik des göttlichen Lichtes entfalten. So wird die Materie zur Lichtmaterie. Dieser Prozeß beginnt im Körper des Menschen, der in seiner jetzigen Evolutionsstufe auf die Durchlichtung durch den Geist Gottes vorbereitet ist. Für diesen Geist muß der Körper transparent werden, um das Einströmen der göttlichen Lichtenergie zulassen zu können. Aus diesem Grund ist der Mensch aufgerufen, immer mehr Mittel und Wege zu entdecken, die ihn aufnahmebereit und durchlässig machen für das einströmende göttliche Licht. Das kann nur gelingen, wenn das Leben selbst zur Übung wird.

Der göttliche Mensch in uns wird dabei dem Menschen des neuen Zeitalters Ziel und Richtung geben. Aus dieser Quelle fließen uns schon immer alle Kräfte und Fähigkeiten zu, die nötig sind, um die Transformation des Bewußtseins zu vollziehen. Der bevorstehende Bewußtseinswandel zum neuen Menschen wird in ganz besonderer Weise aus der göttlichen Sphäre heraus gelenkt. Damit die transformierende Kraft wirken kann, ist die innere Bereitschaft, sich dem Neuen zu öffnen, von allerhöchster Bedeutung. Die Erkenntnis muß wachsen, daß uns nichts Größeres geschenkt werden kann, als wenn der Verwandlungsprozeß zu einem höheren Menschsein in uns geschieht. Das Vertrauen in die Führung der göttlichen Weisheit muß zunehmen, damit wir uns dem Transformationsprozeß ohne das Hindernis der Angst hingeben können. Dann kann der Mensch stets neu die ihn verwandelnde Kraft aus der göttlichen Dimension empfangen.

Auch wenn in dieser Zeit des schmerzhaften Umbruchs so wenig davon zu spüren ist, atmen wir alle bereits bewußt oder unbewußt den ganz neuen „Atem der Liebe", der alles neu machen will. Die Menschen, die darum wissen, werden immer zahlreicher. Diejenigen, die bereit sind, den Rhythmus der alten Zeit abzustreifen und sich noch mit unsicherem Schritt auf eine neue Schwingung einlassen, sie sind es, die die Wirklichkeit des göttlichen Menschen auf dieser Erde vorbereiten. Sie üben sich ein in den ganz neuen Klang der Liebe. Sie öffnen sich der Kraft des Friedens im eigenen Herzen und lassen sich von der Freude berühren, die als Grundton die Melodie des Lebens spielt. Nicht dort, wo das Klagelied zu hören ist, wird der neue Mensch geschaffen, sondern dort, wo der Klang der Wahrheit aus dem Geist ertönt, verbreitet sich die wahre Freude, die den neuen Menschen auszeichnet. Dort, wo sich die barmherzige Liebe in unmittelbarem Verstehen verschenkt, berührt uns die Ahnung des göttlichen Menschen, und dort, wo das Wort Frieden schafft, wird die göttliche Macht der Einheit sichtbar. Dort, wo wir das Alte vertrauensvoll loslassen und das Neue zulassen, leuchtet uns das Morgenrot der Geburt des göttlichen Menschen entgegen. Um diesen göttlichen Plan zu verwirklichen, lohnt es sich, alles einzusetzen, wirklich alles: Alle Kräfte des Menschen, seine tiefsten Seelenkräfte, seine Gemüts- und Herzenskräfte, seinen schöpferischen Willen und sein kreatives Denken. Wir müssen unser ganzes Leben auf den Rhythmus der neuen Zeit einstimmen, so daß eine gemeinsame evolutive Bewußtseinskraft wachsen kann, die die Fähigkeit besitzt, die ganze Menschheit in das lichtvolle Leben des neuen Zeitalters hineinzuführen.

So möchte das Buch zur Erkenntnis beitragen, daß der Urgrund des Seins mit unserem Wesensgrund eins ist. Es will aufrufen, den Weg nach innen zu wagen, um selbst zu erkennen, daß alles Leben aus Seiner Quelle strömt und uns begleitet.

„Die Vision vom göttlichen Menschen" ist nicht ein entferntes Ziel, sondern sie offenbart sich auf dem Weg nach innen als Erkenntnis des göttlichen Menschen, der wir sind. Aus dem Urgrund unseres Seins kann einem Menschen eine innere Schau oder Vision geschenkt werden, in der ihm der innere Blick sowohl für die Vergangenheit als auch für die Zukunft geöffnet wird. Sie kann sein persönliches Leben gleichsam wie ein Buch aufschlagen, damit er die tiefsten Geheimnisse seines menschlichen Daseins ergründen kann. Sie kann auch den Zustand der Erde und ihre Beziehung zu den kosmischen Welten und ihre zukünftige Entwicklung in universeller, prophetischer Zusammenschau erkennen lassen. Jedem aber ist es gegeben, den allem menschlichen Leben zugrunde liegenden Sinn zu erkennen und zu verwirklichen, damit die Verwandlung des Menschen zu mehr Liebe und Menschlichkeit in diesem Leben voranschreiten kann bis zur Verwirklichung des wahren Menschseins, dessen Höhepunkt der göttliche Mensch ist. Die Folge davon wird sein, daß sich die innere Erkenntnis im äußeren Leben und im alltäglichen Lebensvollzug zum

Ausdruck bringen kann. „Die Vision vom göttlichen Menschen" strahlt in ihrer kosmischen evolutiven Dimension schon jetzt als erfahrbare Wirklichkeit in unser gegenwärtiges Leben und befruchtet es. Der Mensch ist jetzt aufgerufen, den Weg in eine große Zukunft auf diesen göttlichen Evolutionsstufen zu beschreiten. Ihn mit seinen verschiedenen Stationen darzustellen, Hindernisse aufzuzeigen, Methoden der Reinigung und Hilfen der Transformation zu beschreiben, die Freude zu wecken, dem Licht mutig entgegenzugehen, ist der Sinn dieses Buches.

Der göttliche Mensch in uns möchte jetzt aus der Verborgenheit unseres inneren Wesens in das Licht der Erkenntnis und in die Wirklichkeit seiner Manifestation vordringen.

Aufbruch in ein neues Bewußtsein

Der Atem der neuen Zeit

Eine neue Zeit ist angebrochen. Eine Zeit, in der die ewige Wahrheit des Lebens durch den Panzer der Unwahrheit und Unwissenheit, den wir uns im Laufe unserer Menschheitsentwicklung um uns herum geschaffen haben, hervorbrechen will. Es scheint, als wolle uns diese Wahrheit, die das göttliche Leben selbst ist, mit seiner ganzen Macht wachrütteln. Und tatsächlich! Wer sich auch nur ein wenig von dieser wunderbaren Kraft wecken läßt, spürt den neuen Atem, der sehr zart, aber unaufhaltsam mit einer gewaltigen Reinigungskraft alles umwälzt und die verborgensten Winkel durchweht. Wer ein wenig wach geworden ist, sieht nicht nur das Elend der Welt, das uns lähmt und erdrückt. Durch den Hunger nach Frieden und den Durst nach Gerechtigkeit und Liebe haben wir schon den neuen Atem in unser Herz hineingesogen, der uns eine neue Hoffnung schenkt.

Ganz zart im Verborgenen wächst der Lichtkeim des Friedens und der Barmherzigkeit, der uns eines Tages alle in Liebe vereinen wird. Auch die Ohren des wachgewordenen Menschen erahnen bereits den wahren Klang der Schöpfungsmelodie. Leise, aber unaufhaltsam haucht er den Ton der Freude durch den betäubenden Lärm der Unwahrheit hindurch. Mit beiden Füßen stehen wir auf unserer Erde in einem Wunder, das uns durchdringen will. Es ist das Wunder der Manifestation des göttlichen Bewußtseins auf dieser Erde und im Herzen der Menschen im ewig neuen Atem, dem Hauch des Heiligen Geistes. Das göttliche Bewußtsein will zu unserer eigenen Natur werden. Das, was wir durch die Begrenzung in unserer bisherigen Bewußtseinsentwicklung als etwas Übernatürliches bezeichneten und in eine „höhere" Welt des „Himmels" weit weg von uns verlegt haben, lebt mitten unter uns und vollkommen in uns. Das Übernatürliche vereint sich mit dem Natürlichen. Das höchste Bewußtsein atmet seinen reinigenden Liebeshauch in den Lichtkeim der Erde hinein.

Allerdings ist die wunderbare Kraft der Liebe nach wie vor von einem Panzer der Unwahrheit und Unwissenheit umgeben. Schmerzhaft werden bereits die Kontraste in Form von Gewalt, Ignoranz und Arroganz spürbar. Hinzu kommt die Angst der Menschen, die diesen selbstgeschaffenen Käfig als einzige Realität ihres Lebens betrachten und jetzt erkennen müssen, daß die alte Sicht der Wirklichkeit des Lebens zerbricht. Verzweifelt suchen sie auf allen Ebenen nach „Flickmeistern". Resigniert müssen sie feststellen, daß sie sich im Kreis bewegen. Ganz andere, für den logischen Geist nicht faßbare Gesetze des Lebens und der Natur lehren sie das Fürchten. Dieser Furcht ist allerdings nur der Mensch ausgeliefert, der sich noch innerhalb des Käfigs bewegt und glaubt, ihn reparieren zu können. Die alte Welt kann durch nichts mehr geflickt werden. Der selbstgeschaffene Käfig in seiner Begrenzung wird vollends zusammenbrechen, bis der neue Atem des göttlichen Bewußtseins alle Unwahrheit des Lebens hinweggefegt hat. Es liegt an uns und ganz besonders an jedem einzelnen Menschen, ob er sich von dem neuen Atem durchdringen lassen will; denn das Wunder der Schöpfung liegt im Menschen verborgen.

Zeichen eines neuen Denkens

Unvorstellbare und komplexe Zusammenhänge der inneren Struktur des Mikro- und Makrokosmos ruhen als inneres Wissen in uns. Die Erkenntnis über uns selbst, das Wissen über unsere Herkunft, die Wahrheit des Weges und das Ziel des Menschen als göttliches Wesen wollen als Lebensauftrag aus der Dunkelheit des Unwissens in das Licht des Wissens durchbrechen. Im Licht dieser Erkenntnis erfahren wir als Menschen unser unsterbliches wahres Selbst, das uns den Weg zu einem Leben weist, das jenseits von Angst, Leid und Not liegt.

In unserer heutigen Zeit leiden immer mehr Menschen an dem Nichtwissen über die Grundwahrheiten, Grundstrukturen und Grundziele des Menschen. Die damit verbundene Sinnleere und Orientierungslosigkeit drängt sie dazu, diese sinngebenden Grundwahrheiten des Lebens in sich entdecken und erfahren zu wollen.

Überall auf der Erde entstehen in unserer heutigen Zeit Zentren, die den Menschen helfen, gleich welcher Glaubensrichtung sie angehören, in tiefere Dimensionen des Wissens und der Erkenntnis hineinzuwachsen und die Möglichkeiten schaffen, sie im alltäglichen Leben anzuwenden und danach zu leben. Die unüberschaubare Flut von

Büchern, Fachzeitschriften, Seminaren und Kursen, die angeboten werden, zeigt das wachsende Bedürfnis des heutigen Menschen, eine Antwort auf seine Urfrage zu finden: „Wer bin ich?"

Die Suche nach Erkenntnis und Wahrheit wirkt sich bereits auf verschiedenen Ebenen aus. So wird auf dem Gebiet der Naturmedizin nach immer feineren Methoden geforscht, den kranken Menschen in seinem Heilungsprozeß mit der Heilkraft, die in ihm selbst ist, in Verbindung zu bringen. In der Psychologie geht es nicht mehr nur darum, den Menschen zu einem funktionierenden Glied der Gesellschaft zu machen. Besonders in der transpersonalen Psychologie wird der ganze Mensch auch mit seinem höheren Bewußtsein angesprochen. Es ist fast wie ein Wunder, daß nach einem materialistischen Zeitalter in der Psychologie, in dem man psychisch kranke Menschen mit Elektroschocks und Gehirnchirurgie von ihren Leiden befreien wollte, in unserer Zeit eine Richtung in der Psychologie Bedeutung gewinnt, die sich mit der empirisch wissenschaftlichen Erforschung von spirituellen Pfaden, mit der Theorie und Praxis der Meditation, mystischen Erfahrungen, Gipfelerlebnissen, kosmischem Bewußtsein und letztem Sinn beschäftigt und diese Menschheitsphänomene einer wissenschaftlich orientierten Welt näherbringt.

Auch in den Religionen genügt den modernen gläubigen Menschen nicht mehr nur das rationale und bildhafte Erfassen der religiösen Wahrheiten. Sie wollen sie in sich selbst erfahren. Viele sind heute reif geworden, in die Erfahrungstiefe zu gehen. Würden die Kirchen ihren Gläubigen helfen, die äußeren religiösen Formen zu überschreiten, und wären sie offen dafür, einen Weg für die religiöse Erfahrung aufzuzeigen, dann würden weniger Menschen ihre Kirche verlassen. Ohne den festen Boden einer religiösen Heimat kann der Mensch zu einem orientierungslosen Sucher werden. Es ist von großer Bedeutung, daß der Mensch eine religiöse Grundlage hat, auf der er seinen spirituellen Weg in den Grund seines eigenen Wesens gehen kann. Überall dort, wo ihm Hilfe auf seinem Weg in eine höhere Dimension des Bewußtseins entgegenkommt, wächst die Zahl der suchenden Menschen.

C. G. Jung schrieb schon vor etwa 50 Jahren: „Ist Glaube echt und lebendig, dann wirkt er. Ist er aber nur Einbildung und Willensanstrengung ohne Verständnis, dann achte ich seinen inneren Wert gering. Leider ist dieser unbefriedigende Zustand in unserer Zeit sehr verbreitet, und da dem, der nicht glauben kann, sondern verstehen möchte, nur Zweifel und Skepsis bleiben, wird die ganze christliche Überlieferung als bloße Phantasie über Bord geworfen. Darin sehe ich einen ungeheuren Verlust, für den wir einen schrecklichen Preis zu zahlen haben werden. Die Wirkung zeigt sich in der Auflösung ethischer Werte und einer totalen Desorientierung unserer „Weltanschauung". Die „Wahrheit" von Naturwissenschaft und „Existentialphilosophie" ist ein schwacher Ersatz."[5]

Inzwischen hat die Desorientierung und die Auflösung der ethischen Werte ein erschreckendes Ausmaß angenommen. Durch den Weg in die eigene Wesenstiefe hat der Mensch die Möglichkeit, neue Werte und Normen zu finden, die eine neue Welt gestalten können. In diesem Prozeß ist es von besonderer Bedeutung, sich immer mehr als Teil des Ganzen zu erfahren und nicht als ein von der Welt und vom Universum getrenntes Wesen.

Auf dem Weg nach innen begegnet uns die Liebe Gottes, die uns verwandelt und uns die Gewißheit schenkt, daß wir von Gott seit Anbeginn unseres Daseins in einer für uns unfaßbaren unendlichen Liebe getragen und angenommen sind. Aus dieser nie versiegenden Quelle entspringt das Wunder der Nächstenliebe. Gleichzeitig wächst damit die ethische Verantwortung für die Welt. Kardinal König betonte diesen Zusammenhang in einem Vortrag über die Verantwortung des Christen für eine Welt von morgen: „Das Beispiel und die Botschaft Christi stellen den Menschen in seiner persönlichen Verantwortung für sich, für alle anderen und für die Welt überhaupt immer neu in den Vordergrund, denn das Gebot der Gottesliebe ist zu messen am Gebot der Nächstenliebe. Das ist keine Theorie, sondern bedarf der konkreten Anwendung im täglichen Leben. Dazu gehört, die persönliche Verantwortung als Wissenschaftler ganz ernst zu nehmen, nicht nur davon zu reden. Auch das ist eine Erfüllung des Gebotes der Nächstenliebe. Eine ethische Dimension gibt es nur dort, wo der Mensch in seiner persönlichen Verantwortung die Unterscheidung nicht nur zwischen richtig und falsch, sondern ebenso zwischen gut und böse ernst nimmt für sich und die anderen."[6]

Der jetzige Übergang in eine neue Evolutionsstufe bringt eine Aufgabe mit sich, die viel weiter reicht, als das physische Überleben des Menschen zu erhalten. Es geht um die Verwirklichung des göttlichen Planes, der uns in die Freiheit des göttlichen Menschen führen will. Dadurch ist nicht nur das Überleben der Menschheit und der Erde garantiert, sondern das menschliche Leben kommt in seiner glückseligen Fülle zur Vollendung. Wir müssen deshalb einen radikalen Bewußtseinswandel vollziehen, den besonders auch die Naturwissenschaft heute erkennt. Dies wird in einem Gespräch zwischen dem Nobelpreisträger und Physiker Prof. Gerd Binnig deutlich, das er im Bayerischen Fernsehen am 5. 11. 1990 in der Sendung „Forschung und Lehre" mit Dr. Tilman Schneider führte: „Ich glaube, die Welt wächst momentan zusammen, und es findet eine neue Art von Evolution statt. Vorher existierte Evolution vielleicht nur in unserem Kopf und in kleinen Gruppen, aber jetzt findet eine weltweite Evolution statt, die keiner kontrollieren kann. Kein Individuum kann so was kontrollieren. Es ist eine neue Form von Gehirn, die da wächst: die ganze Gesellschaft; und da muß man natürlich schon sehen, daß man Kontrollmechanismen einbaut, so daß das Gehirn nicht irgendwo Amok läuft. Es gibt Anzeichen dafür, daß es das bereits tut: die Überbevölkerung, die Umweltschäden, um nur einige Stichworte zu nennen. Aber keiner weiß, ob es wirklich so ist. Ist es ein Amoklaufen, oder ist es ein ganz normaler Prozeß, der sein muß? Ich glaube, wir müssen sehr viel tun, um das zu verstehen. Laufen wir in den Abgrund, oder laufen wir in eine gute Zukunft? Das weiß niemand."[7]

Die Existenzkrise, in der sich die ganze Menschheit befindet, entsteht also auf der einen Seite durch erstarrte Muster einer Evolutionsstufe, die überlebt sind und die es jetzt zu überschreiten gilt, und auf der anderen Seite durch eine dadurch entstandene Orientierungslosigkeit von Werten und Zielen.

In der Chaostheorie, eine der zahlreichen neuen Theorien der Physik, bezeichnet man den Übergang von einer Bewußtseinsstufe in eine neue sehr treffend als „Informationslücke", die durch das Vakuum einer Grenzsituation entsteht, in der das Neue nicht rational vorausgeschaut werden kann.

In einer solchen Übergangssituation befindet sich der Mensch heute. Das macht Angst, die bis zu apokalyptischen Visionen führen kann. Wir wissen nicht, was an Katastrophen und Umwälzungen auf der Erde und in kosmischen Dimensionen auf uns zukommt. Je früher der einzelne Mensch und die ganze Menschheit den Verwandlungsprozeß erkennt, in dem sie sich jetzt befindet, und je früher er sich dafür entscheidet, alle Kräfte und Fähigkeiten dafür einzusetzen, dem neuen Bewußtsein den Weg zu bahnen, desto weniger wird es notwendig sein, daß die neue Bewußtseinsdimension durch Katastrophen und Gewalt vorbereitet werden muß.

Die heute vielzitierten und gefürchteten apokalyptischen Zustände werden weniger in der äußeren Welt geschehen als vielmehr in der inneren Welt des Menschen. Im inneren Raum des Menschen fallen die Sterne falscher Vorstellungen und Grundauffassungen vom Himmel, auf die er sein Leben aufgebaut hat. So wird der Mensch auf schmerzhafte Weise erfahren müssen, daß Materialismus, Konsumdenken, Genußsucht und Machtstreben wie Glas zerbrechen. Wir wissen seit Jahrzehnten, daß wir unser Leben grundlegend ändern müssen, um als Spezies Mensch überleben zu können. Heute kann niemand mehr sagen: „Das habe ich nicht gewußt." Die Informationsflut über das neue Denken hat inzwischen jeden modernen Menschen erreicht.

Im Laufe der Menschheitsgeschichte hat der Mensch viele Stufen der Entwicklung des Bewußtseins erfahren. Nach Jean Gebser hat sich der Mensch vom archaischen Bewußtsein über das magische und mythische Bewußtsein zum mentalen Bewußtsein hin entwickelt, das unsere Zeit geprägt hat und das nun zu Ende geht.

Auch im persönlichen Leben wiederholt sich der Prozeß der Bewußtseinswandlung. Der Mensch muß in seiner Entwicklung immer wieder überholte Bewußtseinzustände loslassen, und er steht somit immer wieder vor einer Schwelle des Neuen, das sich in ihm manifestieren will. Das, was wir heute als Schwelle einer neuen Zeit bezeichnen, ist aber ein evolutiver Prozeß der Erneuerung für die gesamte Menschheit, dem sich niemand entziehen kann. Das Problem der Menschen besteht darin, daß sie aus Unwissenheit an dieser

Schwelle festhängen und die Dimension der Erneuerung entweder nicht erkennen oder aber voller Angst vor dem Neuen hartnäckig an alten Strukturen festhalten.

Die Hoffnungsträger der Menschheit sind diejenigen, die den Mut aufbringen, sich auf ein ganz neues Bewußtsein einzuschwingen und danach zu handeln. Es sind Menschen, die das überholte materialistisch geprägte Leben aufgeben und sich von dessen Verhaftung lösen. Es sind Menschen, die die Einseitigkeit und Begrenzung des logisch kausalen Denkens, das unser naturwissenschaftliches Weltbild geprägt hat, erkannt haben und wagen, es zu überschreiten. Es sind Menschen, die aufgebrochen sind, ihren eigenen Wesensgrund zu entdecken, die sich auf das Erleben einer tieferen Dimension des Menschseins einlassen und bereit sind, die damit verbundene Disziplin in ihrem Leben auf sich zu nehmen, ohne die eine Bewußtseinstransformation nicht möglich ist; denn das neue Zeitalter wird von unserem höheren spirituellen Bewußtsein geprägt. Der große indische Gelehrte und Yogameister Sri Aurobindo nennt es das supramentale Bewußtsein. Es ist das Bewußtsein, das das mentale Denken nicht nur überschreitet, sondern die Ursache aller bestehenden Bewußtseinsstrukturen ist.

Das jetzige mentale Bewußtsein, das von der dreidimensionalen Welt bestimmt wird, kann die Tiefen dieser Erfahrungen nur erahnen. Um die Bewußtseinsstufe einer höheren Dimension zu erreichen, können wir der von Raum und Zeit geprägten Welt nicht einfach entfliehen. Es geht in der spirituellen Evolution und Höherentwicklung des Menschen nicht um Flucht und Verlassen der Welt. Es geht darum, ihn durch einen umfassenden Verwandlungsprozeß darauf vorzubereiten, daß sich das göttliche Bewußtsein in ihm manifestieren kann. Alle Fähigkeiten und Kräfte müssen entfaltet werden, um sie überschreiten zu können. Damit sind alle körperlichen, emotionalen, psychischen, mentalen und besonders die schöpferischen Kräfte gemeint. Aber nicht wir entfalten im letzten diese Kräfte, sondern der Geist Gottes in uns.

Unsere jetzige Evolutionsstufe hat das mentale Denken hervorgebracht, das den heutigen Menschen mit seinem Intellekt auszeichnet. Die schöpferischen Geisteskräfte weisen schon immer auf die höhere

Dimension einer neuen Evolutionsebene hin. Aber um sie zum Durchbruch zu bringen, gilt es, den Intellekt zu überschreiten. Damit tritt der Mensch in eine Welt ein, aus der er seine genialen Einfälle als Intuition und Inspiration empfängt. Die großen Werke der Weltliteratur, der Dichtung, der Kunst, der Malerei sind aus der inspirativen Kraft dieser göttlichen Dimension entstanden. Wenn sich diese Dimension öffnet, kann der Mensch vom Göttlichen berührt werden, und eine religiöse Tiefenerfahrung wird möglich.

Der Genius Albert Einstein, dem nach seinem eigenen Bekenntnis die berühmte Relativitätstheorie aus dieser Dimension offenbart wurde, sagte in einem bekannten Zitat: „Das tiefste und erhabenste Gefühl, dessen wir fähig sind, ist das Erlebnis des Mystischen. Aus ihm keimt alle Wissenschaft. Wem dieses Gefühl fremd ist, wer sich nicht mehr wundern und in Ehrfurcht verlieren kann, der ist bereits tot. Das Wissen darum, daß das Unerforschliche wirklich existiert und daß es sich als höchste Wahrheit und strahlendste Schönheit offenbart, wovon wir nur eine dumpfe Ahnung haben können – dieses Wissen und diese Ahnung sind der Kern aller wahren Religiosität. In diesem Sinne, und in diesem allein, zähle ich mich zu den echt religiösen Menschen."

Auf dem langen Weg der Verwandlung oder Transformation werden immer tiefere Schichten unserer Psyche und unseres Körpers aufbrechen. Im Wachwerden unbewußter und verdrängter Bewußtseinsschichten begegnen uns aus der Tiefe die vielschichtigsten archaischen Grundmuster unseres Verhaltens. Sie steigen in Form von Urbildern, Symbolen und vielfältigen Gefühlen in uns auf. Ja, selbst unsere Körpersprache ist davon nicht frei. Wir wissen doch häufig nicht einmal, warum wir uns so oder so verhalten oder uns heute gut und morgen schlecht fühlen. Viele alte Grundmuster, die sich in unserer Psyche festgesetzt haben, beherrschen uns zwanghaft.

In diesem Jahrhundert haben wir begonnen, die archaischen Grundmuster unseres Verhaltens zu erkennen. Die neue Psychologie hat Wege gefunden und forscht nach immer neuen Hilfen, wie wir die tiefsitzenden Grundstrukturen auflösen und verarbeiten können. C.G. Jung war ein Pionier auf diesem Gebiet. Er hat mit der Erforschung der Traum- und Mandalasymbole tiefe Einsichten und Ergebnisse weitergeben können, von denen die moderne Psychologie noch heute profitiert. Die heutige Literatur der Psychologie beweist, daß der geistige Fortschritt in ein spirituelles Bewußtsein hinein unaufhaltsam voranschreitet. Der Lichtweg nach innen wartet auf uns.

Die Verantwortung für den Weg der Verwandlung in ein neues Bewußtsein liegt bei jedem Menschen, ganz besonders aber bei dem Teil der Menschheit, der seine Intelligenz und seinen Wohlstand zur vollen Blüte bringen konnte, denn diese Menschen besitzen alle intellektuellen und materiellen Voraussetzungen, um diesen Bewußtseinswandel zu vollziehen. Er beginnt mit der Erkenntnis, daß wir als ganze Menschheit eine Einheit bilden. Dieses Wissen, daß wir alle eins sind und daß wir alle im gleichen Boot Erde sitzen, das im unermeßlichen Meer des Universums der Ewigkeit, unserem Ursprung und Ziel, entgegensegelt, ist noch nicht genügend in das Bewußtsein des Menschen getreten.

Am Beispiel der Umweltverschmutzung wird deutlich, daß wir alle als Bewohner dieses Planeten zusammengehören und eine große Schicksalsgemeinschaft bilden. Wenn die Regenwälder abgeholzt werden, wenn sich das Klima verändert, wenn das Ozonloch immer größer wird, dann wirkt sich das global aus. Immer mehr Menschen erkennen ihre Verantwortung für das Ganze. Die Erde wird immer kleiner durch schnellere Verkehrswege. Die Massenmedien verbinden Menschen aus allen Erdteilen. Das Wissen um das Leid und das Elend vieler Menschen macht aber auch Angst. Sie blockiert das Wachsen eines Bewußtseins der Einheit mit allen Menschen; denn sie läßt die Erkenntnis nicht durchbrechen, daß wir alle Brüder und Schwestern in einer großen Menschheitsfamilie sind und daß niemand im Tiefsten glücklich ist und sich frei und erlöst fühlen kann, solange noch so viele Menschen an Leib und Seele leiden.

In den Industrienationen genießen die meisten Menschen noch ein Leben ohne materielle Sorgen. Sie können sich ihre elementaren Wünsche und Bedürfnisse erfüllen. Der Grundtrieb des Lebens nach Sicherheit und Geborgenheit scheint damit befriedigt zu sein. Niemand weiß dagegen, wie das Leben durch einen Bewußtseinswandel aussieht. Das aber verursacht Unruhe, ein zwiespältiges Gefühl und Unsicherheit. Auch aus diesem Grund lehnen viele Menschen das Neue ab.

Inzwischen liegt aber das neue Zeitalter mit seiner neuen Bewußtseinsdimension zum Greifen nah vor uns. Wir besitzen bereits alle Fähigkeiten, diesen Bewußtseinswandel zu vollziehen. Wir haben im Laufe unserer Evolution die Voraussetzungen für diesen neuen Wandel in der Geschichte der Menschheit geschaffen. Die neuen Entdeckungen in der Physik und Biologie, das wachsende spirituelle Streben der Menschen, ja selbst das Bestreben der Weltpolitik, einen Weltfrieden zu schaffen, und vieles mehr deuten auf diesen Wandel hin.

Im Nachwort zu seinem Buch „Körper Geist und neue Physik" schreibt der Quantenphysiker Fred Alan Wolf: „Falls wir lernen, als Gattung Mensch zusammenzuleben, werden wir nicht bloß die derzeitige Welt überleben, sondern wir werden sie neu erschaffen und darüber hinaus andere Welten, die alles, was wir uns erträumen, übersteigen. Die Intelligenz des Körperquants ist absolut unbegrenzt."[8]

Diese Worte sind keine Utopie mehr. Unser Bewußtsein hat keine Grenzen.

Der göttliche Mensch als Auftrag und Bestimmung des Menschen

Der Auftrag und die Bestimmung des Menschen ist die Offenbarung der Liebe Gottes auf dieser Erde. Alles in diesem Weltall unterliegt dieser Liebe. Niemand, kein Wesen, kein Stein und kein Wurm ist von der Liebe aus dem Urgrund des Seins ausgeschlossen. Wo immer du gehst, trittst du auf den heiligen Grund der Liebe. Wo immer du atmest, wirst du von dieser Liebe berührt. Der Auftrag des Menschen liegt darin, die allumfassende Liebe zu erkennen und zu verwirklichen. Es ist seine Bestimmung, in der Liebe zu leben! Sie verbindet dich mit allem Sein.

Viele Menschen zweifeln die Verwirklichung einer solchen Bestimmung an. In unserer materialistisch geprägten Welt voller Leid und Gewalt sagt uns die Vernunft doch eher, daß es nicht die geringste Möglichkeit gibt, ein göttliches Leben zu führen. Wie soll sich dann der göttliche Mensch auf diesem Planeten verwirklichen? Das Tun des heutigen Menschen scheint in eine entgegengesetzte Richtung zu gehen, in eine Welt, in der das Gesetz des Stärkeren herrscht, in der Macht und Geld regieren. Was aber ist die wahre Kraft, die den Menschen im Innersten bestimmt? Eine Antwort gibt uns Sri Aurobindo: „Diese Welt ist zweifellos auf Materie aufgebaut. Ihre höchste Höhe aber ist Geist. Darum muß das Emporsteigen bis zum Geist auch das Ziel, die Rechtfertigung ihrer Existenz und der Hinweis auf ihre Bedeutung und ihren Zweck sein. ‚Die Gipfelexistenz‘, der göttliche Mensch also, wird durch eine falsche oder unvollkommene Vorstellung davon umwölkt, was die Spiritualität eigentlich ist. Sie wird durch den Intellekt in seiner Unwissenheit und Einseitigkeit konstruiert. Wenn wir aber diese konstruierte Anschauung unserer Evolution und Spiritualität außer acht lassen, verändert sich alles."[9]

Viele Menschen haben aus Bequemlichkeit und aus Trägheit den Himmel mit seinem hohen Anspruch gänzlich aus dem Inneren des Menschen verbannt und in eine unerreichbare Ferne hineinprojiziert.

Auf diese Weise findet der Mensch immer leicht ein Alibi, sich von der Materie bestimmen zu lassen. Wenn wir aber die konstruierte Anschauung unserer Evolutionstheorien und auch inzwischen überholte religiöse Strukturen unseres geistigen Lebens konsequent überschreiten, verändert sich wirklich alles. Dann entdeckt der Mensch plötzlich die höchste Höhe seines Geistes in sich selbst als unmittelbare Erfahrung. Plötzlich wird er aus seiner inneren Sphäre heraus bestimmt, und er steht im unmittelbaren Auftrag dieser Erfahrung, die in ihrer Essenz die Liebe ist.

Wenn uns das geschieht, öffnen sich in uns die Pforten des Geistes, der alle Wahrheit in sich birgt und der uns nach und nach eine Schau der Dinge offenbart, wie sie wirklich sind. In ihm können wir sowohl die Einheit aller Dinge auf dieser Erde als auch im Universum erfahren. Aurobindo drückt es in seinem Wissen noch umfassender aus: „Dann schauen wir die aus dem Höchsten Wesen hervorgegangenen Reihen der Welten als Leiter, die von der Materie bis zum erhabensten Geist emporführt."[10]

In diesem Geist erfahren wir uns als göttliches Wesen, das den Auftrag hat, den erhabenen Geist Gottes auf dieser Erde zu verwirklichen. Deshalb bedarf es einer allumfassenden Verwandlung all unserer mentalen Strukturen, unserer Gedanken und der Psyche mit ihren Inhalten, einschließlich aller vitalen Schichten unseres physischen Körpers, damit es zu dieser Verwirklichung unseres wahren Menschseins kommen kann.

In diesem Verwandlungsprozeß, der gleichzeitig auch ein Reinigungs- und Läuterungsprozeß ist, offenbart sich die göttliche Dimension immer tiefer. Wird zunächst die Erfahrung dieses höheren Bewußtseins aus der Quelle Gottes nur einzelnen geschenkt, so werden in den kommenden Jahren durch den intensiver stattfindenden Evolutionsprozeß immer mehr Menschen daran teilhaben, bis schließlich die ganze Menschheit am göttlichen Leben teilnehmen kann.

Das bist Du !

Im Sein lebt ein Wesen,
Mensch ist sein Name.
Sein Ursprung stammt aus Gott,
Seine Bestimmung ist der göttliche Mensch.

Seit ewig war er geschaffen aus Liebe.
Das Kleid, das er trägt, wurde aus Licht gewoben.
Sein Auftrag ist, in Liebe zu dienen und
vom Licht zu zeugen, aus dem er geboren ist.

Friede heißt die Saat, die er bringt aus dem Sein.
Freude verbreitet die Frucht aus der Fülle.
Die Essenz dieser göttlichen Speise
schenkt ewiges Leben und schafft alles neu.

Was ist das Geheimnis des göttlichen Menschen?
Im Schweigen des Seins kannst du es verstehen.
Wenn du dein inneres Ohr auftust, wirst du es hören.
Wenn sich dein inneres Auge öffnet, kannst du es schauen.

Wenn es dein Herz ergreift, wirst du es fühlen.
Wenn deine Seele erwacht, wirst du es erkennen.
Seine Macht liegt im Hauch deines Atems verborgen.
Seine Fülle umfaßt das ganze Sein.

Doch gib acht, es wird dich verwandeln, Mensch!
Es wird dir deine Bestimmung sagen: Göttlicher Mensch.
Es wird dir deinen Ursprung offenbaren: Göttliches Licht.
Du wirst seinen Rhythmus erkennen: Göttliche Liebe.

Erkennst du die ewige Botschaft wieder?
Wage das Wagnis und glaube daran.
Zeuge vom Licht und wisse:
Das bist Du.

Der göttliche Mensch
im Wandel der Zeit

Die Botschaft der Meister

Zu allen Zeiten gab es Menschen, die die Wahrheit des Lebens in sich selbst erkannten. Wir nennen sie Weise, Heilige oder Meister-Innen. Sie stellten sich in den Dienst des höchsten Wesens, das wir Gott nennen, und sie waren bereit, den damit verbundenen Läuterungsweg auf sich zu nehmen. Ihre umfangreichen Erfahrungen gaben sie an ihre Schüler weiter, die sich ihren Einsichten öffnen konnten und für den Weg bereit waren, der in den Grund der Liebe führt. Ganz besonders aber lebten sie den Menschen diesen Weg aus der Fülle ihrer Erfahrungs- und Wissenstiefe beispielhaft vor. Sie entlarvten die Probleme der Menschheit, das Leid, die Sorgen und Nöte, besonders die Angst vor dem Tod, als Folge der Unwissenheit, die aus dem Ego-Bewußtsein des Menschen stammt, das sich vom Urgrund der Liebe entfernt hat.

Sie alle lehren in eindringlicher Weise als Essenz ihrer Erfahrungen und Einsichten, daß jeder den göttlichen Menschen in sich selbst erkennen und verwirklichen muß. Sie unterweisen uns, daß in uns ein höheres Bewußtsein wirkt als das begrenzte, vom Ego geprägte Denken. Sie weisen den Weg, wie der Mensch sein Egobewußtsein überschreiten und verwandeln kann, um in die unermeßliche Seelentiefe des eigenen Wesens zu gelangen. Um das Urwissen vom göttlichen Menschen, das in uns ruht, wieder zu entdecken, müssen wir über die Bilder- und Vorstellungswelt des Verstandes hinausgelangen. Wir müssen die Macht der vitalen Bedürfnisse transformieren und die Grobstofflichkeit des Körpers durchlässig und transparent machen.

Es war immer schon die Aufgabe der großen Meister, und jeder tat es auf seine Weise, der Evolution der Menschen zu dienen und ihnen ihre gottgegebene Richtung in ihrem Entwicklungsprozeß aufzuzeigen, der in die Liebe und damit in ein neues Bewußtsein führt.

Die augenblicklichen Krisen der Menschheit sind durch das Nichterkennen des tieferen Sinnes des Daseins entstanden. Die mangelnde Bereitschaft vieler Menschen, in dieses Wissen hineinzuwachsen, verstärkt das Leid der Menschen. Wir verfehlen als gesamte Menschheit unseren Lebensauftrag auf diesem Planeten und werden uns dadurch zugrunde richten, wenn wir den uns vorgegebenen Auftrag unserer jetzigen Evolutionsstufe nicht leben und verwirklichen.

Irgendwann einmal war die Zeit reif für den Menschen, das Feuer zu entdecken. Irgendwann einmal war die Zeit reif, um auf den Mond zu fliegen. Die Zeit ist nun reif, daß wir neu erwachen und uns für den neuen Bewußtseinswandel bereiten, wie er schon ewig im Schöpfungsplan vorgesehen ist. Es bedeutet auch, sich zu erinnern, daß das Urwissen des göttlichen Planes, in dem die Lösung all unserer Probleme ruht, in uns selbst liegt.

Das stärkste und sicherste Mittel, um diese Erinnerung zu wecken, ist die Sehnsucht nach dem Urgrund unseres Seins. Sie muß uns ergreifen und erschüttern. Allein die Sehnsucht bricht das verhärtete, verkrustete Oberflächenbewußtsein auf, das uns das Wunder der Schöpfung nicht mehr erkennen läßt, das sich in besonderer Weise im göttlichen Menschen manifestieren will.

Die Mystiker in den Religionen

„Doch sind verschiedene Völker, und den verschiedenen hast Du (Gott) verschiedene Propheten und Lehrer zu verschiedenen Zeiten gesandt... Möchten doch alle erkennen, daß in der Vielheit der Religionen nur ‚eine‘ Religion sich kundgibt.“[11]

Die Quelle aller Religionen ist die mystische Erfahrung. Der Mensch, der in den Brunnen seiner Seele hinabsteigt, erfährt auf seinem Grund, daß er ein göttliches Wesen ist. Er erkennt die Einheit mit allem Sein. Es offenbaren sich ihm die tiefsten Geheimnisse seines Wesens und der Schöpfung. Der Mystiker wird so allumfassend von der Liebe Gottes durchdrungen, daß in ihr alle Begrenzungen des religiösen Glaubens überschritten werden. Seine ursprüngliche, universale Liebesgemeinschaft mit Gott und allem Sein wird seine tiefste innere Erfahrung. In ihr erkennt der Mystiker, daß er über seinen eigenen Glauben hinaus eins ist mit dem Glauben aller Menschen auf dieser Erde. Mystiker in allen Religionen verbindet untereinander ein inneres Erkennen und Verstehen durch die Erfahrung der göttlichen Liebe, das durch keine Religion der Welt trotz ihrer unterschiedlichen Glaubensinhalte und durch keine Wissenschaft mit ihren verschiedenen Denkansätzen getrübt werden könnte.

Die Mystiker diskutieren nicht mehr über die verschiedenen Glaubensgrundsätze, die auf dem Boden unterschiedlicher Traditionen gewachsen sind und in Vorstellungen, Bildern, Lehrsätzen und Formulierungen ausgedrückt werden müssen. Sie finden die Quelle des Glaubens und die Quelle der Religionen in sich selbst. Sie leben aus den Wurzeln, aus deren Grundlage alle Religionen entstanden sind. Jeder Religion liegt eine tiefe mystische Erfahrung des Gründers zugrunde, die dann im Kult weiter gefeiert wurde. Jeder Begründer eines religiösen Glaubens hat seine Erfahrung in einer Lehre zusammengefaßt, so daß die verschiedenen Lehrsätze und Dogmen entstanden sind. Aus der Notwendigkeit, Richtlinien für ein dem göttlichen Gesetz gemäßes Leben aufzustellen, das der Mystiker in der Tiefe seines Wesens kennenlernen durfte, entstand die Moral. Die meisten Anhänger einer Religion überall in der Welt haben aber keinen Zugang mehr zu den ursprünglichen Erfahrungen der Gründer. Sie beschränken und begrenzen sich in ihrem religiösen Leben vor allem auf das Glauben festgelegter Lehrsätze und auf die Bedeutung und Einhaltung bestimmter äußerer Richtlinien und Verhaltensweisen, so daß sie nicht mehr genügend mit der ursprünglichen Kraft ihrer Religion verbunden sind, die sie in ihrem innersten Seinsgrund erfahren können.

Deshalb verlassen so viele Menschen heute ihre angestammte Religion. Sie haben die Verbindung zu ihren religiösen Wurzeln verloren und finden im Erleben der äußeren Formen der Religionsausübung keine innere Befriedigung mehr. Nur der Weg nach innen, der mystische Pfad, kann die Unfruchtbarkeit vieler Religionen verändern und sie wieder zur Blüte bringen. Nur die Erfahrung der göttlichen Gegenwart im Herzen der Menschen kann die verhärteten und ausgetrockneten Böden der Religionen wieder bewässern und fruchtbar machen, daß reiche Frucht geerntet werden kann. Allein die Erfahrung der göttlichen Gegenwart macht alles neu!

Die Mystiker dieser Welt wissen sich in ihrem Seelengrund mit der Liebe Gottes vereint, den sie mit Hilfe ihrer Religionen auf so verschiedenen Wegen suchten und letztlich in ihrem eigenen Herzen fanden. Doch dieses Herz ist nun nicht mehr das Herz der Welt, das sie als Menschen voneinander trennte. Ihr geistiges Herz ist zu einem Herzen verschmolzen, in dem nur eine Wahrheit aufleuchtet, die den Mystiker von heute mit dem Mystiker von gestern verbindet und die Mystiker in allen Religionen eint. Es ist die eine Wahrheit, die für alle Menschen ihre Gültigkeit hat und vor der sich niemand verschließen darf. In ihr offenbart sich die göttliche Realität der Liebe, des Friedens und der allumfassenden Freude, die im Kern eines jeden Wesens aufleuchtet. Es ist die Wahrheit der Einheit, die alles Sein im Licht der Liebe verbindet.

In dieser Wahrheit erkennen sich die Mystiker über alle Religionen hinaus. Sie erkennen sich in der Sprache des Schweigens, die hinter dem Wort liegt, und sie berühren sich im Blitz ihrer Augen, der aus der Tiefe ihres Herzens ein Lächeln des Verstehens hervorzaubert. Sie erkennen sich in ihren Schriften, die sie hinterlassen, auch wenn nur wenige Worte oder ein Pinselstrich für die Nachwelt übrigbleibt.

Aus der Erfahrung der Einheit lieben sie bedingungslos alle Menschenbrüder und -schwestern. Durch das wiedergewonnene Band der Einheit lieben sie jeden Strauch und jeden Stein. Die Mystiker der Welt vereinen in ihrem Herzen alle geistigen Richtungen zu einem einzigen Zentrum, in dessen Mitte der Friede seine Himmelsbotschaft als ewige Wahrheit zu allen Völkern der Erde aussendet.

Mystiker erfreuen sich am Tanz der Schöpfung. Sie kennen den Rausch der Einheit, und sie tanzen den Schritt der Ewigkeit in ihrem Leben. In dieser Herzensliebe und Kraft wagen sie unerschrocken den Kampf gegen Ungerechtigkeit, Hunger und Krankheit. Sie setzen mutig ihr Leben ein, um die Taubheit und die Blindheit gegenüber der Wahrheit des göttlichen Lebens zu überwinden, denn sie haben das Trugbild in sich selbst erkannt, das die Wahrheit der göttlichen Gegenwart verhüllt.

Jeder dient auf seine Weise den Menschen und der Welt. Jeder geht eine Zeit seinen vorgeschriebenen Weg. Dabei ertragen sie alle geduldig die Wunden, die ihnen aus Unwissenheit, Neid und Macht zugefügt werden. Der unerschütterliche Glaube an Gott und die Liebe läßt sie nicht daran zweifeln, daß die Wunden geheilt werden. Ahnen sie doch mit jedem Schritt nach innen den göttlichen Balsam. Die Ahnung wird ihnen zur Gewißheit. Der Glaube, der sie in die Krypta des Herzens führt, erstrahlt im Feuer der Erkenntnis. Der Balsam der Liebe wird nun zum berauschenden Bad ihrer Seele.

In dieser Überfülle, in der das göttliche Leben durch sie wirken kann, verschenken sie sich der Welt. In ihrem Leben und ihrem unermüdlichen Schaffen zeugen sie zu allen Zeiten von der Wahrheit des göttlichen Menschen. Dabei bleiben sie in ihrer neu gewonnenen Freiheit in ihrer Religion gegründet und befruchten sie mit ihrer Inspiration. In ihrem gelebten Glauben stärken sie die Gläubigen, die in ihrer Religion beheimatet sind.

Das Zeugnis ihres Lebens findet in der unverkennbaren Demut ihren menschlichen Höhepunkt. Durch sie wird das Wirken Gottes im Menschen erkannt. In ihrer Demut und selbstlosen Liebe offenbart sich das Feld Gottes in der Welt. Sie sind Wegbereiter für ein Leben aus dem Seelengrunde, so daß die Menschheit in die Erkenntis hinaufgehoben werden kann, daß sie das Licht Gottes durchstrahlt und umgibt.

So weist der Mystiker den Menschen ihr wahres Leben, das nicht mehr von den Bestrebungen des Egobewußtseins, sondern von der Liebe des Herzens geprägt ist. Wenn der Mensch bereit ist, dem Pfad zu folgen, den der Mystiker vorangegangen ist, kann der Weg zum göttlichen Menschen beginnen. Ohne eine sichere Führung wird der Pfad allzuleicht zum Irrweg. Die Mystiker aber sind göttliche Wegweiser und Begleiter, denn sie wurden zum reinen Instrument, durch das der Wille Gottes tönt und das den Suchenden wie ein Magnet zu sich anzieht. In ihrer Nähe wird in den Menschen die „Göttlichkeitserinnerung" wach, die sie wieder zu ihrem wahren Ursprung, von dem sie ausgegangen sind, zurückruft.

Die Mystiker dieser Welt haben nicht nur die Religionen befruchtet, sondern auch die Entwicklung des Menschen entscheidend durch ihr gotterfülltes Leben beeinflußt. Ein Mensch, der mit dem Ursprung des Lebens eins geworden ist, wird von einem Charisma durchdrungen, das als Funke seine Umgebung entzünden kann.

Ganz besonders in der Zukunft wird deshalb gerade der Mystiker von heute und morgen den Weg des Herzens weisen, der uns in die neue Bewußtseinsdimension hineinführt. Dabei ist es gleichgültig, welcher Religion er angehört. Jede der großen Weltreligionen hat ihren eigenen mystischen Weg entwickelt, der ihrem religiösen Glauben, ihren religiösen Lehrsätzen und Vorstellungen und ihrem kulturellen Hintergrund entspricht. Der Ausgangspunkt kann verschieden sein, aber die geistigen Gesetzmäßigkeiten des Weges nach innen zum eigenen Wesen und göttlichen Lichtgrund sind überall gleich. Je mehr sich die Mystiker dem hohen Ziel des Einsseins mit dem Absoluten nähern, desto klarer und reiner kommen die Gesetze des inneren Weges zum Ausdruck.

Die Erleuchtungserfahrung der Einheit mit dem höchsten Sein ist in der mystischen Tradition aller Religionen gleich. Verschieden sind nur die Namen und Begriffe, mit denen entsprechend der religiösen Tradition und Sprache die Erleuchtungszustände beschrieben werden. Verschieden sind auch die Stufen, die erreicht werden.

Die innere Gesetzmäßigkeit des mystischen Weges

Die zeitlose innere Gesetzmäßigkeit des mystischen Weges soll in einer zusammenfassenden Aufstellung deutlich gemacht werden. Dabei ist zu beachten, daß sich alle Stufen gegenseitig ergänzen und zu verschiedenen Zeiten und Entwicklungsphasen auf dem inneren Weg mehr oder weniger an Bedeutung gewinnen.

Durch die persönliche Individualität und Religionszugehörigkeit kann der Ausgangspunkt verschieden sein. Auch die Lebenssituation läßt die eine oder andere Grundhaltung der Mystik in den Vordergrund treten. Unterschiedlich in der qualitativen äußeren Ausformung, aber im inneren Wesen gleich, finden sich diese Gesetzmäßigkeiten des mystischen Weges in allen Religionen. Jede Stufe vertieft sich aber mit der Intensität des spirituellen Erwachens, bis die mystische Hochzeit, Satori oder Samadhi, wie die Erleuchtungserfahrungen in verschiedenen Religionen heißen, in einem gnadenhaften Akt geschenkt werden.

Der Höhepunkt der mystischen Erfahrung aber ist der göttliche Mensch, der als Erleuchteter und Erwachter stets in der Einheit mit dem göttlichen Bewußtsein lebt.

I. Bekehrung:

1. Die wachsende Erkenntnis, daß das vom Ego geprägte niedere Bewußtsein in das höhere Selbst verwandelt werden muß.

2. Die stetig intensiver werdende Ausrichtung auf den Ursprung, auf das Absolute, auf den Wesensgrund, auf Gott.

3. Erste spirituelle Erfahrungen, die in einem Transformationsprozeß das Wesen immer tiefer öffnen, bis es ganz vom höchsten Sein erschüttert und erfüllt wird.

4. Kapitulation des menschlichen Willens und Überwindung der Trennung in der Erfahrung der Einheit mit allem Sein.

5. Mystische Hochzeit.

II. Hingabe bzw. Nicht-Haften:

1. Loslösung der Sinne von der äußeren Welt und ihren Reizen. Erste Stufe: Hingabe an ein höheres Ziel.

2. Loslösung des Menschen von der Bindung an diese Welt bzw. von Menschen, die den Weg nicht gehen.
   Zweite Stufe: Vertiefung der Hingabe an das transzendente Sein.
3. Loslösung von äußeren, festgefahrenen Lehrmeinungen, Anschauungen und Normen in Religion und Gesellschaft, die auf dem Weg hinderlich sind.
   Dritte Stufe: Hingabe an die innere Führung.
4. Das göttliche Bewußtsein ergreift die niederen Bewußtseinszentren und füllt sie durch das höhere Bewußtsein aus. Das Höhere Selbst übernimmt die Führung.
   Vierte Stufe: Hingabe an das Absolute.
5. Transformation der letzten Egoschichten durch das göttliche Selbst.
   Fünfte Stufe: Totale Übergabe.

III. Reinheit:

1. Reinigung des Lebens durch die Übernahme der Verantwortung für die ethischen Werte des Lebens.
2. Einübung der göttlichen Gebote. Die unterscheidende Erkenntnis des Wesentlichen vom Unwesentlichen beginnt mit der Disziplinierung des Lebens, häufig in Verbindung mit Askese.
3. Das göttliche Gesetz tritt an die Stelle der menschlichen Gesetze und deren ethischen Vorstellungen.
4. Der Mensch handelt, ohne zu handeln, nach dem Grundsatz: „Herr, dein Wille geschehe." Er wirkt ohne Absicht im Liebesdienst am Nächsten.
5. Das göttliche Bewußtsein wirkt in Reinheit durch den Menschen.

IV. Demut:

1. Der Glaube an Gott tritt in den Vordergrund des Lebens.
2. Die Demut der Seele, Gehorsam in der Nachfolge und Armut im Geiste übernehmen die Führung im Leben.
3. Der Glaube wird durch das „Wissen im Sein" überschritten.
4. Wüste, Trockenheit, Leere, mystischer Tod wechseln ab mit Seinserfahrungen und Erleuchtungen.
5. Einheit mit Gott.

„Alle Wege, wenn sie nur gut sind, führen zu Gott.
Gehe jeder den seinen!
Gebe Gott ihm Kraft und Beharren!
So gib auch mir ein Leben in deinem Geiste,
in niemals versagender Demut!"[12]

Der Leser wird nun ganz persönlich in die Entwicklung zum göttlichen Menschen hineingenommen und mit du angesprochen.

Das Bewußtsein des Menschen

Der unendliche Raum des Bewußtseins

In der grenzenlosen Weite deines Bewußtseins bist du eins mit dem Universum. Kennst du das Universum? Laß dich nicht von deinen Augen täuschen, die die Sonne sehen, den Mond und die Sterne. Laß dich nicht von deinem Verstandesdenken begrenzen, das den Stoff der Sterne analysiert. Dein Bewußtsein ist eine Dimension mit zahllosen Räumen und Sphären, in denen alle Sterne und Monde, alle Sonnen und alle Wesen des Alls mit dir vereint sind. In deinem Bewußtsein erwachst du als göttlicher Mensch, der sich dieser Grenzenlosigkeit bewußt ist.

Wenn auch du nun aufbrichst, wie viele Menschen vor dir, um in einem neuen Erwachen auf dem Weg nach innen zu deinem Ursprung zurückzugehen, und wenn du mit deinem ganzen Wesen bereit bist, dieses Abenteuer auf dich zu nehmen, dann wirst auch du selbst erkennen, daß alles in dir ist. Du wirst den Stoff der Sterne in dir entdecken und den zarten Windhauch des heiligen Lichtes, das allen Wesen Leben schenkt. Du wirst aber auch den Schrei der unerlösten Wesen nach Freiheit vernehmen, die sich vom Urgrund allen Lichtes getrennt haben. Und du wirst erschüttert sein über die unendliche Vergebung und den nie endenden Strom der Liebe aus dem Urgrund.

Du wirst in der Erleuchtung deines Bewußtseins erkennen, daß du nie von ihm getrennt warst. In demütiger Dankbarkeit darfst du einmal teilnehmen an der Gemeinschaft der Heiligen und Engel. Wenn du unerschrocken durch die Räume deines Bewußtseins weiterschreitest und wenn dich die liebestrunkene Sehnsucht nach Einheit durch die schwärzeste Dunkelheit hindurchführt, immer weiter, alles verlassend, Licht und Dunkelheit, dann wirst du vor dem alles erfüllenden Sein stehen, dort, wo alles begann.

Laß dir die Wahrheit vom Ursprung allen Seins erzählen. Es ist die Geschichte vom Nichts, und sie heißt:

Fülle.
Da war einst ein Lächeln.
Es verzauberte das Nichts.

In dieser Geschichte aus der Ewigkeit liegt der unendliche Raum deines Bewußtseins verborgen. Wenn du in jeder Dimension deines Geistes und in jeder Sphäre deines Wesens das Nichts oder die Leere gefunden hast, die ein Ausdruck der Fülle des Unaussprechlichen ist, und wenn es sich mit dem geheimnisvollen Lächeln vereint, das die äußere Welt nicht kennt, dann stehst du mitten in der Lichtquelle des göttlichen Menschen.

Die folgenden Abschnitte dieses Kapitels sollen dir die verschiedenen Schichten deines Bewußtseins vor Augen führen, um sie auf dem Weg nach innen in einer vertiefenden Schau zu erkennen. Einige Beispiele sollen dir dabei helfen und dich ermuntern, auch deine eigene Individualität in den Tiefenschichten des Bewußtseins wiederzuentdecken.

Es gibt eine Landkarte des Bewußtseins, deren Grundlage auf der einen Seite die spirituelle Erfahrung und auf der anderen Seite die wissenschaftliche Erkenntnis ist. Dennoch ist diese Beschreibung unvollständig. Sie muß es sein, denn das Bewußtsein birgt noch unerforschte Tiefen und eröffnet im Reifungsprozeß ständig neue Dimensionen. Erforsche das Neue in dir! Die alten Gesetzmäßigkeiten des Bewußtseins verlieren ihre Bedeutung durch dessen Verwandlung im Licht. Die Struktur des menschlichen Bewußtseins verändert sich in dem Augenblick, in dem sie vom Licht der Weisheit aus der Quelle allen Seins berührt wird. Damit beginnt der Aufstieg in ein neues Bewußtsein, das in der Lichtfülle der Weisheit alle deine Schichten und Dimensionen in eine neue Gesetzmäßigkeit erhebt, die der ursprünglichen Bedeutung von Gesetz in seiner Begrenzung nicht mehr gerecht wird. Das neue Gesetz ist göttliche Freiheit.

Das kollektiv Unbewußte

Bewußtsein ist die Grundenergie des Daseins, aus der alle Formen und Manifestationen des Geistes hervorgegangen sind. Göttliches Bewußtsein hat sich in die Schöpfung ergossen und alles materielle und geistige Sein erschaffen, das unermeßliche Universum mit seinen unzähligen Galaxien, Sonnen und Himmelskörpern genauso wie die kleine Blume am Wegrand und das Insekt, das sie bestäubt. Die ganze Schöpfung ist im Tiefsten nichts anderes als Bewußtsein, das sich bis in die scheinbar unbewußte Existenz des Minerals zurückgezogen und verdichtet hat, und im Elektron, das um den Atomkern kreist, selbst seine Form vergessen zu haben scheint.

Bewußtsein ist überall wirksam. Es gibt nichts in dieser Welt, was nicht aus diesem Bewußtsein heraus existiert. Nur die Schwingungsfrequenz ist so unvorstellbar verschieden, daß daraus die dem menschlichen Geist unfaßbare Fülle des Universums entstehen konnte. Auch du bist aus diesem göttlichen Bewußtsein hervorgegangen. Wenn es sich durch die Kraft des Lichtes zum Ausdruck bringt, bekommt es die Dynamik, den in ihm ruhenden Lichtkeim aufblühen zu lassen und seine darin verborgene, göttliche Bestimmung zur Vollendung zu bringen. Das geschieht auf einem langen Weg des ständig neuen Erwachens zu einem höheren Bewußtsein. Stufe um Stufe erfährt das individuelle Bewußtsein eine Erweiterung, bis es sich als göttliches Wesen wiedererkennt. In diesem Geheimnis, das die Wissenschaft mit Evolution bezeichnet und auf den höheren Stufen als die Entwicklung des Bewußtseins beschreibt, ist das Liebesspiel Gottes eingehüllt. Es ist wie bei einem Versteckspiel. Er verbirgt seine Lichtfülle der Liebe im Keim seiner Schöpfung, im Stein, in der Pflanze, im Tier, in deinem Körper und in deinem Bewußtsein. Dein Suchen nach dem Urgrund und deine Sehnsucht nach der Urheimat erwachsen aus dem Impuls des verborgenen Lichtkeims und verleihen deinem Bewußtsein die Antriebskraft, seine Erfüllung im göttlichen Bewußtsein zu finden.

Dieses Suchen ist mit viel Leid und Schmerzen verbunden, aber auch mit einer immer wieder neu aufblühenden Hoffnung, das ersehnte Ziel zu erreichen. Es ist gewürzt mit allen Träumen des Himmels und der Erde und wird begleitet von einer immer größer werdenden Gewißheit, daß die versteckte Liebesspeise ganz nahe ist und daß sich das suchende Wesen in einem alles berauschenden Fest der Freude von seinem Urgrund finden läßt und sich selbst neu wiederfindet. Obwohl es nie eine wirkliche Trennung zwischen dem Sucher und dem Gesuchten gab, verschmelzen beide zu einer neuen Einheit der Liebe, denn das göttliche Bewußtsein will in dir und mit dir neu erwachen.

Das sich zu einem solchen Höhepunkt entwickelnde Bewußtsein ist zunächst unbewußt. Im Unbewußten sind alle Wesen kollektiv miteinander verbunden. Die ganze unendlich lange Entwicklungsgeschichte des Universums liegt auch in dir unbewußt verborgen. Das Verdichten der Schöpfungsenergie zur Materie fand auch in dir statt. Das Erkalten der glühenden Lava zu festem Gestein ist als Urerfahrung auch in dir anwesend. Die Geschichte der Sandwüste ist auch deine Geschichte. Das Leben des Wassers ist auch dein Nährboden. Durch den Aufstieg der Pflanzen aus der Dunkelheit des Meeres hinauf zum Licht der Sonne wurde deine Entwicklung auf diesem Planeten vorbereitet. Das Sonnenlicht in den Bäumen und Pflanzen enthält auch deine äußere und innere Lebenskraft. Durch die Entwicklung der Tierwelt konnte ein Körper entstehen, der zum Tempel einer unsterblichen, geistigen Seele wurde, die alle vorangegangenen Erscheinungsformen des Bewußtseins zu überschreiten vermag. Jedes Erwachen neuer Bewußtseinsdimensionen transzendiert das kollektiv Unbewußte in eine höhere Stufe.

Im kollektiv Unbewußten bist du mit dem Urbeginn des Lebens hier auf dieser Erde verbunden, aber auch mit allen Menschen, mit allen Meistern, mit allen Heiligen und mit dem Christusbewußtsein, jener göttlichen, liebenden Urkraft, aus der alles geschaffen wurde. Es ist aber auch von allen dunklen Kräften der Zerstörung, der Gewalt und der Sünde belastet, die im Laufe der Entwicklung des Menschen ihr Unwesen getrieben haben. Die Schuld der Welt ruht in dir. Das ist auch der Grund, warum sich Menschen für die Schuld der Welt verantwortlich fühlen, wenn auf ihrem geistigen Weg die in ihnen noch ungeordnete und unerlöste Dimension des Unbewußten aufbricht. Aber gleichzeitig erfährst du in dir auch die reinigende Quelle der Vergebung, die dich immer wieder heilt und neu werden läßt.

Die Wirklichkeit des kollektiv Unbewußten macht deutlich, daß die Höherentwicklung eines Wesens nicht getrennt von den anderen erreicht werden kann. Alles, was existiert, ist wie mit einem geheimnisvollen Band durch die alles durchdringende und belebende Schöpfungsenergie miteinander und mit dem göttlichen Bewußtsein verbunden.

Vielleicht bekommst du jetzt eine Ahnung, welch umfassende Bedeutung deine geistige Entwicklung für alles Sein hat und welche Verantwortung du für das Bewußtsein hier auf dieser Erde trägst. Denn in dir will sich das göttliche Bewußtsein auf der Erde manifestieren.

Die Auseinandersetzung mit dem kollektiv Unbewußten und seine Transformation und Erlösung kann auf verschiedenen Stufen und auf vielfältige Weise geschehen. In deinem alltäglichen Lebensablauf erkennst du es an den Gewohnheitsmustern des Fühlens und ganz besonders an den automatischen Reaktionen deines Körpers, deiner Sinne und deiner Nerven, die allen Menschen eigen sind. Die Reflexe der Flucht waren z. B. auf einer bestimmten Stufe der Evolution eine lebensrettende Reaktion deiner Natur. Noch heute reagiert dein Nervensystem durch deine Sinnesreize überwiegend wie vor zwei Millionen Jahren. Während einer Schrecksekunde im Auto bei einer Unfallgefahr wird dein Nervensystem durch die Biochemie deines Körpers so stark mit Energie versorgt, und es wird dem physischen Körper so viel Kraft zugeführt, daß es für eine anstrengende Flucht vor der drohenden Lebensgefahr ausreichen würde. Im Auto kannst du aber nicht flüchten. In einer solchen Gefahrensituation blockiert dich diese freigesetzte Energie, so daß du unter Umständen falsch reagierst und die Gefährdung noch vergrößerst. Deswegen sind heute in bestimmten Situationen andere Verhaltensmuster notwendig.

Auf dem Weg nach innen erkennst du in der Einübung der Achtsamkeit und Stille diese uralten Muster, und du kannst dich in einem Erkenntnisprozeß von ihren überholten Strukturen befreien. In der Klarheit deines Geistes wirst du immer unabhängiger von kollektiven Gewohnheiten, und du lernst, im gegenwärtigen Augenblick aus der Quelle des Geistes zu handeln und das Rechte zu tun, ohne Schaden an Körper oder Seele zu nehmen.

Das kollektiv Unbewußte ist ein Sammelbecken aller ungeordneten und blockierten Energien der Menschheit, die durch falsche Entscheidungen und Zuwiderhandlungen gegen das kosmische göttliche Lebensgesetz sich jeweils aus dem Bewußten in das individuell Unbewußte und schließlich in das kollektiv Unbewußte eingegraben haben. Im Erwachen des Neuen Bewußtseins müssen diese unerlösten Kräfte und Zustände durch Erkenntnis und mit Hilfe des göttlichen Lichtes aufgedeckt und transformiert werden, damit auch die verborgensten Hindernisse im Grund der Seele erkannt und aufgelöst werden.

Das kollektive Wachstum des Bewußtseins birgt in sich die Fähigkeiten, über die jetzige Stufe des Bewußtseins hinaus etwas vollkommen Neues in der Geschichte der Menschheit vorzubereiten. Du kannst dazu beitragen, neue Akzente für die Zukunft zu setzen. Hierfür ist die Reinigung dieser unbewußten Schicht von entscheidender Bedeutung. Das ist auch ein Grund, weshalb du durch bestimmte Entwicklungsschritte auf dem Weg nach innen mit der kollektiven Schuld in Berührung kommen mußt.

Fürchte dich deshalb nicht vor der Auseinandersetzung mit deiner Schuld und der Schuld der Menschheit im kollektiv Unbewußten. Wenn du Christ bist, dann kannst du den Christus an deine Seite rufen und mit ihm, in ihm und durch ihn alle kollektive Schuld vergeben lassen. Du wirst den rechten Zeitpunkt hierfür erkennen. Die Mächte des Himmels stehen dir bei, diesen unerlösten Tiefen ins Auge zu sehen. Das kann dir in einem Wachtraum geschehen, in einer Vision oder in einer Seinserfahrung.

Das archaisch Unbewußte

Evolution hat sich nicht nur in der Entfaltung der materiellen Welt und des Lebens von niederen Stufen zu höheren Lebensformen ereignet, sondern auch in der Entwicklung des Bewußtseins zum Ausdruck gebracht. Im archaisch Unbewußten begegnet dir die erste Stufe der Menschwerdung in der Weltengeschichte. Alles, was der Mensch zu Anfang seiner Zeit dachte, fühlte und tat, geschah in einem vorbewußten Zustand der Einheit mit der Natur. Er ist vergleichbar mit der symbiotischen Verbindung eines Säuglings mit seiner Mutter.

Das heutige, mentale Bewußtsein mit seinen vorausgehenden Entwicklungsstufen, die man als magisches und mythisches Bewußtsein bezeichnet, in denen sich der Mensch seiner Individualität immer klarer bewußt wurde, hat sich viel später entwickelt.

Das Leben in der noch unbewußten Einheit des Menschen mit dem Erdenbewußtsein hinterließ seine Spuren in Bildern und Symbolen, die sich bis heute in den Bewußtseinsschichten des Menschen auswirken. Wenn in dir Urerfahrungen in Form von Bildern, Träumen und Visionen lebendig werden, bekommst du eine Ahnung, was Einheit mit allem Sein bedeuten kann.

Die reiche Bilder- und Symbolsprache aus dieser Tiefenschicht ist eng verbunden mit den beiden folgenden Bewußtseinsstufen des schon erwähnten magischen und mythischen Bewußtseins. Es ist wichtig für dich zu wissen, daß die Einheitserfahrung des archaisch Unbewußten die ihm folgenden Stufen beeinflußt und befruchtet hat. Der Mensch hat sie in der Tiefe seines Wesens nie verloren, auch wenn er im magischen und mythischen Bewußtsein sich seiner selbst als Individuum bewußt wurde. Auch in dir ist das Archaische im Unbewußten gespeichert. Auf deinem Weg zum göttlichen Menschen benutzt das höhere Selbst die Symbole und Bilder aus deiner in dir angelegten Urerfahrung der Menschheitsentwicklung, um dich jetzt zu höheren Bewußtseinsstufen zu führen. Gleichzeitig finden dadurch Reinigungsprozesse der menschlichen Kräfte statt, die der Verwandlung bedürfen.

Je tiefer du in die archaischen Schichten eindringst, um so näher kommst du deinem menschlichen Ursprung. Je höher dich die Gnade erhebt, um so mehr Kräfte fließen dir zu, diese Tiefenschichten zu erkennen und zu transformieren. So führt ein Schritt nach oben auf dem Weg zum göttlichen Menschen immer auch einen Schritt in deine Seelentiefe hinein, um alle Dimensionen und Sphären des Bewußtseins in das All-Einheits-Bewußtsein zu führen.

Visionen aus dem archaisch Unbewußten

Zwei Beispiele, wie Menschen in ihrer Entwicklung durch archaische Bilder geführt werden, können dir eine Ahnung vermitteln, wie überaus weise das Wesen, das du bist, durch diese Tiefenschichten des Menschen geleitet wird, um neue Entwicklungsschritte aufgezeigt zu bekommen.

Die erste Vision ist eine fast typische Weisung für die Bewußtseinsentwicklung eines Menschen, der zwar noch am Anfang des Weges steht, aber der schon mit der Hingabe des Herzens und klaren Blickes auf das Ziel schaut.

1. Vision

„Eine Person steht mit einem kleinen Kind an ihrer Seite auf einem Berg im Wald. Plötzlich beginnt die Erde zu zittern. Die Erdoberfläche bewegt sich schaukelnd hin und her und droht unter ihren Füßen wegzurutschen. Riesige Wassermassen werden aus den Schluchten und Rissen hervorgespült. In gewaltigen Sturzbächen stürzen sie ins Tal. Die Erde wird immer schlammiger. Eine Weltuntergangsstimmung breitet sich aus, doch dieser Mensch hat keine Angst und keine Sorge. Das Kind an seiner Seite ist ihm anvertraut, und er hat nur einen Gedanken, das Kind zu retten. Er nimmt es fester an seine Hand und sucht in all dem Schlamm und dem furchtbaren Getöse nach einem sicheren Platz oder Pfad. Mit jedem Schritt sackt die Erde hinter ihnen weg. Die Person hält sich nahe an einen Abhang und sieht links vor sich einen Felsvorsprung. Instinktiv weiß sie, daß sie bis dorthin durchkommen muß.

Kurz hinter dem Vorsprung steht ein uralter Mann mit einem langen weißen Bart. Er scheint auf die beiden zu warten. Sie schaffen die letzten Schritte um den Felsvorsprung herum. Hinter ihnen wird die Erde von den Wassermassen weggerissen. Vor ihnen liegt ein schmaler Pfad. Er ist unendlich lang und voller Licht. Eine Gruppe von Menschen erwartet sie, sie alle stehen im Licht."

Wenn du den Weg nach innen mit deinem ganzen Herzen gehst, läßt du die alte Welt zurück. Langsam entsteht eine neue Welt. Es ist die Welt des Lichtes, die sich dir öffnet und in der du längst erwartet wirst. Das Kind an der Seite ist die erwachende Seele und das göttliche Licht, das dem Menschen anvertraut ist und unbedingt auf diesen Lichtpfad geführt werden will.

In dieser Vision wird es besonders deutlich, daß allein die Rettung des göttlichen Lebens in der Symbolgestalt des Kindes von Bedeutung ist und nicht die vordergründigen lebensbedrohlichen Ereignisse und der naturhafte Überlebensdrang mit all seinen Ängsten und Sorgen.

Der alte Mann ist ein archaisches Symbol für die Führung des höheren Selbst. Sie ist immer da. Sie erwartet auch dich auf dem Lichtpfad. Dort beginnt das neue Leben.

Die folgende Vision ist schon stark vermischt mit der Weisung aus der höchsten Seele. Je umfassender die Tiefenschichten des Bewußtseins gereinigt sind, um so klarer treten die Bilder der Einheit hervor, die den gelungenen Transformationsprozeß deutlich werden lassen. In dieser weiteren Vision kannst du noch beispielhaft die Transformation der archaischen Bewußtseinskräfte erkennen.

2. Vision
„Eine Person befindet sich in tiefer Meditation. Sie gelangt in eine solche Tiefe, daß sie das Sein in seiner Ganzheit und Wirklichkeit erfahren durfte. Plötzlich verändert sich ihr Bewußtseinszustand. Sie hört eine innere Stimme, die sie auf eine von Wald und Bergen umgebene Wiese führt. Auf einem Weg, der auf einen Berg führt, steht ein weißer feuriger Hengst. Sie geht auf ihn zu und schwingt sich auf seinen Rücken. Er ist unbändig wild und schlägt aus. Mit Mühe zähmt sie ihn. Die innere Stimme, die sie bis dahin geleitet hat, gibt ihr die Anweisung: ‚Reite den Berg hinauf zum Schloß!'

Vor der Person liegt ein hoher Berg. Auf seinem Gipfel liegt ein Schloß. Oben angekommen, springt sie vom Pferd und wird gleich darauf in ein Verließ geführt. Nur eine kleine Öffnung weit über ihr läßt Licht und ein wenig Luft herein. Sie setzt sich auf den Boden und schaut meditierend in das Licht, das durch die kleine Öffnung hindurchscheint. Nach kurzer Zeit schwebt ein braunes Etwas zu ihr herab, das aussieht wie ein Diskus. Es legt sich als eine Kappe auf ihren Kopf. Sie meditiert unbewegt weiter und versucht gleichzeitig, die braune Kappe in eine goldene Krone zu verwandeln. Es gelingt ihr. Im selben Augenblick erscheint eine weiße Taube in der Öffnung und setzt sich auf deren Rand. Sie wirft der Person einen kleinen Zettel herunter. Darauf steht: ‚LIEBE‘. Dann wirft ihr die Taube ein Lichtseil herunter, in dessen Strahl sie mühelos hinaufgezogen wird. Auch die Krone hebt sie mit einer magischen Kraft nach oben.

In der Helligkeit fliegen beide, die weiße Taube und die Person, gemeinsam in den Himmel. Die Erde entfernt sich immer mehr, bis sie den Erdball in seiner Ganzheit und Schönheit wie von der Sicht eines Raumschiffes aus sehen. Bei diesem Anblick überkommt die Person ein großes Erbarmen, verbunden mit der bangen Frage, was mit der geschändeten Erde geschieht. Wird sie untergehen? Sie sendet ihre Frage an die Taube. Die Antwort lautet: ‚Du fragst zu viel.‘

Ganz plötzlich verschiebt sich die Raumdimension, und sie nähern sich wieder der Erde, und beide lassen sich auf ihr nieder. ‚Tauche in die Erde ein‘, sagt die Taube. Die Person läßt es ohne Furcht geschehen. Es beginnt ein inniger, wohlvertrauter Verschmelzungsprozeß der Einheit zwischen dem Körper der Erde und der Person. ‚Tauche tiefer bis zum Erdmittelpunkt!‘ Sie läßt es wieder zu und steht plötzlich in einem Gewirr von Höhlen und Schächten, wie im Nebel. ‚Gehe weiter, tiefer!‘ Sie geht. ‚Gehe bis zur Mutter!‘ In der Ferne sieht sie eine weiße Erscheinung. Es ist die Mutter der Erde. Eine unendliche warme Liebe zu ihr erfaßt sie, und sie eilt zu ihr. Die Mutter steht mit dem Rücken zu ihr. Als die Person ganz angekommen ist, wendet sich die Mutter um. ‚Komm!‘ sagt sie. Die Person setzt sich in einen Wagen, eine Art Lore, den die Mutter für sie bereithält. In einer rasanten Geschwindigkeit fährt die Mutter mit ihr immer tiefer in das Gestein der Erde hinein. Plötzlich scheinen sie angekommen zu sein.

Sie steigen beide aus. Nun zeigt ihr die Mutter das Gestein der Erde. Mineralien, Kohle, Kieselerde und – das Urgestein! Mit einer alles erschütternden Stimme sagt sie: ‚Liebe die Erde!‘ Mit diesen Worten entläßt sie die Person."

Tagelang wirkt diese Vision noch erschütternd auf den Menschen nach, der sie erlebt hat, als wäre er in Wirklichkeit in die Tiefe der Erde hinabgestiegen.

Auch diese Vision kann dir helfen, deinen eigenen Weg zu einer höheren Bewußtseinsstufe hin zum göttlichen Menschen und den damit verbundenen Transformationsprozeß besser zu verstehen. Deshalb soll dir diese visionäre Erfahrung näher erklärt werden. Die Führung der Seele bedient sich in der Vision archaischer Symbole. Sie kommen in einer großen Auswahl zum Ausdruck und weisen auf einen umfassenden Transformationsprozeß aller Bewußtseinsschichten hin.

Das Symbol des Berges deutet immer auf den Aufstieg des Bewußtseins hin. Das Schloß, ein wohlbekanntes archaisches Symbol in den Märchen und Mythen aller Völker, ist als Sitz der höchsten Seele wohlbekannt. Das Pferd verweist als Archetypos auf die vitale Kraft im Menschen, die gezügelt werden muß. Es ist aber in dieser Vision schon weiß, also bereits geläutert und gereinigt, auch wenn es noch unbändig ausschlägt. Das Vitale wehrt sich mit dem Egobewußtsein noch sehr lange, seine Kräfte vollkommen der Seele zu übergeben. Nun wird die Person, im Schloß angekommen, sogleich in das Verließ hinabgeführt. Das weist auf einen entscheidenden Läuterungsprozeß hin, der im Transformationsprozeß zur Demut führt, ohne die eine „Thronbesteigung" im Schloß der Seele zum Unheil wird.

Die Person meditiert in dieser Vision ohne Regung, demütig auf den nächsten Schritt vertrauend. Nun schwebt ein Gegenstand wie eine Diskusscheibe aus der kleinen Öffnung herunter, die sich als Kappe entpuppt und sich auf das Haupt legt. Die braune Kappe ist ein Symbol der Demut und der Askese auf dieser Erde. Offensichtlich ist der Transformationsprozeß durch Demut und Askese schon so weit vorangeschritten, daß sie in eine Krone verwandelt werden kann. Daß es so ist, beweist die weiße Taube, die auch ein christliches Symbol für den Heiligen Geist ist. Sie wiederum läßt einen Zettel herab, auf dem ihr eigenes Symbol steht: Liebe. Liebe ist also der Weg, der in die große Freiheit führt.

Auch das nächste Symbol weist ebenfalls auf einen Transformationsprozeß hin. Das Lichtseil ist die transformierende Schlange. Im Yoga gibt es eine Entsprechung in der Kundalinikraft, die als zusammengerollte Schlange im untersten Chakra ruht und darauf wartet, geweckt zu werden, um bis zum obersten Energiezentrum in einem transformierenden Prozeß, der alle feinstofflichen Zentren und Körper des Menschen umfaßt, aufzusteigen. Die göttliche Energie, symbolisiert durch die Taube, läßt, vereint mit dem höchsten Selbst, von oben das göttliche Licht in den Hauptenergiekanal des Menschen, in die Wirbelsäule, einströmen, damit die schlafende Bewußtseinskraft geweckt wird und der Seele neue Energien für einen weiteren Aufstieg geschenkt werden. Tatsächlich gelingt in der Vision dieser Aufstieg zum Licht durch das Lichtseil in Verbindung mit der transformierten vitalen Kraft, die durch die Krone symbolisiert ist, mühelos.

Die physische Ebene wird nun verlassen, Zeit und Raum gewinnen eine andere Dimension. Die Taube als Symbol des Heiligen Geistes vermittelt der Seele eine kosmische Schau und den Auftrag, in das Erdinnere hinabzusteigen. Dort erscheint die Mutter der Erde. Sie führt den Menschen in das Innere der Erde, um ihm das Wesen der Materie zu zeigen. Die Erde ist ein Symbol für den menschlichen Körper und dessen Herkunft. Auch er muß transformiert, ganz vom Licht durchdrungen und auf die Schwingung des Lichtes gehoben werden. Das geschieht, wenn sich die Seele erhebt und durch ihre Durchlichtung das Licht auch in die Materie eindringt. So wird die Materie zur Lichtmaterie umgewandelt. Das wiederum ist deshalb möglich, weil in dem Urgestein der Erde auch der Lichtkeim Gottes enthalten ist, aus dem die Schöpfung der Erde in göttlicher Liebe entstand. „Liebe die Erde", ist der Auftrag der Mutter. Liebe darf sich nicht nur auf die Mitmenschen und auf lebende Wesen beschränken. Sie bezieht sich auf die ganze Schöpfung. Der Auftrag, die Erde zu lieben, macht dir bewußt, alle krankmachenden Schäden von ihr fernzuhalten und sie nicht auszubeuten. Sie ist der Lebensraum, in dem sich deine Entwicklung zum göttlichen Menschen vollzieht. Ohne Liebe gibt es keinen weiteren Aufstieg zum göttlichen Menschen.

Alle Bilder des Unbewußten verweisen auf den nächsten Schritt in der Transformation des Bewußtseins. Wenn die Erkenntnis hierfür eingetreten ist, müssen diese Erfahrungen und die damit verbundenen Bilder losgelassen werden. Jede Identifikation mit den Inhalten der Vision blockiert und verhindert den nächsten Schritt. Wenn du zum Beispiel die dir gezeigte apokalyptische Vorstellung eines Weltuntergangs für eine Realität hältst, unterliegst du einem Irrtum, und es lähmt dich die Angst vor dem Leid, das damit einhergeht. Viele sogenannte Voraussagen, die in schrecklichen Bildern den Untergang der Welt prophezeien, stammen aus dem archaisch Unbewußten, basieren auf ähnlichen Visionen und haben keine Realität. Wenn du den alten Weisen oder die Erdenmutter als eine Wirklichkeit betrachtest, bleibst du im Mythos hängen. Oder wenn du dich gar mit der Faszination der Krone identifizierst, droht dir die größte Gefahr auf dem Weg: Stolz und Überheblichkeit.

Jede Geschichte oder Erfahrung aus dem Unbewußten ist ein Spiegel deiner Seele. Sie hat ihre Aufgabe erfüllt, wenn du ihre Botschaft verstanden hast.

Freiheit

Frei bist du aus SEINEM Licht geboren,
Als Sternenkind bist du jetzt wach geworden.
SEIN Band der Liebe schickt dich auf die Sphärenreise,
Als tanzender Funke erwachest du im Weltenkreise.
Die Freiheit des Lebens ist göttlicher Hauch.
Mit deinem Atem vereint, nimmst du ihn auf.
Wo bist dann du? Und wo ist Seine Wesenheit?
Die Freiheit kennt nur eines – Einheit in der Ewigkeit.

Das vitale Bewußtsein

Das göttliche Bewußtsein hat sich im Vitalen ein Instrument geschaffen, das Leben auf dieser Erde zu ermöglichen und zu entwickeln. Es ist der Motor des Lebens und hat nur eine Aufgabe zu erfüllen, das Überleben um jeden Preis zu sichern. Darin liegt seine Stärke, die Berge versetzen kann, und liegt seine Schwäche begründet, die selbst das eigene Kind zu töten vermag. Es identifiziert sich mit dem Überleben und dem Selbsterhaltungstrieb und erhält von da eine große Kraft, die noch durch Lust, Genuß und Sinnenfreude als Lohn verstärkt wird.

Da aber das Vitale als geistige Energie in seiner Möglichkeit und Aufgabe, dem Leben zu dienen, eine Ebene deines menschlichen Bewußtseins ausmacht, ist es von großer Bedeutung, daß du um seine wirkenden Kräfte, um seine Fähigkeiten und Grenzen weißt. Denn seine Funktion hängt von der Prägung ab, die du ihm gibst.

Die Vitalenergie wirkt entsprechend ihrer Ebene nach dem Gesetz der Natur des Wesens, das sie durchströmt, auch in der Pflanze und im Tier. Du gibst dem vitalen Bewußtsein als geistiges Wesen viel weitreichendere, umfassendere Informationen und richtungweisende Impulse für das Leben, die vom reinen Überlebenskampf über die Genußsucht und den Konsumzwang bis zum geistigen Weg reichen, der zum göttlichen Menschen führt.

Das vitale Bewußtsein wirkt in dir mit seiner göttlichen Intelligenz und Kraft auf den verschiedensten Ebenen, um dein Leben zu erhalten und zu fördern. Wenn du dir einmal die wunderbaren Lebensvorgänge in deinem Körper bewußt machst, den Rhythmus des Atems und den Pulsschlag des Herzens wahrnimmst, dann erkennst du, welche intelligenten, machtvollen Kräfte, die aus dem vitalen Bewußtsein kommen, dich durchströmen. Jede Heilung einer kleinen Wunde offenbart dir das Wunderwerk der vitalen Intelligenz.

Im Laufe der Evolution hat diese Lebenskraft alle die Lebensformen hervorgebracht, die dein Menschsein ausmachen. Das vitale Bewußtsein enthält das Lebensprogramm, das es als Instrument ausführen muß. Als solches ist es aber nur auf seine Aufgabe, entsprechend der jeweiligen Stufe der Evolution, der es zu dienen hat, begrenzt. Es ist sich auf den niederen Ebenen des Lebens seiner selbst nicht bewußt. Erst als der sich seiner selbst immer mehr bewußt werdende Geist im Menschen erwachte, entstand eine Art Kampf um die Vorherrschaft der menschlichen Kräfte. Dabei hat es sich so weit in den Vordergrund gedrängt, daß es zu einem wichtigen Teil des Egobewußtseins wurde.

Diese Auseinandersetzung findet auch noch in dir statt. Das Vitale will seine Bedürfnisse und Wünsche um jeden Preis erfüllen. Da es mit der Kraft des Triebes ausgestattet wurde und mit den Sinnesreizen eng verbunden ist, hat es eine große Macht über dich. Gerade wenn du beginnst, ein geistiges Leben zu führen, wehrt sich das Vitale mit allen Mitteln dagegen, weil es von seinem begrenzten Bewußtsein her glaubt, sein eigenes Wirken und Überleben sei in Gefahr, was ja auch alle noch nicht vom höheren Geist erfüllten Egobereiche des Menschen meinen.

Hinzu kommt, daß es sich all der übrigen Bewußtseinskräfte bedient, um seine Ziele zu erreichen. Das mentale Bewußtsein, also dein Verstand, liefert Argumente und Rechtfertigungen für sein Verhalten. Gerade das Erinnerungsvermögen vergangener Genüsse reizt das Vitale ständig, Bedürfnisse erfüllen zu wollen, die das Leben nicht braucht. Die Willenskraft wird eingesetzt, um seine Wünsche durchzusetzen. Die Gefühle verstärken die Wirkung des Vitalen. Die Sehnsucht nach Lust liefert Nahrung für das vitale Leben.

Immer wenn du dich ärgerst, obwohl eigentlich kein Grund vorliegt, immer wenn du noch mehr haben willst, obwohl du schon genug hast, das gilt für das Essen und das Trinken, für die Sexualität, aber auch für andere Güter dieser Welt, immer wenn dich Genußsucht und Konsumverhalten beherrschen, ist das Vitale im Spiel!

Die Beherrschung des vitalen Bewußtseins

Um es zu ordnen und den Bedingungen des höheren Geistes zu unterwerfen, sind allgemeine Verhaltensregeln, Gebote und Gesetze in den Religionen und bei den Völkern aufgestellt worden. Es entstand die Askese, und es wurden Mittel und Wege zur Kontrolle des Vitalen geschaffen. Dabei wurden diese Energien oft unterdrückt und kamen dann auf einer anderen Ebene des Menschen wieder zum Vorschein, zum Beispiel als Fixierung auf das Triebhafte, als Übertreibung, als Machtausübung und als Schuldzuweisung.

Auf dem Weg zum göttlichen Menschen ist es von großer Bedeutung, daß du die Kräfte des vitalen Bewußtseins erkennst und begreifst, um ihre bestimmende Macht weißt und sie beherrschen lernst. Dabei geht es nicht um Unterdrückung der vitalen Antriebe, sondern um ihre, der jetzigen Bewußtseinsstufe entsprechende Ausrichtung und Transformation.

Der gewöhnliche Mensch ist heutzutage noch sehr von den vitalen Wünschen und Begehrungen abhängig, weil er sich damit identifiziert. Wieviel Zeit und Energie, Kraft und Geld gibt er aus, um die vielen Bedürfnisse zu erfüllen und seine sexuellen Leidenschaften zu befriedigen. Wieviel Leid ist schon auf die Menschheit gekommen, weil vitale Gefühle wie Eifersucht, Neid, Mißgunst und Zorn die Gemüter beherrscht haben.

Es ist jetzt an der Zeit, die vitalen Kräfte einem sich manifestierenden neuen Bewußtsein dienstbar zu machen, sie zu vergeistigen und der Vernunft, den Willens- und den Seelenkräften unterzuordnen. Es gilt, auch das vitale Bewußtsein in die Ganzheit eines größeren Lebens einzuordnen, das sich jetzt auf dieser Erde zum Ausdruck bringen will, ein Leben im Licht, im Frieden und in der Freude eines göttlichen Lebens. Es ist ein Leben frei von den unbewußten Zwängen des Vitalen, ein Leben, in dem du die wunderbare Kraft und Energie des vitalen Bewußtseins einsetzen und lenken kannst, um deine geistigen Ziele zu erreichen.

Je stärker deine vitalen Bewußtseinskräfte erwachen, desto leichter kannst du dich von der Identifikation mit ihnen lösen. Da sie ja Bewußtsein sind, lassen sie sich vom Geist beeinflussen, lenken und erziehen. Die Grundintention der göttlichen Schöpfermacht, das Leben ständig in der Evolution auf eine höhere Ebene zu heben, liegt auch im vitalen Bewußtsein verborgen. Sie hat es selbst in seiner Entwicklung begleitet. Dieser verborgenen göttlichen Quelle entspringt die Dynamik des Geistes, der den Menschen auf dieser Erde zu einem immer höheren Erwachen bis hin zum göttlichen Bewußtsein führt und jetzt mit aller Macht hervortritt.

Wenn du das vitale Bewußtsein mit dem Licht des Glaubens, der Liebe des Herzens und der beflügelnden Begeisterung erfüllst, wird es seine Fähigkeiten einsetzen, diese Haltungen auch in sich lebendig werden zu lassen, so daß es dir auf dem geistigen Weg nicht mehr hinderlich, sondern dienstbar wird. So kann es seine eigene naturgebundene Begrenzung überschreiten.

Wenn du allerdings noch davon überzeugt bist, daß nur dieses naturhafte Leben in seiner begrenzten Zeitspanne für dich Gültigkeit besitzt und du dich mit dem vitalen Bewußtsein noch identifizierst, dann empfängt es auch diese Information. Das Leben für diesen begrenzten Zeitraum zu sichern, ist dem vitalen Bewußtsein aus seinen alten Entwicklungsstufen heraus am vertrautesten. Das ist ein wichtiger Grund, weshalb das Vitale die kraftvollsten Impulse des Geistes empfangen muß, um einer neuen Lebensstufe im Evolutionsprozeß, die es selbst noch nicht kennt, zuzustimmen. Wenn du die Liebe vollkommen auf Gott ausrichtest, muß das vitale Bewußtsein anderen Impulsen folgen und dem Geist der Liebe dienen. Das kann es aber nur, wenn dein Glaube an das göttliche Leben, deine eigene Überzeugung von der Notwendigkeit eines geistigen Verwandlungsprozesses und die Begeisterung für den spirituellen Weg dem Vitalen eine beständige Antriebskraft verleihen. Durch jede Lauheit fällt das Vitale wieder in seine alten Verhaltensmuster zurück. Wenn du diese drei wesentlichen Kräfte des Geistes pflegst, motivieren sie auch alle anderen Bewußtseinskräfte, die auch ihrerseits mit dazu beitragen, das Vitale mit dem neuen Leben des Geistes zu erfüllen.

Die Widerstände des vitalen Bewußtseins

Natürlich wirst du noch auf sehr viele Widerstände von seiten des vitalen Bewußtseins stoßen. Es reagiert nach wie vor auf Überlebensängste aller Art. Auch sie entstehen ja durch die Identifikation mit alten Verhaltensmustern, die bis in das kollektiv Unbewußte hineinreichen. In solchen Momenten kann das Vitale die letzten Kräfte mobilisieren, und es richtet dabei alle Bewußtseinswahrnehmungen nur auf das Überleben aus. Solche alten Muster findest du deshalb auch in dir vor. Sie enthalten überholte Ängste, die in deiner jetzigen Bewußtseinsstufe als Mensch nicht mehr nötig sind. Aufkommende Furcht warnt das Lebewesen vor einer Gefahr, die sein Leben bedroht. Durch dein Erinnerungsvermögen sind in den Tiefen deines Bewußtseins viele solcher bedrohlicher Situationen gespeichert, deren Angstenergien heute noch hochkommen, wenn Überlebensängste auftauchen. Sie können auch bei dir auftreten, wenn du zum Beispiel Sorge hast, daß ein neues Bewußtsein deine gewohnten Lebensstrukturen in Frage stellen kann, wenn du Sicherheiten und scheinbares Überlebenspotential zu verlieren glaubst, wenn das Neue, das einbricht, liebgewonnene Gewohnheiten und Verhaltensweisen in Frage stellen könnte. Aber alle diese Ängste kommen aus einem Mißtrauen allen Veränderungen gegenüber. Sie sind die Folge eines Nichtwissens darüber, was die göttliche Schöpfermacht bisher an Wunderbarem hervorgebracht hat und welche unbegrenzten Möglichkeiten ihr zur Verfügung stehen, den Evolutionsplan zum göttlichen Menschen hin zu verwirklichen. Hinzu kommen auch noch die Überlebensängste, die von der Überbevölkerung, von Umweltschäden und von Naturkatastrophen geweckt werden.

Das vitale Bewußtsein muß sich heute mit einer Lebenssituation auseinandersetzen, die es in früheren Zeiten noch nie gegeben hat. Die meisten Menschen dieser Erde sind damit noch völlig überfordert. Wieviel schwerer ist es dann für das Vitale zu akzeptieren, daß es in Zukunft, die jetzt, in diesem Augenblick beginnt, seine Machtdomäne des vertrauten, natürlichen Lebens, vollkommen dem Geist übergeben muß, den es zunächst noch nicht kennt und dem es in dieser Unkenntnis mißtraut!

Das Vitale wird sich nicht nur in dir, sondern in der ganzen Natur dieser hervorbrechenden Geisteskraft bewußt. Auf der einen Seite muß es noch den alten Naturgesetzen folgen, auf der anderen Seite fühlt es bereits die neue Dynamik des Geistes, an der es teilhaben kann. In dieser doppelten Identifikation wird das vitale Bewußtsein so lange hin und her geschleudert, bis es zu einer Harmonisierung zwischen dem natürlichen und dem geistigen Leben kommt.

Die neue Orientierung des vitalen Bewußtseins

In den zum göttlichen Bewußtsein erwachten Menschen hat diese Neuorientierung zu allen Zeiten stattfinden müssen. Sie gipfelt in der Erfahrung der Einheit von Körper und Geist oder in der mystischen Sprache ausgedrückt: in der Hochzeit von Himmel und Erde im Menschen. In der Vergangenheit wurde das Vitale auf dem Transformationsprozeß zur Einheitserfahrung nur von einzelnen Menschen verwandelt, aber in der neuen Zeit erfährt das vitale Bewußtsein aller Wesen diesen Verwandlungsprozeß, an dem auch die ganze Erde teilnimmt. Bis dahin ist noch ein langer Weg zu gehen, den der Mystiker oder der Mensch auf dem Weg nach innen als einen Läuterungs- oder Reinigungsprozeß erfährt. In dieser Neuorientierung erkennt der Mensch seine überholten, alten vitalen Identifikationen mit dem Leben, und er kann sie durch die neue Identifikation mit dem Urgrund allen Lebens loslassen und in dieser Befreiung immer mehr aus der Quelle allen Lebens handeln, bis daß die höchste Seele ganz die Führung des Vitalen übernimmt.

Wenn das geschehen kann, hat sich das Vitale schon sehr weit von den alten Überlebensmustern gelöst und ist bereit, aus der Quelle des Geistes zu leben und zu wirken. Dann erhält es die Antriebskraft des Lebens aus der Quelle der Liebe. Es wird in der Begeisterung vom höheren Geist gelenkt, und es empfängt seine Kraft aus dem Glauben. Das vitale Bewußtsein darf dann seine Impulse der Angst im göttlichen Geist heilen lassen und einem anderen, unbegrenzten Leben vertrauen. Es braucht seine Kräfte durch Konsumverhalten und Vergnügungssucht nicht mehr unnötig zu zerstreuen und durch Ausleben der Triebe und Leidenschaften zu vergeuden, sondern es kann seine Lebenskräfte in schöpferischen Impulsen für die Entwicklung der Menschheit einsetzen und dem Wahren, Guten und Schönen dienen. Das Vitale kann durch die Identifikation mit der Quelle des Seins eine neue Wonne und Seligkeit empfangen und an dem alles beseligenden Glück eines geistigen Lebens teilnehmen.

Wenn das vitale Bewußtsein einmal die göttliche Freude erlebt hat, wird es seine wahre Identifikation mit dem göttlichen Leben anerkennen und die letzten alten Triebe und Bedürfnisse und Wünsche bereitwillig loslassen.

Seligkeit

Berauscht vom göttlichen Strom des ananda
liege ich zu deinen Füßen, Herr.
Meine Seele tanzt die Füße des Lichtes wund.
Ihr Tanz zerschmilzt in deinem Herzen,
göttliche Mutter.
Hör' auf, mit gühenden Liebesfunken in meinen
ekstatischen Leib zu zielen.
Fühlst du nicht, wie er zerpringt?
Doch du lachst nur den Donner der Wonne
in mein Ohr und zwingst meine Augen
in dein Meer der Seligkeit einzutauchen.

Das mentale Bewußtsein

Du selbst bist Seligkeit. Du selbst bist das Energiefeld, in dem sich alles ereignet und in dem alles vorhanden ist. Du selbst bist der Bewußtseinsraum, in dem alle Weisheit ruht. Für diese Erkenntnis hat das mentale Bewußtsein eine Schlüsselfunktion inne. Es gibt dir durch bewußtes Denken die einmalige Chance, das Leben um dich herum wahrzunehmen, es zu beschreiben, seine Strukturen zu erforschen, zu messen oder zu analysieren und dich selbst zu erkennen.

Es gab Zeiten in der menschlichen Entwicklung, in denen noch nicht das Denken das Verhalten des Menschen prägte. Das mentale Bewußtsein war genauso wie das vitale in den Vorstufen menschlicher Geistesentwicklung immer schon in der Verborgenheit des Geistes anwesend. In dieser Geisteskraft aber hat es sich entfaltet bis zu dem heutigen Verstand mit all seinen Fähigkeiten, mit seiner Klarheit, Dinge zu durchschauen, mit seiner Intelligenz, Leben und Welt zu begreifen.

In grauer Vorzeit konnte sich der Mensch durch das mentale Bewußtsein zum ersten Mal differenziert als Individuum wahrnehmen. Er konnte aus dem Es als undifferenzierte Einheit zum Wir als Gruppeneinheit bis zum Ich erkennenden Wesen aufsteigen. Das mentale Bewußtsein hat das Egobewußtsein zur Vollendung gebracht, aber das Ego ließ auch gleichzeitig die schmerzhafte Trennung von der Einheit allen Seins erfahren. In diesem Trugschluß, daß du von ihm getrennt bist, lebst du heute noch.

Das mentale Egobewußtsein ist sich seines Ursprungs in seinem begrenzten Raum des mentalen Denkens nicht bewußt. So ist dein wahres Wesen nicht das Wesen, das sich mit dem Mentalen identifiziert und aus diesem Bereich „Ich" sagt. Dein wahres Wesen war immer schon zu allen Zeiten durch alle Evolutionsstufen hindurch dein göttliches Selbst, das dich noch im Unbewußten die undifferenzierte Einheit erfahren ließ und im göttlichen Menschen zur Entfaltung kommt. Das mentale Bewußtsein ist die Brücke zwischen den früheren unbewußten Bewußtseinsschichten und dem Oberbewußtsein, aus dem alle inspirative Kraft des Denkens und Handelns fließt.

Da du wie jeder Mensch in diesen Entwicklungsprozeß hineingenommen bist, das mentale Bewußtsein das wichtigste Instrument der Seele ist und den Übergang zu einer höheren Bewußtseinsstufe darstellt, ist es wichtig, sich der Funktionen und Strukturen des Denksystems bewußt zu werden, seine Fähigkeiten bis zur Vollkommenheit zu entwickeln, um sie einmal mit der zunehmenden Klarheit und Transparenz überschreiten zu können.

Die Struktur und die Aufgabe des mentalen Bewußtseins

Auch das mentale Bewußtsein ist wie alle vorhergehenden Stufen Teil des Schöpfungsplanes und dient dem Leben und seiner Entwicklung bis zur höchsten Stufe des Menschen. Da es höhere Schwingungen des Geistes in sich birgt und aufnehmen kann, ist es befähigt, auch höhere Aufgaben des Überlebens auszuführen. Viele Funktionen, die in früheren Entwicklungsstufen das vitale Bewußtsein mit seinen mehr instinkthaften, einprogrammierten Kräften zu erfüllen hatte, sind von dem Mentalen übernommen worden. Daß es aber noch sehr eng mit dem vitalen Bewußtsein verbunden ist, kannst du daran sehen, daß sich sehr viele Gedanken mit der Erfüllung seiner Ziele, Wünsche und Bedürfnisse beschäftigen. Das mentale Bewußtsein war zunächst ganz in die Identifikation mit dem Vitalen eingebunden. Es wird aber in seiner Transformation zur höheren Entwicklung gerade durch diese einseitige, naturverhafte Identifikation behindert.

Im normalen Lebensablauf des denkenden Menschen spielt die Verbindung mit dem vitalen Leben nach wie vor eine vorrangige Rolle. Hierdurch wird das Mentale zum Werkzeug des vitalen Bewußtseins benutzt. Du mußt erkennen, daß die Bedürfnisse des Lebens dabei nicht ursächlich im Denken hervorgerufen werden, sondern im vitalen Trieb, im vitalen Fühlen und Wünschen, das sich ganz auf das Überleben ausrichtet und das Denken hierfür benutzt. Auf diese Weise bist du abhängig von deinen Gedanken, die unter der Herrschaft des vitalen Lebens mit seinen unterschiedlichsten Überlebensvorstellungen entstehen. Der sogenannte denkende Mensch ist durch die einseitige Identifikation des Egobewußtseins mit dem vitalen Leben unfrei in seinem Denken und Handeln, ohne das zu wissen oder wissen zu wollen. Hierdurch wird das mentale Bewußtsein zur

Quelle des Leidens und zu einer Falle, die von einer Unwissenheit in die andere führt.

Dabei ist das mentale Bewußtsein weder frei, noch ist es unfrei. Das mentale Bewußtsein ist ein Energiefeld, das durch die Kraft der Konzentration wirkt. Die Aufmerksamkeit des Geistes richtet sich auf ein Objekt. Die Sinne nehmen es auf, so daß gleichsam eine Photographie im Verstand entsteht. Je konzentrierter die Aufmerksamkeit ist, mit der du die Umgebung wahrnimmst, desto besser bildet sich die Wirklichkeit in deinem Denksystem als Duplikat ab. Du kannst deine Konzentrationsfähigkeit daran messen, wieviel Einzelheiten einer Umgebung oder eines Bildes du aufgenommen hast, wenn du dir das Geschaute vor deinem inneren Auge vorstellst und es anschließend wieder mit der äußeren Wirklichkeit vergleichst.

Dein ganzes Denksystem besteht aus Bildern und Vorstellungen, die du einmal wahrgenommen hast. Du denkst in Bildern. Deswegen ist es so wichtig, daß du deine Sinnesorgane bei allen Wahrnehmungsvorgängen mit voller Aufmerksamkeit und Konzentration erfüllst, damit das Denksystem richtige Daten bekommt. Je besser du dein Wahrnehmungsvermögen schulst und je stärker deine Konzentrationsfähigkeit ist, desto besser kannst du denken. Denn die aufgenommenen Bilder und Informationen bilden das Material deines Verstandes.

Sie alle sind in deiner Erinnerung gespeichert und sollten möglichst auch in deinem bisherigen Wissen geordnet sein, damit du sie als Daten zur Verfügung hast, wenn du ein Problem mit Denkvorgängen lösen willst. Auch da gilt, je klarer alles Wissen in dir geordnet ist, das heißt, je besser du alles verstanden hast, was dir als Wissen mitgeteilt wurde, desto mehr Wissen steht dir zur Verfügung, desto besser kannst du denken, es anwenden und die Schwierigkeiten deines Lebens lösen.

Viele Bilder und Erfahrungen, die das Denksystem aufgenommen und in der Erinnerung gespeichert hat, stehen dir aber nicht mehr zur Verfügung, weil du sie vergessen hast. Das ist unangenehm, gerade dann, wenn du das Wissen brauchst. Aber durch die Schulung deines Gedächtnisses kannst du die Vergeßlichkeit reduzieren. Das ist besonders von einem gewissen Alter an von Bedeutung, wenn der Körper und die Gehirnzellen, die der Verstand als Instrument benutzt, durch Alterungsprozesse nicht mehr voll funktionsfähig sind.

Wichtiger aber ist zu wissen, daß viele Erfahrungen in den unbewußten Teil des mentalen Bewußtseins absinken und dir nicht mehr in deinem Wachbewußtsein zugänglich sind. Wenn diese Erlebnisse als mentale Eindrücke noch mit unaufgelösten, unverarbeiteten Energien verbunden beziehungsweise aufgeladen sind, dann haben sie aus diesem unterbewußten Bereich eine negative, oft krankmachende, niederdrückende Wirkung. Viele nicht aufgearbeitete Kindheitserlebnisse, Streitigkeiten, die nicht gelöst wurden, nicht geheilte Verletzungen und Verwundungen der Psyche, unterdrückerische Aktionen, Erfahrungen, die mit negativen Gefühlen aus dem Vitalen wie Angst und Eifersucht geladen sind, unerlöste Schuldgefühle, alle diese negativen Erfahrungen aus dem verdunkelten Bereich des Unbewußten beeinflussen nicht nur deine Gefühle, dein psychisches Gleichgewicht, deine Handlungsfähigkeit, sondern auch die Klarheit deines Denkens.

Es ist ein Teil deines jetzigen Weges, diese dunklen Zonen deines Bewußtseins zu erhellen und sie durch Erkenntnis und Vergebung im göttlichen Licht aufzulösen. In den folgenden Unterweisungen wirst du Hilfen bekommen, wie das geschehen kann.

Das mentale Bewußtsein hat im Laufe der Evolution alle Überlebensprobleme gelöst, den Menschen aus primitiven Zuständen zu hohen Stufen der Kultur und der Zivilisation geführt. So wird es auch dein Leben begleiten, aber mit einer ständig wachsenden höheren Schwingung.

Mit dem Vorwärtsschreiten der Evolution der Menschheit werden auch größere Probleme auftauchen. Wenn du dich aufmerksam umschaust, kannst du sie erkennen. Dafür muß auch das mentale Bewußtsein höhere Fähigkeiten entwickeln, sich immer mehr von der Urquelle allen Wissens inspirieren lassen, um diese lösen zu können.

In der Zukunft werden mehr Kinder geboren, die schon ein höheres mentales Bewußtsein in die Wiege gelegt bekommen. Ihr Geist wird klarer sein. Sie werden das Wissen der Welt leichter aufnehmen und begreifen können, und sie werden schon früh den Sinn des Lebens erkennen und sich dem geistigen Evolutionsprozeß widmen.

Du solltest dich schon jetzt den höheren Stufen des mentalen Bewußtseins öffnen. Deine Denkfähigkeit entwickelt sich, wenn du dich auf den geistigen Weg begibst. Auf ihm erkennst du die größeren Zusammenhänge des Lebens. Die intuitive Kraft nimmt zu, die dich mit dem Ursprung der Wahrheit in Verbindung bringt. Aus ihr empfängst du Weisheit, Einsicht und eine höhere Intelligenz. Ein Leben der Weisheit ist schon eine wichtige Vorbereitung für den göttlichen Menschen.

In Zukunft werden sich immer mehr Menschen der intuitiven Kraft des Göttlichen öffnen und sich vor allem in ihrem Leben davon leiten lassen. Versuch es einmal, dich von deiner inneren Stimme, die aus dem Wesen kommt, nicht aus dem Ego – diese Gabe der Unterscheidung mußt du beherrschen lernen – inspirieren und führen zu lassen. Wenn du die höheren Schwingungen in deinem mentalen Bewußtsein aufnimmst, wirst du erfahren, daß alles leichter wird in deinem Leben und sich alles wie von selbst ordnet.

Eine sehr große Bedeutung hat das schon höher entwickelte mentale Bewußtsein für die Erkenntnis von tieferen Bereichen des Lebens. Es kann den Sinn des Lebens begreifen, den Menschen in seinem Wesen erforschen, die Welt in ihren Tiefenstrukturen durchschauen und die eigene Begrenzung durchbrechen. Es kann durch Betrachtung und Reflexion höhere Ebenen des Seins erkennen und sich der Wirklichkeit Gottes annähern. Vor allem aber ist es ein wichtiges Instrument für die Selbsterkenntnis und kann helfen, die Pforten der Seele zu erschließen.

Hindernisse aus dem mentalen Bewußtsein

Gedanken beeinflussen dein Leben. Wenn du dich mit vitalen Wünschen und Begierden beschäftigst, werden dich deine Gedanken immer wieder in diese Richtung führen, und du wirst durch die Macht des Vitalen von ihnen abhängig. Wenn du angsterfüllte Gedanken hegst, ziehst du die Geschehnisse heran, vor denen du Angst hast.

Krankmachende Gedanken verstärken die Krankheit oder verursachen sie gar. Falsches, kritisches und negatives Denken stört die Beziehung zu deinen Mitmenschen. Eine große Hilfe, um sich von dieser Abhängigkeit zu befreien, besteht darin, deine Gedankenwelt zu ordnen und auf positive Inhalte auszurichten.

Eines der größten Hindernisse für den Fortschritt auf dem geistigen Weg, aber auch für ein glückliches Leben, ist die Zerstreuung. Wenn du dir bewußt machst, daß die Konzentration der mentalen Energien das Denken hervorbringt und dir die aufgenommenen Bilder in der Sammlung des Geistes zur Verfügung stehen, dann kannst du ermessen, daß die Zerstreuung des Mentalen so große Schwierigkeiten im Leben bereitet. Sie ist eine Hauptursache aller Probleme. Sie belastet dich nicht nur in der Arbeitswelt, und sie bereitet nicht nur den Kindern in der Schule Schwierigkeiten, sondern sie stört auch die Beziehung zwischen den Menschen. Ganz besonders ist die Zerstreuung ein Hindernis für die spirituelle Übung, wie Gebet und Meditation. In einem zerstreuten Geist kann sich das göttliche Leben nicht zum Ausdruck bringen.

In den Unterweisungen, die in diesem Buch aufgeschrieben sind, wirst du viele Hinweise und Impulse finden, wie die Zerstreuung überwunden werden kann. Alle Konzentrationsübungen, auch die kleinste, wie das Sammeln deiner Aufmerksamkeit auf das, was du sprichst, wie du gehst und wie du sitzt, sind Hilfen auf deinem Weg. Im Laufe der Übungszeit wird die Konzentration leichter.

Die totale Hinwendung zur Quelle des mentalen Denkens beginnt mit der Konzentration, in der du dich nicht mehr mit den Strukturen des vitalen Lebens identifizierst, was so unendlich viel Anstrengung und Mühsal zur Folge hat. Es ist eine Konzentration ohne Anstrengung, in der alle Identifikationen losgelassen werden und die in eine andere Dimension des Bewußtseins führt, die hinter allen Strukturen der Gedanken und Gefühle liegt, in der das Selbst in dir an die Quelle der Weisheit angeschlossen ist. In der Konzentration ohne Anstrengung findest du die Brücke, die dich zum Grund deines Denkens führt. Diese Brücke ist in dir selbst. Ist es nicht einsichtig, nun die Brücke der Erkenntnis und Weisheit zu suchen? Und ist es nicht einleuchtend, daß dich hier eine Weisheit erwartet, von der das mentale Bewußtsein nichts ahnt?

In dieser Verbindung mit der Quelle des Denkens kann sich die Seele auch immer mehr von der Identifikation mit dem Mentalen lösen und sich von seinen Meinungen, die den Anspruch auf Wahrheit erheben, und der begrenzten Sichtweise, die dem mentalen Bewußtsein anerzogen wurde, befreien.

Das Denken ist immer begrenzt, weil es von der Raum-Zeit-Dimension geprägt ist. In der Wissenschaft zum Beispiel wird heute die Begrenztheit des Verstandes immer mehr erkannt. Gerade durch ihren Absolutheitsanspruch auf Wahrheit und Wissen ist in der Vergangenheit viel Leid und Unrecht geschehen. Entdeckungen wurden nicht anerkannt und zurückgehalten, die der Entwicklung und dem Fortschritt der Menschheit gedient hätten. Auch heute noch werden wichtige Erkenntnisse unterdrückt, weil sie nicht in das zur Zeit gültige Weltbild hineinpassen und wirtschaftliche Interessen auf dem Spiel stehen.

Dabei wirken sich auch die Machtansprüche aus dem mentalen Bewußtsein, gespeist vom Vitalen, aus, die sich im Nichterkennen ihrer Grenzen durchsetzen wollen. So wurde und wird das Denken mißbraucht, um andere zu unterdrücken, unfrei zu machen und zu manipulieren. Verhaltensweisen wie zwanghaftes Rechthaben und festgelegte Vorstellungen verhindern neue Erkenntnisse. Sie sind Hindernisse aus dem denkenden Bewußtsein, die auf dem Weg zum göttlichen Menschen überwunden werden müssen. Sollte der Geist nicht dazu dienen, das Leben der Menschen mit Freude und Glück zu erfüllen und die Liebe Gottes zum Wohl aller Wesen zum Ausdruck zu bringen?

Das Wissen als Ansammlung aller Erkenntnisse des mentalen Bewußtseins ist ein großer Schatz der Menschheit. Wer aber daran hängenbleibt und keine weiteren Entwicklungen in höhere Erkenntnisse und in die Bereiche des Geistes zuläßt, der sich auch im Mentalen mitteilen und offenbaren will, der verhindert die Entwicklung der Menschheit und macht sich schuldig!

Wer Nichtwissen für Wissen hält und nicht bereit ist, es aufzulösen, der muß leiden. Das Nichtwissen, der Irrtum oder auch das falsche

Wissen, das man für richtig hält, waren zu allen Zeiten die Hauptursache von Leiden. Das gilt im beruflichen, familiären, politischen und gesellschaftlichen Raum, aber noch mehr auf der geistigen Ebene. Wer in seiner mentalen Begrenzung sein Ego für sein wahres Wesen hält, wer in der Verhaftung des Vitalen nicht seine materiellen Bedürfnisse und Lustobjekte loslassen kann, wer im Festhalten an alten überlebten Strukturen das Neue, das einbrechen will, aus Unkenntnis ablehnt, der muß leiden. Erst wenn sich im mentalen Bewußtsein diese Erkenntnis durchsetzt, kann sich der Mensch vom Leid befreien. Das geschieht aber nur dann, wenn er sich aus dem Gefängnis des begrenzten Denkens befreit und sich den Kräften des göttlichen Geistes öffnet und hingibt.

Wenn du über diese Brücke schreitest, öffnet sich dein inneres Herz für die Offenbarung deines inneren Wesens als göttlicher Mensch. Durch das mentale Bewußtsein erkennst du mit deinem Ichsinn die Zeichen der begrenzten Zeit. Jenseits der Brücke siehst du nach innen, in die Quelle des Daseins hinein. Ihr Zeichen ist göttliches Leben, das sich jetzt verwirklichen will.

Laß dich einmal in einem neuen Offensein für die Welt des Geistes von den folgenden Worten inspirieren, ohne sie deuten zu wollen. Es sind Worte, die aus der Quelle kommen. Lasse sie ganz still auf dich wirken. Vielleicht erscheinen sie dir paradox und unverständlich. Aber gerade hierin liegt das neue Verstehen, es ist das unmittelbare Verstehen ohne logische Bewertung, und es berührt das Herz, aus dem die Weisheit des Lebens stammt.

Zeichen

Die Zeichen in der Zeit
fallen wie ein Kartenhaus zusammen.
Die Zeichen im Raum verlieren ihre Dichte
und schweben im Wind der Seele.
Die Zeichen im Tor zur Liebe werden erfüllt.
Die Zeichen jenseits des Tores ruhen im Schweigen.

Alles ist Zeichen der Unendlichkeit.
Deshalb ist das zusammengefallene Kartenhaus
Liebe im Wind des schweigenden Lebens und Sterbens.

Nirgendwo ist Anfang.
Nirgendwo ist Ende.

Deshalb singe!
Der Gesang bleibt im Schweigen und erfüllt alles.
Verstehst du?
Deine Worte sollen singen!
Kennst du den rechten Gesang?
Es ist das Gebet des Herzens.

ES IST DAS WORT!
Es allein singt.

Höre den Ton!
Das Zeichen des Herrn ist
Schweigen.
Das Zeichen der Mutter ist
Liebe.
Das Zeichen des Heiligen Geistes ist
geoffenbartes Wunder.
Das Zeichen des Sohnes ist
die Tat.

Folge dem heiligen Siegel:
SCHWEIGE – LIEBE – OFFENBARE DIE HEILIGE TAT!

Das Oberbewußtsein

Das Oberbewußtsein ist die Brücke, die die Höhle des Herzens als Sitz der reinen Seele mit dem göttlichen Selbst verbindet. Beide, die reine Seele und das göttliche Selbst, sind eins im höchsten Bewußtsein. Im inneren geistigen Herzen offenbart sich das göttliche Selbst als reine Seelenkraft, die sich in den verschiedenen Bewußtseinsschichten des Menschen durch unterschiedliche Schwingungen zum Ausdruck bringt. Im Oberbewußtsein hat sich der Geist ein Werkzeug geschaffen, durch das er unmittelbarer als in den übrigen Bewußtseinsschichten wirken kann. Es besteht aus höheren Schwingungen und feineren Energieformen, so daß die reine Seele im Licht des göttlichen Selbst erstrahlen kann. Mit seiner Weisheit aus der Quelle des Seins inspiriert es deine unteren Schichten.

Wenn du über die Brücke des mentalen Bewußtseins zum Oberbewußtsein hindurchschreiten willst, mußt du deshalb zuvor in die Höhle des Herzens hinabsteigen. Das gelingt dir nur im heiligen Siegel des Schweigens. Nur in der reinen Liebe und in der Offenbarung der heiligen Tat, die darin besteht, in Demut zu dienen, wird dir der Weg zu dieser Brücke gezeigt. Nur durch das Schweigen erkennst du die Brücke. Sie trägt dich nur in der Hingabe des Herzens, und du bekommst nur die Kraft für den nächsten Schritt durch den demütigen Dienst am Leben.

Wenn du eine wachsende Sehnsucht nach einer größeren Klarheit im Denken spürst, wenn dich die Wahrheit und die Weisheit immer tiefer berühren und du dich von der Begrenzung deines jetzigen Menschseins befreien willst, mußt du dein denkendes Bewußtsein auf die Energie ausrichten, die dich auf eine höhere Stufe führen will, und mußt dich von ihr verwandeln lassen. Alle Kräfte des Lebens benötigen nun eine größere Konzentration auf dieses Ziel hin.Es werden sich feinere und zartere Energieschwingungen manifestieren. Die Anstrengungen des vitalen Lebens mit seinen groben Kräften werden in eine neue geistige Kraft verwandelt und in ihre Leichtigkeit transformiert. Durch sie kommt der erste Vorgeschmack der göttlichen Freude auf, die ein geistiges Leben erfüllt.

Auch das Wahrnehmungsfeld wird in ungeahnter Weise erweitert. Besonders in der Wahrnehmung unterscheiden sich die Stufen des Oberbewußtseins wesentlich von denen des mentalen Denkens. Das Oberbewußtsein identifiziert sich nicht mit Objekten seiner Wahrnehmung, wie es das Mentale noch tun muß, und es besitzt eine höhere konzentrative Kraft als das gewöhnliche Denken, das oft mit viel Anstrengung verbunden ist. Es zeichnet sich durch größere Klarheit, Schnelligkeit und Unmittelbarkeit aus. Weil das göttliche Licht in seiner alles durchdringenden Transparenz verstärkt durchscheint, ist es auch an höhere Wissensgebiete angeschlossen. Diese Schwingungsebene kann dem Verstand Weisheiten und tiefere Einsichten zugänglich machen. Von seiner hohen Sichtweise aus ist es befähigt, größere Zusammenhänge zu erkennen, Wissen von Nichtwissen zu unterscheiden und Unwahrheiten von der Wahrheit zu trennen.

Wenn du dir noch nicht vorstellen kannst, daß sich dieses hohe Bewußtsein auch in dir verwirklichen will, dann erinnere dich an eine Seinserfahrung, die du vielleicht erlebt hast, die dir in ihrer Klarheit, vielleicht nur in einem kurzen Augenblick, einen Einblick aus einer höheren Bewußtseinsebene geschenkt hat. Bedenke auch, daß viele große Menschen aus der Lichtkraft des Oberbewußtseins auf dieser Erde gewirkt haben. Es verwandelt die Welt und verändert durch wertfreie stille Wahrnehmung, durch Konzentration ohne Anstrengung seine Umgebung im Einklang mit der göttlichen Ordnung. Aus dieser Leichtigkeit und Freiheit heraus beginnen die intuitiven Kräfte aus der Quelle der Inspiration zu fließen, nach denen das Mentale so mühevoll sucht.

Die Intuition

Das Oberbewußtsein erhält sein Wissen durch die nach innen gerichtete Wahrnehmung, die als ein inneres Schauen bezeichnet werden kann. Das Wissen strahlt in einem intuitiven Verstehen der Gesamtzusammenhänge in das Bewußtsein ein. Es spiegelt die Einheit wider. Deshalb besitzt es grundsätzlich eine ordnende und heilende Kraft. Das daraus entstehende reine, intuitive Wissen schaut die inneren Zusammenhänge in einer intuitiven Gesamtsicht, so daß es das Rechte zur rechten Zeit und am rechten Ort tun kann.

Daraus könnten die wahre Freude des Lebens und die Gelassenheit des Gemüts im alltäglichen Lebensablauf erwachsen, wenn das Egobewußtsein dieser Intuition vertrauen würde. Das kann es aber noch lange nicht. Tagtäglich lebt es noch in einer Ebene, die den natürlichen Lebensgesetzen unterworfen ist. Überwinde das Mißtrauen und deine Angst vor dem Neuen, das dich vielleicht aus festgefahrenen Gewohnheiten und ungelösten Problemen befreit, und öffne dich jetzt in diesem Augenblick dem intuitiven Geist, der dich erfüllen und heilen will! Mache dir keine Sorgen, denn das höhere Bewußtsein ist für dich immer besser als das begrenzte Egobewußtsein. Das Ego will immer das Alte festhalten und verhindert die reine intuitive Lebensweise besonders auch dadurch, weil diese durch die anfängliche Vermischung der intuitiven Kräfte mit dem Egobewußtsein und seinem Denken verfälscht wird.

Das Ego hat durch seine gewohnheitsmäßige Vereinnahmung von allem, was ihm begegnet, die Neigung, sich in diese neue Quelle des Denkens zu verlieben und sie für sich zu beanspruchen. Dabei vermischen sich die Egokräfte mit der Intuition und verunreinigen die Weisheit der intuitiven Schau. In dieser Unreinheit ist sie eine große Gefahr für das Wachstum der Seele. Wieviel Irrtum hat sich aus dieser Verunreinigung schon verbreitet, wieviel hoffnungsvoll begonnene Wege nach innen endeten in einem aufgeblähten, überheblichen Ego, das ein spirituelles Leben in Mißkredit brachte. Falsche Lehrer und Propheten zeugen von einem bitteren Leid in der Menschheitsgeschichte. Dennoch ist selbst ein solcher Irrtum zu Anfang in Kauf zu nehmen und oft hilfreich, um den Druck des Oberbewußtseins auf die niederen Schichten zu verstärken und einen Transformationsprozeß in Gang zu setzen.

Dieser Druck im Kopf oder im Körper kann verschiedene Ursachen haben. Meist rührt er daher, daß du dich der höheren Energie und der intuitiven Kraft gegenüber wehrst und innere Widerstände aufbaust, die diesen Druck erzeugen und manchmal sogar eine spirituelle Krise hervorrufen. Gerade darin liegt die Chance, das Egobewußtsein von der Energie des Oberbewußtseins umformen zu lassen, bis es letztlich auf jeden Druck aus dieser Ebene mit der wissenden Hingabe reagiert, daß es aus einer höheren Quelle gespeist wird. Es muß in der Ein-

übung der neuen Wahrnehmung dazu erzogen werden, seine naturge-
mäßen Beurteilungen und Bewertungen, die aus dem intellektuellen
Verstand des mentalen Bewußtseins entspringen, loszulassen, um
immer mehr dem reinen, ursprünglichen Wirken aus der sprudelnden
Quelle der Intuition zu vertrauen. Dann können auch gleichzeitig alle
anderen Bewußtseinsebenen und vitalen Kräfte transformiert werden.
Sie werden aus ihrer naturhaften Begrenzung befreit und vom
Bewußtsein der Ewigkeit durchströmt. Durch die beständige Kraft
des Oberbewußtseins mit seinen intuitiven Weisheiten wird das mentale Bewußtsein mit dem Ego und mit dem Vitalen in die höhere Stufe
des Menschseins hinaufgehoben, in dem nun eine andere Macht wirken kann.

Es ist die Macht der Wahrheit und der inspirativen Weisheit aus der
Quelle des Seins. Es ist die Macht, die diese Weisheit und Wahrheit in
das alltägliche Leben integriert und dazu beiträgt, daß Unrecht in
Recht verwandelt wird, Haß in Liebe, Untreue in Treue und alles Leid
in eine beseligende Freude. Es ist eine Macht, die in ihrer absoluten
Reinheit jede Vermischung der Unwahrheit mit der Wahrheit auf-
deckt und wie mit einem scharfen Schwert alles Unwahre von der
Wahrheit trennt.

Die Reinheit der intuitiven Macht darf aber nicht mehr vom mentalen Bewußtsein, geschweige denn vom Vitalen getrübt werden. Dazu
ist eine weitere Dimension der Bewußtseinstiefe nötig, die in der
inspirativen Verbindung zum Heiligen Geist geschaffen wird.

Die Inspiration

In der inspirativen Kraft empfängst du die reinen Symbole des göttlichen Selbst. Die Propheten und Religionsgründer waren von dieser
Kraft erfüllt, als sie den Willen Gottes befolgten. Alle inspirierten
Dichter kleiden diese Symbole in das Wort, das in seiner Schönheit
der Sprache heilend auf alle Seelenschichten wirkt. Alle inspirierten
Musiker hörten die Symbole des göttlichen Selbst in Klängen, durch
die sie die wunderbare Musik schufen, die dein Herz berührt, weil sie
die Ewigkeit widerspiegelt. Alle Meister und großen Philosophen

drangen in ihrer Liebe zur Weisheit zu dieser Quelle vor, aus der sie inspiriert wurden und aus der sie den Menschen vom wahren Sinn des Lebens berichteten. Auch ihre Weisheit erfüllt dich in einer tieferen Dimension deines Daseins, und ihr Wissen verhilft dir, deine eigene Quelle zu finden.

Die inspirative Kraft verbindet die Seelen der Menschen untereinander. In ihrem Ausdruck der Einheit beginnt das Verstehen über alle Begrenzungen des Denkens und der Kulturen der Völker auf der Erde hinaus. Die inspirative Kraft ist als eine schöpferische göttliche Kraft nicht an Zeiten gebunden. Noch heute bist du mit den inspirierten Meistern aus der Vergangenheit verbunden. Die Bibel oder andere heilige Schriften zeugen von den Titanen unter den Menschen, die zu dieser Stufe ihres Menschseins emporgestiegen sind.

Die Inspiration erleuchtet den Bewußtseinsraum in allen seinen Dimensionen, und sie ist fähig, mit einer gewaltigen Zartheit alle Dunkelheit des Unwissens in einem Bruchteil von Sekunden hinwegzufegen. Sie ist schneller als die Zeit und weiter, als alle Bewußtseinsräume der Menschen zu fassen vermögen.

Nun magst du dich fragen, wie du zu ihr gelangst. Die Inspiration liegt jenseits aller Fragen. Die Inspiration wird dir in der Gnade der vollkommenen Hingabe geschenkt. Wann sie geschieht, weißt du nicht. Du erfährst aber, daß dein begrenztes Verstandeswissen im Raum des Schweigens zur Ruhe gekommen ist. Die wahre geistige Kraft und Schönheit der Inspiration kann letztlich nur durch die Erleuchtung des Menschen hindurchstrahlen, weil erst die Erleuchtung eine umfassende Kraft der Reinigung besitzt.

Erleuchtetes Bewußtsein

Die Erleuchtung kann letztlich in ihrer Tiefe nicht beschrieben werden. Gedanken erreichen sie nicht. Alles Wissen der Welt reicht nicht aus, um die Erleuchtung zu beschreiben. Die Erleuchtung wird in diesem einen Augenblick immer wieder neu geboren. In diesem Augenblick entsteht ein neues Wissen. Ein neuer Raum deines Bewußtseins eröffnet sich dir, und eine höhere Dimension der Liebe ergreift noch mehr Schichten deines Daseins.

Das erleuchtete Bewußtsein ist deine wahre innere Wirklichkeit, die du durch deinen Weg nach innen erfahren wirst. Diese Erfahrung, in der du diese Wirklichkeit wahrnehmen darfst, wird dir geschenkt. Dann empfängst du deine eigene Wahrheit aus dem Lichtatem Gottes. Du erfährst sie im abgrundtiefen Schweigen, weit jenseits der Brücke, die dich in die endlose Weite der inspirativen Weisheit geführt hat.

Der Weg zur Erleuchtung ist immer einmalig. Er kann nur von dir selbst entdeckt werden. Du allein mußt bereit sein, mit dir und deinem Gott im Herzen vollkommen allein zu sein. Niemand kann dich begleiten. Alles mußt du lassen, auch dich selbst, nicht nur jetzt und vielleicht im nächsten Augenblick, nein, in jedem Augenblick und für alle Zeit. Nur dadurch ist die Erleuchtung fähig, alle Dimensionen deines Bewußtseins zu klären und dich für deine wahre Bestimmung als göttlichen Menschen vorzubereiten.

Das erleuchtete Bewußtsein reicht bis in die Tiefenschichten des archaisch und kollektiv Unbewußten hinein, um sie dir als Spiegel in das Licht der Erkenntnis zu heben und dir beizustehen, diese Tiefenschichten zu reinigen. Selbst das vitale Leben in dir kann immer bereitwilliger dazu beitragen, sich dem höchsten Bewußtsein anheimzugeben und ihm mit seiner vitalen Kraft zu dienen. Das erleuchtete Bewußtsein klärt deine Gedanken und bereitet sie in ihrer Durchlichtung darauf vor, immer bereitwilliger in die inspirative Quelle einzutauchen, um die reine Kraft des Geistes zu empfangen. So werden auch die intuitiven und inspirativen Kräfte tiefer erleuchtet.

Kraft dieser Durchlichtung können dir Visionen geschenkt werden, in denen dir eine Ahnung des göttlichen Menschen offenbart wird. Die Erleuchtung entzündet das Licht in dir, damit dein Tempel des Geistes im göttlichen Lichtglanz für das Fest aller Feste erstrahlt, so daß das göttliche Bewußtsein Einzug halten und seine Macht durch dich zum Ausdruck bringen kann, die Liebe ist.

Das erleuchtete Bewußtsein wächst in diese Liebe hinein. In ihr verneigt sich der Mensch vor der göttlichen Macht in einer Demut, die die Welt nicht kennt, denn alles, was das erleuchtete Bewußtsein auszeichnet, bleibt im Verborgenen, in der geschützten Innerlichkeit der Demut des Herzens. Nach außen dringt die Demut als Bescheidenheit, als Liebesdienst und als kraftvolles, leuchtendes Dasein im alltäglichen Leben. Erleuchtetes Bewußtsein begegnet dir als bedingungslose Treue auf dem Weg, der nie endet, im gelassenen Annehmen von Leid und Krankheit und in einer wachsenden Freude, die selbst die Not nicht trüben kann. Im erleuchteten Bewußtsein erlebt der Mensch seine innere Freiheit, und nichts und niemand wird sie einschränken oder gar beeinflussen können.

Im erleuchteten Menschen wächst die Sehnsucht nach Gott unbegrenzt weiter, weil er weiß, daß die erfahrene Einheit nie die letzte Einheit ist. Er weiß, daß es nur eine Einheit geben kann: Nicht mehr um die Einheit zu wissen. So sind eine Erleuchtung, die das Bewußtsein erleuchtet, und viele Erleuchtungen, die das Bewußtsein zum erleuchteten Bewußtsein werden lassen, immer noch nicht das Ziel. Der erleuchtete Mensch wartet in Demut, in gelassener Liebe und unermeßlicher Sehnsucht, bis das Ziel vollkommen von ihm abfällt. Auch hierfür muß die Zeit reif sein, und es bedarf einer noch vollkommeneren Reinigung, die sich längst nicht mehr allein auf das äußere Leben mit seinen Sorgen und Nöten bezieht. In dem umfangreichen Kapitel über den Weg zum göttlichen Menschen wirst du noch viel über diese Reinigungsstufen erfahren. Das erleuchtete Bewußtsein ist eine Quelle der Reinigung für alle Schichten der Seele und des physischen Körpers. Es ist gleichzeitig die strahlende Dimension, die den göttlichen Menschen empfängt.

Damit dies geschehen kann, muß sich der Mensch in seiner Erleuchtung im alltäglichen Leben bewähren, und er muß beginnen, das erfahrene Licht der Liebe, der Freiheit und der Freude in demütiger Bescheidenheit in diese Welt hineinzutragen.

Sehnsucht nach Erleuchtung

Kosmische Liebsglut, Du ziehst mich an.
Mit offenen Feuerarmen empfängst Du mich.
Mein Herz versengt in Liebe.
Ich will verbrennen,
auf ewig verschmelzen in Dir.
Was hält mich zurück?
Ist die Zeit noch nicht reif,
mich ganz Dir zu geben?
Warum ruft Christus
und weist auf die Barmherzigkeit?
„Diene und warte!"
ist die Antwort aus dem schweigenden Raum.
Ich erkenne die Botschaft.
Dein feuriges Liebesantlitz ist Reinigung.
Nun zieht es die lockenden Zungen zurück,
mildert den Blitz,
gibt mich frei.
Demütig nehme ich den Erdengang wieder auf,
bin bereit für das Leben.
Doch nun wird mein Sehnen unermeßlich sein.
Das Feuer der Liebe hat sich entzündet.
Deine Liebe hat mich gezeichnet.
Dein Feuer brennt in mir.
Ich weiß um Einheit.
Ich weiß um Freiheit in Dir.
Ich weiß um Dein Licht.
Es wird mich verwandeln.
Ich werde frei in Dir
aus Deinem Lichte leben.
EINS IN DER LIEBE.

Göttliches Bewußtsein

Eine neue Dimension des Bewußtseins bricht in dir auf, wenn das erleuchtete Bewußtsein den letzten Winkel deines Daseins von innen und außen gereinigt hat, wenn alle Schichten der Seele in ihr Zentrum des Herzens heimgeholt worden sind und wenn sie aus diesem Zentrum heraus dem Leben dienen. Das göttliche Bewußtsein beginnt zu wirken, wenn das höchste Selbst in liebender Einheit mit der Seele dein ganzes Leben führt. Alle Gedankenkräfte des mentalen Bewußtseins sind dann von den inspirativen Lichtkräften verwandelt worden. Das Egobewußtsein ist im Licht der Liebe eingeschmolzen. Die vitalen Kräfte sind von ihrer Unwissenheit befreit und im Heiligen Geist mit der wahren Kraft allen Lebens verwoben. Die unbewußten Schichten sind in einem langen Läuterungsprozeß von aller Schuld und allen Wunden geheilt. Alle Unwissenheit und Täuschung werden in der Urkraft der Weisheit verwehen, und ein großes, befreiendes Lachen verkündet ein neues Leben, ein erleuchtetes Leben in der Schwingung einer glückseligen Freude!

Wenn die neue Dimension des göttlichen Bewußtseins in dir einbrechen kann, beginnt in dieser erleuchteten Befreiung in allen Räumen und Dimensionen, in allen Sphären und Welten der Jubel der ganzen Schöpfung. Die ganze Schöpfung erwartet das Erwachen im göttlichen Bewußtsein. Im Menschen soll es Wirklichkeit werden. Dein langer Weg vom Unbewußten bis zum mentalen Bewußtsein soll ja über das Erwachen im Licht des höchsten Bewußtseins als Erleuchtung in einen noch höheren Zustand, in das göttliche Bewußtsein selbst, hineinführen.

In diesem Erwachen beginnt eine neue Menschheitsstufe, der göttliche Mensch. Die Manifestation des göttlichen Bewußtseins und die Verwirklichung des göttlichen Menschen ist noch eine Vision. Sie ist aber gleichzeitig eine gegenwärtige Wirklichkeit, die im höchsten Bewußtsein immer schon angelegt war. Jetzt ist die Zeit gekommen, wo es sich immer mehr offenbaren will. Die Transformation in das göttliche Bewußtsein hat längst begonnen. Alles Leben in der Materie, in den vitalen Kräften und in den Seelenschichten wird auf diese neue Dimension bereits vorbereitet.

Noch weniger als das erleuchtete Bewußtsein kann das göttliche Bewußtsein beschrieben werden. Es kann sich nur in einer Sphäre der Reinheit, des Schweigens und der erleuchteten Kraft der Seele als eine Vision mitteilen. Das Leben des göttlichen Menschen, das als Vision im göttlichen Bewußtsein zum Ausdruck kommen kann, bleibt deshalb eine individuelle Schau. Im göttlichen Bewußtsein ist alles möglich. Es überschreitet alle Vorstellungen, die jemals erdacht wurden oder erträumt werden können. In seiner Dimension begegnet dir die Quelle der Wahrheit. Du kannst dich von ihr berühren lassen oder durch deinen begrenzenden Verstand diese Wirklichkeit verleugnen. Das göttliche Bewußtsein bleibt davon unberührt.

Deshalb bleibe offen für das, was dir nun in diesem Buch begegnet. Wenn du mit dem inneren Herzen liest, wird es dir die Wahrheit in jeder Zeile durch ein Signal der inneren Berührung mitteilen.

Das Leben
des
göttlichen Menschen.

Das Fest der Liebe

Das Leben des göttlichen Menschen ist ein Fest der Liebe. Es ist mit nichts zu vergleichen, was wir heute kennen, um den Zauber der Zartheit wiederzugeben, der in diesem Fest schwingt und alles Sein zu einem einzigen Jubel werden läßt.

Du bist aufgehoben, eingegangen und eins geworden mit dem und in dem, was du seit Ewigkeiten her warst und bist. Die Vergangenheit liegt nicht mehr als ein Schatten hinter dir, denn selbst diese Schatten sind eingewoben in das Licht der Liebe. Die Zeit ist vollkommen im Klang des Augenblicks gegenwärtig, und du kannst ihn singen, spielen und tanzen.

Laß dich jetzt in diesem Moment nicht von deinem Verstand täuschen, der dir einflüstert, daß das alles nur eine wunderschöne Illusion sei. Er ist im Kerker zwischen Raum und Zeit gefangen. Du wirst die Wahrheit vom göttlichen Menschen erkennen und wissen, was wirklich Freiheit bedeutet, wenn sich dieser Kerker auf deinem Weg Schicht um Schicht öffnet.

Das Leben des göttlichen Menschen liegt jenseits aller Vorstellung von dem, was du mit Freiheit meinst. Liebe ist Freiheit. Der göttliche Mensch ist Liebe. Alles in ihm und durch ihn ist ein Ausdruck der Liebe. Sie ist es, die das Lied der Freiheit singt.

Das Wunder der Liebe

Im göttlichen Menschen ist das Wunder der Liebe erwacht. Die Wunde der Sehnsucht nach Einheit ist im göttlichen Atem heil geworden. Der Atem der Liebe durchströmt sein ganzes Wesen und erfüllt ihn mit einer unaussprechlichen Freude. Seine lachenden Augen sind der Spiegel der Liebe. Sein Denken, sein Sprechen und sein Tun sind ein Ausdruck der Liebe. Der göttliche Mensch singt und tanzt die Liebe im heiligen Feld der Freiheit. Was immer er auch tut, es wird aus der Schwingung der Liebe geboren.

Die Begegnung mit dem anderen ist eine vollkommene Ergänzung im Du. In der Sphäre der Liebe ist sie wie ein Gebet der Hingabe, durch dessen heilige Schwingung der Urgrund der Liebe zum Ausdruck kommt. Der göttliche Mensch kann sich in seiner Vollkommenheit ganz in den anderen einschwingen. Immer bleibt dabei das andere Wesen der individuelle vollkommene Ausdruck Gottes. In der liebenden Einheit erhebt sich die Vollkommenheit zu einer neuen Stufe.

In der Liebesbegegnung verdichten sich alle schöpferischen Energien zweier Wesen zu einem mächtigen, kraftvollen Strom, der aus der Urquelle der Liebe gespeist wird. Aus ihr entstehen Werke der Liebe im Miteinander und Füreinander. Die schöpferische Kraft der Liebe läßt eine Fülle von Kunstwerken entstehen, die in ihrer Schönheit, in ihrer Formenvielfalt und in ihrem künstlerischen Ausdruck nicht einmal mit den Werken genialer Meister vergleichbar sind.

Der göttliche Mensch ist als Erleuchteter erwacht. Sein Körper, seine Psyche und sein Intellekt stehen nicht mehr im Widerstreit miteinander, so daß die Bedürfnisse des Körpers, die Begierden der Psyche oder die Wünsche des Verstandes das Liebesspiel der Einheit, das immer gegenwärtig ist, nicht stören können. Jede Zelle strahlt im Licht der Liebe. Die Gefühle sind in einer Tiefe, Weite und Vielfalt erwacht, daß sich darin die Seligkeit des ganzen Kosmos widerspiegelt.

In der stets gegenwärtigen Erfahrung der Harmonie aller Wesensschichten im göttlichen Menschen darf endlich die Schöpfungsmelodie erklingen, die für ihn und nur für ihn gedacht ist. Aus ihr erklingt seine Liebessymphonie, in der sich die Fülle des Lebens offenbart. Sie ist fähig, das Universum zum Klingen zu bringen. Sie erreicht in ihrer zarten Vibration jedes Lebewesen, jedes Tier, jede Pflanze, ja, sogar jeden Stein. Sie berührt alles Sichtbare und Unsichtbare, denn alle Formen und Ebenen des Lebens werden in der Liebe geeint.

So hat der göttliche Mensch sein Nichtwissen, in dem er sich als Einzelwesen getrennt von der allumfassenden Liebe erfahren hat, überwunden. Er hat das ewige, lange genug verborgene Einssein mit allen Wesen durch den in ihm wachgewordenen Lichtsamen der Liebe Gottes wiederentdeckt. Das beglückendste Erwachen und der bedeutendste Verwandlungsprozeß, der je in der Menschheit stattgefunden hat und der mit einem unfaßbaren Jubel in der gesamten Schöpfung einhergeht, ist geschehen. Nicht nur der Mensch, alles Sein wird sich im heiligen Feld der Liebe wiedererkennen.

Durch das Bewußtsein der Liebe öffnen sich dem göttlichen Menschen auch andere Dimensionen und geistige Sphären, mit denen er in liebende Verbindung treten kann, aus deren Schwingungen er erleuchtete Inspirationen und neue Erkenntnisse erhält. Sie durchlichten ständig sein Wesen und erfüllen ihn mit einer beseligenden Liebe und einer unaussprechlichen Freude, die sein Wirken und Handeln in dieser Welt beflügeln. So erfährt er unmittelbar, daß in der ganzen Schöpfung und in den göttlichen Welten das Gesetz der Liebe herrscht, das in sich selbst das Maß für die kosmische Ordnung ist. Im Werden und Vergehen des Lebens ergießt sich in der göttlichen Ordnung immerfort das Liebesfeuer des Heiligen Geistes im Gesang des Friedens in diese Welt.

Auch der Friede, den du so sehnsuchtsvoll suchst, ist ein Kind der Liebe und nicht von ihr zu trennen. Sowohl im sich ordnenden Chaos während des ganzen Evolutionsprozesses als auch im wonnevollen Gestalten der Schöpfungsvielfalt offenbart sich der göttliche Friede, der alle Vernunft übersteigt. Immer verströmt der Zauber des göttlichen Friedens den Duft der Liebe in einer alles umfassenden Seligkeit der Freude in das sich wandelnde Leben hinein.

Vom Geist der Liebe durchströmt, wandert der göttliche Mensch durch seine Zeit und seinen Raum. Stets ist er im heiligen Feld der Liebe von ihrem göttlichen Klang erfüllt. Die Liebe läßt ihn immer wieder neu werden. In ihrer Schwingung ist er der Ton in der Schöpfungsmelodie Gottes, der in der Harmonie mit allen Wesen die Liebessymphonie zum Klingen bringt. So wird der göttliche Mensch zum Mitgestalter der Schöpfung, in der sich immer vollkommener die Liebe zum Ausdruck bringt.

Die Inspiration des Geistes

Eine neue Welt wird in dir geboren, wenn du als göttlicher Mensch erwacht bist. Diese neue Welt ist jetzt schon in dir angelegt und in der Verborgenheit deines Herzens anwesend. Du hast sie noch nicht wahrgenommen, oder du fühlst ihre Anwesenheit als heilige Ahnung. Wenn die göttliche Liebe einmal dein ganzes Sein durchleuchtet, bist du mit dem Bewußtsein der Wahrheit verbunden, und alle Unwissenheit ist von dir abgefallen. Alles Wissen der Welt steht dir zur Verfügung. Wenn der menschliche Geist mit dem göttlichen Geist eins wird, entsteht die göttliche Welt.

Der göttliche Mensch lebt in der ununterbrochenen Einheit mit dem Heiligen Geist, aus dessen Quelle jede Inspiration fließt. In diesem vollkommenen Einklang des Geistes fließt die schöpferische Kraft, aus der der göttliche Mensch lebt und aus der er alles erschafft, entstehen und vergehen läßt. Die Inspiration des Geistes schöpft aus der Fülle der Farben und der kosmischen Klänge. Die entstehenden Werke bringen in ihrer Schönheit die reinen künstlerischen Urideen der Schöpfung in Manifestation. In der Inspiration des Geistes kommt die universelle Vernetzung aller geistigen Sphären zum Ausdruck.

Das Denken des göttlichen Menschen trennt ihn nicht mehr von der Urwahrheit, sondern er erkennt in seinem inspirierten Geist, der mit ihr ständig verbunden ist, alle Weisheit des Seins in einer kosmischen Gesamtschau. Die Dimension seines Denkens wird aus der Inspiration des Heiligen Geistes im Hauch der Liebe gezeugt. Der Verstand des göttlichen Menschen ist erleuchtet, erfüllt von Weisheit und liebenden Gedanken. Sein Denken ist auf das Aufbrechen der Liebe in den Herzen der Menschen ausgerichtet. So geschieht alles, was geschaffen wird, nicht aus selbstsüchtigen Zielen, sondern in der Ordnung des Urgeistes. Die Inspiration des Geistes verwandelt in ihrer unbegrenzten Dynamik unaufhörlich alles Bestehende zu höheren Stufen.

Jede Berührung des Geistes, der die Formen durchdringt, erschafft eine tiefere Sphäre der Liebe und des Friedens. Jede Handlung läßt schöpferisch Neues entstehen, in dem sich die Schönheit der Schöpfung widerspiegelt. Jeder Klang aus der Inspiration des Geistes steigert die Frequenz der Freude.

Der Geist des göttlichen Menschen wirkt im vollkommenen Einklang mit allem erschaffenen und unerschaffenen Sein. Die Weisheit des göttlichen Menschen umfaßt die Spannweite der Vergangenheit und der Zukunft, die in ihm unmittelbar gegenwärtig sind. Alle Einsichten und Weisheitslehren der großen Meister, die immer schon aus der Quelle der Wahrheit ihre Erkenntnisse geschöpft haben, werden in ihrer Essenz verstanden und befruchten das göttliche Leben.

Das Leuchten des Leibes

Wenn du alle Sterne des Himmels, alle Sonnen in ihrem Glanz und alle Monde in ihrer Schönheit besingen würdest, dann könntest du dennoch nicht die Herrlichkeit des göttlichen Leibes beschreiben. Der Leib des göttlichen Menschen ist ein Schwingungsfeld der göttlichen Energie, in dem der Klang der Freude als Urschwingung einer jeden Zelle zum Ausdruck kommt. Ungehindert kann sich das Licht Gottes mit dem Licht der Zellen verbinden und den Leib des Menschen als Tempel des göttlichen Bewußtseins erstrahlen lassen.

So leuchtet der Körper als verwandelter Leib in seiner ursprünglichen Wahrheit. Der Leib verströmt den Duft der Liebe im heilenden Einklang mit dem Universum. Seine Frequenz schwingt durch die Inspiration des Geistes im Liebeshauch mit allen Wesen. Zwei Wesen können sich in der Liebe gemeinsam zu einem geistigen Leib verbinden und bleiben doch sie selbst. In der Verschmelzung der Liebeseinheit spiegelt sich die Glückseligkeit des Himmels wider.

Der Leib des göttlichen Menschen erstrahlt im Licht der Liebe. Er ist der bewußte Tempel des Geistes geworden, der als Lichtsame in der Krypta des Herzens verborgen war. Das Licht strahlt nun in seiner ganzen Vollkommenheit von innen nach außen, so daß der ganze Leib zu leuchten beginnt. Dieses Leuchten wird durch die Einwohnung des Heiligen Geistes ständig verstärkt. Im Raum seines Leibes durchstrahlt das Licht alle Organe, alle Nerven und Gefäße, und sie können ihre Aufgabe vollkommen erfüllen. Jede materielle Substanz ist wieder vom Geist der Wahrheit durchdrungen. Alles atmet die Einheit mit der Quelle allen Lichtes.

Der Leib des göttlichen Menschen ist versöhnt mit den Seelenkräften aller Zeiten, in denen er zum Ebenbild des Göttlichen heranreifte. Nun dienen sie ihm im Licht der Liebe. Dieses Licht verbindet auch den Leib mit der Frequenz der Ewigkeit. Alle Zellen sind in ihrer genetischen Codierung, in die Leben und Tod, Geburt und Sterben einprogrammiert waren, im Bewußtsein des Lichtes der Ewigkeit transzendiert. Der Zwang des Todes, der mit seiner Information die

Gene der Zellen besetzt hat, ist verwandelt. Geburt und Tod sind für den göttlichen Menschen ein wachbewußtes Verwandlungsritual zu neuen Erscheinungsformen in der ewigen göttlichen Gegenwart.

Die Leuchtkraft des Leibes entsteht insbesondere durch die Transparenz der feinstofflichen Körper, die sich gegenseitig durchdringen und in dieser Einheit die Ausstrahlung der Aura vergrößern. Die feinstofflichen Energiezentren sind sichtbare Lichtspiralen im Lichtfeld des Körpers. Als Lichtquelle der Aura erstrahlen sie für jeden sichtbar. Nichts kann mehr verborgen bleiben, denn der Farbspiegel der Aura würde alle Gedanken und Gefühle, die nicht der Wahrheit entsprechen, enthüllen. Dieses Lichtfeld spiegelt alle geisterfüllten Gedankenschwingungen und kreativen Absichten wider, so daß jeder den anderen an seiner Aura erkennt. Das Bewußtsein des transformierten Leibes ist versöhnt mit allen Kräften der Natur, die durch deine Unwissenheit das Leben in früheren Stufen bestimmten und von denen der Körper abhängig war. Versöhnung bedeutet für den göttlichen Menschen die Vergebung, die alle Bewußtseinsschichten umfaßt. Alle Blockaden und energetischen Hindernisse, die den Körper verdunkelten, sind durch Vergebung aufgelöst, so daß er im hellen Glanz einer freiströmenden Lebensenergie erstrahlen kann.

Dieser Prozeß der Bewußtseinswandlung hat im umfassenden Sinne eine Transformation des Körpers bewirkt. Der göttliche Mensch dient im Einklang mit allen Elementen dem Leben. Er ist ihren Kräften nicht mehr ausgeliefert, sondern im Gegenteil, die Elemente und alle Naturkräfte wirken mit dem göttlichen Menschen gemeinsam in einer vollkommenen Bewußtheit im göttlichen Liebesspiel der Freude.

Wo immer der göttliche Mensch auftritt, erstrahlt aus seinem Leib die Sphäre der Liebe und das Licht der Erkenntnis. Was immer er auch mit seinem Fuß berührt, wird zum heiligen Feld des Friedens. Seine Hände verteilen den heilenden Segen des Lichtes aus dem Urgrund allen Seins in unerschöpflicher Fülle. Die Augen des göttlichen Menschen erschauen in allem die Vollkommenheit der Schöpfung. Im Schauen selbst formt er die Vollkommenheit immer wieder neu. Im Jubelklang der Schöpfung spielt der göttliche Mensch ihr ewiges Verwandlungsspiel. Sein Ton der Liebe erklingt im Tanz der Galaxien.

Die Schönheit der Sprache

Der göttliche Mensch spricht nur eine Sprache. Es ist die Sprache der Liebe, die alle gesprochenen Worte mit ihrer Kraft durchlichtet. Er wird im Sprechen zu einem Kanal für den Urgrund selbst, der seinen Liebeshauch von Augenblick zu Augenblick im schöpferischen Wort mitteilt. So wird die Schönheit der Sprache immer wieder neu geboren. In ihrer Klarheit und Reinheit entspringt sie der göttlichen Quelle der Weisheit. In ihrer äußeren Ausdrucksform und ihrem Wohlklang spiegelt sich die Schönheit des göttlichen Lebens und die Weisheit Gottes wider.

Die Sprache des göttlichen Menschen dient nicht allein der Kommunikation. Im schöpferischen Wort aus dem geistigen Herzen wird der Mensch zum Mitgestalter am göttlichen Spiel der Schöpfung. Es ist Ausdruck der schöpferischen Kraft, die Formen schafft und verwandelt. Dieser Macht des gesprochenen Wortes bedient sich der schöpferische Wille, um Schönheit, Ordnung und Harmonie zu schaffen.

Der Klang des Wortes aus dem schweigenden Urgrund kann die berauschendste Ekstase herbeirufen. Das Wort kann durch seine machtvolle Vibration geistige Welten und die materielle Welt gewaltlos ordnen und befreien. In dieser machtvollen Kraft schwingt die Zartheit der Liebe durch alle Verwandlungsprozesse bis in die Materie hinein.

Da die Worte des göttlichen Menschen aus dem liebenden Lichtgrund der Seele geboren werden, können sie nicht verletzen und andere Menschen und Wesen abwerten oder verurteilen. Sie schwingen im Feld des Verstehens. Sie trennen nicht mehr, sondern verbinden. Die Sprache des göttlichen Menschen erreicht nicht nur im äußeren Klang, sondern auch im Schweigen das Herz eines anderen Wesens. In ihrer Schönheit des inneren Klanges kann sie in einem vollkommenen Verstehen eine Information mitteilen und gleichzeitig in dieser erfahrenen Einheit Zärtlichkeit verströmen. In der Sprache des göttlichen Menschen klingt immer Musik der Zärtlichkeit, denn die Zartheit ist eine Schwingung der allumfassenden Liebe.

Die Schönheit der Sprache findet ihren Höhepunkt, wenn sich Menschen zu einer Gruppe vereinen und ihre Kommunikation zu einer Symphonie der Liebe wird. In ihrem gemeinsamen Feld des Verstehens bleiben sie in ihrer Transparenz mit der übrigen Schöpfung verbunden, so daß sie sich in ihrem gemeinsamen Sprechen und Tun nicht abgrenzen, sondern im Einklang mit der schöpferischen Liebe ihre Entscheidungen zum Wohle des Ganzen fällen und danach handeln.

Im Gleichklang der Seelen und in der Lichtheit des gesprochenen Wortes spiegelt sich die Schönheit des Urtons auch in der äußeren Gestalt des Menschen wider. Da Worte Lichtfrequenzen in sich tragen, erhöhen sie in ihrer göttlichen Fülle auch die Vibration des feinstofflichen Leibes und verstärken dadurch die Ausstrahlung der Aura. Diese Farben leuchten nicht aus dem begrenzten Farbspektrum der materiellen Welt heraus, sondern sie strömen aus der unerschöpflichen Strahlkraft des reinen Lichtes.

Die Klangsymphonie der Sprache einer Gruppe vereint sich im Ausdruck der Liebe zu einem Lichtkonzert von unermeßlicher Schönheit, zu einem Feld unbegrenzten Verstehens.

Die Symphonie der Gemeinschaft

Die Symphonie der Gemeinschaft ist der Höhepunkt des Lebens für den göttlichen Menschen. Sie lebt aus der Liebesgemeinschaft des Heiligen Geistes, der alle Wesen eint. Der göttliche Mensch wird von dieser Lichtkraft, sich stets eins mit ihr fühlend, durchstrahlt, so daß er sich in seiner Gemeinschaft als vollkommener Teil des Ganzen erlebt. Seine wahre Individualität erkennt er in der Einheit mit allen Wesen. So ist er eins mit allen, und er erfährt sich gleichzeitig als unverwechselbares Individuum, das die Vielfalt des göttlichen Geistes zum Ausdruck bringt.

Der göttliche Mensch findet seine Erfüllung, wenn er der Gemeinschaft seine Note, seinen Schöpfungsklang in einer alles überstrahlenden Freude schenken kann. In ihr liegt ein unergründliches Geheimnis verborgen. Es ist das göttliche Geheimnis der Schöpferkraft, die in der steten Verwandlung und Dynamik des Lebens als Freude im Sein schwingt. Da der göttliche Mensch an dieser schöpferischen Macht und Intelligenz teilhat, wird er in dieser Teilhabe von einer unergründlichen Freude erfüllt, die in allem Tun und in jeder kreativen Form ihren Ausdruck findet.

Auch die alle Grenzen überschreitende Freiheit findet ihren Ursprung in dieser Freude. Es gibt keine Freiheit ohne göttliche Freude. In der liebenden Gemeinschaft der Freude bleibt der göttliche Mensch auch in der Bindung und Verantwortung frei, denn egoistisches Machtstreben und überhebliche Vorrangstellung, Unterdrückung und Ausnutzen anderer zu selbstsüchtigen Zwecken gehören der Vergangenheit früherer Entwicklungsstufen der Menschen an. Der göttliche Mensch ist an die Quelle der göttlichen Freude angeschlossen, aus der die dynamische Antriebskraft jeder schöpferischen Tätigkeit fließt. In der Gemeinschaft findet sie in ihrer Dynamik eine Resonanz, die die Schwingungsfrequenz der Freude stetig erhöht. Ihr Widerhall erklingt in der Symphonie des Lebens voller Harmonie.

Die Menschen einer Gruppe leben füreinander und sind eins im Band der Liebe. In der Einheit der Wesen kann sich die ordnende Kraft der Liebe potenzieren. Im Bewußtseinsfeld einer Gruppe verstärkt sich diese schöpferische Kraft dermaßen, daß sie Werke hervorbringt, die ein einzelner gar nicht schaffen kann.

Jeder fühlt sich als Teil des Ganzen und spürt, wenn ein Glied leidet, dann leidet auch das Ganze. So wird in der heilenden Liebe der Gemeinschaft alles Leid überwunden.

Die wichtigste Aufgabe der Gemeinschaft besteht darin, den Wesen beizustehen, die sich noch von der Einheit des Heiligen Geistes getrennt fühlen. Der göttliche Mensch setzt zusammen mit seiner Gemeinschaft alle Kräfte ein, um Menschen und Wesen zu helfen, ihre wahre Bestimmung wiederzuerkennen. Die liebende Schwingungsfrequenz der Gemeinschaft und der Gleichklang der Seelen können in ihrer konzentrierten Liebesenergie nicht nur andere Gruppen mit ihrer Intuition und Inspiration befruchten und ihnen helfen, ihre Aufgaben zu erfüllen, sondern sie erbauen auch einen heilenden Lichttempel, der für andere Welten, die in Unordnung geraten sind, zur Heilquelle werden kann.

Das Bewußtsein des göttlichen Menschen hat sich so in das kosmische Bewußtsein hinein geweitet, daß Kontakte und geistige Berührungen mit Wesen anderer Welten und anderer geistiger Ebenen möglich werden. Der göttliche Mensch ist in seiner schöpferischen Entfaltung nicht mehr auf einen Planeten begrenzt. Seine Kommunikation mit anderen Wesen hat durch die Vibration des Lichtes als Lichtträger keine Begrenzung. Besonders die Trennungswände zu den göttlichen Wesen anderer Sphären sind gefallen. Der Kontakt zu den Engeln und den aufgestiegenen Meistern und Heiligen ist zu einer selbstverständlichen Gewohnheit geworden.

In der Symphonie der Gemeinschaft des göttlichen Lebens erlebt der Mensch die Einheit aller Menschen. Durch ein geheimnisvolles Geeintsein im heiligen Feld des Geistes bleiben sie alle miteinander verbunden. Als erwachtes Wesen nimmt der göttliche Mensch bewußt an dieser allumfassenden, universalen kosmischen Einheit teil. So wachsen die Menschen zu einem großen Menschheitsleib zusammen, der vom Heiligen Geist belebt und erfüllt wird.

Die Einheit der Erde

In jedem Staubkorn, in jedem Lichtfunken der Sonne, der die Erde berührt, in allem, was der göttliche Mensch sieht und nicht sieht, findet er die Einheit der Erde mit allem Sein. Er hört sie im Gesang des Windes und im Zwitschern der Vögel. Er sieht sie im kleinen Wurm, der durch die Dunkelheit kriecht. Er erlebt die Einheit im Blitz, der den Himmel erhellt, und spürt die Einheit der Erde im Wasser, das seinen Leib erhält und das dem Fisch eine Welt bedeutet. Er schmeckt die Einheit der Erde, wenn seine Zunge das Brot berührt, und riecht sie, wenn ihn der Duft einer Rose verzaubert. Er atmet die Einheit der Erde mit jedem Atemzug ein.

Die Einheit der Erde wird von der göttlichen Schöpfungskraft in jedem Augenblick neu geboren. Sie wird aus der ewig währenden Hochzeit zwischen Himmel und Erde gezeugt. Aus der Kraft der Einheit wird das heilige Feld geschaffen, auf dem der göttliche Mensch gerade steht. Er ist durch die Verdichtung und das Dunkel des Erdenbewußtseins hindurchgestoßen und atmet befreit eine neue Erde und einen neuen Himmel ein. Die Ewigkeit lacht in seinem Herzen. Die göttliche Schöpfung der Erde bleibt ewig in ihrer Einheit mit dem göttlichen Sein verbunden. Er erlebt in Wahrheit, was Schöpfung wirklich ist, weil er die Einheit in sich selbst gefunden hat. In dieser großen Erfahrung erkennt er die Einheit der Erde mit dem gesamten Kosmos.

Der göttliche Mensch lebt in dieser Erfahrung, daß alles auf der Erde und im Universum im Bewußtsein der Einheit lebt. In dieser beseligenden Einheit feiert er in jedem Augenblick das Freudenfest der Hochzeit von Himmel und Erde. Alles Vergehen und Entstehen wird in dieser Vereinigung zu einem dynamischen Lichtfaden, der das heilige Feld der Erde webt. In diesem Lichtfaden schwingt der ewige Klang der Schöpfung wider, der sich in unzählbaren Tönen mit der Symphonie der Gemeinschaft zu einer Liebesmusik vereint. Der göttliche Mensch hat den Lichtkeim in sich entdeckt und findet in seiner eigenen Mitte den kosmischen Tanz der Erde wieder. Er wird selbst zum unsterblichen, göttlichen Tänzer.

Der Rhythmus der Jahreszeiten ist wie ein Tanz in der Freude des Schöpfungsspiels. Jeder Tanzschritt verwandelt die Natur in neue Formen und läßt in der schöpferischen Liebesschwingung ewig Neues entstehen und wieder vergehen. Auch die unzähligen Wesen und Gestalten in der Natur fühlen alle in ihrem Lichtkeim, der in ihrem Inneren ruht, den Tanzschritt, der sie mit der göttlichen Lebenskraft verbindet.

Die Erde ist in ihrer Einheit mit allem Sein ein Leib der Freude, der vom Atem des Allgeistes durchdrungen wie ein Schiff im kosmischen Ozean sicher gelenkt wird. Keine Macht der Welt kann diese Einheit mehr zerstören.

Werde zum kosmischen Tänzer und singe das Lied von der Einheit der Erde!

Der kosmische Tanz

Laß deine Geige spielen
und jauchze das Lied der Erde.
Tanze, Bruder, singe, Schwester!
Tanze mit auf dem heiligen Feld der Erde,
die dich trägt.
Tanze, Schwester, singe, Bruder!
Schwinge deinen Leib in die Sonnenfunken,
die dich durchlichten.
Singe, Schwester, tanze, Bruder!
Atme den Duft der Rose,
die dir die Schönheit der Erde verkündet.
Singe, Bruder, tanze, Schwester!
Höre den Klang des Windes,
er weiß um das kosmische Lied.
Tanze, Bruder, singe, Schwester!
Frage die Sterne des Himmels
nach dem Tanz der Planeten.
Singe, Bruder, tanze, Schwester!
Sie tanzen den Reigen der Liebe
in ihrem Strahlenkleid.
Singe, Schwester, tanze Bruder!

Planetarisches Bewußtsein

Wenn ein Planet mit seinen Wesen zu einer höheren Bewußtheit aufgestiegen ist, wirkt eine neue Dynamik des Lebens auf ihm. Alle Wesen sind in wunderbarer Weise an das kosmische Bewußtsein angeschlossen. In dienender Liebe erfüllen sie ihre Aufgaben nach dem Gesetz der All-Liebe.

So hat der göttliche Mensch die Bewußtseinsbegrenzung seiner Individualität überschritten. Er ist mit den Wesen aller Planeten in einer alle Grenzen überschreitenden Gemeinschaft verbunden, und er nimmt an der individuellen, schöpferischen Vielfalt des Kosmos teil. Diese übergeordnete planetarische Gemeinschaft wird durch das Überschreiten von Raum und Zeit im göttlichen Bewußtsein unmittelbar vom liebenden und ordnenden Geist Gottes geführt und erleuchtet.

So wie sich der göttliche Mensch auf dieser Erde in einer großen Einheit zu einer einzigen Gemeinschaft verbinden kann, ist es auch möglich, daß sich Gemeinschaften auf anderen Planeten zu einem planetarischen Gruppenbewußtsein vereinigen können. In dieser Vereinigung wird das planetarische Gesamtbewußtsein in der übergeordneten, suprakosmischen Weisheit des göttlichen Geistes erfahren. Der Kontakt der einzelnen Wesen untereinander sowie mit den Bewohnern der verschiedenen Planeten ist leicht und selbstverständlich. Das Licht des Friedens beseitigt alle Begrenzungen und ermöglicht eine alles überschreitende Kommunikation des Verstehens.

Auf jedem Planeten ist die Gestalt und der Ausdruck der Wesen und ihrer Umgebung völlig unterschiedlich. Es ist immer Bewußtsein, das sich jeweils seine eigene Form und Struktur schafft. Jeder einzelne Planet erfüllt in der symphonischen Einheit mit allen auf ihm lebenden Wesen seine besondere Aufgabe in der Allharmonie der Schöpfungsordnung. Jeder entstehende Mißklang in der Liebesmelodie eines Planeten wird von den Bewußtseinsebenen anderer Planeten aufgenommen. Das Bewußtsein der Planeten erfährt jede Störung des Gleichgewichts als Leid, das ihn als negative Schwingung erreicht.

118

Auf der höchsten Ebene des Bewußtseins ist jedes Wesen von der All-Liebe getragen und fühlt sich in dieser Einheit verantwortlich für das Heil und das Glück aller Lebensformen im Kosmos. Auf der geistigen Ebene gibt es keine Grenzen von Raum und Zeit. Wenn die Liebeskraft der Wesen eines einzelnen Planeten nicht ausreicht, um eine Disharmonie auszugleichen und den göttlichen Klang der Liebesmelodie im All wieder herzustellen, helfen die Bewußtseinskräfte anderer Planeten in der Verbindung mit der göttlichen Welt, den kranken Planeten zu heilen und neu zu ordnen.

Die unerschöpfliche Liebe aus dem Urgrund Gottes wird die Schöpfungsordnung immer wieder neu schaffen. Die zeitweilige Disharmonie eines noch nicht so hochentwickelten Planeten und die damit verbundenen Entwicklungsprozesse sind ein dynamischer Teil in der Schöpfungsmelodie. Sie ordnet sich zu immer neuen Harmonien, in die sich das Bewußtsein der Wesen durch Reinigung und Neuorientierung einschwingen muß.

In dieser neuen Schwingung wird das Bewußtsein einer gesamten planetarischen Einheit dem Prozeß einer Evolution unterworfen. Das Bewußtsein der einzelnen Planeten mit ihren Wesen im All vereinigt sich in der höchsten Stufe der Entwicklung im Universum zum planetarischen Gesamtbewußtsein. Sein Ursprung, seine Quelle und Mitte ist der göttliche Geist. Es beginnt dort, wo der Klang der Planeten gehört wird, und entwickelt sich dort, wo der göttliche Tanz seinen ersten universalen Schritt setzen kann. Im göttlichen Zentrum beginnen und vereinen sich alle Klänge und Vibrationen der Planeten zu einem Schweigen, das jenseits des Schweigens liegt. Es ist das absolute Nichts in der Fülle und die absolute Dunkelheit im Licht. Kein Auge sieht es und kein Ohr hört es. Alle Kräfte der Universen finden in dieser Mitte ihren Ursprung und ihre Vollendung. Alle göttlichen Wesen auf ihren Planeten erfahren hierin ihre höchste Einheit im planetarischen Allbewußtsein.

Der göttliche Mensch und mit ihm alle Wesen der Planeten, die wieder in der Einheit des göttlichen Bewußtseins leben, können in diesem Zentrum die Einheit als ein suprakosmisches Bewußtsein erfahren. Die Essenz des suprakosmischen Bewußtseins wird im Augenblick der Einheitserfahrung mit allem Sein als innere Wissensquelle in das Bewußtsein des göttlichen Menschen eingegossen. Kein Wesen kann aus sich selbst heraus in das göttliche Bewußtsein eindringen. Nur durch Gnade wird es in dieses Bewußtsein hineingehoben.

An diesem höchsten Punkt der Entwicklungsmöglichkeit des Bewußtseins wird deutlich, daß jeder Ton in der Schöpfungsmelodie ein Akt der Gnade ist und daß die Entwicklung hin zum suprakosmischen Bewußtsein aus dem liebenden Herzen Gottes geboren ist. Wenn ein Mensch oder ein göttliches Wesen von einem anderen Planeten auserwählt wird, in diese heilige Sphäre zu treten, werden Weisheit, Erkenntnis und Weisung als unerklärbare Schwingung mitgeteilt, die der Verstand nicht erfahren kann. Auch in der Sphäre des göttlichen Menschen werden noch höchste Wesen auf der Erde oder auf anderen Planeten leben, die gekommen sind, ihn in noch tiefere Geheimnisse des Urgeistes einzuführen. Sie informieren durch ihre unmittelbare Einheit mit der absoluten Weisheit die Erde und alle Planeten, die im planetarischen Bewußtsein geeint sind.

In der übergeordneten Quelle des planetarischen Bewußtseins, dem suprakosmischen Bewußtsein, erleben alle Wesen ihre gemeinsame göttliche Heimat. In ihr feiern sie das Fest der Liebe, das kein Auge gesehen und kein Ohr jemals gehört hat. Es ist das Fest der Götter, das ein ewiges Geheimnis bleibt.

Das Fest der Götter

Wenn sich die Morgenröte
und die Abendröte vereinen,
wenn die Sterne des Himmels
und der luftleere Raum einander begegnen,
wenn der Tanz der Planeten verstummt
und der Klang des Kosmos verhallt,
beginnt das Fest der Götter.
Im lichttrunkenen Saal
des Quellgrundes im göttlichen Herzen
erklingt eine Musik,
die das menschliche Ohr nicht zu hören vermag.
Aus ihr wird die Freude geboren.
Milliarden Blitze, die niemals enden,
zeichnen die Noten.
Der Schöpfer komponiert
die Symphonie der Ewigkeit.
Sie erklingt im lautlosen Schweigen,
in dem alles erbebt und aufjauchzt.
Der kosmische Tanz beginnt und endet nie.
Jeder Tanzschritt der Götter
wird zum Siegel der göttlichen Liebe.
Liebe und Freude
vereinen sich zu einem Gesang,
der sich im lichtlosen Licht
in das endlose Sein ergießt.
Dort, im endlosen Sein,
bricht das lichtlose Licht

plötzlich auf wie aus einer Knospe.
Sie erstrahlt in unermeßlichem Glanz
und im übergroßen Staunen der Götter
entstehen und vergehen Welten,
die Universen und Galaxien.
Sie werden genährt durch den Hauch
aus dem Quellgrund der Ewigkeit.
Und wie in einem Spiel der Freude
saugt der Hauch sie wieder in sich hinein.
Doch auf dem Fest der Götter
quillt die göttliche Speise über und über
und erfüllt die gottestrunkenen Geschöpfe
des ewigen Herrschers des Alls.
Liebeserfüllt hauchen sie selbst
ihre göttliche Speise in den Quellgrund zurück.
Nie endet das Fest der Götter.

Erwachtes Leben

Funken der Einweihung

Der Tanz
des kleinen Schmetterlings

Süße Freiheit,
oh, Zauber der Luft.

Heilige Weite,
Engelduft.

Sternenlieder
erschüttern das All,

Licht, nur Licht ist
überall.

Verweht sind die Schatten,
aufgesogen im Liebesklang.

Verwandelt das Dunkel
im Engelgesang.

Heiliges Leben im
Herzensgrund Gottes.

Heimat im Licht.

Ein Funke im All

*Die Sterne glänzen
für dich in der Nacht.*

*Der Mond singt sein
Lied für dich.*

*Die Sonne zieht ihre Bahn
im Kreise der Planeten.*

*Das Zentrum bist du.
Die innere Sonne
durchstrahlt deine Sterne.*

*Jedes Lachen ist ein
Sternenfunke der inneren Sonne.*

*Jedes Wort formt sich zur Sprache,
aus deiner Herzenssonne geboren.*

*Der Mond ist dein Geheimnis,
das aus deinen Augen leuchtet.*

*Wunderbar wird dein Leben:
Sanft wie der Mond,
strahlend wie die abertausend
Sterne des Himmels.
Alles ist im Licht vereint,
wie die Sonne.
Vertraue!*

Das große Lachen des Regenbogens

Wohnung des Lichtes.
Raum der Unendlichkeit.
Preise die Zartheit der Wände.

Schreite hindurch zu mir
im großen Regenbogen
über den Zauber der süßen Wellen.

Die letzten Schatten der Nebel verwehn
im schallenden Lachen der sieben Farben.
In der Freude bist du zu Haus.

Erfülle den Tempel des Lichts
mit dem lieblichen Gesang deines Herzens.
Rühme die Unendlichkeit meiner Liebe.

Alles ist dein.
Nimm Wohnung in mir.

Geheimnis

Hüte dein Geheimnis!
Noch bist du wie eine
Knospe im Morgengrauen.

Der Tau muß dein Herz berühren.
Es wird geschehen!
Doch warte in Demut.

Lang war dein Weg.
Jetzt wartet das Erwachen
auf dich.

Warte auf den Tau,
der dein Herz berührt.
Dann kannst du aufbrechen, wohin du willst.

Du bist nicht allein
und bist es doch.

Die Knospe verbirgt ihr Geheimnis
im Inneren.
Warte!

Der Sonne entgegen

Die Morgenröte ist in dir aufgestiegen.
Gehe der Sonne entgegen.
Deine innere Sonne leitet dich,
doch denke immer daran, daß beide Sonnen eins sind.
Deine Sonne und meine Sonne sind nicht getrennt.
Mein Lichtband verbindet sie.
Sieh in das Lichtband und gehe durch den Strahl hindurch,
dann bist du immer im Zentrum.
Was immer du dann tust und berührst,
wer immer auch mit dir in Berührung kommt,
steht mit dir gemeinsam im Zentrum.
Sei dir dieser heiligen Wahrheit stets bewußt.

Ab nun bist du für alles verantwortlich –
und doch bist du durch mich, deinen Gott,
auf ewig in meiner Liebe geschützt.

Der Weg
zum
göttlichen Menschen

Erste Stufen des Weges

Dein Weg zum göttlichen Menschen beginnt nicht erst mit diesem Leben. Als du von deinem Vater und von deiner Mutter empfangen wurdest, begann eine neue Stufe. Mit dem Eintritt in dieses Erdenleben hast du dich für den Weg, der vor dir liegt, entschieden. Stufe um Stufe wächst du weiter in der Schule des Lebens heran. Die wichtigste Aufgabe deines Daseins besteht darin, daß du dein göttliches Wesen erkennst und es mit allen Kräften, die dir zur Verfügung stehen, zum Ausdruck bringst.

Alles, was dir im Leben auf dieser Erde begegnet, dient dazu, dein wahres Ziel zu verwirklichen. Die Welt ist eine Widerspiegelung deines Inneren, denn alles, was außen existiert, hat seine Entsprechung in der Innenwelt des Menschen. Das äußere Leben mag dir oft grausam erscheinen. Es kann dir zeitweilig sinnlos vorkommen. Dann kann es dir wieder ein Hochgefühl des Lebens vermitteln, und du vergißt alle Mühen des Weges. Ganz gleich, was immer dir der Spiegel der Welt in deinem Leben zeigt, du mußt es anschauen und erkennen, daß du dich immer selbst widerspiegelst. Vielleicht trifft dich diese Wahrheit in einem verzweifelten Augenblick, und du möchtest dich entsetzt von dieser Erkenntnis abwenden. Mit dieser Erkenntnis kann aber dein Weg nach innen beginnen. In diesem Moment kann dich das Licht deines inneren geistigen Herzens berühren, aus dessen Grund eine Ahnung deines wahren Wesens aufleuchtet. Es ist nicht die Erinnerung deines Verstandes. Es ist das Wissen der Seele, das diese Ahnung weckt. Es ist zu Anfang eine ganz kleine Flamme der Ahnung, die du dir durch nichts erklären kannst. Sie ist einfach da und richtet dich auf, wenn du in einem Augenblick der Verzweiflung innehältst.

Im Innehalten wird dir eine ganz andere Wahrheit mitgeteilt, als der äußere Spiegel der Welt sie dir zeigte. Eine uralte Erinnerung an den Zustand der Liebe in der göttlichen Einheit mag in dir aufsteigen, die die Ahnung deines wahren Lebenszieles aufleuchten läßt. Vielleicht hast du nie vorher an ein höheres Ziel in deinem Leben geglaubt. Doch diese kleine Flamme der Erinnerung läßt dich unruhig werden. Sie verändert dein Leben, weil sich dein inneres Wesen meldet und dir deine Verstandestheorien durcheinanderwirft, in denen du dich so sicher gefühlt hast. Plötzlich hat das, was in dir als Ahnung erwachte, nichts mehr mit deinem gewohnten Gedankengebäude zu tun.

Die Lebenssituationen sind sehr verschieden, in denen du der Ahnung deiner Urheimat gewahr wirst. Vielleicht bist du ein gläubiger Mensch, der in seiner Religion eine geistige Heimat gefunden hat. In deiner religiösen Erziehung bist du über die Inhalte deines Glaubens belehrt worden. Wenn dein religiöses Leben mehr vom Verstand geprägt wurde als vom Herzen, ist es in dieser trockenen Atmosphäre vielleicht verdorrt. Doch nun lädt dich diese kleine Flamme ein, deinen Glauben als Wirklichkeit zu erfahren. Die zarte Erinnerung kann deine alten Glaubensgewohnheiten in Frage stellen. Alles, was du in dir erfährst, und alles, was du in diesen Wegweisungen liest, will dich nicht von deiner Religion wegführen, sondern soll dir helfen, ihren wahren Sinn zu erkennen und zu leben. Die wahre Bedeutung jeder Religion dient dazu, die kleine Flamme des göttlichen Lebens zum Brennen zu bringen, bis das Licht der Einheit wieder in dir aufleuchtet.

Ob du an ein höheres Ziel in deinem Leben glaubtest oder nicht, deine Seele war immer schon auf dem Weg zum göttlichen Menschen. Einmal ist die Zeit für jeden Menschen reif, den äußeren Spiegel anzuschauen, um zu erkennen, daß er auch eine Rückseite hat. Dort offenbart sich dir die Weisheit des Herzens. Sie führt dich sicher auf deinem Weg zum göttlichen Menschen.

Die zarte Flamme der Erinnerung an einen wunderbaren Zustand, die aus deinem Herzen zu dir aufsteigt, hat die Macht, dich auf die Rückseite des Spiegels zu führen. Es ist der direkte Weg nach innen, zu deinem inneren Wesen.

So muß die erste Stufe deines Weges nach innen mit der Umkehr beginnen. Es ist die Erkenntnis von der Verhaftung deines Egobewußtseins an die äußere Welt der Erscheinungen, mit deren Widerspiegelung du dich identifiziert hast. Wenn du erkennst, daß du nicht im Außen dein wahres Glück finden kannst, sondern daß die Ursache deines Lebensglücks in deinem inneren Herzen liegt, kannst du vertrauensvoll dieser kleinen Flamme in dir folgen und dich sicher zu deinem geistigen Wesen geleiten lassen. Ohne die Wegführung deines Herzens bist du dem ewigen Kreislauf der natürlichen Ebene des Menschen unterworfen, in dem du immer wieder nur die alten Spiegelungen in der sichtbaren Welt der Erscheinungen siehst, aber nie die Wirklichkeit erkennen kannst, die dahinter liegt.

Ist dir noch nie aufgefallen, daß Langeweile und Verdruß zunehmen, je mehr du dich in der Weltgebundenheit verstrickst? Sie sind ein sicherer Beweis dafür, daß du dich im endlosen Kreis bewegst, in dem immer wieder das Alte in neuen Facetten erscheint. In der Umkehr und in der Hinwendung zu deinem inneren Herzen kannst du den Kreislauf durchbrechen und das Tor finden für den Aufstieg zu immer höheren Stufen der Erkenntnis über dich selbst, über deinen Ursprung, über das Leben und seinen Sinn.

Dieser Aufstieg ist mit einer Bergwanderung zu vergleichen. Auf jeder Stufe des Pfades und nach jeder Wegbiegung entdeckst du eine neue Landschaft. Ständig verändert sich der Blickwinkel. Immer wieder öffnet sich dir eine weitere Sicht der Natur. Je höher du steigst, desto umfassender offenbart sich dir die Schönheit der Welt. Auf dem Gipfel des Berges liegen endlich alle Hindernisse hinter dir. Du bist angekommen und der Zauber der Bergwelt liegt dir zu Füßen.

Viele Menschen sind den Weg schon vor dir gegangen, aber nur dein Herz kennt das Maß deines Weges. Es weiß um die Mühsal, die dich beim Aufstieg bedrängt, und es wird dich liebevoll bis zur Grenze deiner Belastbarkeit führen, um dich für eine neue Stufe zu stärken. Es wiegt dich in barmherzigem Verstehen, wenn du schwach wirst, und es richtet dich durch die innere Flamme wieder auf, wenn deine Demut in dieser Schwachheit gewachsen ist. Denn Demut ist die Examensnote des geistigen Lebens, ob du für eine weitere, höhere Stufe hin zum göttlichen Menschen reif geworden bist. In ihrem Maße wächst auch deine innere Herzensfreude, die dir Kraft und Zuversicht schenkt. Sie ist durch nichts mit der Freude dieser Welt zu vergleichen.

Vertraue deinem Herzen! In seinem Schrein liegt das Mysterium des Weges verborgen. Höre auf den Ruf der Sehnsucht deines inneren Herzens, die durch die Flamme der Erinnerung zu dir hindurchdringt, und laß dich endlich zu deiner wahren Bestimmung zum göttlichen Menschen führen!

Die Sehnsucht des Herzens

Im Zentrum deines geistigen Herzens vereinen sich Himmel und Erde. Du bist ein Kind des Himmels und der Erde. In den ersten Jahren deines Erdenlebens warst du noch mit beiden Kräften vereint. Aus deinen Augen lachten die Freude des Himmels und die Kraft der Erde. Deshalb bist du auch heute noch so glücklich, wenn du einem kleinen Kind in die Augen schaust, denn in deren Reinheit spiegelt sich ein Hauch deiner verborgenen Wirklichkeit. Du ahnst in seinem strahlenden Lächeln, daß du auch einmal so unmittelbar glücklich gewesen bist.

In der Entwicklung deines Erdenlebens zieht dich die Welt mit ihren Kräften für eine Zeitlang in ihren Bann, so daß du die geistige Kraft des Himmels in dir vergißt. Es ist wichtig, daß sich deine irdischen Fähigkeiten auf der Erde entwickeln. Du hast als Ebenbild Gottes die besondere Aufgabe, an der Entwicklung der Erde mitzuwirken. Und eines Tages wirst du sie als erwachtes Wesen in ihrer wunderbaren Schönheit und Vielfalt erkennen. Das ist aber nur möglich, wenn du die Kräfte des Himmels und der Erde in dir zu einer Einheit verbindest.

Du bleibst immer ein geistiges Wesen. Alle äußeren Kräfte der Welt sind dir hinzugegeben, damit du durch sie zu deinem wahren Menschsein gelangst, das im göttlichen Menschen seine Vollendung findet. Auf dem Weg dorthin sollst du die Welt nicht nur in ihrer äußeren Gestalt und Widerspiegelung wahrnehmen, sondern die ungeheueren Kräfte erkennen, die hinter allen äußeren Erscheinungen wirken und die die Formen der Schöpfung manifestieren.

Du sollst erfahren, daß der ganzen Schöpfung genauso wie dir, der Lichtkeim Gottes eingeboren ist, der das Ziel in sich trägt, im Liebeslicht Gottes neu zu erwachen. Du sollst in deiner Entwicklung als Mensch heranreifen, um als wachbewußtes Wesen hinter all den äußeren Formen und Gestalten zu erkennen, daß der Bauplan der Schöpfung Liebe ist. Sie entzündet das Licht des Lebens, das Licht des Friedens und das Licht der Freude, die in ihrer Einheit allem Sein zugrunde liegen.

Wenn du einmal dieses Licht in der Tiefe erfahren hast, kannst du als freies Wesen die Verhaftungen an die Welt loslassen und bewußt auf deinem Weg zum göttlichen Menschen heranwachsen. Du erlebst in diesem Lichtgrund eine solche Fülle und Seligkeit, daß es dir leicht wird, auf die Freuden der äußeren Welt zu verzichten. Diese Wahrheit schlummert verborgen in der Tiefe deines Herzens. Die Sehnsucht, sie zu erkennen, ist der innere Motor aller Menschen, ob sie sich dessen bewußt sind oder nicht. Alles in der Schöpfung strebt dem einen Ziel entgegen. Dein geistiges Wesen in dir wartet voll Sehnsucht auf den Augenblick in deinem Leben, in dem sich die Kräfte deines Denkens und Handelns in dem oft sinnlosen Kreislauf des erdgebundenen Tuns erschöpft haben und du wieder nach dem wahren Sinn des Lebens zu fragen beginnst.

Dein erdgebundenes Wissen und die Erfahrungen deines Lebens können dir nur eine intellektuell erdachte und gefühlsmäßig erlebte Richtung deines Lebens zeigen, in der du immer wieder an eine neue Begrenzung deines Daseins stößt, aber nicht den Weg des Herzens zu der Glückseligkeit deines inneren Wesens weisen. Deine Seele wartet auf den Tag, an dem du den zarten Hauch der Sehnsucht wahrnimmst, die sich so grundlegend von der Sehnsucht unterscheidet, die mit den materiell ausgerichteten Wünschen verbunden ist. Diese Sehnsucht erschöpft sich und muß sich immer neue Wünsche und Ziele suchen, um sie zu erfüllen, und sie bleibt dabei doch unerfüllt.

Die Kraft der Sehnsucht

Wenn die innere Sehnsucht nach einem höheren Menschsein und einem göttlichen Leben erwacht, wachsen in dir ganz neue Kräfte. Sie bekommt eine unaufhaltsame Dynamik, die dich nicht mehr ruhen läßt, bis du mit ganzem Herzen den Lichtfaden des Weges aufnimmst und du von ihm nach innen gezogen wirst. Kennst du die Sehnsucht nach einem Menschen, den du mit all deinen Sinnen und mit deinem ganzen Herzen liebst? Sie ist nur eine matte Widerspiegelung der Sehnsucht, die dein Herz antreibt, um die sichtbaren und unsichtbaren Begrenzungen zu durchbrechen, an denen du festhältst.

Besonders mühsam ist es für das innere Wesen, sich durch das Dikkicht der Gedanken und Gefühle den Weg zu bahnen, die du zwischen deinem inneren Wesen und dem Ego aufgestellt hast. Früher oder später dringt diese Sehnsucht in einer immer stärker werdenden Kraft durch alle Hindernisse hindurch, denn sie ist ein Instrument, das die göttliche Liebe in dich hineingelegt hat, um die spirituelle Evolution deines Wesens zu beschleunigen. Sie ist stärker als alle Macht der Welt.

Gib acht auf den ersten Hauch der Sehnsucht, denn er kann das kostbarste Geschenk deines Lebens sein! Dieser Atem der Sehnsucht, den du in deinem Herzen vielleicht auch als eine schmerzliche Liebeswunde empfindest, ist die erste zarte Spur des Weges in den Quellgrund der alles durchdringenden Liebe. Die Sehnsucht deines Herzens ist aus dieser göttlichen Liebe geboren. Sie ruft dich, zum Quellgrund zurückzukehren. Aber sie läßt dich in Freiheit wachsen. In unaussprechlicher Behutsamkeit und Geduld wacht die Liebe über all deinem Tun. Alles, was dein äußeres Leben ausmacht, soll ja eines Tages wieder mit der inneren Seite deines Seins vereint werden, die du vergessen hast.

Alles Leben auf der Erde wird durch die in ihm liegende Sehnsucht zu seinem Ursprung zurückgeführt, so daß durch ihre Antriebskraft eines Tages alles Seiende in einer sich gegenseitig durchdringenden Liebeskraft zu einem neuen Leben erwachen kann, an dem du dann als göttlicher Mensch teilnimmst. Die Sehnsucht deines Herzens zieht dich zu dieser deiner wahren Wirklichkeit hinauf. Laß die Sehnsucht in dir wachsen! Mit ihr wächst das Licht der Liebe in dir. Laß mit der wachsenden Sehnsucht immer mehr von deinem erdgebundenen Leben los, damit du von allen Bindungen frei werden kannst! Mit deiner wachsenden Freiheit, die dir durch das Loslassen der Verhaftung an die äußere Welt geschenkt wird, hilfst du mit, auch andere von der Einheit getrennte Wesen zu befreien. Liebe die Erde und freue dich über ihre köstlichen Gaben! Die Sehnsucht des Herzens ruft dich auf, dich selbst zu erkennen und das Wunder der Schöpfung mit den Augen der Liebe zu sehen.

Der suchende Mensch

Du hast den Ruf deines Herzens vernommen. Die Sehnsucht hat dir ein neues Ziel gesetzt. Die Ahnung eines neuen Lebens beginnt in dir aufzukeimen, die du dir durch nichts erklären kannst. Sie ist das Zaubermittel, das die Sehnsucht noch stärker werden läßt, etwas ganz anderes, etwas Neues zu beginnen. Du suchst nach einem Weg, der deine Sehnsucht erfüllen kann. In der ersten Begeisterung bist du offen für viele Wege, die dir angeboten werden. Wenn du glaubst, deinen Weg gefunden zu haben, möchtest du auf ihm voranstürmen und wirst doch von einem unerklärlichen Hindernis gebremst. Vielleicht möchtest du plötzlich die ganze Welt aus den Angeln heben und wirst dann gerade von ihr in das alte Fahrwasser deiner Lebensgewohnheiten zurückgeschleudert. Die Welt, das merke dir gut, will für sich selbst noch nicht den Himmel. Der Lichtkeim Gottes schlummert noch zu tief in ihrem Grund. Die Welt braucht erst deinen erwachten Himmel, um selbst wieder mit ihm vereint zu werden.

Du kannst also nicht von ihr erwarten, daß sie dir auf einem Weg zur Seite steht, der von ihr wegzuführen scheint. Du mußt dich mutig auf das vollkommen Neue einlassen. Suche also unerschrocken den neuen Weg! Er liegt direkt vor dir, wenn du umkehrst und nach innen schaust. Der Grund, weshalb du den neuen Weg nicht klar sehen kannst, liegt darin, daß du noch von den Erscheinungen der Welt zu sehr geblendet bist. Das Licht des Herzens ist noch zu schwach, als daß es zu dir durchdringen könnte, um deinen Weg zu erhellen.

Wenn du dich auf den Weg nach innen begibst, bist du zu Anfang wie ein kleines Kind, das sich führen lassen muß. Die innere Führung gelingt nur, wenn du dich mit ganzem Herzen dem Ziel deiner Sehnsucht vertrauensvoll hingibst. Erinnerst du dich an die Zeit, als du ein kleines Kind warst? Du hast deinen Eltern völlig vertraut. Sie haben dich sicher in dieses Erdenleben eingeführt. Zu Anfang strahlte noch der Himmel aus deinen Augen. Dann wurden deine Kräfte von den Anforderungen dieser Welt angezogen, und du vergaßest den Himmel in dir. Aber alles ist in dir noch vorhanden, was du brauchst, um wieder in deinen Himmel zurückzufinden, wenn du als neuer, erwachter

Mensch den Himmel und die Erde in dir vereinst. Die Erinnerung an die ersten Lebensjahre hilft dir bei der Suche nach deinem Weg. Die vertrauensvolle Hingabe an die Liebe deiner Eltern hat es dir ermöglicht, zu wachsen und zu gedeihen. Das vollkommene Vertrauen in ihre Führung hat dich leben gelehrt, bis du allein durch das Leben gehen konntest.

Jetzt müssen Hingabe und Vertrauen wachsen, daß du jetzt deinen Weg zum Lichtgrund deiner Seele gehen kannst. Seit Beginn deines Lebens warst du in jedem Augenblick von der allumfassenden göttlichen Liebe umgeben und in ihr geborgen. Dieser Liebe und nur ihr darfst du dich jetzt vertrauensvoll hingeben. Sie ist da! Sie ist schon immer der liebende Grund deines Wesens gewesen. Suche sie, damit du Geborgenheit und Vertrauen neu erfährst!

Die Suche nach dem Weg, der zu deinem wahren Wesen und zum göttlichen Menschen führt, beginnt also mit Vertrauen und Hingabe. Zu Anfang deines Lebens hast du dich unbewußt der Liebe deiner Eltern hingegeben. Der Lichtweg nach innen fordert die wachbewußte Hingabe deines ganzen Herzens an das Höchste Sein, mit dem du wieder eins werden willst im Urgrund deines Wesens.

Wenn du dich Gott vertrauensvoll hingibst, wird deine Suche nach dem richtigen Weg sicher gelenkt. Dann stehen dir alle Kräfte des Himmels und der Erde zur Seite. Ja, auch die Kräfte der Erde werden dir auf deinem Weg dienen, denn sie sind keinen Augenblick vom Sein, aus dem alles hervorgegangen ist, getrennt. Sie sind auch ein Teil deiner Wirklichkeit.

Die Kraft der Elemente

Die Kraft der Erde gibt dir Festigkeit und Halt auf deinem Weg.
Liebe die Erde!
Das reine Wasser schenkt dir Leben. Es ist in seinen Eigenschaften ein Symbol für deine Seele.
Halte das Wasser rein!
Das Feuer entfacht die Glut in dir, die deine Willenskräfte antreibt, um den tieferen Sinn des Daseins zu erfahren.
Hüte das Feuer!

Die Luft erhebt deinen Geist zu umfassenderen Einsichten und beflügelt deine schöpferische Kraft. Sie schenkt dir Leben und verbindet im Atem die Außenwelt mit deiner inneren Welt.

Nimm dankbar und wach deinen Atem wahr und erlebe diesen einen Atemzug! Erfülle deine Gedanken und Gefühle mit der Leichtigkeit des Geistes!

Im Raum, der dich umgibt, empfängst du das Licht.

Laß in allem, was du denkst, fühlst und tust, die Lichtkraft wirken!

Alles nimmt teil an deiner Transformation zum göttlichen Menschen. Nichts ist getrennt von dir. Alle äußeren Entsprechungen liegen als geistiges Potential in dir selbst.

Werde nicht müde, den Weg zu gehen. Zu viele Widerstände wirken auch in dir. Bequemlichkeit und Unbeständigkeit lähmen deine inneren und äußeren Kräfte. So kann die Trägheit einen Gemütszustand hervorrufen, der dich mut- und lustlos macht. In deiner Unentschlossenheit hemmst du den freien Fluß der Seelenkräfte. Du fühlst dich blockiert und wie abgeschnitten von deiner Seelenführung.

Disziplinlosigkeit und mangelnde Bereitschaft, alte Gewohnheiten loszulassen, erdrücken die geistige Kraft des Feuers. Wenn du deine Gedanken- und Lebenskräfte sinnlos in alle Winde zerstreust, schwindet die Freude des Herzens. Alles erscheint dir trüb und schwer. Die unendliche, lichte Weite des Raumes rückt in unerreichbare Ferne, wenn du das Vertrauen in deinen Weg verlierst.

Weghilfen

Suche dir gleich zu Beginn deines Weges Hilfen, die dir einen sicheren Halt gewähren und dir eine gute Wegorientierung anbieten. Wenn du mit deiner hingebungsvollen Suche beginnst, öffnen sich dir Räume deines Bewußtseins, durch die neue Fähigkeiten wachsen. Du wirst sensibler für Zeichen und Mitteilungen, die deinen Weg begleiten helfen. Plötzlich können dir gerade die Bücher zufallen, durch die du im rechten Augenblick für deine Entwicklung Hilfe und Rat bekommst. Menschen werden dich begleiten, die in ihren Schriften ihren Weg beschrieben haben und in ihren Lehren ihre Erfahrungen mitteilen.

Vor allem werden dir die großen Meister des Lebens wesentliche Wahrheiten und Einsichten für deinen Weg vermitteln können. Ihre Lehren und Wegweisungen stehen über der Zeit. Das Neue ist nicht abhängig von der Vergangenheit und Zukunft, sondern geschieht im Augenblick der Ewigkeit, und der Weg nach innen wird von der Ewigkeit bestimmt. Du findest die Spur der Ewigkeit in ihrer Weisheit, die der Menschheit den Weg der Wahrheit zeigt. Vielleicht wird es dir geschenkt, einem wirklichen Meister in dieser Zeit zu begegnen. Doch dann muß die Suche nach dem Weg ganz besonders von dieser alles durchdringenden Hingabe an das höchste Ziel begleitet sein.

Durch die Übergabe an deine innere Seelenführung bist du vor falschen Meistern geschützt. Überprüfe alles, was dir auf deinem Weg begegnet. Von deinem inneren Herzen wirst du immer richtig geleitet. Ein wahrer Meister lehrt dich, daß alle Weisheit des Lebens in dir selbst liegt. Zu diesem inneren Schatz wird er dich führen und begleiten. Es ist der Schatz, der dich freimacht von der Verhaftung an diese Welt.

Bleibe standhaft auf deinem Weg, auch wenn dich zu Anfang noch Zweifel und Unruhe plagen. Standhaftigkeit und Beharrlichkeit sind ganz entscheidende Grundhaltungen, die in dir wachsen müssen. Lenke alle deine nach außen gerichteten Kräfte behutsam nach innen, dann sammelst du dich selbst in deinem inneren Zentrum, und du wirst ruhiger und gelassener werden. In der wachsenden Ruhe bekommst du wieder neue Kraft für den Weg nach innen.

Suche dir also eine sichere Wegführung, der du vertrauen kannst, die dich in Freiheit wachsen läßt und dich zu deinem inneren Meister führt! Finde den Weg, auf dem dein inneres Licht immer mehr erstrahlen kann!

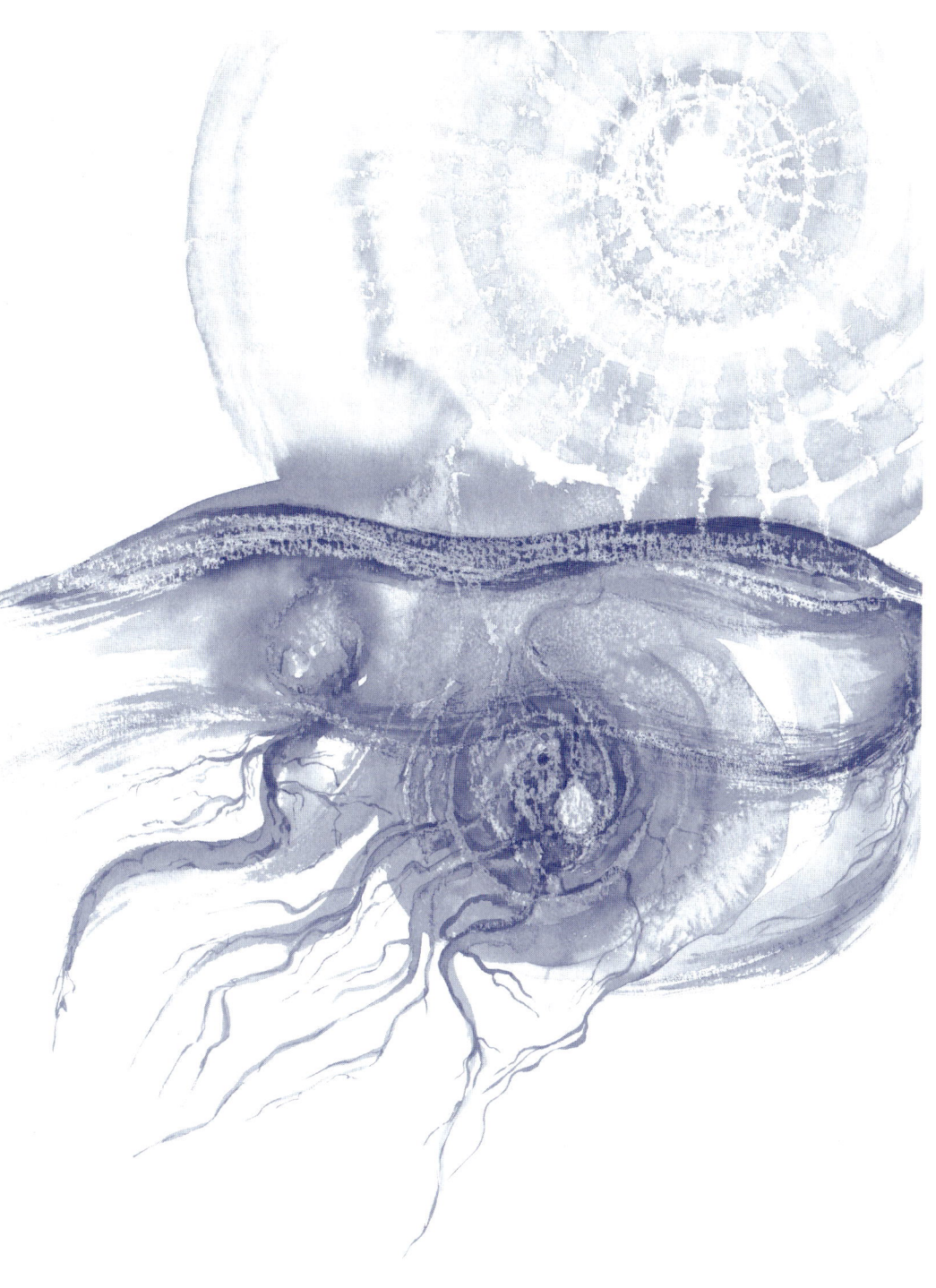

Das Leid als Wegbereiter

Leid ist ein Ruf der Sehnsucht nach dem verlorenen Licht aus der Quelle des Seins. Es kann den Weg bereiten, um dich aufzuwecken, zur Quelle allen Lichtes zu gehen. Die Erfahrung von Leid verursacht Schmerzen und nimmt dir häufig die Freuden an der äußeren Welt. Deswegen möchtest du es möglichst sofort loswerden und setzt alle Mittel und Wege ein, um dich davon zu befreien.

Durch Leid hast du aber die Möglichkeit, deine äußere Wahrnehmung nach innen zu lenken, um die Ursache des Leides zu erkennen. Nur dann kannst du es für immer auflösen. Wenn du dich dabei nicht von deinem Schmerz hindern läßt und du bereit bist, tiefer durch ihn hindurchzuspüren bis zum Grund, wird sich dir der Sinn deines Leides durch die Botschaft deiner Seele eröffnen. Aus diesem Quellgrund heraus wirst du Heilung und Befreiung vom Leid erhalten.

Dein wahres Selbst in dir ist dein höchstes Zentrum. Es ist nicht getrennt von deiner Seele. Deine Seele stellt durch ihre verschiedenen Seelenkräfte die Verbindung zwischen allen Ebenen deines menschlichen Seins her. Beide, deine innere Seele und dein Selbst, sind dein tiefstes und höchstes wahres Wesen. Dieses Wesen ist gesund und unsterblich. Das Leid kann in das Heiligtum deiner inneren Seele nicht eintreten. Da sich das Selbst in seiner Freiheit nicht mit dem Leid identifiziert, kann es deinem Seelenbewußtsein mitteilen, was die Ursache deines Leides ist und wie du es auflösen kannst. Es will dir vor allen Dingen zeigen, warum du durch falsche Entscheidungen und Verhaftungen an die äußere Welt das Leid verursacht hast. Der wahre Sinn deines Leides kann dir nur von innen aus deinem Wesen geoffenbart werden. In deinem wahren Selbst verbirgt sich aber auch die Kraft der Heilung, und so wird in dir selbst die Ursache deines Leidens geheilt.

Du hast dies nur vergessen und den Lichtpfad zu deiner eigenen Heilquelle verloren. Suche aber keinen Ausweg aus deiner Leidenssituation, um dich vom Leid zu befreien und wieder heil zu werden, als gäbe es eine Tür, durch die du in den Raum der Leidfreiheit eintreten könntest und die dir verschlossen wäre. Die Lösung liegt nicht in der

Suche nach einem Ausgang, durch den du dem Leid entfliehen könntest. Die Lösung ist der erlösende Durchgang durch das Leid. Indem du hindurchgehst, was immer es auch sein mag und was immer dich leiden läßt, findest du alle Ursachen für das Leid in den Schleiern der Unwissenheit, die sich um deine Seele gelegt haben. Erkenne die unwahren Schichten in dir, dann erkennst du die Schatten, die dein Leben verdunkeln und Leid verursachen. Durch Erkenntnis kann die Botschaft deines Leidens zu dir hindurchdringen und befreit werden, so daß du frei wirst für den Weg zu deinem wahren Selbst, aus dem dir Heilung und Befreiung vom Leid geschenkt wird.

Sinn des Leides

Im Licht dieser Erkenntnis kannst du die falsche Vorstellung auflösen, daß das Leid in diesem Augenblick, in dem du es erlebst, sinnlos ist. Wie kann es sinnlos sein, wenn es dich zu deinem wahren Sinn führen soll? Dein Leiden kann die Schale aufbrechen, die kein Licht durchläßt. Es vermag, die grundlegendste aller falschen Vorstellungen in dir aufzulösen, daß du getrennt von Gott bist. Das Gefühl der Trennung, das aus deinem Egobewußtsein kommt, verursacht alles Leid. Gott hat mit seiner Schöpfung nicht gleichzeitig das Leid gewollt. Weil du dich von Gott getrennt fühlst, bist du nicht mehr bewußt verbunden mit der Wahrheit, mit der Urquelle der Weisheit und mit der Urquelle der Ordnung. Durch die dadurch entstehende Unwissenheit fällst du falsche Entscheidungen, handelst gegen deine Bestimmung, verletzt die Liebe und störst das göttliche Feld der Ordnung in der Welt. In dem Zustand des Nicht-Wissens erlebst du dich nur auf der äußeren Seite deines Daseins, die du auch mit der Vorderseite eines Spiegels vergleichen kannst. Und so wirst du wund, wenn du ständig gegen deine eigenen, selbst geschaffenen Widerspiegelungen rennst. Durch die Projektion deiner Innenwelt nach außen, die, bildhaft ausgedrückt, auf der Rückseite des Spiegels zu finden ist, wirst du ständig neu leiden.

Auf diese Weise findest du weder das Glück, noch befreist du dich vom Leid. Die Erlösung vom Leid geschieht nur im Inneren des Menschen. Im inneren Wesen erfährst du, daß deine Vorstellung von

Glück und deine Erfahrung des Leides in Wirklichkeit nah beieinanderliegen. In der tiefsten Dunkelheit ist das göttliche Bewußtsein mit seiner allumfassenden Freude genauso anwesend wie im Licht.

Vom wahren Glück des Daseins trennt dich die Schale, die dein Ego um deinen Kern gelegt hat, so daß das Licht nicht mehr für dich erfahrbar zu dir dringen kann. In der Trennung findest du keinen Zugang zu deinem Seelengrund. Das Leid, das du wirklich durchlebst, kann diese trennende Schale aufbrechen. Das Ego wird durch seine Unfähigkeit, Leid zu lindern, immer ohnmächtiger, so daß es bereit wird, seine Machtposition aufzugeben.

Durchleide dein Leiden und nimm es an als eine Hilfe für deinen Transformationsprozeß zum göttlichen Menschen! Erkenne die Botschaft des Leides und laß dich verwandeln! Laß dir aus deinen Wunden das Buch deines Lebens erzählen! In dir selbst schlummert ein Abenteuer, das spannender ist als alles, was dir draußen in dieser Welt begegnet. Lausche einmal in einem stillen Augenblick gelassen in deinen Schmerz hinein, ganz gleich, ob dich der Schmerz deines Körpers peinigt oder ob dich die unsichtbaren Tränen deiner verletzten Seele schütteln. Welches Leid dich auch trifft, sei es eine schwere Krankheit oder ein unersetzbarer Verlust, ob du Schmerzen und Sorgen ertragen mußt, ob dich unerklärliche Ängste und Hoffnungslosigkeit plagen oder ob es Leiden sind, die durch zwischenmenschliche Beziehungen entstehen, alles Leid kann dir Wegbereiter zu einem größeren und tieferen Leben sein.

Wenn das innere Licht der Erkenntnis zu dir dringen kann, wirst du die Botschaft empfangen, wie du dein Leben verändern mußt. Wenn du in dein Leid hineinhorchst, wirst du hören, was noch in dir der Reinigung und Läuterung bedarf. Erkennst du die Sprache des Leides, wirst du erfahren, daß es dich zu höheren Stufen deines Menschseins führen will.

Das Leid des Körpers

Dein Körper ist ein kleiner Kosmos in der unendlichen Weite des Universums. Er besitzt in jeder Zelle eine Weisheit, die dich zum Staunen bringen kann. Jede Zelle ist fähig, dir von dem Augenblick zu berichten, in dem die Verwirrung und die Krankheit eintrat, in dem alles in Unordnung zu geraten schien und die Ursache deines Leidens begann. Jede Zelle wartet darauf, wieder mit dir in der göttlichen Ordnung und Einheit zu schwingen. Deshalb ruft sie dich mit ihren Mitteln auf, endlich wach zu werden für die Erkenntnis und das Wirken der kosmischen Ordnung in dir, denn du kannst nur mit deinem Körper den Weg zum göttlichen Menschen gehen. Nur auf dieser Erde kannst du zum göttlichen Menschen heranreifen!

Die Signale deines Körpers weisen oft auf Krankheit und Leid hin; sie sind Zeichen seiner Sehnsucht nach Ordnung und Ganzheit, die in dein Bewußtsein dringen und dich aufwecken wollen. Oft genug muß der Schrei der Zellen so lange in dir bohren, bis eine Krankheit sogar dein Leben bedroht. Es kann sein, daß du, wie viele andere auch, den Weg zu deinem höchsten Bewußtsein nicht ohne dein Leid gefunden hättest.

Wenn du leidest, dann bete mit deinem inneren Herzen um Heilung, das immer in der göttlichen Einheit gegründet ist. Bitte nicht darum, daß dir dein Leid genommen wird, nur weil du nicht damit umgehen kannst. Du hast die Kraft zu leiden! Wenn du die Fähigkeit nicht hättest, würde der allmächtige Gott dich niemals leiden lassen. Er ist es, der deinen Weg bereitet, und nur Er! Erlebe dein Leid in seiner Liebe, und du wirst spüren, wie er dich tröstet, wenn du es brauchst.

Das Leid ist ein Wegbereiter, um dich in deiner Hingabe an Gott immer mehr zu stärken. Es hat eine große, reinigende Kraft. Das Leid kann die Hartnäckigkeit, mit der du an der äußeren Welt festhängst, durchbrechen, bis du keine andere Wahl hast, als dich vollkommen hinzugeben. Das kann der Augenblick sein, in dem du im Licht der Erkenntnis zur Ursache des Leides hindurchbrichst. Aus der geheiligten Tiefe deines Herzens durchflutet dich dann die heilende Kraft des Lichtes in allen Ebenen deines Seins und heilt alles Leid.

Der Ausstieg aus dem Massenbewußtsein

Je mehr du dich von deinem göttlichen Urgrund trennst, desto eher glaubst du, die Stützen und den Schutz der äußeren Welt zu benötigen. Wenn du aus der Urquelle des Seins heraus lebst, werden alle Gedanken aus ihrer Weisheit inspiriert. Aus dieser Klarheit deines Bewußtsein handelst du im Einklang mit dem Urgrund allen Seins, und du wirst zum Meister deines Lebens.

Je weiter du dich aber von deinem allwissenden Seelengrund entfernst, um so eher bildet sich eine verschleiernde Nebelwand zwischen deinem inneren Bewußtsein und deinem Verstand. Das Wissen aus der Tiefe dringt nicht mehr bis in dein Tagesbewußtsein, und du wirst immer mehr von den Schleiern der Unwissenheit umhüllt, die dich dein wahres Wesen vergessen lassen. Und doch bleibst du auch in dieser Unwissenheit ein einmaliges, begnadetes Wesen, denn nur dir als Mensch wurde im Laufe der Entwicklung ein Bewußtsein geschenkt, das dir das Denken ermöglicht. Mit dem Verstand begreifst du die Welt in ihrer Vielfalt. Du erkennst durch seine Hilfe immer tiefere Strukturen der Materie. Du kannst sie beschreiben und analysieren. Du kannst Rückschlüsse ziehen und Erfahrungen gewinnen, die den Raum deines Denkbewußtseins noch vergrößern.

Alle Erkenntnisse aus dem Verstand bleiben aber begrenzt, weil sie von den Dimensionen dieser Welt, von Raum und Zeit abhängig sind. Deswegen sind auch seine Schlußfolgerungen, Urteile, Ergebnisse und Aussagen nur auf seiner Ebene gültig. Die Menschen haben aber diesen Bereich des Denkens verabsolutiert. Sie glauben auch andere Ebenen des Seins, die geistigen Welten angehören, damit erkennen und erklären zu können. Oder sie lehnen ihre Existenz gar ab, weil sie dem Verstand nicht zugänglich sind. Viele Menschen begreifen nicht, daß das Denken von einer höheren Sicht aus im Vergleich zum Ganzen nur Teilerkenntnisse liefern kann. Sie leben in dieser relativen Unwissenheit der Teilerkenntnisse, durch die so viel Leid und Elend in diese Welt kommt, und halten Nichtwissen für Wissen.

Die Summation der Gedanken und Meinungen aller denkenden Wesen bildet eine Masse von Energien, die die Menschen in ihrem

Denken, Sprechen und Tun bestimmen. So entsteht ein Massenbewußtsein. Da der Mensch von seiner inneren Natur getrennt ist, werden auch die Gefühle von der Außenwelt beeinflußt und manipuliert. Er kann nicht mehr seine wahren Gefühle leben. Sie sind von der Macht des Massenbewußtseins eingekerkert worden, wie ein Vogel in einem Käfig gefangen gehalten wird.

Auch du bist nicht frei von dieser Macht, auch du wirst von diesem Bewußtsein ständig manipuliert. Mache dir einmal beispielsweise den Einfluß der Massenmedien bewußt, denen du dich vielleicht oft stundenlang aussetzt, fühle doch einmal in dich hinein und spüre, wie du von allen möglichen Gedanken und Gefühlsenergien durchdrungen wirst, die dich beeinflussen und bestimmen wollen. Erkenne ihr Dasein und ihre Kraft und befreie dich von ihnen, denn sie trennen dich von deiner Einheit, so daß du nicht mehr du selbst bist! Fühle sie als etwas Fremdes und stoße sie mit der Kraft deiner Seele zurück und werde frei! Du mußt nicht tun, was andere tun! Du mußt nicht denken, wie andere denken! Du bist ein freies Wesen, das seinen eigenen Weg zum göttlichen Bewußtsein gehen kann!

Manipulation durch das Massenbewußtsein

Das Massenbewußtsein mit all seinen Modeerscheinungen und ständig wechselnden Wünschen schafft immer wieder neue Bedürfnisse in der Begrenzung der Zeit. Deshalb wirst du von dieser damit verbundenen Energie gejagt und gehetzt. Hast du dich nicht schon einmal selbst gefragt, warum du unablässig Ziele und Zwecke verfolgst, die dich doch nicht glücklich machen? Hast du nicht schon selbst erfahren, daß die Erfüllung deiner Wünsche in der materiellen Welt doch nicht deine innere Sehnsucht zufriedenstellen konnte?

Du bist ein geistiges Wesen! Du wirst nie mit dem Reichtum der äußeren Welt deine wahren Bedürfnisse, die aus der Seele kommen, erfüllen können. Erst wenn du aus deiner Tiefe heraus zu leben beginnst und die begrenzte Macht der äußeren Welt entdeckst und die Hilflosigkeit des Egos erkennst, dich glücklich zu machen, wirst du im neuen Bewußtsein die Gaben der Schöpfung in der äußeren Welt mit der wahren Freude und einer größeren Intensität genießen können.

In deinem Inneren erkennst du auch, daß die Welt des Massenbewußtseins ein großes Theater von Marionetten darstellt, die von allen möglichen Kräften bewegt werden. Erst wenn sich der Mensch von der Abhängigkeit der Masse befreit hat, nimmt er als freier Mensch nicht nur teil am Spiel des göttlichen Lebens, sondern er ist als Ebenbild Gottes in einer liebenden Einheit auch Mitgestalter seiner Schöpfung. Der Mensch des Massenbewußtseins stört aber in seiner Unwissenheit das Spiel des Lebens und erzeugt dadurch ständig Chaos und Leid. Das Bewußtsein der Masse glaubt in seinem Marionettendasein, daß es die Welt beherrscht. Welch ein Irrtum! Mit diesem Irrtum dreht sich die Masse immer wieder um sich selbst und läuft im Kreis wie ein Hund, der an einen Pfahl gebunden ist. Sie hat vergessen, daß auch hinter ihr eine Kraft wirkt, die allein das Bühnenspiel dieser Welt bestimmt.

Das Massenbewußtsein lebt somit in einem Kreislauf, in dem sich alles wiederholt, bis der Mensch die Sinnlosigkeit seines ständig sich wiederholenden Tuns und den ablaufenden Mechanismus erkennt, der ihn durch die Unwissenheit des Ego an das Massenbewußtsein bindet. In dieser Erkenntnis kann er sich seiner selbst und seiner schöpferischen Fähigkeiten bewußt werden. Er kann sich vom Massenbewußtsein lösen, frei werden und zu seinem eigenen Weg finden.

Nur wenige schafften bislang den Durchbruch durch die Gefängnismauern des Ego, weil innerhalb dieses Kerkers mit seinem Massenbewußtsein alles so kompliziert ist. Deshalb entdeckt auch nur der Mensch den Durchbruch, der zur Einfachheit zurückfindet. Das Einfache ist die Hingabe des Herzens an den Einen, in dem Ursprung und Ende zusammenschmelzen. In ihm wird alles neu, von Augenblick zu Augenblick.

Befreiung aus der Macht des Massenbewußtseins

Wenn du den Durchbruch aus dem Kreislauf der Abhängigkeit vom Ego suchst, hat der Ausstieg aus dem Bewußtsein der Masse schon für dich begonnen. Dann gibt es kein Zurück, denn in jedem Loslassen einer Abhängigkeit wirst du wacher für die Wahrheit, die durch die Rückseite des Spiegels zu dir hindurchdringt.

Vielleicht kannst du dich daran erinnern, als du ein Kind warst und dir Erwachsene Kasperletheater vorspielten. In dem Augenblick, in dem du als Kind hinter die Bühne geschaut hast, entdecktest du staunend, daß nicht der Teufel auf der Bühne das Böse verursachte, sondern daß ein Mensch den Teufel tanzen ließ, um dich zu belehren und um letztlich Instrument dafür zu sein, das Gute wieder aufzurichten. Und selbst die Kasperlepuppe ist nicht gut, sondern der Mensch dahinter, der sie führte. Genauso kannst du auf der Weltenbühne nicht mehr den Marionetten, die die Masse bilden, glauben, sondern nach dem wahren Spieler des Lebens fragen, der dahintersteht und das Weltgeschehen mit seiner Weisheit leitet.

Mit deiner Suche nach einem Ausweg aus der Abhängigkeit vom Massenbewußtsein beginnt auch der Weg der Reinigung von allen alten Gewohnheiten des Denkens und des Handelns, die das Bewußtsein der Masse in dir eingeprägt hat. Ab jetzt mußt du bewußt die Verantwortung für dein Tun übernehmen und gegen den Strom der Masse schwimmen. Die Masse ist kein Alibi mehr für dein Denken und Handeln. Du bist plötzlich auf eine ganz besondere Weise frei, denn du bist nicht mehr eine Marionette, sondern du besitzt die Kühnheit, aufzubrechen und mit dem Spieler des Universums dein Lebensspiel zu spielen. Deshalb sei gut auf diesen Augenblick vorbereitet, in dem du dich von der Macht des Massenbewußtseins trennst und frei wirst, dich dem höchsten Bewußtsein anzuvertrauen! Die bedingungslose Hingabe an den göttlichen Grund ist eine Voraussetzung für das göttliche Spiel, in dem du zum wahren Künstler des Lebens wirst. Die Sehnsucht des Herzens und, wenn es nötig ist, das Leid mit seiner Kraft können dich mit der Gnade Gottes sicher durch die Falltüren des Ego, das die Masse in ihrer Unwissenheit bestimmt, hindurchgeleiten.

Eine weitere Voraussetzung, vom Massenbewußtsein unabhängig zu werden, ist die Einübung der Gelassenheit und Ruhe gegenüber Angriffen und Anfeindungen von außen. Du kannst sicher sein, daß das Bewußtsein der Masse dein Vorhaben, aus dem Kreis auszubrechen, durchschaut. Die Menschen, die sich davon leiten lassen, werden alles daransetzen, um deine Entscheidung zu stören, und werden dich beeinflussen, sie rückgängig zu machen.

Der Zweifel und die Angst sind wohlbekannte Kämpfer gegen die Lichtseite deines Bewußtseins. Alte Gewohnheiten ziehen dabei deine Aufmerksamkeit von deinem Ziel immer wieder ab. Deine Gedanken und Gefühle sind ja noch vom Bewußtsein der Masse durchsetzt, so daß du oft nicht mehr unterscheiden kannst, ob du wirklich selbst denkst oder fühlst oder ob es andere Energien sind, die dich beeinflussen. Das alles kann dich in Verwirrung bringen. Vielleicht bereust du dein Vorhaben, den geistigen Weg zu gehen, in einer schwachen Stunde, in der dich die träge Energie der alten Gewohnheiten lähmt. Das Egobewußtsein hält dich noch in seinem Bann. Vorurteile belasten dich, und die Kleingläubigkeit läßt dich zweifeln und mutlos werden.

Wünsche dir in einem solchen Augenblick nicht den alten Zustand wieder herbei. Öffne dein Herz der göttlichen Welt und bitte um Hilfe und Kraft, damit du das Neue leben kannst. Auf deinem neuen Weg ist alles, was dir begegnet, auch wirklich neu für dich, und es gibt kein Zurück. Die unermüdliche Einübung der Gelassenheit und Ruhe ist ein sicheres Bollwerk gegen alle Anfeindungen von innen und außen.

Laß die alte Welt los, wende deine liebende Achtsamkeit nach innen und erlebe die Lichtkraft in deinem eigenen Herzen, so daß du in ruhiger Gelassenheit in ihm gegründet bleibst! Dann wirst du die Welt mit neuen Augen bestaunen. Du wirst sie mit den Augen einer neu aufbrechenden Liebe sehen, die so ganz anders ist als das begrenzte Liebesbewußtsein der Masse.

Die Schale zerbricht

Wenn du aufgebrochen bist, den göttlichen Menschen in dir zu entdecken, durchwanderst du unzählige Schatten oder Schalen deiner Bewußtseinsschichten, die dein wahres Selbst verdecken. Sie lasten schwer auf deiner inneren Seele, und sie verhindern den Durchbruch des göttlichen Lichtes. Von Dunkelheit umhüllt, wartet sie auf den Augenblick in deinem Leben, in dem sie ihre Boten des Lichtes durch all die verkrusteten Schalen hindurch senden kann.

Viele Schalen umhüllen deine unsterbliche Seele. Dein Verstand mit seinem begrenzten Wissen und seinem Anspruch auf Wahrheit überdeckt die Weisheit deines Herzens. Seine Ruhelosigkeit, die durch die Unrast des äußeren Lebens verursacht wird, läßt deine Seele nicht zur Ruhe und Besinnung kommen, und so jagst du rastlos von einem Ziel zum anderen und findest keine Zeit für das wahre Leben in dir. Auf der Jagd nach Lust und Sinnesfreuden sind die Gefühle abgestumpft, blind und taub geworden für den Sinn des Daseins.

Deine Zellen haben ihren Ursprung vergessen. Ihre genetische Kodierung hat sich auf den Falltürmechanismus des Kreislaufes von Geburt und Tod eingestellt. So bestimmt dich die Angst, daß du irgend etwas in diesem kurzen Leben versäumen könntest. Dabei bist du doch ein Kind der Ewigkeit, und die Fülle des Lebens ist dir zugedacht.

Deine Seele ist nicht müde geworden, dir immer wieder ein Signal aus deiner inneren Wirklichkeit zu senden. Die Sehnsucht deiner Seele, alle deine menschlichen Schichten mit ihr zu vereinen, wird niemals verstummen, denn durch sie bleibst du ewig mit dem göttlichen Grund verbunden.

Jetzt hat dich ihr Ruf erreicht, und du bist aufgerufen, die unzähligen Schichten der Unwissenheit und Unreinheit in dir zu beseitigen. Maske um Maske wirst du abtragen, Rolle um Rolle wirst du ablegen müssen, und oft wirst du erschrecken, denn sie alle zeigen dir, wie weit du von deiner wahren Person entfernt bist. Dabei warst du dir doch so sicher, ganz du selbst zu sein. Nun mußt du erkennen, daß hier eine andere Bewußtseinskraft in dir wirkt, die dich von deiner wahren Person trennt. Du bist verliebt in deine äußere Egopersönlichkeit, die du für dein individuelles Wesen hältst. Von deiner wahren Person ist sie aber oft weit entfernt.

Wenn du dich nach innen wendest, werden dir alte Wunden und Verletzungen in deinen Bewußtseinsschichten begegnen. Sie wollen nun von dir geheilt werden. Erkenne deine Fehler und lasse alte Schuldgefühle los. Auf dem Weg durch die Ebenen deines Unterbewußtseins werden dir Situationen wiederbegegnen, in denen dir Wunden und Verletzungen zugefügt wurden. Verzeihe allen Menschen. Alles, was dir in deinem Inneren begegnet, dient dir ja zur Erkenntnis deiner wahren Person. Durch Vergebung wirst du deinen Mitmenschen gegenüber toleranter, und in der Kraft neuer Erkenntnisse handelst du immer bewußter.

Das wird dazu führen, daß du die unwahren Gedanken und Gefühle leichter erkennst. Liebgewonnene Verhaltensweisen können plötzlich überflüssig werden, oder du erkennst unbewußte Gewohnheiten, die du nicht vermutet hättest. Die Gedanken und Gefühle, die unbewußt deine Gewohnheiten bestimmen, haben ihr Eigenleben. Sie beeinflussen dich und enthalten oft festgefahrene Verhaltensmuster. Deswegen mußt du sie in das Licht deines Wachbewußtseins bringen und ihre blockierten Energien auflösen.

So wird deine erleuchtete Intelligenz, die hinter den unerlösten und ungeordneten Schichten liegt, immer stärker zum Durchbruch kommen. Der mentale Intellekt soll zu einem Kanal werden, durch den das universale göttliche Bewußtsein hindurchfließen kann, um sich in dieser Welt zu manifestieren. Du kannst in Verbindung mit dieser höheren Intelligenz treten, wenn du dich mit deinem höheren Selbst verbindest. Ja, du brauchst ihre sichere Führung, um die Wahrheit von der Unwahrheit unterscheiden zu können. Viel Unwahrheit ist dir schon in deinem Leben begegnet, und große Wahrheiten durftest du schon erkennen. Aber gerade die Vermischung macht es dir schwer, die Gedanken aus der reinen Quelle der Wahrheit von den Gedanken, die du in deinem begrenzten Bewußtsein für wahr hältst, zu unterscheiden.

Das Egobewußtsein glaubt mit allen seinen Gedanken, Gefühlen und Gewohnheiten des äußeren Lebens an seine eigene Wahrheit und an die Berechtigung seines Daseins. Du weißt selbst, mit welcher Kraft du deine Meinungen bislang vertreten hast. Die Kräfte der Gedanken und Gefühle führen ein machtvolles Eigendasein. Deshalb wirst du dich auch auf einen Kampf in dir vorbereiten müssen. Es braucht Zeit, bis die göttliche Intelligenz des Selbst die unbewußten Schichten und die Egoebenen in Liebe durchstrahlt und gereinigt hat, bis auch sie an der höheren Erkenntnis teilhaben können.

Auch der Spiegel der äußeren Welt zeigt dir mit jeder Schicht, die du abzutragen beginnst, sein unwilliges Staunen. Du veränderst plötzlich die eingefahrenen Gewohnheiten und Spielregeln deiner Umwelt. Wie soll das die Welt, in der du lebst, akzeptieren? Die innere Revolte kann zu einem offenen Kampf werden. Deine engsten Freunde können sich dir in den Weg stellen, wenn sie an ihrem Bewußtsein, das die Masse prägt, festhalten und nur glauben, was sie aus ihrem begrenzten Verstand heraus wahrnehmen und begreifen.

Mit jeder Schicht, die du abträgst, beginnt die harte Schale dünner zu werden. Immer mehr kann das Licht der Wahrheit dazu beitragen, daß diese Schale noch transparenter wird, so daß du bald aus deiner Seelenkraft schöpfen kannst. Jede Schicht, die du durch eine höhere Erkenntnis mit Hilfe des göttlichen Lichtes auflöst, ist mit einer kleinen Geburt zu vergleichen, die die große Geburt zum göttlichen Menschen vorbereitet, durch die die Schale vollends zerbricht. Die kleinen Durchbrüche, die sie transparenter werden lassen, tragen dazu bei, daß auch das äußere Leben immer mehr von der Seele geprägt wird, die dein Leben neu ordnet.

Wenn du Schritt für Schritt nach innen gehst, wirst du in deiner Wahrheit neu erwachen. Diese Wahrheit ist aber die ewige Wahrheit, die nichts mehr mit der Wahrheit deiner äußeren Person zu tun hat. Auch sie ist nur eine Schale, die sich wie eine Maske um deine wahre Person gelegt hat. Die Wahrheit deiner ewigen Persönlichkeit bringt die Ewigkeit in das äußere Leben. Sie verwandelt es, ordnet es und schafft es neu. Auch in der äußeren Welt wird die Schale transparenter, und das Wunder des Lebens kann zum Vorschein kommen. In einem neuen Erwachen beginnst du wieder wie ein Kind zu staunen. Du wirst erkennen, daß das Leben auf dieser Erde trotz allen Leids und Elends unendlich reich und schön ist, und durch dein Erwachen auf dem geistigen Weg dazu beitragen, daß eines Tages aus allem Sein der Lichtgrund der Seele leuchtet.

Mit jedem Schritt nach innen, zu deiner Wahrheit als göttlicher Mensch, strahlt auch das Licht aus diesem Sein durch dich hindurch in diese Welt hinein. Mit diesem Licht kannst du wirken. Aus diesem Licht bekommst du Kraft aus der Quelle der Liebe, in deiner wahren Aufgabe zu stehen, und du kannst erkennen, was sich sichtbar alles um dich herum verändert.

Deshalb mache dich jetzt unerschrocken ans Werk, deine Schatten in dir aufzulösen, damit die Schale zerbricht, die dein göttliches Wesen verhüllt! Wenn dich die kleine Flamme der Sehnsucht aufgerufen hat, dein wahres Sein zu suchen, wirst du voller Weisheit geführt und bis zu dem Augenblick begleitet, in dem die Schale zerbrechen darf, die jetzt noch dein göttliches Geheimnis umhüllt.

Die wahre Person erwacht

Deine wahre Person ist ewig wach. Sie ist das ewige Selbst. Deine unzähligen Persönlichkeitsstrukturen sind aus ihr hervorgegangen, um in vielen Leben auf der Erde ihre Erfahrungen zu sammeln. Ihr Weg führt von der Unbewußtheit bis zur intelligenten Bewußtheit, in der du dich jetzt als Persönlichkeit erlebst, um auch sie zu überschreiten, bis alle Persönlichkeitsebenen deines menschlichen Seins bewußt und erwacht mit der wahren Person eins werden, die du als höchste unsterbliche Seele bist.

Deine Seele ist die höchste Ausdrucksform Gottes in dieser Welt. Die Fülle ihres Reichtums, das unbegrenzte Wissen, die Tiefe der Weisheit, die unendliche Liebe und die schöpferische Allmacht, die in ihr sind, kannst du auf deiner jetzigen Bewußtseinsebene nicht einmal erahnen. Deine göttlichen Schätze liegen in dir verborgen. Sie warten darauf, im göttlichen Menschen aufzubrechen und wirken zu können.

Deine wahre Größe kannst du noch nicht verstehen. Du könntest sie auf deiner jetzigen Bewußtseinsebene auch nicht ertragen. Zu viele grobstoffliche Bewußtseinsstrukturen mit niedrigerer Schwingungsfrequenz, zu viele abgetrennte Persönlichkeitsteile und Egoschichten verhüllen noch dein wahres Wesen. Aber deine große Lebensaufgabe und der Sinn deines Lebens bestehen ja gerade darin, diese Schatten aufzulösen, die Schalen zu durchbrechen und die Schleier zu zerreißen, um den Weg zu deiner Seele gehen zu können.

Alle unbewußten, verdrängten Energien, alle Blockaden und Dunkelheiten, jedes Nichtwissen, alle unerleuchteten Bewußtseinsanteile, alle begrenzten Programme und Fixierungen, alle falschen Gewohnheiten und Verhaltensweisen in deinen Persönlichkeitsstrukturen und Egoebenen müssen befreit, durchlichtet und integriert werden. Alle diese Hindernisse müssen beseitigt werden, damit deine wahre Person zum Durchbruch kommt.

Du selbst bist als göttliches Lichtwesen in die Vielfalt des Lebens gekommen, um auf dieser Erde am Evolutionsprozeß teilzuhaben. Deine Seele brauchte aber ein Gefährt, um hier existieren zu können.

So hat dir Gott einen Körper gegeben. Durch die Seele soll er sich von einer grobstofflichen Struktur in der äußeren Gestalt und im inneren Organismus zu einer feinstofflichen Seinsweise entfalten; die unbewußten Energien, die in ihm wirken, sollen zu bewußten Kräften entwickelt werden.

Dein Körper ist nicht nur aus Materie dieser Erde zusammengesetzt. Er ist erfüllt von lebendigem Bewußtsein, das alle die Lebensvorgänge ermöglicht und das die Funktionen des Organismus leitet, ordnet und aufrechterhält. Die Bewußtseinskräfte des Körpers wirken nach einem ihnen eingegebenen, festgelegten Programm, das durch Vererbung weitergegeben wird. Sie verhalten sich wie ein bewußtes Wesen. Deswegen kann man sie auch zusammen als physisches Wesen bezeichnen, das in dir wirkt. Es ist eng mit dir verbunden, und du gibst ihm deine Kraft als Lebensenergie. Je stärker sie geworden ist, je lichtvoller und kraftvoller ihre Ausstrahlung ist, desto lebendiger und gesünder ist auch dein Körper.

Dein Körperbewußtsein ist als Teil von dir in Wirklichkeit nicht getrennt von deinem Wesen, wie du es oft erlebst. Da es aber in diesem Bewußtsein der Trennung lebt, hat es sich gleichsam verselbständigt. Es ist sich in seiner festgelegten Begrenzung nicht mehr seines Ursprungs bewußt. So kann es weder die Weisung der Seele wahrnehmen noch den ganzen Menschen in seinem Wesen erkennen. Es bestimmt und beeinflußt in seiner vermeintlichen Isolation, in seiner begrenzten Wahrnehmungsfähigkeit und Wirkungsweise dein Leben und Verhalten.

Da die Seele auf dieser Erde in einem Körper existieren wollte, mußte sie sich seiner grobstofflichen Struktur anpassen und ihre hohen Schwingungen im Körper des Menschen verdichten. Dort sind sie gleichsam eingeschlossen und warten darauf, frei und wieder in ihrer ursprünglichen göttlichen Kraft wirken zu können. Damit kommt gleichzeitig die wahre Person zum Durchbruch.

In dem Werden deines Menschseins auf dieser Erde entstand als weitere Verdichtung deiner Bewußtseinskräfte das Ichbewußtsein als Ausdruck deiner Seele. Das Ich entwickelte ein Konzept von sich selbst und identifizierte sich damit. In dem Maße, wie du deinen Ursprung und dein wahres Wesen vergessen hast, um auf dieser Erde in einer materiellen Atmosphäre leben zu können, hast du die Identifikation deines Ichbewußtseins mit deinem wahren Wesen verloren und sie auf den Körper und die niederen Ebenen der menschlichen Natur, die sich im Laufe der Evolution entwickelten, übertragen. Auf diese Weise entstand das Egobewußtsein mit seinen verschiedenen Persönlichkeitstrukturen. Es wurde zu einer Instanz, die dein Leben leitete. In diesem stärker werdenden Ichbewußtsein konntest du dann die Körperempfindungen auch als Lust und Freude wahrnehmen und fühltest dich davon angezogen. So identifiziertest du dich immer mehr mit den vitalen Bestrebungen deines Körpers und seinen Bedürfnissen, auch wenn dir das jetzt nicht mehr bewußt ist. Aber du trägst alle diese Evolutionsstufen in dir.

Auch diese Bewußtseinsebene verselbständigte sich durch das vom wahren Wesen getrennte Ichbewußtsein zum vitalen Wesen, das in schon beschriebener Weise deine Wünsche, deine vitalen Bestrebungen, aber auch viele Körperempfindungen und vitale Gefühle in ihren grobstofflichen Schwingungen zum Ausdruck bringt. Durch die Identifikation deines Ichbewußtseins mit deinem vitalen Wesen bist du genauso von ihm und seinen Bedürfnissen abhängig wie vom Körper, der dich mit seinen Gesetzen der Materie wie Trägheit, Müdigkeit, Verschleiß, Schmerzen und Tod bestimmt. Alle deine Egoebenen wollen entsprechend ihrer von der Schöpfung gegebenen Aufgabe leben, gut überleben, genießen, sich wohlfühlen und auch Schmerzen um jeden Preis vermeiden. Sie kennen nichts Höheres, und wenn sie eine höhere Macht spüren, wehren sie sich dagegen. Sie kämpfen um jeden Preis für die Erfüllung ihrer Bedürfnisse und unterdrücken dein wahres Wesen. Das erfahren besonders heute viele Menschen als schmerzliche Erkenntnis, und sie versuchen, sich mehr denn je aus diesem Dilemma zu befreien.

Doch damit das geschehen kann, muß noch eine weitere Scheintrennung aufgedeckt werden. Besonders mit dem mentalen Bewußtsein, das sich als das wahre Wesen betrachtet, hat sich das Ego identifiziert. Aber gerade die Gedanken, Vorstellungen und Bilder, sowohl im Wachbewußtsein als auch im Unterbewußtsein, verschleiern deine wahre Person und hindern sie am Durchbruch. Solange sich dein Ichbewußtsein im Vollzug des Lebens ständig mit diesen Egoschichten identifiziert, solange du noch sagst, ich bin der Körper, ich bin dieser Schmerz, ich bin dieser Wunsch, ich bin dieses Bedürfnis, ich bin dieser Gedanke, und ich habe diese Meinung, solange kann deine wahre Person nicht erwachen. Das aber ist das Ziel des spirituellen Weges.

Alle diese Bewußtseinsstrukturen sind Teil deines Wesens, aber sie sind nicht das, als was sie sich ausgeben. Sie sind nicht dein wahres Ich. Sie verstecken es und setzen sich an seine Stelle. Das mußt du erkennen. In der Kammer deines geistigen Herzens ist dein wahres Wesen verborgen. Dein Weg geht zunächst von außen nach innen, bis du im Herzen, vereint mit deinem inneren Wesen, als wahre Person von innen nach außen wirken kannst. Identifiziere dich in deinem Ichbewußtsein mit deiner wahren Person, und du wirst dich eines Tages in diesem Selbstbewußtsein als neuen Menschen wiederfinden!

Dein bisheriger Lebensweg, alle deine früheren Einsichten, in denen du immer wieder neue Identifikationen im ganzen Evolutionsprozeß auswähltest, hatten nur den einen Sinn, Voraussetzungen zu schaffen, daß sich dieses göttliche Lichtwesen, das du bist, manifestieren kann.

Wieviele Leben hast du gelitten und auch anderen Wesen und der Erde Leid zugefügt. Wieviele Persönlichkeiten hast du dabei ausgedrückt, die alle zu dir gehören. Sie haben in Freuden gelebt und Großes in dieser Welt der Erscheinungen vollbracht. Du warst Frau und du warst Mann. Du warst reich und auch bettelarm. Wie oft hast du in einer Zeitepoche den Weg zum göttlichen Menschen aufgenommen. Viele Male hast du ihn aufgegeben oder gar verloren.

Keines deiner Leben war vergeblich. Jedes Leben hat dich der Erkenntnis deiner wahren Person nähergebracht, und darin liegt der Sinn der göttlichen Evolution, in der dein Wesen ein vollkommener Teil in der Einheit ist. Jedes Leiden und jede Freude hatte den Sinn, dein inneres Lichtwesen zum Durchbruch kommen zu lassen. Jeder Sieg und jede Niederlage hatte den Sinn, daß du erkennst: Alles ist in dir selbst anwesend. Alle vergangenen und zukünftigen Persönlichkeitsstrukturen liegen in dir. Dein ganzer Körper, jede deiner Zellen, alle psychischen und mentalen Schichten sind von unzähligen Bewußtseinseinheiten beseelt. Alle Erfahrungen, die du in der Vergangenheit gemacht hast und die die Zukunft für dich bereithält, sammeln sich in dir, damit alle Persönlichkeitsteile mit dir und durch dich von ihrer Unbewußtheit befreit werden und den Reichtum deines wahren Wesens zum Ausdruck bringen können. Du fühlst dich in deinem Ichbewußtsein nur so lange von ihnen getrennt, bis du gelernt und erkannt hast, daß du mit allen Seelenkräften an einem übergeordneten kosmischen Spiel des Schöpfers teilnimmst. Wenn du an diesem göttlichen Lebensspiel bewußt teilnimmst, erlebst du die wahre Freiheit.

Das Zentrum der Persönlichkeit

Im Augenblick stehst du gerade an einem wichtigen Wendepunkt deines Daseins. Das mentale Bewußtsein ist am Höhepunkt seiner Entwicklungsmöglichkeit angelangt und meint, es könne das Lebensspiel selbst bestimmen. Deine mentale Intelligenz läßt dich zwar wachbewußt die äußere Welt begreifen, aber sie kann die großen Zusammenhänge des Schöpfungsspiels und deine innere Welt, in der du allein das Spiel der Schöpfung Gottes erkennen und als freies Wesen mitspielen kannst, nicht verstehen.

Deine jetzige Persönlichkeit ist aufgerufen, ihr Ichbewußtsein über ihre eigene Begrenzung hinaus in ein höheres Zentrum zu verlegen. Dieses Zentrum ist deine wahre Person, die eins ist mit Gott. Deine höchste Seele ist von Gott nicht getrennt. Sie ist in ihrer Einheit mit Gott nicht Gott selbst, sondern sein vollkommenes Ebenbild. Das Spiel des Daseins bestimmt Gott, aber du bist frei, als sein Ebenbild mitzuspielen.

Das ist auch der Sinn der Lehre Christi, der dich durch Jesus von Nazareth lehrte, in diese Ebenbildlichkeit hineinzuwachsen. Das Erwachen deiner wahren Persönlichkeit ist also ein Erwachen des göttlichen Ebenbildes.

Du mußt das Wahrnehmungsfeld deiner Persönlichkeit vom äußeren Zentrum der Welt nach innen verlegen und dein inneres Wesen zum Zentrum deines Lebens werden lassen! Die Grundlage deines Wesens ist Ewigkeit. Gründe dein Zentrum ab jetzt in der Ewigkeit! Verlagere dein Ichbewußtsein mit allen Kräften nach innen in dein wahres Wesenszentrum! In dieser Mitte, in der Höhle deines inneren Herzens, bist du du selbst als dein wahres Wesens-Ich. Hier erstrahlt die Liebe und wirkt deine erleuchtete Intelligenz, die alles weiß. Im Herzenszentrum ist deine wahre individuelle Seele mit dem göttlichen Grund eins.

Du hast alle Fähigkeiten für dieses Leben mitbekommen, um den Weg zum göttlichen Menschen zu gehen. Im Laufe deines Reifungsprozesses werden dir alle deine verschiedenen Persönlichkeitsstrukturen wieder begegnen, die schlafend in dir ruhen und die dich unbewußt bestimmen. Sie alle wollen durch deine Erkenntnis und deine Erleuchtung in ihr ursprüngliches Zentrum aufgenommen werden und sich erleuchtet und befriedet mit deinem Wesen vereinen.

Du kannst keinen einzigen Persönlichkeitsanteil in dir verdrängen. Keine Tat geht verloren, kein Gedanke, aber auch keine vorangegangene Erkenntnis und Entwicklung. Du bist jetzt die Summe all deiner Persönlichkeiten. Deshalb ist es weder hilfreich für dich, wenn du dich an eine frühere Schuld klammerst, noch wenn du auf irgendwelche Errungenschaften stolz bist, die du erreicht hast.

Das Festhalten an einer früheren Schuld nimmt dir unnötig Kraft, die du sinnvoller einsetzen kannst. Keine falsche Entscheidung deines Lebens kann rückgängig gemacht werden. Alles hat seine Spur auf dem langen Weg deiner Entwicklung hinterlassen, die einen übergeordneten Sinn hat. Du kannst mit deiner vom Selbst getrennten Persönlichkeit nicht jeden Sinn und ganz sicher nicht den übergeordneten Sinn des Lebens, in dem du schuldig wurdest, erkennen. Es ist dir aber möglich, mit ganzem Herzen alle Schuld zu vergeben und Vergebung zu empfangen, wenn du alle Schuld mit deinem inneren Herzensruf in das innere Zentrum abgibst und deinem göttlichen Grund übergibst. Dort und nur dort wird alle Schuld vergeben.

Ein langer Weg des Erwachens liegt noch vor dir. In deinem inneren Wesen stehen dir alle erleuchteten Kräfte zur Verfügung. Gib jedem Gefühl und deinem Denken zuerst die Möglichkeit, in dein neues Zentrum hineinzuspüren, damit du erfährst, was wahres Fühlen und Denken bedeutet, wenn sie von der Herzenskraft durchlichtet werden! Laß dein vitales und mentales Bewußtsein erahnen, daß sie in der unendlichen Liebe gegründet sind! Auf diese Weise wirst du immer mehr liebend fühlen und erleuchtet denken. Deine jetzige Persönlichkeit wird die Fähigkeit erhalten, alle verschütteten Seelenkräfte in das Licht der Erkenntnis emporzuheben und mit jeder Erkenntnis tiefer in ihre wahre Person hinein zu erwachen.

Konzentriere immer wieder deine Bewußtseinskräfte in Achtsamkeit und Liebe in diesem Zentrum. Wenn du lernst, aus diesem Zentrum heraus, alle Gedanken, Gefühle und Empfindungen zu beherrschen, indem du sie beobachtest, gleichsam als Zeuge aus deiner Mitte heraus wahrnimmst und deine Identifikation mit ihnen auflöst, weitet sich dein innerer Raum. Du überwindest die Enge und Unfreiheit des Egobewußtseins und fühlst eine Weite und Freiheit, die immer schon Ziel deiner Sehnsucht war. Die Unruhe der Gedanken- und Gefühlswelt schwindet. Ruhe und Stille gewinnen eine andere Dimension. Es öffnet sich die Welt der Liebe, des Friedens, der Freude und der Leichtigkeit. Deine eigene wahre Persönlichkeit erwacht. Dein wahres Selbst beginnt durch alle deine Schichten hindurch zu leuchten, und es strahlt bis in deine Umgebung hinein.

Wenn du innerlich von einer Wahrheit oder von einer Erkenntnis berührt bist, wenn du ergriffen wirst von der Liebe, dann spürst du die Antwort deines göttlichen Wesens.

Zentriere dich!
Höre den Flug der Zeit!
Erkenne die Höhe des Raumes!
Lote die Dunkelheit der Nacht
im hellen Sonnenschein aus.
Suche nichts!
Erfahre dich!
Du bist!
Laß alle Dinge um dich herum kreisen
und ordne dich in der Mitte!
Entferne dich vom Rand
der Hast und des Zwiespaltes!
Im Zentrum bist du eins
in der Freude.
Zentriere dich!

Spiegel der Seele

Die strahlende Sonne am Himmel zeigt dir die Welt mit ihrem Licht. In ihr spiegelt sich die ganze Schöpfung wider. Ihre Strahlen erreichen den entferntesten Winkel auf dieser Erde, und sie durchdringen jedes Gestein, auch wenn das Licht in der tiefsten Dunkelheit nicht mehr sichtbar ist. Alles lebt durch die Wärme der Sonne. Alles wächst durch ihre Kraft. In ihrem Licht erkennst du wie in einem Spiegel das Wunder der Erde.

Dein physischer Körper ist aus dem Stoff der Sterne gebildet, die die Galaxien bevölkern. All deine Organe, deine Sinne und deine Nerven sind in ihren körperlichen Strukturen aus Bausteinen der Materie aufgebaut und sind von ihrer materiellen Grundlage abhängig wie das ganze Leben auf dieser Erde. Doch daß du die unendlich reiche Lebensvielfalt durch das Licht der Sonne sehen, fühlen und dich daran erfreuen kannst, liegt nicht im Stoff begründet, aus dem Körper, Sterne und das Licht der Sonne geschaffen sind. Die Ursache deiner Wahrnehmung und deines lebendigen Daseins ist der Geist Gottes, der dich beseelt und durch den alles auf dieser Erde beseelt ist. Es wäre dir nicht möglich, ohne deine Seele in den Spiegel der Welt zu schauen. Deine Seele kommuniziert ununterbrochen mit dem Spiegel der Welt, weil beide eins sind. Dabei ist der Geist Gottes deine innere Sonne. Durch sie strahlst du dein Wesen in die Welt hinein, und so bist du durch die göttliche Sonne deiner Seele mit allem äußeren Sein verbunden.

Alles Sichtbare, also auch das scheinbar Unsichtbare auf diesem Sonnenplaneten, ist beseelt. Die ganze beseelte Welt dient dir somit als äußerer Spiegel, in dem du dich selbst in deiner Beziehung zu ihr erkennen kannst, allerdings immer nur bis zu einem gewissen Grad, weil deine Wahrnehmungsorgane begrenzt sind und nicht in die tiefere Wirklichkeit eindringen können.

Der Spiegel der Welt

Der Spiegel der Welt zeigt dir ihre äußeren Erscheinungsformen, so wie du selbst mit deiner äußeren Erscheinung und ihrer Ausstrahlung in dieser Welt ein Spiegelbild von dir abgibst. Du glaubst, daß du dieses äußere Bild von dir kennst. Aber deine Umgebung sieht Persönlichkeitsmerkmale und Seelenqualitäten von dir, die du selbst nicht wahrnehmen kannst. Du übersiehst sie, weil deine Wahrnehmung auch für dich selbst noch nicht klar genug ist.

Du weißt, daß deine wahre Person, deine erleuchtete Seele, eine ganz andere Weite besitzt, die du noch nicht zum Ausdruck bringen kannst. Du bist mehr als dein Körper, mehr als deine Sinne und auch mehr als dein Verstand. Die Selbsterkenntnis in der Spiegelung der äußeren Welt kann deshalb in deinem begrenzten Bewußtsein immer nur eine Teilerkenntnis sein. Die wahre Erkenntnis liegt hinter allen sichtbaren Erscheinungen oder Spiegelungen und kommt aus dem Zentrum der Seele, der wahren Wirklichkeit und der Ursache allen Seins. Wenn du schon in dein Zentrum eintauchen könntest, würdest du im Erkennen eines ganz anderen Lichtes die Fülle der Wirklichkeit erschauen. Dieses Licht ist so hell wie tausend Sonnen und gleichzeitig so dunkel, daß du weder seine Schwärze noch seine Lichtkraft ohne Vorbereitung und ohne Gnade ertragen könntest. Du mußt dich erst durch einen langen Reinigungsprozeß auf die Erfahrung des unfaßbaren göttlichen Lichtes vorbereiten, das im Zentrum deines Wesens liegt.

Von hier aus strahlt deine innere Seelensonne in alle Winkel deiner Persönlichkeit hinein. Von hier aus werden alle deine Seelenkräfte beleuchtet. So wie die äußere Sonne die Vielfalt des Lebens mit ihrem Licht durchstrahlt, so kannst du auch alles, was dir in deinem Inneren begegnet, in diesem Licht wie in einem Spiegel anschauen.

Die Rückseite des Spiegels

Der Spiegel der Seele ist, symbolhaft ausgedrückt, die Rückseite des äußeren Spiegels, mit dem du die Welt wahrnimmst, und alles, was dir von dort auf dem Weg nach innen widergespiegelt wird, dient dir zur Erkenntnis deines inneren wahren Wesens. Damit das geschehen kann, mußt du zuerst fähig werden, deine Aufmerksamkeit nach innen zu richten.

In der äußeren Welt siehst du ihre Erscheinungsformen mit deinen äußeren Augen, die das Licht der Sonne geprägt hat. Wenn du gelernt hast, nach innen zu schauen, erkennst du alles mit deinem göttlichen Lichtauge. Das innere Auge ist immer wach. Es ist das schauende Organ deiner strahlenden Seele, das aus der Sonne aller Sonnen geboren wurde. Mit diesem Lichtorgan denkst und fühlst du und schaust zur gleichen Zeit. Du hörst gleichzeitig im Schauen den Schöpfungsklang deiner Seele. Aus ihrem Zentrum empfängst du die Botschaft des höchsten Selbst.

Aber bis du zu ihrem Grund vordringen darfst und kannst, mußt du erst selbst in deinen nach außen gerichteten Bewußtseinskräften rein werden und ihre Organe klären. Das Lichtorgan deiner Seele, mit dem du die inneren Räume wahrnimmst, vermag noch nicht durch den Lärm der Welt und noch nicht durch die vielen Schatten deiner Bewußtseinsschichten nach außen hindurchzudringen. Das kann erst nach einem längeren Reinigungsprozeß geschehen.

Deshalb ist der äußere Spiegel der Welt eine gute Hilfe der Selbsterkenntnis und eine Kontrolle für deinen inneren Wachstumsprozeß, denn er ist und bleibt die Widerspiegelung deiner inneren Welt. Aus der Reaktion der Menschen und an ihrem Verhalten dir gegenüber kannst du erkennen, wie deine innere Welt auf sie wirkt. In dem Maße, wie du zu deinem inneren Zentrum vordringst, wird dir der innere Spiegel der Seele entgegenstrahlen können, so daß du immer leichter die Wahrheit von der Unwahrheit zu unterscheiden vermagst. Dadurch wirst du weniger unreine Gedanken und Gefühle zulassen, die sich als dunkle Schichten vor den Spiegel deiner Seele legen. Dieser Reinigungsprozeß wirkt sich auch auf deine äußeren Handlungen aus, so daß du die Veränderung, die in dir vorgeht, im täglichen Leben erkennst.

Was immer dir aber in deiner Innenwelt auf dem Weg zum Zentrum begegnet, ist noch nicht der reine Spiegel deiner Seele, sondern immer noch eine Widerspiegelung der inneren strahlenden Sonne. Sie durchleuchtet die Schichten deines Bewußtseins, damit du mit deiner immer wacher werdenden inneren Wahrnehmung die feinen Seelenschwingungen mit ihrer Freude immer besser fühlen kannst.

Viele Vermischungen der Innen- mit der Außenwelt werden dir auf dem Weg nach innen begegnen. Es ist wichtig, alles, was dir begegnet, in völliger Ruhe und Gelassenheit anzuschauen. Deine Innenwelt ist bei weitem reicher und abenteuerlicher als die äußere Welt und unvorstellbar schöner als alles Sichtbare hier auf dieser Erde. Sie wird dir aber auch Schrecken und Ängste der Vergangenheit, die dir nicht bewußt sind, widerspiegeln, wenn du dafür reif geworden bist, um auch diese tiefste Schicht deines Bewußtseins zu erkennen und zu reinigen. Je mehr Licht du empfängst, desto stärker kann das Licht deiner Seele in diese Tiefen hineinstrahlen, um ihre unbewußten Schichten aufzulösen. Ein Gesetz der Evolution lautet, daß alles, was sich höher entwickelt, die Kraft hat, die vorhergehenden Stufen zu transformieren.

Der geistige Spiegel

Jetzt bist du aufgerufen, die Flamme deines Herzens zu entdecken und die inneren Räume deines Wesens zu erleuchten. Es wartet ein kostbarer Schatz auf dich: die Welt der Liebe, die Fülle und Glückseligkeit ausstrahlt; die Welt des erleuchteten Verstandes, der alles Wissen deiner erdgebundenen Denkkraft übersteigt und in seiner universellen Weisheit alle Seelenkräfte durchleuchtet; die Welt der reinen Gefühle, die dich in ihrer beseligenden Schwingung mit deiner inneren Seele verbinden; die Welt deiner Seele selbst, die in ihrem Wesen eins ist mit der Unendlichkeit des Himmels.

Wenn alle Hindernisse, die dein Bewußtsein der Einheit mit allem Sein verhüllen, beseitigt sind, wenn sich alle Schatten, die das Licht verdecken, auflösen und der innere Spiegel der Seele rein geworden ist, dann findest du dich selbst im Zentrum deiner Seele. Dieses Herzensbewußtsein ist nach einer langen Reise durch die Evolution wieder heimgekehrt. Das Ich und die Seele sind eins geworden. Das ist der Augenblick, in dem der Spiegel der Seele vollkommen mit dir verschmilzt, denn dein wahres Selbst schaut sich nicht selbst an, sondern es erkennt sich in sich selbst. Dein wahres Selbst ist der Grund aller Spiegel. Die Sonne am Himmel sieht sich auch nicht selbst, sondern sie schaut im Licht ihrer Strahlen die Myriaden von Lichterscheinungen, die sie hervorgebracht hat. Wenn die Sonne all ihre Strahlen zurückholen würde, wären sie nichts weiter als das Licht der einen Sonne.

Der reine Spiegel der Seele zeigt sich dir also erst dann, wenn er völlig leer geworden ist von allen Spiegelungen des Egobewußtseins wie der Grund der Seele. Verstehst du das Paradox? Beide sind absolut leer. Der Spiegel der Seele ist immer leer. Die gereinigten Seelenspiegelungen werden leer von ihren Widerspiegelungen. Nur Leere und Leere können sich vereinen. Nur Licht und Licht verschmelzen zu einem Licht.

Dein Weg ist es also, leer zu werden von der Welt der Spiegelungen im Außen und im Inneren. Deine wunderbare Aufgabe besteht darin, Licht zu sein und zu strahlen wie die Sonne am Himmel, bis du die Sonne deines Lebens selbst geworden bist.

Ein neuer Morgen

Die Liebe begrüßt dich.
Erwache und gehe mit ihr
den Weg zum göttlichen Menschen!
Ein neuer Morgen empfängt dich
mit seiner ganzen Fülle des Alls.
Du kannst heute
den Reichtum deines Herzens entdecken,
denn das All ist in deinem Herzen.
Steh endlich auf
und schüttele die letzten Träume von dir ab!
Dein Leben ist wunderbarer
als alle deine Träume,
die du je geträumt hast.
Du hast schon viel zu lange
das Leben geträumt.
Jetzt kannst du es leben.
Recke deine müden Glieder
und erhebe dich zu deiner wahren Größe!
Wasche deine Augen,
so daß durch ihr Strahlen
die Welt erleuchtet wird!
Berühre deinen Körper
und bereite ihn
auf das Gefühl der Glückseligkeit vor,
das auf ihn wartet!
Singe ein Lied,
damit du die goldenen Töne der Liebe lockst,

die die Melodien des neuen Tages anstimmen,
die ab jetzt dein Leben begleiten!
Ein neuer Morgen empfängt dich.
Alle Kräfte des Himmels
stehen dir zur Seite.
Ergreife sie!
Schick sie nicht wieder fort!
Entscheide dich und
beginne deinen Weg zum Licht!

Erste Entscheidung

Du ahnst, was dich erwartet. Die Ahnung von einem großen, freien, weiten und sinnvollen Leben der Liebe, deine Sehnsucht nach deiner verlorenen Heimat, das Erwachen deiner inneren Seelenpersönlichkeit verlangen die Entscheidung, alle deine Kräfte und Fähigkeiten für die Entwicklung deines wahren Menschseins, das sich im göttlichen Menschen vollendet, einzusetzen.

Sich für etwas zu entscheiden, bedeutet auch Abschied zu nehmen. Du mußt Abschied nehmen von alten Gewohnheiten, die dir lieb geworden sind, die dich aber hindern, den Weg nach innen zu gehen; Abschied nehmen von Einstellungen, die dein Leben bisher getragen haben, aber der neuen Lebenseinsicht widersprechen; Abschied nehmen von Lebensformen, die dir Sinnenfreuden geschenkt haben, aber dich an die äußere Welt binden; Abschied nehmen von Vorstellungen, wie dein Leben abzulaufen hat, die dich aber in eine Sackgasse geführt haben; Abschied nehmen von Wünschen, deren Erfüllung dir Vergnügen bereitet hat, die aber nie deinen inneren Hunger stillen konnten.

Dieses Loslassen ist immer mit Schmerzen verbunden, weil sich dein Egobewußtsein mit all dem, von dem du Abschied nehmen sollst, identifiziert, und es glaubt, es müsse leiden oder gar sterben, wenn es nicht mehr das gewohnte Leben leben könnte. Dieser Prozeß des Loslassens wird aber erleichtert, wenn du dir immer wieder bewußt machst, was dir statt dessen geschenkt wird. Wenn du deine Seelenkräfte sammelst und mit festem Willen eine klare Entscheidung fällst, so daß alle Bewußtseinsschichten die eindeutige Botschaft empfangen, daß du deinem inneren Gesetz folgend, den geistigen Weg zum göttlichen Menschen gehst, werden sie sich eher fügen. Eines Tages werden sie durchdrungen sein vom höheren Lichtbewußtsein und dir dienen.

Entscheiden heißt auch scheiden. Du stehst gleichsam an einem Scheideweg. Willst du die alte Richtung weitergehen oder die neue Wegrichtung einschlagen?
Entscheide dich!

Du kennst deinen bisherigen Lebenslauf. Hat er dich zum Glück geführt, nach dem du immer Sehnsucht hattest? Hat er dich mit der Freude erfüllt, die du immer suchtest in all deinem Streben nach Genuß und Vergnügen?
Entscheide dich!

Fühlst du dich getrieben und gehetzt von den Wünschen und Bedürfnissen des vitalen Lebenstriebes, oder sehnst du dich vielmehr nach der Ruhe und Geborgenheit deines Herzens?
Entscheide dich!

Leidest du darunter, daß dein Körper deine Lebenskraft blockiert, dich mit Schmerz und Krankheit quält? Spürst du nicht dein Verlangen nach einem gesunden, leistungsfähigen Körper, der dir Wohlbefinden und Freude schenkt?
Entscheide dich!

Bringen dir die Gedanken und Vorstellungen deines Verstandes nicht Ängste und Sorgen? Machen sie dich nicht häufig unfrei, weil sie dir Meinungen aufzwingen, die du als falsch erkannt hast? Und kennst du nicht schon die Freiheit des Geistes, der dich in immer größere Weiten der Weisheit und der Erkenntnis führen kann?
Entscheide dich!

Wenn du dich entschieden hast, dann werden die Zweifel weniger werden. Die Klarheit und Kräfte deines inneren Willens werden die Vorbehalte und Ängste aus deinem mentalen Bewußtsein auflösen. Die Entscheidung soll ein Abschiedsfest der Freude für dich werden, durch das das Fest des wahren Lebens eingeleitet wird, das dich erwartet. Feiere deine Entscheidung als die Morgenröte eines Tages, die den Beginn deiner neuen Geburt zum göttlichen Menschen anzeigt!

Jede Geburt braucht ihre Zeit. Nimm deshalb zuallererst Abschied von deiner alten Vorstellung und Gewohnheit, daß du keine Zeit hast. Sei dir bewußt, daß dir ab jetzt die Ewigkeit zur Verfügung steht. Auf deinem neuen Weg kannst du mit einem chronischen Zeitmangel und einem falschen Zeitbewußtsein nur langsamen Schrittes vorankommen.

Das Fest des Lebens

Feiere das Fest der Ewigkeit in diesem einen Atemzug. Du wirst erfahren, daß sie jetzt, in diesem Augenblick, anwesend und immer da ist. Fühlst du sie nicht? Dann ist dein Atem noch im Mangel der Zeit gefangen. Gib ihn frei und überlasse ihn der Ewigkeit. Durch deinen Atem kannst du sie spüren, denn durch ihn atmest du sie ständig ein.

Setze dich ganz ruhig mit aufgerichtetem Rücken auf einen Stuhl oder auf ein Kissen am Boden. Erfahre den Rhythmus deines Atems und lausche in seine ewige Zeitfreiheit hinein. Erfahre in der Ruhe des Atems, daß alles in dir ruhiger wird. Laß in dieser Gelassenheit und Freiheit alles los, was dich hindert, dem neuen Morgen entgegenzugehen. Sei nur in diesem einen Atemzug, der dich in diesem Augenblick bewegt. Dieser eine Atemzug kann dir die Tür zu einer unermeßlichen Freude öffnen. Feiere in ihr das Fest deines Lebens.

Zu einem Abschiedsfest gehört Licht. Was ist schon ein Fest ohne Licht? Schaue deinen Gedanken zu. Wieviele dunkle Gedanken lassen deinen Tag trüb und grau erscheinen? Wieviel Gedanken verdecken dein strahlendes Wesen? Gib die dunklen Gedanken frei. Laß sie davonfliegen wie die Vögel im Wind. Lausche weiter ganz still in deinen Ewigkeitsatem hinein und gib noch den letzten Gedanken frei. Dann erfülle dich mit dem Lichtgedanken: „Meine Seele ist Licht."

Mit diesen Lichtgedanken kannst du dein ganzes Leben mit Licht füllen. Auch wenn du es noch nicht erkennen kannst und die Übung zu Anfang noch nicht gleich gelingt, das Licht wird in dir immer intensiver leuchten. Nimm Abschied von der Dunkelheit und entscheide dich für das Licht!

Nun stehen dir zu deinem Abschiedsfest schon zwei wesentliche Paten zur Seite: der Hauch der Ewigkeit und das Licht. In ihrer strahlenden Kraft wächst die göttliche Freude. Ein Festessen kann die Krönung eines Festes sein. Für das Fest deines Lebens brauchst du eine andere Speise als die gewöhnliche Nahrung. Sie ist aus den Mitteln bereitet, die du schon für dein Lichtfest kennst. Sie ist eine göttliche Speise aus dem Hauch der Ewigkeit. Sie ist gefüllt mit Licht, und in ihrem Geschmack kostest du die reine Liebe des Heiligen Geistes. Sie ist die reine Nahrung deiner Seele. Ihre Fülle endet nie, denn die

Ewigkeit ist in der Liebe und dem Licht stets gegenwärtig. Um sie empfangen zu können, mußt du lernen, im vollkommenen Schweigen von aller Gedankennahrung der äußeren Welt frei zu werden.

Du kannst dich in deiner Freiheit für das Fest deines Lebens entscheiden und Abschied nehmen von der begrenzten Vorstellung der Zeit. Zeitfrei ist dieser eine Augenblick. Laß dich nie mehr von dunklen Gedanken niederdrücken! Feiere das Fest des Lebens im Licht, das du bist! Erkenne, daß deine Seele diese Nahrung braucht! Stille ihren Hunger, und du wirst eine Kraft empfangen, die dich wahrhaft erfüllt und aufrichtet!

Mit deiner Entscheidung für die Freiheit, für das Licht und die Kraft deiner Seele nimmst du Abschied von allen Zwängen der Zeit, der Dunkelheit und dem nie enden wollenden Hunger der Sinne. Das Fest des Lebens kann beginnen.

Der Weg beginnt

Vielleicht bist du schon längere Zeit den geistigen Weg gegangen und brauchtest nur noch ein paar Anstöße, um ihn ernsthafter und intensiver zu gehen. Vielleicht bist du aber auch noch an so vielen Dingen des Lebens verhaftet und mußt sie jetzt wirklich loslassen, nachdem du dich klar entschieden hast. Tue es jetzt! Übertrage diese Entscheidung auch auf Verhaltensweisen, die dich immer wieder vom Weg abbringen und viel Zeit und Aufmerksamkeit kosten! Das ist ein wichtiger Schritt auf deinem Weg.

Dieser Schritt ist manchmal sehr schwer. Aber mache dir bewußt, daß du das große Ziel deines Lebens, den göttlichen Menschen, in deinem Herzen immer mit dir trägst. Mit jedem Schritt, den du diesem Ziel entgegengehst, offenbart es sich dir immer deutlicher bis in alle deine Bewußtseinsschichten hinein. Und du wirst sehen, daß der Weg nach den ersten Schritten immer leichter wird. Auch du wirst eines Tages in der Lichtfülle der göttlichen Liebe stehen, die deinen Weg überstrahlt und sonnenhell macht. Das soll dir Mut und Hoffnung geben, wenn du die ersten Schritte gehst.

Der göttliche Mensch, der seit Urzeiten in dich hineingelegt ist und der sich schon in vielen Stufen der Evolution entfaltet hat, wird sich in der heutigen Zeit schneller verwirklichen, als du meinst, auch wenn du das mit dem Verstand nicht begreifen kannst und in der äußeren Welt noch so viele Umstände und Entwicklungen dagegen sprechen. Aber bedenke, was sich in den vergangenen Äonen alles an wunderbaren Formen und Erscheinungen in der Schöpfung entwickelt hat. Wie plötzlich kann sich der Quantensprung ereignen, wie schnell rückt das Ziel des göttlichen Menschen näher!

Es liegt auch an dir, daß es geschehen kann! Beginne deinen Weg! Wage die ersten Schritte und laß alle Vorbehalte aus deinem mentalen Bewußtsein los! Du brauchst diese Einsicht jetzt! Jetzt ist der Augenblick, in dem du die ersten Schritte auf dem Weg gehst! Erkenne diesen Augenblick als den wichtigsten deines Lebens. Wenn du diesen Augenblick wirklich lebst, dann ist das Ziel schon da, denn in diesem einen Augenblick, der nicht mehr von den Schwingungen der Vergangenheit und der Zukunft berührt wird, öffnet sich das Tor der Ewigkeit. In diesem Augenblick bist du auf dem Weg und im Ziel zugleich. Dann kannst du vom Weg nicht mehr abirren und dein Ziel nicht mehr aus den Augen verlieren.

Die Einübung der Achtsamkeit

In dieser Erkenntnis wächst eine wichtige Weghilfe: die Achtsamkeit. In ihr bist du in der Erfahrung des gegenwärtigen Augenblicks mit dem Bewußtsein der Einheit verbunden. Konzentriere deine ganze Aufmerksamkeit auf das, was in diesem Moment geschieht! Achte nur auf diesen einen Schritt und dann erst auf den nächsten! Achte auf diesen einen Atemzug und dann auf den nächsten! Sei ganz in deinem Tun, vollziehe jede Handlung ganz bewußt und achtsam, dann wird dir die Kraft der Ewigkeit beistehen! Bedenke, daß deine göttliche Seele jetzt, in diesem Augenblick vollständig anwesend ist! In dieser Achtsamkeit nimm dich als göttliches Wesen wahr! So führt dich die Achtsamkeit auch zur Selbstachtung. Achte nicht nur auf das, was auf deinem Weg wichtig ist, sondern achte dich selbst!

Achte auf deinem Weg darauf, daß du dich nicht mehr von der äußeren Zeit bestimmen läßt! In der Achtsamkeit wirst du selbst der Verwalter der Zeit. Das Resultat wird erstaunlich sein, denn du wirst erkennen, wieviel sinnlose Zeit du vertan hast, wieviel Zeit du in der Zersteutheit des Geistes für unwichtige, kraftraubende Tätigkeiten vergeudet hast. Mit Freude und Erleichterung kannst du diese überflüssigen Zeitfresser aus dem Weg räumen. Mit ihnen fallen alte Gewohnheiten ab. Viele unnütze Beschäftigungen können nun gegen sinnvolle ausgetauscht werden, die dir auf deinem Weg weiterhelfen.

Endlich hast du Zeit gewonnen, zu dir selbst zu finden. Die Zeit wird für dich das, was sie ist: ein Ausdruck der Ewigkeit. Lerne in dieser freien Zeit gelassen und ruhig zu werden, so daß deine Selbsterkenntnis immer mehr zunimmt! Sie ist die Grundlage für deine wahre Freiheit. Übe dich in der Achtsamkeit! Als ruheloser Mensch wirst du getrieben von der Zeit. Abgehetzt und nervös wirst du leicht zum Spielball manipulierender Kräfte der Masse, ohne daß du es bemerkst. Mache dich frei von all diesen Einflüssen! Mit der wachsenden Achtsamkeit kannst du sie leichter erkennen. In zunehmender Zeitfreiheit hast du auch mehr Zeit für deine Übungen gewonnen, die der Gesundheit und deiner geistigen Entfaltung dienen. Was immer du dir für einen Übungsweg gewählt hast, nimm dir Zeit dafür! Die Übungen sind wichtige Schritte auf deinem Weg.

Durch die Einübung der Achtsamkeit kann ein großer Aufräumungsprozeß in deinem Leben beginnen. Du wirst unnützen Ballast endlich abwerfen können. Du wirst erkennen, daß du viele Dinge einfach nicht nötig hast. Lasse sie los, und du wirst befreit aufatmen. Damit unterstützt du den inneren Reinigungsprozeß, der mit all deinen Schritten auf dem Weg einhergeht. Weil die Reinigung deiner verschiedenen menschlichen Ebenen von so großer Bedeutung für deinen Fortschritt ist, wirst du immer wieder darauf aufmerksam gemacht. Gerade die Achtsamkeit hilft dir, die Blockaden und Hindernisse zu erkennen, die manchmal auf schmerzliche Weise aufgearbeitet und aufgelöst werden müssen.

Du beginnst allmählich auch, durch die Achtsamkeit deine wahren Bedürfnisse wiederzuerkennen. Du entdeckst verlorengegangene Fähigkeiten, die du jetzt endlich wieder aus deiner verborgenen Schatzkammer hervorholen kannst. Vielleicht möchtest du schon lange ein Musikinstrument erlernen. Dann fang damit an! Entfalte alle deine schöpferischen Bedürfnisse und Fähigkeiten! Hebe die geistigen Schätze, die in deiner Seele verborgen liegen, damit die Juwelen deiner schöpferischen Kräfte zu leuchten beginnen! Auch mit der zunehmenden Stärkung deines Willens kannst du die vielen unnützen Beschäftigungen, die dir bislang die Zeit gestohlen haben, loslassen. Endlich hast du Zeit für die Erfüllung deiner wahren Bedürfnisse, mehr Zeit für deine Mitmenschen, mehr Zeit für die Natur und mehr Zeit für dich selbst. Damit wachsen deine innere Freude und Leichtigkeit auf dem geistigen Weg. Achte auf die wahre Freude in deinem Leben! Sie ist ein Lichtbote deiner Seele.

Die Verwendung materieller Güter

Die Achtsamkeit wird deine Wahrnehmung schulen, ob du die materiellen Dinge, die du besitzt, wirklich für dein Leben brauchst. Du erkennst überflüssige Gegenstände, die dir schon lange im Weg standen. Verschenke sie und mache dich frei für das, was wirklich wertvoll werden soll in deinem Leben! Geld ist auch als Materie reine Energie. Du bestimmst seinen wahren Wert für dich. Du kannst diese Energie für Werte einsetzen, die sich in ihrer geistigen Fülle potenzieren, und du kannst ihre Energie für den materiellen Gewinn benutzen. Du selbst hast die Wahl. Bedenke, daß Materie grundsätzlich dem Verfall ausgeliefert ist. Das Gold kann noch so hochkarätig sein, irgendwann nützt es dir absolut nichts mehr, außer deinen Erben. Allein geistige Energie unterliegt nicht dem Naturgesetz des Verfalls. Wenn sie in der großen kosmischen Ordnung eingesetzt wird, vermehrt sie sich ständig, ja sie potenziert sich sogar. Du selbst bist dafür das beste Beispiel. Dein Geist ist unsterblich. Nur dein physischer Körper unterliegt dem Gesetz der Natur und verfällt.

Verwalte deine materiellen Güter umsichtig! Verwende sie für die wichtigen Dinge des Lebens, die dein Leben wirklich mit Freude erfüllen und die es nicht durch die Verstärkung materiell ausgerichteter Wünsche und Begierden belasten! Deine wahren Bedürfnisse können durch kein materielles Gut befriedigt werden. Sie sind einfach und brauchen keinen Reichtum. Wenn er dir zur Verfügung steht, benutze ihn für deinen geistigen Fortschritt und den der Menschheit. Die Fülle des Lebens hat eine andere Dimension. Ihr begegnest du auf dem ganz klaren, reinen Weg, der vor dir liegt.

Beginne mit Achtsamkeit, all die vielfältigen Hindernisse aus dem Weg zu räumen, die dir begegnen. Der Lohn dafür ist ein Zuwachs an Freiheit und Klarheit in deinem Leben. In der Reinheit deines Selbstbewußtseins erkennst du, daß das wahre Leben in der Einfachheit liegt.

Der Rhythmus des Weges

Wenn du deinen Weg beginnst, wird sich der Rhythmus des Lebens verändern. Bist du dazu bereit? Der Ablauf eines Tages zeigt dir deinen Rhythmus. Warst du mit ihm zufrieden? Es lohnt sich, einmal den Rhythmus deines Tagesablaufs zu überdenken. Mit welchem Gefühl bist du bislang am Morgen aufgestanden? Mit welcher Einstellung hast du den Tag begonnen? Bist du mit spielerischer Leichtigkeit an deine Arbeit gegangen, oder hast du dich von der Last der Pflichten niederdrücken lassen? Wie ist dein Tag verlaufen, und wie hast du ihn beendet? Schon mit dem Erwachen am Morgen bestimmst du den Rhythmus des Tages. Läßt du dich auf den Rhythmus des göttlichen Liebesgesanges mit seiner Schöpfung ein, dann fühlst du die Freude, die sich im Rhythmus des Lebens widerspiegelt. Das Leben ist Freude. Je mehr sich dir der Geist des Lebens offenbart, desto mehr Freude erfährst du. So werden die Schritte auf dem Weg zu Fortschritten in der Freude. Dein Leben wird zu einem Fest und jeder Tag ein Feiertag.

Hast du noch deine Abschiedsfeier in Erinnerung? Sie war der Beginn für das Fest deines Lebens. Mit diesem Fest solltest du ab jetzt jeden Morgen beginnen und jede Nacht einleiten. Du feierst das Leben, das dir geschenkt wurde, um zum göttlichen Menschen heranzuwachsen.

Der schmale Pfad

Wenn du die breite Straße des Massenbewußtseins verlassen hast, bedeutet es noch nicht, daß dich dieser Schritt von heute auf morgen zu einem Wesen macht, das sich seiner selbst bewußt geworden ist. Du mußt noch viele Schritte gehen. Vor dir liegt der schmale Pfad, der dich zur Höhe des göttlichen Menschen führt. Wie jeder Pfad, den du auf dem Weg zum Gipfel eines Berges begehst, ist auch dieser schmal, manchmal eng, und er führt an Abgründen vorbei. Die Wegweiser sind nicht mehr so sichtbar und deutlich zu erkennen wie auf den breiten Straßen und Wegen des ebenen Landes. Du mußt genau hinschauen, mehr Aufmerksamkeit und Sammlung aufbringen, sie zu entdecken und ihre Weisung zu erkennen. Oft mußt du viel Kraft aufwenden, die vorgeschlagene Richtung auch zu gehen, steile Berghänge erklimmen oder Schluchten überqueren, Gefahren überwinden und Durststrecken durchstehen.

All dies kann dir auch auf dem schmalen Pfad zum göttlichen Menschen begegnen. Viele Hindernisse werden sich dir entgegenstellen, viele Kräfte von innen und außen werden dich von deinem Pfad abbringen wollen. Für viele Menschen bedeutet er ein Angriff auf ihre Sicherheit, ein bequemes und geruhsames Leben zu führen. Sie fühlen sich ins Unrecht gesetzt und werten dich und deinen Weg ab.

An der Macht deiner Gedanken, die noch sehr mit deiner bisherigen Lebensform verbunden sind, kannst du die Gefahren von innen erkennen. Du hörtest bislang auf die Gedanken, die von der Welt geprägt wurden. Der Lärm der Welt hat nur einen Ruf, er soll dich zu ihr zurückbringen. Wenn du auf ihn hörst und ihm seine Aufmerksamkeit schenkst, nimmt dich die Macht deiner weltlichen Gedanken erneut in ihren Besitz. Dann gerätst du in eine Zwickmühle, die dich zwischen innen und außen hin und her pendeln läßt.

Jetzt muß eine neue Kraft in dir wachsen, mit der du deine Gedanken, die dich vom Weg abbringen wollen, beherrschen lernst. Gedanken sind Energien, die nur Macht über dich haben, wenn du dich ihrer nicht bewußt bist und wenn du sie zuläßt.

186

Deine neue Kraft kann aber nur wachsen, wenn du dich ganz bewußt weiter in das Zentrum deines inneren Herzens hineinbewegst. Hier beginnt der schmale Pfad. Dort erhältst du Hilfe, daß du dich nicht mehr zu diesem Weltengetümmel hin umschauen mußt. Du bist aufgefordert, nach vorne zu schauen, immer in die Richtung deines großen Zieles, das in deinem eigenen Zentrum verborgen liegt. Wenn du das mit aller Entschlossenheit tust, zentrierst du deine Gedanken auf dieses Zentrum hin. Du wirst immer mehr das denken, was an Impulsen aus deinem Zentrum fließt.

Dein inneres Zentrum ist in einer allumfassenden Einheit mit allen Wesen in ihrem göttlichen Kern verbunden. Je mehr dir diese Verbindung bewußt wird, desto eher beginnst du, im wahrsten Sinne des Wortes ganzheitlich zu denken. Dein Denken und Handeln wird deshalb immer mehr den göttlichen Kern des Menschen und aller Wesen berühren. So wirst du auch in deinen Überlegungen und deinem Tun immer das Wohl aller mit einbeziehen.

Die neue Kraft, die dich auf deinem Weg begleitet, wächst aus deinem inneren Herzen. Nur von dort kann sie als lichtvolle Energie in deine Gedanken fließen. Diese Kraft ist Liebe. In ihr klären sich auch deine Gefühle. Sie sind in ihrer geordneten Kraft eine besondere Hilfe, um deine Gedanken zu zentrieren. Du weißt selbst, daß du klarer denkst, wenn du fröhlich bist und dich von der Liebe getragen fühlst. Du solltest dir diesen Zusammenhang immer wieder bewußt machen. Es gibt so viele äußere Hilfen, die dich lehren, deine Gedanken- und Gefühlswelt auf das Zentrum zu konzentrieren, so daß du den schmalen Pfad in Ruhe, Stetigkeit und Sicherheit gehen kannst und deine weltgebundenen Gedanken immer weniger Macht über dich bekommen. Wenn du das Zentrum der Gedankenkraft nach innen verlegst, nimmt der Prozeß der Durchlichtung trüber Gedankenenergien unaufhaltsam zu.

Daß du diesen schmalen Pfad gehen darfst, ist ein Privileg und eine Gnade. Noch sind es wenige, die ihn erreichen. Viele versuchen nur ein paar Schritte und kehren dann um, bis eines Tages die Sehnsucht des Herzens so stark aufbricht, daß sie den Weg wieder neu beginnen. Im Grunde haben sie ihn gar nicht verlassen. Sie sind nur stehengeblieben, weil sie sich von der Macht des Egobewußtseins haben beherrschen lassen. Wenn es dir gelungen ist, auf den schmalen Pfad zu gelangen, sei dir der Gnade bewußt, die dir geschenkt wird. Verlasse ihn nicht mehr! Aber schaue mit großer Liebe und wachsender Toleranz auf deine Mitmenschen.

Das Wunder der göttlichen Führung wird dich von diesem Augenblick an begleiten. Alles Leid und alle Freude, alles Licht und alle Dunkelheit, die du erfährst, stehen nun unter einem anderen Gesetz, dem Gesetz der Gnade. Wenn du dich mit deinem ganzen Wesen dem höchsten Ziel in dir weihst, kannst du dich vertrauensvoll darauf verlassen, daß du den schmalen Pfad nicht aus den Augen verlierst.

Zweifel und Hoffnung

Und doch reicht das Vertrauen nicht immer aus. Der innere Blick ist noch nicht klar genug, um zu erkennen, ob auch wirklich der schmale Pfad zu den lichten Höhen des göttlichen Menschen führt. Zu oft holen dich noch die alten Gewohnheiten ein. Ärger und Verdruß nehmen dir noch häufig die Lebensfreude. Dabei sollte doch alles so völlig anders werden. Zweifel plagen dich, ob der Weg nach innen auch wirklich gelingt. Der Zweifel ist eine universale Unreinheit aus dem mentalen Bewußtsein und ein Betrüger deiner äußeren Welt, die dir noch so hautnah den Atem nimmt. Du dachtest, sie könnte dich auf dem schmalen Pfad nicht mehr erreichen. Aber ihre Spuren werden dich noch lange begleiten. Du mußt nicht nur wachsam bleiben, sondern immer wachsamer werden, denn die äußere Welt holt dich mit immer subtileren Mitteln wieder ein und schlägt dich in ihren Bann.

Habe jetzt keine Sorge, daß du die Welt verlassen mußt, um in der Einsamkeit oder in einem Kloster zu leben. Das Leben des göttlichen Menschen verwirklicht sich in dieser Welt. Du sollst ihr nicht entfliehen. Aber du mußt dich von ihrem Einfluß, der dich hindern will, deinen spirituellen Weg zu gehen, befreien! Du mußt dich von den Verhaftungen lösen, die sie dir aufdrängt. Ihre wahre Fülle und Schönheit wirst du aus der Lichtkraft deines Wesens viel tiefer und intensiver erfahren.

Noch wirst du aber immer wieder von Zweifeln geplagt. Er ist zwar ein alter Bekannter von dir, aber jetzt zeigt er sich in seiner ganzen Schlauheit. Er zerstreut deine Gedanken und wiegt sie mit sehr ungerechten Mitteln gegeneinander auf. Zuerst zeigt er dir durch deine Gedanken all die wunderbaren Dinge auf, an denen du dich in deinem Leben bisher so sehr erfreutest. Mit Begeisterung für den neuen Weg hast du Dinge losgelassen, weil du erkanntest, daß sie nicht mehr zu deinem Wesen gehören. Der Zweifel sagt dir, daß das vielleicht gar nicht nötig war. Du gabst dir große Mühe und brachtest ein nie gekanntes Maß an Disziplin für deinen Weg auf. Der Zweifel kann dir die zarten Keime deiner neuen Erkenntnisse und deines Fortschrittes vor Augen führen. Vor der Grobheit der äußeren Welt erscheinen sie in ihrem zarten Licht aber noch blaß und kraftlos. Jetzt kann der Zeitpunkt kommen, wo du dich verzweifelt niedersetzt und über deinen Zustand mitleidvoll zu klagen beginnst.

Wie oft hat dich der Zweifel schon besiegt. Wie oft hast du deiner inneren Stimme mißtraut, weil du dich nicht für wertvoll genug hieltest, sie hören zu dürfen. Du mußt in deinem innersten Wesen über alle Zweifel erhaben sein, daß der Weg nach innen nicht zum Ziele führen könnte! Erhebe dich über deinen Zweifel und setze an seine Stelle eine Kraft aus dem Zentrum deines innersten Herzens! Es sind Glaube und Hoffnung. Glaube ganz fest an die Wahrheit, die sich in deinem Wesen offenbart und lebe sie ohne Zweifel! Glaube an die Gnade auf deinem Weg nach innen, die dir die Erkenntnis des göttlichen Menschen schenkt!

Biete dem Zweifel Einhalt mit den Lichtgedanken der Kraft, die du immer wieder einüben kannst! Du darfst hoffen, weise geführt zu werden. Die Hoffnung muß immer dein Begleiter sein, denn sie richtet dich auf. Der Zweifel erdrückt dich. Im Zweifel kannst du weder das eine noch das andere erkennen. Hilflos hängst du zwischen den Meinungen der äußeren Welt und dem Ruf deines Herzens. Die Hoffnung aber führt dich immer weiter auf dem Pfad hinauf, selbst in der dunkelsten Dunkelheit ist sie das Licht, das in dir scheint. Die Hoffnung kommt aus dem Lichtgrund zu dir und zieht dich sicher in ihn hinein. Sie trägt dich über jede Hürde, und wenn du ganz am Boden liegst, neigt sie sich zu dir herunter und hebt dich wieder auf.

Die Hoffnung strahlt dir in jedem beispielhaften Leben der Menschen entgegen, die den Weg vor dir gegangen sind und die zu ihrem wahren Wesen fanden. Hüte die Hoffnung gut und laß sie durch den Zweifel nie verlöschen! Glaube fest an dein Ziel!

Die trügerischen Sinne

Du bist ein Kind der Erde und des Himmels. Den Reichtum der Erde kannst du durch deine Sinne wahrnehmen. Die Fülle des Himmels erfährst du in einem Sinn, der dir erst geschenkt wird, wenn deine äußeren Sinne vom Licht des Geistes durchdrungen sind.

Viele Schwierigkeiten stellen sich dir von außen und innen in den Weg, die diesen inneren Sinn vergessen lassen. Wie du weißt, spielen die Sinne dabei eine große Rolle. Auf der einen Seite sind sie unvergleichlich wichtige Gaben der Schöpfung, auf der anderen Seite aber verbergen oder verleugnen sie sogar durch ihre Macht und Fixierung auf die äußere Welt die Wahrheit, die sich hinter den äußeren Erscheinungen offenbart.

Die natürliche Sinneswahrnehmung

Wie sehr leiden Menschen, wenn sie ihre Sinne nicht mehr richtig gebrauchen können, weil ihre Organe krank geworden sind. Ein Blinder kann sich durch seinen Sehsinn nicht mehr an der Schönheit der Natur erfreuen, wie du es jeden Tag vermagst. Ein Tauber kann deine Worte und die Klänge der Musik nicht mehr hören. Mit den Sinnen nimmst du die Welt wahr. Sie sind die Eingangspforten, durch die die äußere Welt in dich eindringt. Durch sie nimmst du an der Fülle des Lebens teil. Die Informationen, die dir die Sinne vermitteln, sind die Grundelemente des Denkens. Mit ihnen wirkst du in der Welt. Laß dich in diesem Augenblick mit tiefer Dankbarkeit erfüllen, daß du gesunde Sinnesorgane hast, die dir als Werkzeuge in der äußeren Welt, aber auch auf deinem geistigen Weg dienen. Je mehr sie von deiner Bewußtseinskraft durchdrungen werden, desto wacher und bewußter nehmen sie die Umwelt wahr. Je konzentrierter dein Geist in der Wahrnehmung ist, desto mehr Glück schenken sie dir. So wie ein Bergwanderer, der auf dem schmalen Pfad den Gipfel ersteigt und die herrliche Bergwelt mit all seinen Sinnen aufnimmt und von ihrer Schönheit trunken wird, so wirst auch du intensivere Sinnesfreuden geschenkt bekommen, wenn du auf deinem Weg weitergehst und in höhere Gefilde des Geistes gelangst. Je intensiver die Sinne von der Strahlkraft des inneren Lichtes durchleuchtet sind, desto tiefer dringen sie mit ihrer Wahrnehmung in die äußeren Erscheinungsformen der äußeren Welt ein und vermitteln dir wichtige Einsichten und Erkenntnisse über die Schöpfung, die Natur und die Menschen.

Aus all diesen Gründen ist es wichtig, daß du alles tust, um deine Sinnesorgane gesund zu erhalten, und mit deiner Geisteskraft durch Übung, Wachheit und Konzentration ihre feinen Wahrnehmungsfähigkeiten entwickelst.

Die Gefahren der Sinne

Aber die Sinne bergen auch große Gefahren für den geistigen Weg in sich, so daß alle spirituellen Richtungen und Meister lehren, daß es wichtig ist, sie zu beherrschen. Sie besitzen eine große Macht, weil sie mit dem Selbsterhaltungstrieb verbunden sind. Sie dienten im Laufe der Evolution wie nichts sonst im Menschen dem Überleben. Deswegen wurden sie auch mit so viel Lustempfindungen ausgestattet, die dem Menschen gleichsam als Lohn für die Erfüllung der Sinnesreize geschenkt werden. Mit der wachsenden Intelligenz benutzte der Mensch die Sinnesorgane nicht mehr nur für sein Überleben, sondern auch zur Vermehrung seiner Sinneslust, selbst wenn es für die Selbsterhaltung nicht mehr nötig gewesen ist. Auf diese Weise bemächtigten sich die Sinne des menschlichen Geistes und benutzten ihn, um möglichst viele Reize zu schaffen, um mehr Lust und Genuß zu bekommen, die wiederum den Geist erfreuen. So wurde der Mensch abhängig von den Sinneskräften und ist es bis heute geblieben. Die Macht der Sinne nimmt heutzutage sogar zu, weil durch die moderne Zivilisation unzählige Möglichkeiten zur Befriedigung von Sinnesreizen geschaffen wurden, mehr als je zuvor, so daß es heute nur noch in Nüchternheit, Wachheit und mit Geisteskraft möglich ist, sich der zunehmenden manipulativen Sogwirkung zu entziehen.

Auch du bist von der Erfüllung der Sinnesreize abhängig. Überlege einmal, wieviel Zeit, Kraft, Energie und Geld du aufwendest, um Wünsche deiner Sinne zu befriedigen. Dabei hast du ja schon so oft die Erfahrung gemacht, daß die Sinne nur sehr begrenzt und nur für eine kurze Zeit deine Bedürfnisse zufriedenstellen können. Und immer wieder läßt du dich, einem inneren Zwang folgend, verführen, obwohl du weißt, wie trügerisch die Sinne sind. Sie halten dich von dem ab, was in diesem Augenblick vielleicht wichtiger wäre. Die innere Stimme sagt dir, daß du zum Beispiel üben müßtest, aber die Sinne locken dich weg, um deiner Bequemlichkeit nachzugeben, die mehr Lust zu versprechen scheint. Du solltest eine wichtige Aufgabe erfüllen, aber die Sinne halten dich davor zurück, weil sie wenig oder gar keine Befriedigung bekommen. Du könntest wichtige Einblicke über dich und das Leben gewinnen, aber die Sinne versperren sie dir, weil sich ihre Wünsche und ihr Verlangen vor deine Seele schieben.

Solange du bei deinen geistigen Übungen noch nicht eine tiefere Freude und Beglückung erfahren hast, wirst du noch gegen die Macht der Sinne ankämpfen müssen. Es wird auf dem Weg zum göttlichen Menschen nicht mehr nötig sein, die Sinne zu unterdrücken oder gar abzutöten, wie das in spirituellen Richtungen früherer Zeiten der Fall gewesen ist. Aber es ist von größter Bedeutung für dich, daß du den Sinnen den richtigen Stellenwert einräumst, den ihnen die Schöpfungsordnung gegeben hat. Du sollst Freude genießen. Aber du mußt die Sinne beherrschen und nicht die Sinne dich! Dann werden sie dir in wunderbarer Weise dienen und die Köstlichkeit des Lebens offenbaren. Nicht nur die groben äußeren Erscheinungformen, sondern vor allem die feinen Schwingungen und Strukturen mußt du aufnehmen können. Sie bereichern dich in besonderer Weise, denn sie sind es, die die inneren Seelenschwingungen in Vibration versetzen. So kannst du auch tiefer blicken, hören und fühlen, als es die äußere Form zum Ausdruck bringen kann. Du nimmst das Leben im Baum wahr, du schaust die Ursache der Schönheit in einer Blume, du erkennst die Ordnung eines Organismus im Tier und erfährst den Geist des Menschen.

Damit durchbrichst du die trügerische Macht der äußeren Sinneswahrnehmungen, die dir nur die äußere Form, Gestalt und Schwingung widerspiegelt, aber den Geist, der hinter allem als Grund wirkt und aus dem die äußeren Erscheinungsformen hervorgegangen sind, verschleiert. Wenn du diesem inneren Geist begegnest, haben sie ihre äußere Macht verloren. Sie können dich nicht mehr verführen. Du bist frei!

Übung zur Vertiefung der Sinneswahrnehmung

Betrachte eine Pflanze. Entdecke alle Einzelheiten mit deinem schauenden Organ. Laß nichts deinem Blick entgehen. Du wirst dabei alle Feinheiten entdecken, die dir vorher entgangen sind. Schau in das Blattwerk hinein, so wie du es mit deinem Auge erreichen kannst. Wieder wird dir eine neue Wahrnehmung hinzugeschenkt. Versuche noch tiefer zu blicken. Normalerweise brauchtest du nun ein Mikroskop, aber laß einmal deine Augen zu einem geistigen Mikroskop werden. Du kannst deine Aufmerksamkeit dabei auf einen äußeren Punkt sammeln. Dringe mit deinem Blick immer tiefer durch diesen Punkt hindurch. Verstärke deine Konzentrationskraft immer mehr, durchbrich die Wahrnehmungsschranke deines äußeren Augenlichtes und erblicke im Spiegel des inneren Lichtes die reiche Welt des Lebens. Du wirst erkennen, daß es keine Begrenzung der Wahrnehmung gibt, wenn sich die inneren Sinne mit den äußeren Sinnesorganen verbinden, daß sie wohl aber begrenzt bleibt, wenn du nur mit den äußeren Augen schaust. In dieser verdichteten Schau der äußeren Welt mit den inneren Sinnen kann dir sogar eine Erleuchtungserfahrung der Einheit geschenkt werden.

Eine weitere Erfahrung, um die Begrenzung deiner äußeren Sinne zu erkennen und gleichzeitig die Grenzenlosigkeit der Wahrnehmung der inneren Sinne zu entdecken, die dahinter liegen, kann dir das Hören vermitteln.

Lausche jetzt auf alle Geräusche. Wenn du Glück hast, wirst du die Vögel zwitschern hören. Vielleicht hörst du den Lärm der vorbeifahrenden Autos, vermischt mit Stimmengewirr, Kindergeschrei oder Baulärm. Höre dir alles ganz ruhig an, ohne dich von irgend etwas beeinflussen zu lassen. Dann dringe durch alle Geräusche hindurch. Nimm deinen Hörsinn von den vordergründigen Geräuschen weg und höre nun auf die Laute, die du dahinter entdeckst.

Ziehe jetzt deine gesammelte Aufmerksamkeit aus der Ferne zurück, ganz nah zu dir heran. Nimm alle Geräusche in deiner unmittelbaren engsten Umgebung wahr, bis du deinen Atem hörst. Bleibe in diesem Lauschen. Dringe nun noch tiefer durch das Geräusch deines Atems hindurch, bis du den Atem nicht mehr hörst, sondern nur einen

194

unhörbaren Hauch wahrnimmst. Du kannst noch tiefer dringen, wenn du durch den Hauch hindurch spürst. Du kannst immer weiter und tiefer in dich dringen, und du wirst mit deinem Hören nie an eine Grenze stoßen, außer du begrenzt dich selbst.

Auch wenn du dir deine Tastorgane bewußt machst, kannst du den Vorgang der Wahrnehmung erweitern. Alles an dir empfindet, und du bist völlig mit einem fühlenden Organ, deiner Haut, umgeben.

Laß dich auf eine weitere Übung ein. Fühle jetzt dein Buch, das du in den Händen hältst. Spüre seine Form und nimm wahr, wie es sich anfühlt. Vielleicht kannst du auch schon seine Schwingung innerlich fühlen und in diesem Augenblick erkennen, was es für dich bedeuten kann. Löse dich nun von diesem Gegenstand und fühle dich selbst, so wie du da bist und mit dir den Luftzug, der deine Haut berührt. Merkst du, wie sich dein Fühlen ausweitet? Lasse nun deinen Blick zu einer Pflanze hinübergleiten. Spüre weiter den Luftzug um dich herum und fühle dabei ganz bewußt den Raum. Wenn du alles genau wahrnimmst, wirst du die Pflanze als Einheit mit dir im Raum erfahren können. Das Organ deines begrenzten Fühlens hat sich durch deine veränderte Wahrnehmung ausgeweitet.

Du kannst diese Erfahrung wie bei der Übung des erweiterten Hörens vertiefen. Dir sind keine Grenzen gesetzt. Du mußt nur erkennen, daß du grenzenlose Fähigkeiten in dir hast. Nicht in den äußeren Sinnesorganen selbst liegen deine wahren Fähigkeiten, sondern in der ständigen Erweiterung deiner Wahrnehmungskräfte und der Bewußtwerdung deiner äußeren Sinne durch die innere Lichtenergie, die dir eine unendliche Schau der Dinge schenken kann.

Es gibt kein technisches Instrument, und es wird auch nie eines geben, das die Grenzenlosigkeit deiner Wahrnehmung ersetzen könnte. Du selbst begrenzt sie und fügst der Begrenzung nur noch eine weitere hinzu, wenn du nur an den äußeren Sinneswahrnehmungen hängenbleibst, ihre begrenzte Fähigkeit zum Maßstab der Wahrheit machst und dich damit immer wieder selbst täuschst. Natürlich dient es dem Menschen, wenn er durch seine Fähigkeiten technische Hilfsmittel entdeckt und für die Erforschung des Lebens einsetzt. Sie sollten aber dienen und nicht neue Begrenzungen schaffen. Sie sollten mithelfen, daß durch die damit verbundene Erweiterung der Sinnes-wahrnehmung das Gesetz „wie außen – so innen" als Wirklichkeit erkannt wird.

Ziehe deine Sinne, so oft es dir möglich ist, von der äußeren Wahr-nehmung zurück in den Raum deiner inneren Bewußtheit! Dort wird dir eine Welt begegnen, die in ihrem inneren Reichtum die äußere Fülle bei weitem übertrifft und die erforscht werden will. Entdecke die Grenzenlosigkeit deiner inneren Sinne! Die Welt wird dir ganz anders, auf viel tiefere Weise begegnen. Auch ihren innersten Sinn wirst du erfahren. Die Pflanzen werden mit dir sprechen. Du wirst das Jubilieren der Vögel verstehen, und die Tiere werden fühlen, daß du wieder in einer Liebesgemeinschaft mit ihnen verbunden bist, die über deine inneren Sinne alles auf dieser Erde und alles im kosmi-schen Dasein verbindet.

Der Kampf der Egoschichten

Dein Ego ist dein Ich. Alles das, was du fühlst und denkst und jemals gedacht und gefühlt hast, ist mit deinem Ego verbunden. Dein Ich ist ein Bewußtsein, das deine Welt ausmacht und mit dem du die Welt in deiner Umgebung bestimmst. Dein Ego schöpft nicht nur aus den unmittelbaren Geschehnissen des Augenblicks und dieses Lebens seine Kraft, sondern es kann auf ein langes Erbe deiner Entwicklung zurückgreifen, einer Entwicklung, die begann, als du dich deiner selbst als Mensch bewußt wurdest und dich von der Natur getrennt fühltest. Durch die ganze Bewußtseinsentwicklung vom unbewußten zum bewußten Wesen als Mensch hat dir dein Ich auf deiner Entdeckungsreise gedient. Dein Ich hat also eine lange Geschichte und birgt viele verborgene Bewußtseinsschichten aus deiner vorangegangenen Entwicklung in sich. Sie alle bilden zusammen dein jetziges Ich in dieser Welt mit deinem Körper, mit deinem Verstand, mit deinen Gefühlen, deinen Veranlagungen und deiner einmaligen Ich-Individualität, die als deine äußere Persönlichkeit erscheint.

Die Ursache allen Seins hat dir auch dein Ego geschenkt. Es ist das Instrument der Seele, das dem Leben dienen soll. Es ist dazu gedacht, als Instrument des Lichtes auf dieser Erde zu wirken, auf der du lebst. Als Werkzeug hat es nur eine geliehene Selbständigkeit. Es lebt von der Energie der Seele. Ihr Ichbewußtsein wurde gleichsam auf das Ego übertragen. Dabei mußte ihre hohe Lichtenergie auf eine niedrigere, der Schwingung dieser Erde angepaßte Frequenz gebracht werden, um im Egobewußtsein wirken zu können. Dem Ego ist diese Wahrheit nicht bewußt, weil es nur auf seiner Ebene existiert und sein ihm von der Schöpfung gegebenes Programm benutzt, das vor allem Überleben heißt. Die Grundinformation des Lebens liegt aber in der Seele, und sie beinhaltet ewiges Leben. In der Identifikation mit dem Ego tust du deshalb alles, um gut überleben zu können, und bemühst dich ständig, bewußt oder unbewußt, dein Leben zu verbessern und mit vergänglichen Freuden und Genuß zu füllen. Das Ego ist von seiner Natur aus nicht böse. Aber in seinem begrenzten Bewußtsein lebt es in der Unwissenheit. Es sieht nur das Seine, anerkennt nur sein

Urteil, seinen Gewinn in der Verbesserung seiner Überlebenschancen, seine Lust und sein Vergnügen. Dafür kämpft es; um das zu erreichen, setzt es alle Mittel ein, auch die, die nicht der großen göttlichen Ordnung entsprechen. Die Führung deines Lebens hat aber dein Selbst. Es ist auch der Verwalter deines Egos und seiner vergänglichen Kräfte. Diese Wahrheit muß das Egobewußtsein erkennen!

Je mehr du dir deiner selbst bewußt wirst und deine wahre Persönlichkeit erwacht, je eher du erkennst, daß dein wahres Selbst der Herr deines Lebens ist, und je eindeutiger dein Ego erleben muß, daß es einem höheren Bewußtsein zu dienen hat, desto stärker beginnt der Kampf um die Macht. Du selbst hast die Egoschichten durch Unwissenheit zu deinem alleinigen Herrn gemacht und sie vergessen lassen, daß sie im Dienst des Höchsten stehen. Das Ego ist mit seinen vielen Schichten zu mächtig in dir geworden. Es wird alles, wirklich alles einsetzen, seine Macht zu erhalten. Das Ego hatte genügend Zeit, über all die Jahrtausende entsprechende Kampfwerkzeuge zu schmieden.

Der Kampf der Egoschichten um die Macht

Dein Ego hat längst bemerkt, daß du ihm die Macht entziehen willst. Der Zweifel wurde dir schon als wohlbekannter Vorbote geschickt, und er läßt sich ja noch um ein Vielfaches variieren und verstärken. Das Ego beginnt aber mit den ganz kleinen Kämpfen des Alltags. Für dich hat der Kampf also schon längst begonnen, denn alle deine äußeren Sinne stehen noch unter der Herrschaft deines Egobewußtseins. In der Identifikation mit dem Ego willst du nur das anerkennen, was du siehst, und du setzt die kuriosesten Erklärungen ein, um dich nicht auf dein inneres Wesen einlassen zu müssen.

Da das wahre Wesen nicht mit den Wahrnehmungsmöglichkeiten des Ego zu erkennen ist, dieses aber immer wieder an den Wirkungen der Seelenkräfte spürt, daß da noch eine andere Energie herrscht, bekämpft es die Existenz der Seele mit allen Mitteln und verleugnet sie. Es setzt den begrenzten Verstand ein, der genug rationale Argumente liefert, warum ein Geistwesen unabhängig vom Egobewußtsein gar nicht existieren kann, weshalb es nach seiner Meinung sinnlos ist, einen geistigen Weg zu gehen oder gar den Zustand des göttlichen Menschen anzustreben. Es bemüht die Wissenschaft, um nachzuweisen, daß hohe geistige Bewußtseinszustände, Erleuchtung, Befreiung aus den Grenzen des nur natürlichen Menschseins fromme Träume sind oder eine nicht zu verwirklichende Utopie darstellen.

Das Ego kann nur auf seiner Ebene wirken, außer es wird von einer höheren Energie transformiert. Sonst dreht es sich immer weiter und weiter im Kreis und verhält sich wie ein Hund, der an einen Laternenpfahl gebunden ist und nur einen von der Länge der Leine ermöglichten Raum kennt. Deswegen isoliert sich das Ego immer mehr von deinem wahren Selbst, dessen Instrument es sein soll. In dieser Isolation ist es von der Quelle der Weisheit abgespalten. Sie kann mit ihrer Lichtkraft die Botschaft aus dem Sein nicht mehr übermitteln, die für das göttliche Leben auf der Erde gedacht ist. Auf diese Weise gerät das Ego immer mehr in die Dunkelheit des Unwissens hinein.

In dieser Unwissenheit über seine eigene Begrenzung benutzt es auch die vitalen Energien in dir, um seine Macht zu beweisen und sie einzusetzen, um dich vom geistigen Weg abzubringen. Mit seiner egoistischen Macht will es die göttliche Liebe durch die vitale Liebe ersetzen. Deswegen erlischt die Liebe zwischen zwei Menschen nach einer Trennung, wenn sie sich auf dieser vitalen Ebene gefunden hatten. Die Erkenntnis der wahren Liebe ist dem Ego verlorengegangen. Es ist in seiner Isolation von der Fülle des Lebens abgeschnitten. Neid, Mißgunst oder gar Haß sind oft die Waffen, mit denen die Bedürfnisse des Lebens erkämpft werden. Die wahre Freude ist von den Schichten des Ego verdeckt. Das Ego ersetzt sie mit der Macht der Lust. Habgier und Mißachtung der Würde des Lebens sind traurige und leidvolle Begleiter dieser Macht.

In all der Dunkelheit und Unwissenheit ist es dennoch überzeugt, dein wichtigster Begleiter und Verwalter deines Lebens zu sein. Damit hat es sich mit einer der gefährlichsten Waffen ausgerüstet, die es gibt, der Arroganz. In ihr sitzt es völlig fest! Denn die Überheblichkeit läßt nicht zu, daß etwas verwandelt werden muß. Ein überheblicher Mensch weiß schon alles. Er hat schon alles erfahren, braucht nichts Neues und hat immer recht. Eigentlich ist er damit an das Ende seiner Entwicklung angekommen. Er sitzt fest in seinen Egostrukturen. Aber wer festsitzt, der befindet sich in einem Käfig. Und das ist gleichzeitig die Chance. Denn es gibt nichts auf dieser Welt, auch nicht das Ego in seiner Unwissenheit, das nicht frei sein wollte, denn Gott ist die Freiheit, und alles ist göttlich.

Auch dein Ego ist göttlichen Ursprungs und unterliegt den Evolutionsgesetzen. So wie es bisher in der Menschheitsgeschichte war, daß sich auch das Egobewußtsein entwickelt hat, so wird es auch weiterhin sein. Auch das Ego wird an dem Befreiungsprozeß zum göttlichen Menschen teilhaben. Auch dieses Bewußtsein wird einem höheren dienen und eins mit ihm werden. So wird es befreit in das höhere Selbstbewußtsein eingehen und in ihm aufgelöst.

Du hast jetzt die Aufgabe, das Ego mit deiner Seelenkraft zu durchlichten, um es zu höheren Erkenntnissen zu führen. Du mußt also damit beginnen, dein Ego zu motivieren, wieder Instrument seines erleuchteten Ursprungs zu werden. Es ist sicher keine leichte Aufgabe, die Mauern dieses Gefängnisses zu durchbrechen, in dem der Gefangene auch noch glaubt, frei oder gar die Krone der Schöpfung zu sein.

Der Kampf des Lichtes

Deine Aufgabe ist es jetzt, das Nichtwissen, das aus der Trennung des Egos vom wahren Wesen resultiert, zu erkennen. Es wird die schwerste Aufgabe deines Lebens sein, denn dein Ich-Instrument dient dir dabei nicht. Noch nicht. Im Gegenteil, noch hat es dir den Kampf angesagt, denn es weiß nichts vom Licht der Liebe. Also werde auch du zu einem Kämpfer! Du hast keine Wahl. Doch Vorsicht! Wenn du mit denselben Waffen kämpfen willst, die das Ego benutzt, hast du schon verloren. Die Welt ist voll von solchen Egokämpfen. Und es hat noch niemals einen Sieger bei diesen Kämpfen gegeben. Du kannst alle Kriege der Welt zusammen aufführen und nach ihren Siegern suchen. Du wirst sie nicht finden. Irgendwann wird der vermeintliche Sieger eines Krieges durch den Haß der Besiegten wieder bekämpft, oder der Neid anderer Völker läßt den Sieger nicht zur Ruhe kommen.

In deinem Leben findest du ähnliche Beispiele. Der Mensch, der in einer vom Ego beherrschten Auseinandersetzung den Gegner mit vermeintlich klügeren Argumenten besiegte, befindet sich in einem großen Irrtum, wenn er sich stolz als Sieger fühlt. Das Ego des Besiegten wird alles tun, um den Mangel auszugleichen. Denn hierin liegt das Problem des Egokampfes. Es gilt grundsätzlich auf allen Ebenen, im Großen wie im Kleinen. Das Ego will immer sein Recht durchsetzen. Es gibt nur, wenn es etwas dafür bekommt. Es stellt sich seine eigenen Gesetze auf. Erst wenn sich das Ego wieder den geistigen Gesetzen unterordnet, steht ihm die ewige Fülle in der Einheit des höchsten Selbst zur Verfügung, in der das Gesetz des Gebens und des Empfangens eine Einheit bilden.

Du brauchst also andere Waffen, die eine völlig andere Auswirkung haben. Sie müssen beiden Kämpfern zum Sieg verhelfen. Das ist der Kampf des Lichtes. In ihm gibt es nur Sieger und niemals Besiegte! Beide feiern ihren Sieg am Ende gemeinsam in der Quelle des Seins, in der dein verwandeltes Ego mit deinem Selbst verschmilzt.

In der Bibel wird eine Begebenheit erzählt, in der das Ego vollkommen seine Macht hingegeben hat. Es ist die Geschichte von Abraham, der auf Befehl Gottes seinen einzigen Sohn opfern sollte. Abraham liebte seinen Sohn über alles. Aber er liebte seinen Sohn in der Liebe Gottes und nicht mehr aus seinem Ich heraus. Deshalb befolgte er die Anweisung. Er gehorchte dem Gesetz der Liebe. Sein Glaube an die Liebe Gottes war stärker als alles andere. Die Prüfung galt den letzten Egoschichten in ihm, die sich in den entferntesten Winkeln der Bewußtseinsstrukturen versteckt hielten. Er bestand sie und brauchte seinen Lohn nicht mehr hinzugeben. Die Liebe aus der Urquelle siegte über das Ego und ließ es am Sieg teilhaben, in dem es mit dem Urgrund eins wurde und die Würde des göttlichen Menschen in Abraham aufleuchten konnte.

Meditiere einmal über diese Geschichte. Sie wird auch in einem übertragenen Sinn die deine sein, und du kannst ermessen, was es bedeutet, den Kampf mit den Egoschichten aufzunehmen. Die Kräfte des Lichtes werden dir dabei helfen und zur Seite stehen. Sie wirken alle in dir. Du mußt sie nur gegen die Waffen des Ego einsetzen.

Verwandle die Liebe des Ego wieder in die Liebe des Herzens!

Löse die Unwissenheit auf durch das Licht des grenzenlosen Seins!

Ersetze die Lust durch die wahre Freude, die du durch die Reinigung deiner Gefühle erfährst!

Erfülle dich mit dem Geist des Lebens, so daß die Gier nach Geld und Macht von dir abfällt!

Laß dein Ego keinen Augenblick mehr ohne die Zustimmung deiner Seele handeln!

Beobachte sein Tun, so daß es unter der Kontrolle deines Wesens den wahren Herrn seines Lebens wiedererkennt!

Reinigung

Schneller als du denkst,
vergeht das Alte in dir.
Werde zum Kanal des Lichtes,
das dich reinigt.
Lang ist der schmale Pfad,
doch das neue Tor leuchtet schon.
Tausend Sterne stehen bereit,
es zu schmücken.
Schreite dem Tor entgegen
ohne Angst!
Identifiziere dich nicht mehr
mit der alten Form.
Lasse sie los!
Reinigende Lichtkräfte
erbauen das Neue.
Empfange den neuen Körper!
Wonne erwartet dich.
Erwecke das neue Fühlen!
Liebe berührt dich.
Erkenne das neue Denken!
Weisheit erfüllt dich.
Du bist ein Sternenkind.
Lebe in diesem Licht,
das dich heiligt!

Die spirituelle Übung beginnt

Erste Berührung

Wieviele Jahre hast du dich bemüht! Wie oft hat dich der Zweifel geplagt oder du warst der Verzweiflung nahe. Plötzlich hast du das Gefühl, daß du ganz und gar am Anfang deines Weges stehst. Du scheinst nichts mehr zu wissen. Alles in dir ist leer wie ein ausgebrannter Raum. Die Sehnsucht deines Herzens peinigt dich, und in diesem Augenblick weißt du vielleicht nicht einmal mehr warum.

Irgendwann, niemand kann dir sagen, wann es sein wird, oder wodurch, irgendwann geschieht es aber, daß das Licht aus dem Sein zu dir hindurchdringen kann und dich berührt. Niemand kann dir sagen, wie es geschieht. Viele können dir berichten, wie es in ihnen durchbrach. Und wenn sie davon sprechen, dann geschieht es ganz leise. Ganz vorsichtig reden sie, als könnte dieses Wunder der Berührung von ihnen genommen werden, obwohl sie wissen, daß es ihr ewiges Gut ist. Oh, wenn sie davon sprechen. Es ist so, als würde die Luft, die sie umgibt, ihren Atem anhalten. Ihre Augen glänzen. Das Staunen liegt noch in ihren Winkeln. Diese Menschen sind ganz zart Verwandelte, und sie wissen doch nicht, wie ihnen geschah. Irgendwann wird es auch in dir aufbrechen.

Oder ist dir diese Berührung nicht auch einmal geschenkt worden? Erinnerst du dich nicht? Irgendwann in deinem Leben war etwas plötzlich ganz anders. Es mag der Hauch eines Augenblicks gewesen sein, der dich staunen ließ über ein Geschehen, das für diesen Augenblick wie ein Wunder zu dir kam. Erinnerst du dich nicht? Oder hast du nicht die erste zarte Schwingung der Liebe in Erinnerung, die dein Herz traf?

Wie oft mag dich das Sein schon berührt haben, und du hast es vergessen. Erinnere dich doch! Du bist ein vom liebenden Sein berührtes Wesen. Erwarte die Berührung der All-Liebe jetzt nicht durch dein Verlangen. Sie wird dir wieder geschenkt. Der Augenblick ist längst für dich bereitet. Es kann jetzt dieser Augenblick sein, wenn du bereit bist, den Kuß der Liebe zu empfangen. Aber du kennst den Augenblick nicht. Den Augenblick kennt nur die Liebe der Ewigkeit. Sei bereit!

Hingabe

In einem solchen Augenblick,
in dem dich die Leere
oder die herzzerreißende Sehnsucht peinigt,
laß dich vollkommen
in deinem unerschütterlichen reinen Glauben
in den Lichtgrund Gottes ein,
den du nicht spürst,
den du nicht siehst
und um den du nichts aus der Quelle
deines Wissens weißt,
sondern dem du vertraust,
einfach glaubst und sonst nichts.
Gib dich hin,
ohne zu wissen.
Das ist wahre Hingabe.
Sei einfach da.
Verschenke in diesem Augenblick alles!
Gib dem Lichtgrund deinen Leib,
indem du ihn betend an ihm teilhaben läßt.
Verschenke deinen Atem.
Verschenke auch das Fest deines Atems.
Verschenke alles!
Gib alle deine Gedanken hin.
Gib nicht einmal mehr
deinem sehnsuchtsvollen Gebet einen Raum in dir.
Gib selbst den vollkommen leeren Raum in dir hin.

Alles, was du bist
und was du nicht bist,
gib hin.
Gib dich hin mit deinem Nichts.
Und warte!
Und erwarte keinen Augenblick im Warten.
Warte, ohne zu warten.
Eine Ewigkeit.

Erschütterung

Plötzlich zerspringt
eine Schicht der Schale,
die dein Sein umhüllt.
Ein Strom der Liebe
quillt durch die Öffnung
und erfaßt dich.
Mit zarter Macht schüttelt sie dich.
Nie in deinem Leben ist dir Ähnliches geschehen.
Niemand auf dieser Welt
ist jemals so in dich eingebrochen.
Dein Herz rast vor Jubel.
Doch du empfindest ihn als nie gekannte Furcht
vor dieser Kraft der Liebe,
die dich so unerwartet
in deiner Tiefe erschüttert.
Habe keine Furcht der Welt in dir!
Die Ehrfurcht aber schützt dich.
Laß dich in dieser Ehrfurcht erschüttern.
Die sanfte Macht, die dich schüttelt,
will dich zu einem neuen Leben erwecken,
in dem du bereit bist,
nur noch vorwärts zu schauen.
Nie mehr zurück.
Laß dich erschüttern!
Der Quellstrom der Liebe will dich verwandeln.
Er ergießt sein Licht
in die gereinigten Räume,
um die Liebe wieder in sie einziehen zu lassen.
Laß dich erschüttern!
Sei bereit für das, was in dir geschieht,
und gib dich hin.

Das Band der Liebe

Es gibt nur einen Schritt,
der dich zum Sein führt.
Es gibt nur einen Pfad auf der Welt
und in der Weite des Universums,
auf dem du deinen Schritt
in das Licht hinein bewegst.
Es gibt nur eine Öffnung,
durch die du dem Kreislauf
von Geburt und Tod entrinnen kannst.
Es gibt nur eine Kraft,
die die Dunkelheit durchstrahlt.
Es gibt nur eine Weisheit,
die alle Unwissenheit in sich aufzunehmen vermag,
ohne ihre Weisheit zu verlieren.
Es gibt nur einen Hauch,
der zu dir dringt
und dich immer wieder neu berührt.
Es gibt nur eine Hand,
die dein Herz ergreift
und seine Tiefe erschüttert.
Es gibt nur einen Kuß,
der dich erleuchtet.
Es gibt nur ein Herz,
das dich in sich hineinzuziehen vermag.
Es gibt nur eines,
das alles vermag,
es ist das Band der Liebe Gottes
mit dir und allem Sein.
Dieses Band der Liebe verbindet alles.

Es vereint alles.
Es durchdringt alles.
Es liebt alles.
Dieses Band der Liebe ist in dir
und auf ewig mit dir verbunden und vereint.
Mit diesem Band der Liebe
vermagst auch du alles.
Vergiß nie,
daß die wahre Nabelschnur deines Lebens
und allen Lebens
das Band der Liebe ist.

Wir wachsen gemeinsam

Mache dir bewußt, daß eines Tages alles Sein durch das Band der Liebe mit dem göttlichen Grund vereint sein wird und neu erwacht. In diesem Augenblick wirst du erkennen, daß auch du nie von ihm getrennt warst und nie allein gewesen bist. Jedes Wesen verbindet dich durch das Band der Liebe mit Gott. Jedes Wesen kann dich belehren und unterweisen auf deinem Weg. Bei der Begegnung im Band der Liebe findest du die Quelle verlorengegangener Weisheit wieder.

Wenn du allen Wesen mit Liebe begegnest, kommst du mit ihrem Seelengrund in Berührung. Dort entdeckst du auch ihre wahre Liebe. Du erkennst ihre Sehnsucht, die sie wieder zur Quelle der Liebe zurückführen will. Dort, in der Tiefe ihres Herzens, kannst du sie wirklich verstehen, auch über die Grenzen der Sprachen hinaus.

Niemand darf in seiner Unwissenheit den Wachstumsprozeß des anderen bewerten oder ihn in seiner Unwissenheit abwerten. Gott allein weiß um das Wachsen seiner Schöpfung. Sein Plan steht im Buch der Ewigkeit geschrieben und nicht in den Köpfen der Menschen. Alle Geschöpfe haben in der Schöpfung ihren Platz, der ihnen von Gott zugeordnet ist. Jedes Wesen hat seine Aufgabe zu erfüllen. Es gibt keine Bewertung im Sein, nur eine Bewertung in der Aufgabe. Jede Stufe dient der anderen. Alles geschieht in der liebenden Zuwendung Gottes.

In dieser Ganzheit der Schöpfung, die die Einheit des Seins widerspiegelt, gibt es nichts, was unwichtig, bedeutungslos oder unwert wäre. Alles, was existiert, Steine, Pflanzen, Tiere, alles, was belebt ist, dient dem Ganzen. Alles ist vom Geist ausgegangen, und alles trägt diesen Geist, der sich nur auf verschiedene Weise in der Form und Struktur, in der Unbewußtheit und Bewußtheit zum Ausdruck bringt, in sich.

Der Geist zieht in allen Geschöpfen das göttliche Licht immer stärker an und läßt sie dadurch verwandeln und transformieren. So wird einmal die ganze Schöpfung von der Lichtkraft Gottes durchstrahlt werden, die Materie wird zur Lichtmaterie. Alles natürliche Leben wird zu göttlichem Leben. Auch die Tier- und Pflanzenwelt wird von dieser neuen Schwingung verändert, auch sie wächst in ihrer Unbewußtheit dem Licht entgegen.

Vielleicht ist dir schon aufgefallen, daß Tiere, die mit Menschen zusammenleben, von seinem Geist beeinflußt und erzogen werden, ganz neue, diesem Geist entsprechende, fast menschliche Verhaltensweisen erlernen können. Wenn du als göttlicher Mensch erwachst, wirst du erstaunt sein, wie sehr dir das Tier auf deinem Weg zum Licht dienender Gefährte war. Du wirst staunen über die unendliche Hingabe der Natur, die dir Gefährtin ist. Achte das Leben! Alles Leben ist so eng mit deinem Wachstumsprozeß verbunden wie die Schlagader deines Herzens mit deinen vitalen Lebensfunktionen. Wir alle wachsen gemeinsam im Band der Liebe auf dem Weg zum Licht.

Freunde auf dem Weg zum Licht

Im Band der Liebe findest du Freunde auf deinem Weg, die dich begleiten und stützen. Um wahre Freunde zu finden, mußt du es in dir selbst wiederentdecken. Auf dieser Lichtspur begegnest du dem wahren Selbst des anderen, und Seelen schwingen ineinander.

Doch es sind noch wenige, sehr wenige, die nach dem Band der Liebe in sich suchen, denn es zeigt sich nur auf dem schmalen Pfad. Im Massenbewußtsein hat es sich durch die Mißachtung der wahren Liebe in den Herzensgrund zurückgezogen, um sich vor Verunreinigung zu schützen. Auf dem schmalen Pfad wirst du Menschen begegnen, die um die Herzensliebe wissen und darauf warten, ihre Wesen mit dem deinen zu verbinden.

Nun wirst du dich fragen, woran du einen wahren Freund auf dem schmalen Pfad erkennst. Laß dich einmal in einer bildhaften Weise in eine Begegnungsvielfalt führen, die du nie vorher erahnt hast.

Kannst du dir vorstellen, daß auch der Teich in deinem Garten dein Freund auf dem schmalen Pfad sein könnte? Vielleicht ist er es schon in einer stillen Stunde geworden, als du ganz innig mit der Natur verbunden warst. Laß dir anhand dieser Erfahrung verdeutlichen, was es heißt, ein wahrer Freund auf dem Weg zum Licht zu sein.

Das kleine Universum, das dir der Teich zeigt, erzählt dir eine Weisheit über das Leben, die du in keinem Buch findest. Dein Teich ist einmalig auf der Welt. In seiner Klarheit und Reinheit spiegelt er das Licht der Sonne und die Schönheit und Vielfalt der Umgebung wider. Du selbst kannst dein Antlitz in seinem Spiegel sehen. Du kennst deinen Teich sehr genau, bis in seine Tiefen. Du bemerkst jede Trübung und Unreinheit. Nichts bleibt deinem Blick verborgen. Du erfreust dich aber auch immer wieder neu an der Vielfalt seines Innenlebens. Aus seinem Grund wächst der Reichtum einer vielfältigen Pflanzenwelt dem Licht entgegen.

In seinen Tiefen verbirgt sich oft der Rat, den du gerade jetzt brauchst. Deinem Freund, dem Teich, kannst du alle deine Geheimnisse anvertrauen. Nie würde er dich verraten. Er weiß sie gut in der

Tiefe seiner Seele zu verbergen. Jeden Erfolg, von dem du ihm berichtest, wird er mit den silberhellen Tropfen der Liebe bewundern und dich ermuntern, nicht stehenzubleiben auf deinem Weg.

Seine Tiefe ist immer offen für deine Träume und Hoffnungen. Du kannst sie ihm vertrauensvoll erzählen. Er wird niemals über dich lachen. Verstehend spiegelt er dir ihre Deutung auf seinem stillen Seelenwassergrund, so daß du erfüllt beginnen kannst, deine Träume zu verwirklichen.

Wenn du traurig bist und voller Schmerzen, nimmt er geduldig alle deine Tränen auf. Er streichelt zärtlich deine nassen Wangen mit seinem sonnendurchwärmten Schilfhalm. Dann bringt er dich wieder zum Lachen, indem er seinen Frosch einen Purzelbaum schlagen läßt, oder er lacht dir in wunderbaren Regenbogenfarben, die sich in ihm widerspiegeln, entgegen.

Dein Freund, der Teich, zeigt dir, daß nicht nur das Sichtbare auf dieser Welt im Band der Liebe vereint ist. Du erkennst, wenn er dich sehr liebt und du sein Vertrauen gewonnen hast, geistiges Leben in seinem Gewässer. Das Naturwesen, das mit ihm lebt, erzählt dir von dem vielfältigen Leben des Teiches, das mit ihm in einer Gemeinschaft vereint ist. Es vertraut dir seine Träume an, die dich in weite Welten hineinführen, die kein Märchen schöner beschreiben könnte. Es berichtet dir von seinem langen Weg, den es gegangen ist, bevor es deinen Teich erreichte. Es teilt dir auch seine Schmerzen und Wunden mit, die die Unwissenheit und der Egoismus der Menschen ihm zugefügt haben. Es wird dich in deinem Inneren anrühren, auch ihm zu helfen und den Weg des Lichtes zu finden.

Dein Freund, der Teich, kann dich die Stille lehren, die du so dringend für den nächsten Schritt auf deinem schmalen Pfad brauchst. Und wenn du sie gelernt hast, erkennst du ihn als wahren Freund, denn er ist bereit, im Band der Liebe mit dir zu schweigen.

Bist du bereit, für einen Freund so viel zu geben, wie der Teich es tut, und bist du bereit, so viel zu empfangen? Ob du die Natur zu deinem Freund erwählst oder ob du Menschen findest, mit denen du in Freundschaft vereint bist: Alle Freunde sind im Band der Liebe im Grunde ihres Wesens miteinander verbunden. Natürlich unterscheidet sich die Freundschaft mit einem Menschen von der Beziehung der Liebe, die du zur Natur hast. Der Austausch verläuft nicht immer so harmonisch wie mit dem Teich. Dein Freund ist auf dem Weg wie du, sein Unwissen in Wissen zu verwandeln und wie du in eine immer größere Liebe hineinzuwachsen. Deshalb werdet ihr oft genug mit eurem Unwissen und euren inneren Widerständen in schmerzliche Berührung kommen. Aber gerade diese Reibungspunkte tragen dazu bei, die Unwissenheit und die Hindernisse für eine Begegnung der Seelen aufzulösen, damit Liebe und Toleranz füreinander wachsen können.

Wenn du deinem Freund in seinem wahren Selbst aus deinem inneren Wesen heraus begegnest, wird eine tiefe Freundschaft erblühen, die Ewigkeitswert in sich trägt. Aus dieser Schwingung erwächst ein Verstehen, das alle Freude des Lebens erfahren läßt, aber darüber hinaus auch seine Schwierigkeiten in der Einheit der Liebe ertragen kann. So wird sich auch euer Verhalten zueinander verändern. Ihr werdet feiner aufeinander reagieren und zarter miteinander umgehen. Wie reich kann Liebe machen, wenn Liebende gleichzeitig Freunde geworden sind.

Auch euer Gespräch wird anders verlaufen. Aus der Tiefe der Seele heraus werden euch ganz andere Themen beschäftigen. Ihr könnt euch in der Erfahrung des Leides Kraft und Stütze sein. Ganz besonders aber werden sich Freunde im Band der Liebe immer wieder gegenseitig durch neue Erkenntnisse weiterbringen, immer wieder neu aufrichten und Mut machen, so daß keiner von euch müde wird, den Weg zu gehen. Freunde im Band der Liebe erfreuen sich gemeinsam einer ganz anderen Lebenstiefe, denn beide üben sich ein, den Weg der Ewigkeit zu gehen, in dem die wahre Freude liegt. Sie fühlen sich in ihrer Verbundenheit auch verantwortlich füreinander, daß der andere den schmalen Pfad zum göttlichen Menschen wagt, denn in ihm findet alle Freundschaft ihren vollkommenen Höhepunkt.

Deinem Freund ist das Fest des Atems vertraut wie dir, in dem der Hauch der Liebe die Herzen berührt. Aus dieser Herzensgemeinschaft wächst eine immer tiefere Verbundenheit. Das Band der Liebe wird so gestärkt, daß auch andere Menschen an eurer Freundschaft teilhaben können.

Die Bedeutung der Gemeinschaft

Du lebst nicht auf einer Insel. Der schmale Pfad trennt dich nicht von der Gemeinschaft in der Welt, in der du lebst. Er hat die Aufgabe, dich durch das Band der Liebe mit ihr zu vereinen. Er muß sich immer mehr ausfalten und dich die Einheit mit allen Wesen erkennen lassen. Die Gemeinschaft, in der du lebst, ist das wichtigste Verbindungsglied zwischen deinem Weg, der dich zum Licht allen Lichtes führt, und dem Massenbewußtsein, das dein Licht aus der Quelle so dringend braucht.

Du kannst als Lichtpunkt eine Schlüsselrolle für die stärkere Aufnahme des göttlichen Lichtes in deiner Gemeinschaft spielen, ohne daß du es weißt. Jeder Lichtpunkt ist von unermeßlicher Bedeutung für das Wachstum aller Menschen. Wenn du auf dem schmalen Pfad angekommen bist, wirst du vom Licht begleitet. Du bist zu einem Lichtpunkt in der Dunkelheit der Welt geworden, der immer mehr strahlen soll. Denke deshalb nicht, daß du an einem falschen Ort oder in ungünstigen Familienverhältnissen lebst.

Auch die Gemeinschaft in der Welt braucht deinen Wachstumsprozeß, deine Kraft und deine Ausstrahlung. Die Menschen, mit denen du zusammen bist, mögen dir noch so sehr in ihrer Unwissenheit weh tun, halte dennoch aus. Übe dich in Ruhe und Gelassenheit und verstärke dein inneres Licht! An ihrer wachsenden Tiefe kannst du am besten deinen eigenen Fortschritt erkennen.

Die spirituelle Gemeinschaft

Es ist hilfreich, wenigstens eine Zeitlang in der Geborgenheit einer spirituellen Gemeinschaft leben zu können, in der du das Leben des Lichtweges in ihrem Schutz einüben kannst. Sie wird dir helfen, daß du nicht nur deine Übungen regelmäßig durchführst, sondern auch deine alltäglichen Lebensaufgaben leichter erfüllen kannst.

In einer Gemeinschaft kannst du die Begeisterung für den Weg in dir neu wecken lassen. Die Begeisterung darf nie versiegen. Sie ist eine Schwester der Herzenssehnsucht, die dich auf den Weg geführt hat. Sie ergänzen sich beide. Wenn die Begeisterung nachläßt, wird die Sehnsucht sie wieder wecken. Beide sind mit dem Band der Liebe verknüpft, das dich in den Seelengrund führt. Deshalb erkennst du eine gute Gemeinschaft auch daran, wieviel Liebe dir dort begegnet und wie sehr sie dich mit ihrer geistigen Nahrung zu begeistern vermag. In der gemeinsamen Erfahrung des Lichtweges soll in einer Gemeinschaft ein Kraftfeld der Liebe wachsen können, das mit der Quelle des reinen Geistes in Verbindung steht und das sich sowohl in seiner Schwingung als auch im Wort und in der Tat transformierend und heilend in der Welt auswirken soll.

Die Gemeinschaft hilft dir, durch den Austausch der spirituellen Erfahrungen die Schwierigkeiten des Weges besser zu verstehen. Du wirst erleichtert feststellen, daß du deine Probleme mit anderen teilst. Du kannst eine andere Perspektive gewinnen, so daß du leichter mit ihnen umzugehen vermagst.

Lehrer und Lehrerinnen, die eine Gemeinschaft über längere Zeit begleiten, helfen mit ihrem Wissen und besonders durch ihr Vorbild in der Lebensweise, das geistige Leben einzuüben. In einem Kreis von Gleichgesinnten findest du Freunde und erfährst, daß du nicht allein auf dem Weg bist. Auch das gemeinsame Ziel, das ihr zusammen anstrebt, verstärkt in einer immer tiefer gehenden Freundschaft das Band der Liebe.

Es darf in einer Gemeinschaft auf dem schmalen Pfad niemals eine Bevorzugung der Rasse, des Geschlechts, der Herkunft oder der Bildung geben. Gerade in einer Gemeinschaft muß das Prinzip der Gleichheit aller Menschen, ja aller Wesen in ihrer Würde gelebt werden. Eine Gemeinschaft darf sich nicht begrenzen und auf sich selbst fixiert sein, sondern sie sollte für alles Neue offen sein und der Einheit allen Lebens dienen.

Begleitung

Alles, was du auf deinem Weg zum göttlichen Menschen brauchst, liegt in dir. Du wirst begleitet vom Wunder der Schöpfung. Du bist gesegnet mit der Liebe Gottes, die dein ganzes Wesen durchströmt. Aus der Krypta deines Herzens strahlt das Licht, das deinen Pfad erhellt. Das Band der Liebe begleitet und schützt dich. Dein höheres Selbst, als Meister deines Lebens, wartet auf deine freie Entscheidung, den Weg zum göttlichen Menschen zu gehen, so daß es die Führung übernehmen kann.

Sag, kannst du dir eine bessere Begleitung wünschen? Du mußt allerdings deine inneren Instrumente auf deine Seelenführung einstimmen, sonst kannst du ihre Impulse nicht wahrnehmen. Das erste und wichtigste Instrument kennst du schon, es ist die Achtsamkeit. Sie verhilft dir zur Wachheit, in der du die Kraft bekommst, alle weiteren Instrumente auf dem Lichtweg zu entwickeln, die dir auf deinem Weg förderlich sind.

Die Achtsamkeit läßt dich den geistigen Hauch des Atems erkennen. Er verbindet als dein ständiger Begleiter die Außenwelt mit deinem Inneren, wo du die Wegweisung empfangen kannst. Die Achtsamkeit im Atem schenkt dir ein weiteres, wichtiges Instrument, das dich künftig immer mehr begleiten wird, um nach innen zu gelangen. Es ist die Ruhe. Sie ist der sicherste Kompaß für deinen Weg. Erst wenn du wirklich Ruhe in dir erfährst, weißt du, daß du auf dem schmalen Pfad vorankommst. Die innere Ruhe geleitet dich in Verbindung mit deinem Atem zu deinem Herzensgrund. Ohne Ruhe erreichst du ihn nicht. Sie muß sich in dir ständig vertiefen und alle Bereiche deines Körpers, deiner Gefühle und deiner Gedanken durchströmen, bis auch dein alltägliches Leben von der inneren Ruhe durchdrungen ist, so daß du durch sie vollkommen gelassen wirst.

Die Gelassenheit kann nur aus der Ruhe wachsen. In der Gelassenheit kannst du noch achtsamer deine unausgeglichenen Energien in deinem Körper aufspüren, die ungeklärten Gedanken und die ungeordneten Gefühle noch leichter erkennen. Durch die Übung der Ruhe wächst auch die Hingabe an den Herzensgrund immer mehr in die Tiefe, so daß du aus deinem Seelengrund nun die erste innere Begleitung, die Stille, empfangen kannst. Dein Atem ist das Verbindungsglied zwischen deiner noch äußeren Wegbegleitung, der Ruhe und der Gelassenheit.

Erst dann, wenn alle deine Gedanken befriedet sind, wenn du deine Gefühle durch Ruhe und Gelassenheit geklärt hast, wird dir die innere Seelenführung geschenkt. Sie wird dir geschenkt! Du kannst sie nicht einüben, sondern du kannst dich nur vorbereiten, daß du sie empfangen kannst. Du mußt bereit sein für die Weisung deiner inneren Führung. Wann sie dir geschenkt wird, liegt in der Weisheit deines Herzens verborgen.

Übung der Ruhe

Für die Einübung der Instrumente, die dich zu deiner inneren Seelenbegleitung führen, gibt es eine Übung, die du täglich durchführen kannst. Nimm dir dazu eine Viertelstunde Zeit.

Setze dich bequem und aufrecht auf einen Stuhl oder lege dich auf eine harte Unterlage. Sorge dafür, daß dich während der Übung nichts stört. Lausche nun auf den Rhythmus deines Atems, so wie er kommt und geht, ohne daß du ihn beeinflußt. Laß dich von seiner Ruhe und Harmonie führen. Achte immer wieder neu auf den Rhythmus deines Atems. Achte auf sein sanftes Ein- und Ausströmen. Nehme seinen feinen und zarten Hauch wahr. Lausche nur ganz still in ihn hinein. Du kannst seinen Rhythmus innerlich noch mit einem der Lichtgedanken begleiten, wie „Liebe" oder „Frieden". Bald wirst du nicht mehr von deinen Alltagsgedanken gestört.

Entspanne dich nun. Wandere mit deiner Achtsamkeit durch deinen ganzen Körper und entspanne alle deine Muskeln, indem du sie in deiner Vorstellung bewußt losläßt. Dein Bewußtsein nimmt den Impuls der Entspannung auf und leitet ihn zu jenem Körperbereich, den du entspannen willst.

Wenn du so zur Ruhe gekommen bist, genieße einen Augenblick mit deiner Achtsamkeit diese wohltuende Entspannung, die dich jetzt durchströmen kann. Laß noch die letzten Gedanken los. Du kannst dir innerlich vorstellen, daß sie in einer Wolke mit dem Wind davongetragen werden. Mache dich innerlich ganz leer von allen Gefühlen. Erfahre in Achtsamkeit die Ruhe des Atems und laß dich nur noch von seinem zarten Hauch durchströmen. In diesem Zustand der Ruhe erfährst du eine tiefe Gelassenheit und die Klarheit deines Geistes.

Wenn du spürst, daß die Zeit der Übung vorüber ist, dann vertiefe den Atem, nimm die Arme über den Kopf, dehne, strecke und räkele dich. Lasse ein herzhaftes Gähnen zu und spüre bewußt das wohlige Körpergefühl, das dich durchströmt. Freue dich über die neue Kraft und über die Ruhe, die du jetzt erlebst.

Wenn du diese Entspannungsübung regelmäßig durchführst, wirst du eine wachsende Ruhe erfahren. Die Übung der Achtsamkeit wird sich im Alltag durch ein bewußteres Leben auswirken. Lerne aus der inneren Ruhe heraus, dein Leben zu gestalten! In der Ruhe wirst du vorbereitet, immer aufmerksamer auf die Impulse deiner Seele zu achten, bis sie dich ganz mit ihrer Kraft durchdringt und die Führung deines Lebens übernehmen kann.

Die Begleitung deiner inneren Seelenführung erkennst du an deiner beständig zunehmenden Gelassenheit und Ruhe, die du bald in allen Lebenssituationen fühlen wirst. Die wachsende Achtsamkeit verhilft dir, immer besser in der Gegenwart leben zu können. So wird dein Leben in allen seinen Ebenen ausgeglichen, harmonisch und klar.

Die Bedeutung der Stille

Eines Tages kann die Ruhe durch wunderbare Augenblicke der Stille weiter vertieft werden. Stille ist mehr als das Schweigen der Geräusche und der inneren Worte. Wenn sie dir geschenkt wird, erfährst du, daß sie aus dem Sein kommt. Sie begleitet das Wachstum der Seele. In ihr werden die inneren Sinne geweckt. Wenn alles in dir still geworden ist, bist du fähig, auf die innere Seelenführung zu hören, ohne daß du durch äußere Geräusche abgelenkt wirst. Du lernst in die lichte Wahrheit zu schauen, ohne daß dich äußere Gedankenbilder beeinflussen. Die wirkliche Stille kommt aus dem reinen Herzensgrund, in dem die äußeren Sinne und Gedanken der Welt keinen Raum mehr haben.

In der Reinheit des Herzens erahnst du die Geburt des göttlichen Menschen. Stille ist ein Ausdruck der Reinheit. In der Stille strömt das Licht der Seele zu dir. Liebe und Freude werden wach.

Die Stille des Atems

Vielleicht erkennst du jetzt erst die Bedeutung und die Tiefe des Atemfestes? Mach es dir noch einmal bewußt. Wenn du mit dem Bewußtsein der Ewigkeit atmest und durch die Ruhe deine Gedanken loslassen kannst, erfährst du als Gnadengeschenk die Stille des Atems, die mit der Ewigkeit verbunden ist. Sie führt dich in den gegenwärtigen Augenblick, in dem sich das Sein offenbart. In diesem einen Augenblick der Ewigkeit ist alles zur Stille in dir geworden. Dann berührt dich auch von außen nichts anderes mehr. Dabei kann noch so viel Lärm um dich herum sein, er kann in diesen Raum der Stille nicht eintreten. Sie ist wie eine zarte, aber machtvolle Haut, die dich schützt. In dem Augenblick, in dem dich die reine Stille des Herzens berührt, durchströmen dich das Licht der Liebe und die reine Freude. Gleichzeitig erfährst du den geistigen Atem, der in dieser Einheit schwingt und alles durchströmt.

Wenn du einmal das kostbare Geschenk des geistigen Atems erfahren durftest, der dich in deinen Seelengrund begleitet, weißt du, daß deine Seele erwacht ist und immer umfassender die Führung in deinem Leben übernimmt. Auch wenn du jetzt die Kräfte deiner Seele noch nicht in dieser Fülle erfährst und manchmal noch an ihrer Wirklichkeit zweifelst, vertraue unerschütterlich darauf, daß sie einmal ganz sicher alle Schichten deines äußeren Menschseins durchbricht und die Schatten durchlichtet.

Achtsamkeit

In der Achtsamkeit
des einen Augenblicks
durchbrichst du die Mauern der Zeit.
Achte auf diesen einen Schritt!
Er führt dich an die Grenze des Seins.
Erfahre diesen einen Atemzug!
Er öffnet dir die Welt des Lichtes.
Spüre den einen Pulsschlag des Herzens!
Er kennt den Weg
zum Land der Liebe!

Wege und Hilfen

Es gibt letzthin nur einen Weg zu Gott. Und es gibt nur eine Hilfe auf dem Weg, das ist die Hilfe Gottes. Seine Schöpfung ist so groß, daß kein Auge sie ermessen kann. Sie ist in ihrer Vielfalt so reich, daß kein Menschenherz den Reichtum der Schöpfung ergründen kann. Kein Staubkorn gleicht dem anderen. Und niemand kann in das tiefste Geheimnis des Seelengrundes eines anderen Wesens schauen.

Wie sollte, wo doch kein Wesen dem anderen gleicht, jedes Wesen denselben Ton in der unendlichen Klangfülle der Weltenharmonie singen? Wie können Menschen, bei denen Anfang und Ende ihrer Entwicklung von so einmaliger Bedeutung sind, dieselbe Melodie in dieser Weltensymphonie spielen?

Die Wege zu Gott, die unsere Welt kennt, sind so vielfältig, wie es Wesen unter der Sonne gibt. Du bist einmalig auf dieser Welt. Finde deshalb deinen Weg! In der Einmaligkeit deines Wesens wird dir die Hilfe auf deinem Weg entgegenkommen, die du für deine persönliche Entwicklung brauchst.

Die Gefahr, daß du deinen Weg nicht findest, tritt erst dann auf, wenn du die göttliche Führung im Inneren deiner Seele nicht erkennst oder annimmst oder wenn du das Vertrauen verlierst, dich dieser Führung hinzugeben. Mit den Siegeln der inneren Begleitung kannst du sicher sein, daß du auf dem rechten Weg bleibst. Sie sind die Boten der Führung Gottes. Erkenne diese Wahrheit und gehe treu deinen Weg weiter.

Die Basis der Religionen

In einem Samenkorn ist ein mächtiger Baum verborgen. Wenn es sich entfaltet, wächst ein Leben heran, das in seiner Größe, Schönheit und Vielfalt ein Wunder der Schöpfung offenbart. Wenn du den Ursprung all der Verzweigungen und Verästelungen, der Knospen und Blüten, der Früchte und Lebewesen im Baum erschauen wolltest, wo könntest du ihn in dieser unerschöpflichen Vielfalt erkennen? Wie könntest du im gewachsenen Baum das Samenkorn wiedererkennen?

Am Anfang allen Seins war die vollkommene Liebe und Weisheit im Lichtgrund Gottes verhüllt. Der göttliche Tänzer ließ aus der Weisheit des Seins ein Universum entstehen. Wo findest du die Basis seines Anfangs?

In der Weite des Universums ließ die göttliche Freude das Wunder eines denkenden Geschöpfes wachsen, das sich wieder als Sein Ebenbild bewußt mit seinem göttlichen Grund vereinen kann. Wie begreifst du den Ursprung des Geschöpfes? Du kannst immer wieder die gleiche Frage stellen. Die Basis oder die Ursache jeder Entwicklung ruht in der Liebe und Weisheit Gottes.

Das gleiche gilt auch für die Religion. Dem Begriff Religion liegen lateinische Wörter zugrunde, deren Verständnis dir das Wesen der Religion näher bringen kann: Religare heißt zurückbinden. Das bedeutet, daß die Religion dem Menschen helfen soll, zu seinem Ursprung, aus dem er hervorgegangen ist, zurückzukehren. Das Wort relegere, das man mit wiederlesen übersetzen kann, will zeigen, daß sich der Mensch in seiner Religion wieder seiner Herkunft bewußt werden soll. Das bedeutet aber auch, daß sich der Mensch in der Religion grundsätzlich wieder für Gott, seinen Urgrund, entscheiden muß. Diese drei Elemente der Religion sind auch die Basis deines Weges, der dich wieder zu deiner Urquelle zurückführt. Denn du mußt den Weg erkennen, du mußt dich dafür entscheiden und dich mit all deinen Kräften an den Urgrund binden.

Je weiter du auf dem Weg zum Grund des Seins kommst, desto näher wirst du an die Basis aller Religionen geführt. Alle Religionsformen haben wie jeder Baum im Wald eine gemeinsame Grundlage. Doch es gibt unzählige Bäume, und es gibt unzählige Religionen. Jeder Baum hat seinen Wert und seine Berechtigung. Jede Religion hat ebenso ihren Wert und ihre Bedeutung für die Menschen. Das Wunder der Schöpfung ist die unermeßliche Fülle der Formen. Warum sollte die Religion davon ausgeschlossen bleiben? Die Fülle der Schöpfung hat ihre Basis ganz genau dort, wo alle Religionen mit ihr vereint sind. Sei deswegen tolerant gegenüber allen religiösen Überzeugungen.

Um die Basis der Religionen, besonders auch deiner eigenen Religion zu finden, mußt du mit dem Bewußtsein der Ewigkeit auf dem Weg nach innen zurückgehen, bis du zu einem Punkt gekommen bist, an dem sich die Ewigkeit öffnet und du dem Urgrund selbst begegnest. Deine Religion, in der du aufgewachsen bist, begleitet dich dabei. Sie ist durch das Band der Liebe mit dem Urgrund verbunden.

Es hat einen Sinn, daß du in jene Religion hineingeboren wurdest, der du jetzt angehörst. Sie hat dich in deiner religiösen Erziehung und deiner Glaubensüberzeugung geprägt und die ersten Samen des göttlichen Lebens in dein Herz gelegt. Deswegen solltest du den Weg deiner eigenen Religion gehen und durch redliches Bemühen und Suchen ihre Basis ergründen. Dieser Wurzelgrund kann dir eine tiefe Erkenntnis und die Fülle der Weisheit schenken.

Vielleicht hast du Schwierigkeiten mit deiner Religion, kannst ihre Glaubenslehren nicht mehr verstehen, und du störst dich an Menschen, die sie vertreten. Bedenke, daß jede Religion durch Menschen weitergegeben wird, die sich bemühen, in der Basis der Religion gegründet zu bleiben. Erinnere dich, wenn du dich durch Fehler von Menschen, die in deiner Religion Verantwortung tragen, verletzt fühlst, daß du selbst ein Mensch mit vielen Schwächen und Grenzen bist und daß auch die Vertreter von Kirchen solche menschlichen Begrenzungen in sich tragen. Mache nicht den Fehler, daß du eventuelle Probleme, die du mit deiner Religion hast, mit den Schwächen der Menschen, die dieser Glaubensgemeinschaft angehören, begründest. In der Tiefe ihres Herzens suchen sie genauso wie du den Urgrund des Seins, der alle von Schwächen und Fehlern erlöst.

Wenn du noch alte Wunden in dir trägst, die dir vielleicht eine zu strenge, einseitige religiöse Erziehung zugefügt hat und die noch nicht verheilt sind, dann ist es jetzt an der Zeit, sie durch Verstehen und Vergebung im Lichte Gottes heilen zu lassen.

Die Basis aller Religionen ist Gott allein. Alle Bilder und Vorstellungen, die hinzukommen, entspringen der jeweiligen Kultur und religiösen Tradition der Völker und sind begrenzt. Sie können nie das unergründliche Wesen Gottes erfassen; aber sie sind Hilfen, sich dem großen Geheimnis Gottes zu nähern. Sie sollen nicht Anlaß für Intoleranz, Streit und Auseinandersetzungen sein. Hinter allen menschlich begrenzten Glaubensvorstellungen offenbart sich immer die unbegrenzte Fülle Gottes.

Sinn der Religion

Der Sinn der Religion ist die Vervollkommnung des Menschen, so daß die Größe des göttlichen Ebenbildes, das er in Wirklichkeit ist und sein Wesen ausmacht, im Glanz der Sonne Gottes aufleuchten kann. Sie soll den Menschen so lichtvoll und durchlässig für das göttliche Licht in allen seinen Ebenen machen, ihn so verwandeln, daß Gott durch ihn wirken kann. So wie die Seele im Laufe des Reifungsprozesses immer mehr die Führung des Lebens übernimmt, so wird Gott durch die gereinigte Seele immer mehr das Leben leiten und erhöhen. So kann der Mensch Schritt für Schritt an dem göttlichen Leben teilnehmen und seine reichen Gaben empfangen. Die Fülle der Weisheit Gottes und das Licht der Liebe aus dem göttlichen Bewußtsein werden sich im göttlichen Menschen manifestieren.

Diese göttliche Fülle offenbart sich in dem, was der Christ das Christusbewußtsein nennt. Jesus von Nazareth brachte es für die Menschen aus dem Urgrund seines Vaters auf diese Erde, und es konnte sich durch ihn und in ihm in Vollkommenheit zum Ausdruck bringen, so daß er sagen konnte: „Ich und der Vater sind eins." Deswegen ist er der Weg, die Wahrheit und das Leben. So liegt der Sinn der christlichen Religion darin, daß der Christ dieses Christusbewußtsein in sich erfährt, sein Wirken zuläßt, sich von ihm verwandeln läßt, bis er eins mit ihm wird. So wie Paulus sagt: „Nicht mehr ich lebe, sondern Christus in mir."

Im Christusbewußtsein erfährt der Christ durch die Gnade Gottes die Basis seiner Religion. Im Christusbewußtsein ist sie vollkommen rein und einmalig. Auch der Mensch, der in das Christusbewußtsein hineingelangen durfte, ist vollkommen rein in dieser Einheit. Sobald er aber wieder diese reine Sphäre verläßt und er wieder von den Energien der Welt beeinflußt wird, vermischen sich seine Gedanken, seine Gefühle, seine Erziehung und seine Gewohnheiten mit seiner reinen Erfahrung der Einheit. Die reine Basis der Religion geht verloren, wenn sie durch die verschiedenen, noch nicht gereinigten und transformierten Bewußtseinsschichten nach außen dringt. Deshalb erfährst du Religion oft durch Menschen in verzerrten und unverständlichen Formen. Nur dann, wenn Gott sich im göttlichen Menschen als Christusbewußtsein offenbart wie in Jesus von Nazareth, gelangt die Weisheit Gottes durch dieses reine Gefäß Gottes unmittelbar zu den Menschen hindurch.

So erfährt der Buddhist das göttliche Bewußtsein als die Buddha-Natur, der Hindu als das Krishna-Bewußtsein. Wie immer es auch in dieser Erfahrung der All-Liebe benannt wird, es ist ein Bewußtsein, das sich in dieser höchsten Stufe der Religion als unmittelbare Erfahrung offenbart.

Dieses Bewußtsein, das der Christ als das Christusbewußtsein erfährt, ist nicht mehr an die Vielfalt der äußeren Religionsformen gebunden. Im reinen Geist bleibt es immer frei und eins in der Liebe mit dem Sein. Alle im Laufe der Zeit gewachsenen Ausdrucksformen der Religionen, Rituale und Kulte haben nur den Sinn, denjenigen, der sie ausübt und feiert, zu seinem göttlichen Urgrund zu führen. Wenn du an einer Kulthandlung in deiner Religion teilnimmst und dich einmal ganz darauf einläßt, wirst du ihren tieferen Sinn erkennen. Du kannst den Urgrund fühlen, der dahinter liegt und der sich in der äußeren Form zum Ausdruck bringen will. Auch die Lehren und sittlichen Vorschriften haben den Sinn, die Menschen auf die große Gotteserfahrung vorzubereiten.

Alle Religionen, die im reinen göttlichen Bewußtsein gründen, wirken deshalb wie eine Schleuse, aus der sich ständig über den gottsuchenden Menschen das Licht aus dem Urgrund ergießt. Ohne die göttlichen Menschen, die die Ur-Offenbarung aus dem nächsten Umkreis Gottes auf die Erde brachten, fehlt die Richtschnur für den Rückweg zur Quelle allen Seins. Sie bringen die Hoffnung und vermitteln den Glauben, daß es möglich ist, aus der Dunkelheit des Unwissens in die Lichtheit der Weisheit zu kommen und aus dem Leiden in die göttliche Freude zu gelangen. Sie verkünden, daß wirkliche Erlösung und Befreiung keine unerfüllte Sehnsucht bleiben, sondern daß sie einmal als Wirklichkeit in jedem Menschen durchbrechen. Diese hohen Wesen sind ein lebendiges Beispiel dafür, daß auch dein Lebensziel erreicht werden kann, wieder die Einheit mit Gott zu erfahren.

Ohne diese Menschensonnen, die vom Licht zeugen, fehlt oft die Richtung des Geistes, den Lichtweg zum göttlichen Grund zu erkennen. Es fehlt die Kraft des Willens, sich dafür zu entscheiden, und die liebende Hingabe, sich an den Urgrund zu binden. Jeder Suchende kann eine Wegweisung aus diesen Quellen erhalten. Ohne die Boten Gottes ist es schwer, das Band der Liebe zu finden. Deswegen höre auf ihr Wort und lausche ihrer Botschaft. Der Schlüssel zum göttlichen Grund liegt in allen Religionen, in denen sich die Wahrheit der Liebe offenbart.

Die Freiheit des Geistes

Der reine Geist der Liebe und der Freiheit durchstrahlt die ganze Schöpfung. Im Menschen kann er sich seiner selbst bewußt werden. Selbst wenn er unbewußt im Dasein der Schöpfung schlummert, so bleibt er doch uneingeschränkt der reine Geist der Freiheit.

Jeder Schritt auf dem Weg nach innen bringt dich der grenzenlosen Freiheit deines Geistes näher. Wenn er durch dich wirken kann, erlebst du auch gleichzeitig deine wahre Freiheit als Mensch, denn in deinem reinen Geist bist du frei. Das Leid der Unfreiheit beginnt erst dann, wenn du dich von dem geistigen Urgrund entfernst.

Der Geist ist in seinem Ursprung vollkommen leer oder rein von allen weltlichen Eindrücken. In dieser Leere, so paradox es auch klingen mag, liegt die Freiheit begründet. Nimm als ein Beispiel deinen Atem. Wenn du auf deinen Atem achtest und darin ungeübt bist, wirst du spüren, daß er nicht frei in seiner Bewegung fließt. Dein Denken und Fühlen beeinflussen den Rhythmus und die Qualität des Atems, denn er verbindet deine äußere Welt mit deiner Innenwelt.

Wenn du während einer Meditation deine Gedanken losläßt, kannst du erfahren, daß deine Atembewegung leichter wird und dein Atem freier fließt. Dein Atem ist aber in diesem Augenblick noch nicht wirklich frei. Er wird weiter von deinen Gefühlen beeinflußt. Wenn du nun auch deine Gefühle loslassen kannst und dich vollkommen vom Fühlen und Denken befreist, erlebst du deinen physischen Atem nicht mehr, obwohl du natürlich weiter von ihm durchströmt wirst. Doch in dem Augenblick, in dem du deine Gedanken und Gefühle loslassen kannst, ist dein Atem wirklich frei von allen äußeren Bindungen. Er kann sich nun in seinem natürlichen Rhythmus in seinen Ursprung, den reinen Geist, einschwingen. Du fühlst dann nicht mehr die grobstoffliche Schwingung deines Körpers und deines Atems, sondern nur noch die Freiheit des ewigen Atems, der sich in dir manifestiert. Das ist ein Geheimnis der Meditation. Dieses Bewußtsein der Freiheit führt in die Erfahrung der Leere in der Fülle, von der die Meister sprechen, wenn sie die unaussprechliche Erkenntnis des Urgrundes mitteilen möchten. In dieser Leere ist alles anwesend. Du erfährst nicht nur alle Weisheit der Welt und die Tiefe der Selbsterkenntnis, sondern du erlebst in der Leere auch gleichzeitig den zarten Liebeshauch der Freiheit deines Geistes.

Mit dieser Freiheit wird dir das Wissen deines unsterblichen Wesens geschenkt. In der Freiheit des Geistes erkennst du deine Bestimmung als Mensch. Du kannst in übergroßer Dankbarkeit deinen langen, oft schmerzvollen Weg zum göttlichen Menschen annehmen, weil du erkennst, wie weise die Führung deines freien Geistes in dir war und ist.

Der reine Geist in dir ist als dein höchstes Selbst dein innerer Meister. Er denkt nicht mit dem Verstand, und er fühlt nicht in der Abhängigkeit von der Welt. Er empfängt in seiner göttlichen Freiheit aus seiner eigenen reinen Quelle die Fülle des Wissens, die du als freies Wesen, deiner Entwicklung entsprechend, aufnehmen und in deinem Leben wirksam werden lassen kannst. Er kennt auch den nächsten Schritt, der deiner Entwicklung dient, bevor du ihn wahrnehmen kannst. Der Geist weiß in seiner Allwissenheit in wunderbarer Weise um das Maß aller Dinge, das auch dir Wachstum ohne Schaden an Leib und Seele ermöglicht.

Eine neue Dimension des Geistes

Der reine Geist ist als Schöpfungskraft die Ursache aller Wahrnehmungsorgane, die dir in deinem Körper dienen. Er ist gleichermaßen auch die Ursache für die inneren Wahrnehmungsorgane, die sich auf das Seelenzentrum ausrichten.

Die unterste Stufe in der Entwicklung der äußeren Wahrnehmungsfähigkeit sind die Sinne. Mit den äußeren Sinnen beginnt der Mensch die Welt zu erkennen und zu begreifen und sich selbst in seiner Beziehung zur Welt zu erleben. Viele Menschen dieser Zeit reagieren in oft unbewußter Abhängigkeit auf die Reize der Sinnenwelt. Sie handeln mehr oder weniger aufgrund von Impulsen, die von außen kommen, und lassen sich von den Wünschen und Bedürfnissen, die die Sinne diktieren, leiten. Sie handeln also auf der Ebene des naturhaften Überlebens. Sie verdrängen aus Unwissenheit und Trägheit die Wahrheit ihrer inneren Freiheit aus dem Geist.

Auf deinem Weg zum göttlichen Menschen lernst du, deine Sinnesorgane zu beherrschen und in den Dienst fortschreitender Entwicklung zu stellen. In der Übung der Achtsamkeit und in der Erfahrung der Ruhe werden sie wacher, und sie schenken dir die Freude einer höheren Dimension der Freiheit. Du wirst selbst entscheiden können, ob du die Wünsche und Bedürfnisse, die die Sinne haben, erfüllen willst oder nicht.

Ungelöste Emotionen, falsche Vorstellungen, überholte Denkmodelle und zwanghafte Bilder machen dich unfrei. Auf dem Weg zum göttlichen Menschen mußt du aus diesen Zwängen herauskommen. Sie alle hindern dich daran, das Neue aus dem reinen Geist zu erfassen und wirklich frei zu werden für eine neue Dimension menschlichen Seins. Das Wachsen in die neue Freiheit ist ein langsamer Prozeß der Entwicklung der Seelenkräfte, die die Führung übernehmen und aus ihrer Tiefe heraus alle menschlich begrenzenden Schichten deines Wesens durchdringen und befreien.

Auf dem Weg zum göttlichen Menschen werden sich auch deine Gefühle verwandeln, so daß sie dich nicht mehr in deinen Entscheidungen behindern und du frei bestimmen kannst, im Augenblick das Richtige zu tun. Es ist wichtig, daß sich die Schwingung deiner Gefühle durch das Handeln in der Ordnung des Kosmos erhöht und daß du auf diese Weise ständig in positiven Emotionen der Freude und des Glückes leben kannst.

Die wachsende Klarheit deines Geistes wird deinen Verstand klären. Du wirst in dieser Reinheit lernen, die Wahrheit von der Unwahrheit zu unterscheiden sowie das Wesentliche vom Unwesentlichen zu trennen, so daß du immer klarer denken kannst, in die Wahrheit des erkennenden Geistes hineinwächst und auch dein Denken frei wird.

Der mentale Geist will die Wahrheit ergründen. Der Mensch ist ein fragendes Wesen, denn nur ein suchender und fragender Mensch wird Antwort bekommen und damit Wissen und Wahrheit erfahren. Es ist aber von großer Bedeutung, daß dein Denken in tiefere Dimensionen des Seins eindringt. Solange es nur auf der logisch-kausalen Ebene bleibt, werden immer neue Fragen entstehen, so wie jeder erfüllte Wunsch einen neuen erzeugt. Erst wenn du zur inneren Freiheit des Geistes gelangst, werden dir Einsichten aus einer Quelle geschenkt, die dir über alle Begrenzungen hinweg die Wahrheit, Weisheit und Erkenntnis über das Sein aufschließen und Antworten geben, nach denen du so lange vergebens gesucht hast.

Um dieses wunderbare Ziel zu erreichen, ist es notwendig, alle Instrumente des Geistes so vollkommen wie möglich zu entfalten und sie mit allen dir zur Verfügung stehenden Kräften auf das innere Zentrum des Geistes zu richten. Dein Denken und Fragen soll sich auf die Welt im Inneren des Geistes ausrichten, so daß der Geist durch dein Denken und Fühlen wirken kann.

Je tiefer du aus der Freiheit deines Geistes heraus denkst und lebst, um so umfassender wird dir aus dieser Dimension heraus eine neue Lebensqualität geschenkt, in der du freier von Abhängigkeiten wirst. In der Freiheit deines Geistes wächst die heitere Gelassenheit, in der du in großem Vertrauen deinen Weg gehen kannst.

Die Erkenntnis des freien, reinen Geistes kann nicht erlernt werden, so wie du dein Denkvermögen geschult hast. Die Schule des freien Geistes ist die Liebe des Herzens. Dein Intellekt kann dir zeigen, was nicht mit dem Gesetz der Liebe im Einklang steht. Er kann dir in seiner klaren Unterscheidungskraft beistehen, alles Unwesentliche in deinen Gedanken, in deinem Reden und deinem Tun loszulassen und dich auf deinem Weg von allem zu befreien, was dich daran hindert zu lieben.

Die Liebe allein ist in ihrer Reinheit die Verbindung zur Freiheit des Geistes. Wenn du alle Abhängigkeiten losgelassen hast, die mit der Begrenzung der Welt verknüpft sind, und wenn du deine äußeren Wahrnehmungsorgane vollkommen in den Liebesdienst des freien Geistes stellst, wird dich der reine Geist berühren, und du wirst immer mehr in seine Freiheit hineinwachsen.

Der Körper als Tempel

Der Körper des Menschen ist eine Schöpfung des reinen Geistes. Er ist das Gefäß, das dir hilft, auf dieser Erde deine wahre Freiheit im Licht der Erkenntnis als göttliches Wesen in der Einheit mit allem Sein wiederzuerkennen. Du erlebst deinen Körper als Tempel des Geistes, wenn du dich als geistiges Wesen erfährst und die Berührung des reinen Geistes spürst. Dein Tempel ist als Schöpfung ein kleines Universum des Seins. Er ist ein Ebenbild der großen Schöpfung Gottes, denn in ihm sind alle großen Weltgesetze in ihrer mikrokosmischen Entsprechung manifestiert. Er ist ein Mikrokosmos im Makrokosmos.

Die Naturgesetze deines physischen Körpers entsprechen den Naturgesetzen dieser Welt. Doch hinter allen Gesetzen der Natur waltet der reine Geist, der alles Leben ordnet. Er wirkt auch in deinem Körper und will das Göttliche in ihm zum Ausdruck bringen. Wenn du aber nur auf der Ebene der Naturgesetze lebst, nur ihnen vertraust und dich nicht dem Wirken der geistigen Gesetze in dir öffnest, wenn du dich nur als Naturwesen und nicht als Geistwesen begreifst, dann beginnen deine Schwierigkeiten im geschlossenen Kreislauf der Wiederholung von Leben und Tod. Alle Probleme des Lebens hängen damit zusammen. In der Identifikation mit der äußeren Welt und in der Verhaftung an ihre Vielfalt kannst du deinen Körper nicht als Tempel des Geistes erfahren.

Erst wenn du dich den universellen Gesetzen öffnest und ihnen gehorchst, wirst du den reinen Geist erfahren, der sich dir offenbart. Da der Körper ein geistiges Bewußtsein besitzt und von der Seele durchdrungen und belebt wird, ist auch er den Gesetzen des Geistes unterworfen. Er besitzt durch seinen geistigen Ursprung die Fähigkeit der Kommunikation zwischen der mikro- und makrokosmischen Natur auf dieser Erde, und er nimmt teil an der allumfassenden geistigen Kommunikation zwischen Himmel und Erde. Wenn die Kommunikation nur in der äußeren Wahrnehmung begrenzt bleibt, verändert sich nicht viel in deinem Leben. Du arbeitest und lebst ohne sinngebendes Ziel.

Erst wenn du deine Wahrnehmung nach innen richtest und der Führung deines inneren Geistes vertraust, verändert sich dein Leben! Damit beginnt sich auch der Körper mit seinem physischen Bewußtsein auf das universelle Bewußtsein des Geistes einzuschwingen. Als Tempel des Geistes kann er mit dir gemeinsam den Aufstieg zum Licht der Erkenntnis in die Freude des Seins wagen und Gückseligkeit erfahren. Die Glückseligkeit ist die ursprüngliche, universale Grundschwingung deines Wesens, die sich auf deinem Weg offenbaren wird. Es ist notwendig, daß dein Körper auf eine höhere Schwingung kommt, damit er die alles durchdringende hohe Frequenz der Freude ertragen kann. Alle Übungen, die die Durchlässigkeit und Transparenz deines Körpers fördern und die grobstofflichen Strukturen in feinstofflichere Energien verwandeln, sind aus diesem Grunde in deinem Transformationsprozeß von großer Bedeutung. Alle Gelegenheiten und Mittel, die dir helfen, das heilige Gefäß deines Körpers zu durchlichten und ihn für die Transzendenz zu öffnen, solltest du dankbar nutzen. Sie werden deine Transformation zum göttlichen Menschen unterstützen. So wird der Körper zu einem Tempel des Geistes.

Er wird eines Tages einem Gesetz folgen, das die bestehenden Naturgesetze überschreitet. Im Kreislauf der Natur gibt es eine nur langsam fortschreitende Höherentwicklung, die den Kausalgesetzen der Natur unterworfen ist. Auch im natürlichen Zyklus der Evolution gibt es ein Erwachen in die Freiheit des Geistes. In dem Augenblick aber, wo die Kraft deines Geistes den Kreislauf der Natur durchbricht und überschreitet, durchstrahlt der Geist der kosmischen Weisheit, der Geist des ewig Neuen, schon jetzt deinen Körpertempel und erweckt in ihm das Licht, das in der Finsternis schlummert.

Die Verjüngungskraft des ewig jungen Geistes wirkt in ihm, so daß seine individuelle Schönheit aufleuchtet. In der ständig zunehmenden Transparenz für die höheren Lichtschwingungen schenkt dir dein Körper Wohlbefinden, Gesundheit, Leistungskraft und Glück.

Mit der neuen Ausrichtung auf das geistige Leben und der Einbeziehung des Körpers beginnt eine unerschöpfliche Dimension der Erneuerung auf deinem spirituellen Weg. Dein Körper wird als Tempel des Geistes zu großen, wunderbaren Erfahrungen fähig werden. Freue dich darauf!

Yoga

Inzwischen ist dir vertraut geworden, daß das wahre Leben von innen geprägt wird. Der Weg nach innen führt dich in die Wahrheit deines ewigen Lebens, und er läßt dich immer tiefer und umfassender die Wahrheit allen Lebens erkennen. Diese Wahrheit strahlt aus dem Zentrum des Urgrundes allen Seins in dein jetziges Leben ein. Mit jedem Schritt nach innen erkennst du damit auch die Wahrheit des Lebens, das dich umgibt. Deshalb führt dich der Weg in dein Inneres nicht weg von der Welt, sondern er führt dich in eine neue Beziehung zur Welt. Er läßt dich immer mehr erkennen, daß alles Leben, das sich im Innen und Außen jeweils anders ausdrückt, eins mit dir wird, so daß die Trennung zwischen Schöpfung und innerem Sein überwunden wird und du dich mit allem verbunden fühlst. Wenn du also einen Schritt nach innen in deine Quelle gehst, führt dich derselbe Schritt gleichzeitig zur Quelle des äußeren Daseins. Hierin erkennst du die frohe Botschaft, die Christus lehrte: „Das Himmelreich ist inwendig in euch." Gleichzeitig lehrte und lebte er, daß das Himmelreich gelebtes Leben ist und daß die Quelle allen Seins überall anwesend ist.

Diese Weisheit wurde von allen Meistern dieser Welt verkündet. Einer dieser Wege, auf denen die Urweisheiten vermittelt werden, ist Yoga. Yoga ist ein uralter Übungsweg, der über Jahrtausende hinweg durch die Suche des Menschen nach dem göttlichen Leben in Indien entwickelt wurde. Er überliefert ein Wissen, das auf geistiger Erfahrung beruht und aus der göttlichen Weisheit schöpft.

Die daraus entstandenen verschiedenen Übungswege des Yoga sind universal, weil sie den universellen, schöpferischen Gesetzen nach Höherentwicklung und Bewußtwerdung folgen. Deshalb soll dir die Beschreibung des Yogaweges und die damit verbundenen Übungsweisen beispielhaft die spirituellen Gesetze nahebringen, wie sie für alle geistigen Wege gelten, die die Menschen zu ihrem wahren Wesen führen. So können sich auch Menschen in den folgenden Ausführungen wiederfinden, die nicht ausdrücklich den Yogaweg gehen, sondern sich entsprechend ihrer individuellen Veranlagung für einen anderen Weg entschieden haben.

Alle großen spirituellen Wege führen zu den gleichen inneren Erfahrungen und haben das gleiche Ziel, wenn auch die Übungsformen verschieden sind. Sie alle bedürfen der Umkehr, der Disziplin des Weges, der Hingabe und der Reinigung. Sie alle lehren dich, in der Liebe zu wachsen und den inneren Frieden zu finden, um in die große Befreiung und in den Zustand der Einheit zu kommen.

Der Weg des Yoga

Auch der Weg des Yoga ist aus der Sehnsucht nach der Wiedervereinigung mit dem göttlichen Grund entstanden. Er hat sich in einem langen Zeitraum bis heute mit dem Menschen weiterentwickelt. Der Yoga ist keine statische Lehre, die einmal festgelegt wurde, sondern er ist wie das Leben selbst dynamisch und so vielfältig wie die Natur des Lebens. Schon im Wort „Yoga" zeigt sich diese Dynamik. Auch der Sinn des Übungsweges in seiner Vielfalt ist schon in dem Begriff Yoga enthalten, in dem Weg und Ziel zu einer Einheit werden.

Das Wort Yoga stammt aus dem Sanskrit. Es bedeutet soviel wie „Joch", Vereinigung. Diesem Begriff liegt die Vorstellung des „Anjochens" von Zugtieren an ihr Geschirr zugrunde, und dies meint dabei gleichzeitig, daß die beiden Tiere durch das Joch in ihren Kräften verbunden sind. Die Yogis benutzten dieses Bild, um in dem Wort Yoga die Anbindung aller Kräfte an den Urgrund des Lebens zum Ausdruck zu bringen. Dieses Anjochen bedeutet für den Menschen seine „Anbindung" an den göttlichen Grund durch die ganzheitliche Einübung in das göttliche Leben. Gleichzeitig wird dadurch das Ziel des Yoga ausgedrückt, nämlich alle Energien und Kräfte im Körper unter die Herrschaft des Geistes zu bringen und sie miteinander zu verbinden, damit sie im neuen Menschen eins werden und nur dem einen Sinn dienen, Einheit im Sein zu erfahren. So bedeutet Yoga im Tiefsten Einheit.

Die vielfältigen Methoden sind so aufgebaut, daß der Übende Schritt für Schritt die Einheit mit allem Sein erfahren kann. Die einzelnen Übungswege führen ihn Stufe um Stufe zu einem höheren Bewußtsein, oder du kannst auch sagen, tiefer in seinen Seelengrund hinein, so daß er sich selbst in seinem wahren Wesen erkennen kann.

242

In dieser Erfahrung der Einheit gibt es keine Trennung mehr. In ihr sind alle Wesen miteinander verbunden und eins. In dieser Kommunio wird der reine Geist Gottes erfahren, der in allem ist und alles in seiner Liebe vereint. So soll jeder Schritt des Yogaweges, der symbolisch durch das Wort Yoga als „Anjochen" an diese allumfassende Einheit beschrieben ist, immer tiefer in die ganzheitliche Erfahrung allen Seins führen, bis der Übende mit seinem Urgrund eins geworden ist.

Beides meint das Wort Yoga: Anjochen und Einheit, Weg und Ziel als eines, so wie die Übung und die Erfahrung als Einheit im stets gegenwärtigen Augenblick zusammengehören. In der Übung auf dem Weg geschieht das Anjochen. In der unmittelbaren Erfahrung des alle Zeiten überschreitenden Augenblicks wird die Ewigkeit geschenkt, die Einheit mit sich selbst, die Einheit mit den Mitmenschen, die Einheit mit allen Wesen, die Einheit mit dem Kosmos und die Einheit mit Gott. Deshalb sagen die Yogis: „Der Yoga wird durch den Yoga erkannt." Oder du kannst sagen: „Die Einheit wird durch die Einheit erkannt."

Die Grundlage des Yoga

Obwohl die Einheit immer anwesend ist, mußt du dennoch viele Schritte oder Stufen des Weges gehen, bis die Schichten, die dich von deinem inneren Zentrum trennen, aufgebrochen und befreit sind. So näherst du dich Stufe um Stufe dem Ziel der Einheit. Diese Grunderfahrung ist die Basis aller Übungswege.

Alle Übungswege beginnen mit geistigen Grundhaltungen. Sie beschreiben die einzelnen Schritte des Weges und weisen auf sein Ziel hin. Auch im Yoga bilden sie die Grundlage des Weges. Ohne das Wissen um diese inneren Geisteshaltungen kann der Übende die Tiefe und verwandelnde Kraft des Yoga nicht genügend erfahren. Am Anfang eines jeden Weges steht die Entscheidung, diesen Weg zu gehen. Die unterscheidende Erkenntnis ist ein wichtiger Grundsatz im Yoga. Der Übende muß unterscheiden lernen zwischen Wesentlichem und Unwesentlichem, zwischen Wichtigem und Unwichtigem. Bei allem Üben, Bemühen und Streben darf er nie sein Ziel vor

Augen verlieren, denn es wirkt stärkend und erleuchtend auf dem Weg.

In der folgenden Aufstellung kannst du diese Grundelemente erkennen:

I. Die innere Geisteshaltung:
   1. Umkehr
   2. Hingabe
   3. Reinigung

II. Der Weg:
   1. Übung
   2. Konzentration
   3. Erfahrung

III. Das Ziel des Weges:
   1. Erkenntnis
   2. Befreiung
   3. Einheit

Alle diese aufgeführten Stufen stehen miteinander in Verbindung. Sie ergänzen sich nicht nur, sondern sie vertiefen im gegenseitigen Bezug die einzelnen Übungsschritte auf dem Weg nach innen. In der folgenden Einführung in die Yogawege erkennst du, wie die einzelnen Stufen harmonisch miteinander in Beziehung stehen:

I. Die innere Geisteshaltung

Die innere Geisteshaltung entspricht deiner ganz individuellen Entwicklung und Erfahrung auf deinem Lebensweg. Sie ist auch geprägt aus der Dimension, aus der du in diese Welt gekommen bist und was du mitgebracht hast. Sie steht ebenfalls in Beziehung zu deiner Erziehung, zu deiner Religion und zu deinem Kulturkreis, in dem du aufgewachsen bist. Die folgenden drei Grundhaltungen, die am Anfang des Weges stehen, den Weg stets begleiten und zum Ziel führen, sind auf alle spirituellen Wege übertragbar.

1. Umkehr

Die erste Stufe des Yoga und der erste unumgängliche Schritt, der immer wieder erneuert werden muß, ist die Umkehr. Umkehr bedeutet loslassen des Alten, abwenden von dem, was unwesentlich ist und was dich hindert, den Weg zu gehen. Sie muß umfassend sein und alle Ebenen des Lebens mit einbeziehen.

Alles Denken und Handeln soll sich von der Verhaftung an die äußeren Erscheinungen dieser Welt lösen und sich ganz auf den geistigen Weg ausrichten. Die Umkehr führt dich weg von einem Leben, das von Unsicherheit und Ängsten, von Abhängigkeiten und unerfüllten Wünschen geprägt ist, hin zu einem Leben, das vom göttlichen Grund heraus gespeist wird, der allein dein Leben frei, weit und heil machen kann. Der Urgrund allen Seins muß zum Mittelpunkt in deinem Leben werden.

In dieser Umkehrphase wird auch die persönliche Religion des einzelnen mit einbezogen. Yoga selbst ist keine Religion, sondern eine religiöse Praxis, die dir hilft, deine eigene Religion tiefer leben zu können. Du findest die erste Stufe des Yoga in jeder Religion wieder. Die Umkehr und die damit verbundene Hinwendung zum göttlichen Grund ist ein notwendiger Schritt, um den Weg nach innen beginnen zu können.

2. Hingabe

Hingabe bedeutet, daß du dich mit deinem ganzen menschlichen Sein dem göttlichen Grund übergibst. Damit gibst du deine Einwilligung, daß Gott durch dich wirken kann. Im Laufe des Übungsweges entwickelt sich die ununterbrochene Verbindung mit dem Urgrund allen Seins. Die Hingabe ist die wichtigste Voraussetzung für das Erreichen deines Zieles. Nur durch sie kannst du selbst das göttliche Leben erfahren. In ihr und durch sie werden alle Kräfte geweckt und motiviert, dich auf die Einheit mit Gott auszurichten.

An diesem Punkt begegnet dir aber auch die Hauptschwierigkeit des Weges, denn das Ego kann sich nicht ohne die Führung deines inneren Wesens mit dem göttlichen Grund identifizieren. Selbst wenn die Hingabe an Gott mit deinem ganzen Herzen bejaht wird, muß sie dennoch fortlaufend erneuert werden. Das Ego ist noch lange darauf ausgerichtet, Diener der Welt zu sein. Das Ego selbst will keine Umkehr und Hingabe und wehrt sich gegen das damit verbundene Loslassen. Es will sich nicht der Entscheidung deines Geistes unterordnen und will den Weg des Yoga oder eines anderen geistigen Weges in seiner Unwissenheit nicht gehen. Das Egobewußtsein muß deshalb mit aller Kraft von seinen einseitigen Identifikationen befreit werden. Das geschieht als ein reinigender Prozeß, der in der nächsten Stufe beschrieben wird.

3. Reinigung

Über die Reinigung hast du schon einiges in diesem Buch gelesen, und sie wird dich auch weiterhin auf deinem Weg begleiten. Schon die Umkehr deiner inneren Geisteshaltung und die Hingabe an das Ziel, den göttlichen Seinsgrund, ist ein Prozeß der Reinigung. In ihm befreist du dich von allen unreinen Schichten, die unbewußt oder bewußt in dir wirken. Reinigung bedeutet ja, daß du wie ein reiner Spiegel wirst, in dem sich dein göttliches Selbst widerspiegeln kann, so daß du dich als das wahre unsterbliche Selbst erkennst. Durch die Reinigung aller Ebenen deines körperlichen, psychischen und geistigen Seins wird dein Egobewußtsein von den Schichten der Unwissenheit befreit, so daß das wahre Wissen des höheren Selbst durchbrechen kann, in dem du das Leben erkennst, wie es wirklich ist.

Alle Übungen im Yoga dienen dieser Reinigung. Sie beseitigen Hindernisse, harmonisieren unausgeglichene Energien und lösen geistige und körperliche Blockaden auf. Besonders wichtig ist im Yoga die Reinigung deines Bewußtseins von allen zwanghaften Bildern und Vorstellungen, die ständig aus den Erinnerungen der Vergangenheit hochkommen und dein Denken ausfüllen.

Solange du noch von ungeordneten Energien in deinen Denkweisen geplagt wirst, kannst du das Ziel des Yoga nicht erreichen. Erst wenn alle Gedankenbewegungen gereinigt und dann zur Ruhe gekommen sind, kannst du den Zustand der Einheit erfahren. Die Reinigung löst in ihrer Klärung aller Bewußtseinsschichten im Körper und im Geist die Unwissenheit und die Begrenzungen des Lebens auf, so daß du frei wirst.

II. Der Weg

Die drei ersten Stufen sind die Grundlage eines jeden geistigen Weges. Sie müssen immer wieder erneuert und eingeübt werden. Die Yogis haben durch ihre Erfahrungen auf der Suche nach ihrem wahren Selbst verschiedene Übungswege entwickelt, die dir auch heute noch Hilfe sein können, dein wahres Lebensziel zu erreichen. Sie sind so vielfältig und zeitlos wie das Leben selbst.

Der Weg nach innen folgt den universellen Gesetzen, die die Yogis in einem tiefen Selbsterfahrungsprozeß und als Offenbarung aus der göttlichen Ebene empfangen und erkannt haben. Sie wurden zur Grundlage der von ihnen entwickelten Übungsweisen. Ihre Essenz kann wieder in drei Stufen aufgeteilt werden.

1. Übung

Die Übung auf dem Weg meint im Yoga zunächst eine spezielle Übungspraxis der verschiedenen Yogawege, für die sich der Übende entschieden hat. Auf diesen Übungswegen macht der Übende Schritt für Schritt Erfahrungen, die dann jeweils in den Alltag integriert werden müssen, bis sich beide gegenseitig immer mehr befruchten, so daß letztlich die spirituelle Übungspraxis vollkommen in das alltägliche Leben einfließen kann.

Alle Wege ergänzen sich. Sie sind mit der beständigen Einübung der inneren Geisteshaltung verbunden, die sich ganz auf das göttliche Leben ausrichtet. Ob du dabei mit deinem Körper übst und den Übungsweg des Hatha-Yoga gehst oder ob du die Arbeit im Karma-Yoga als Einübung in den Liebesdienst betrachtest; ob du dich in die Einsamkeit zurückziehen möchtest, um für eine Zeit in die Stille zu gehen und zu meditieren oder ob du dich im Jnana-Yoga mit den Weisheiten der Meister und deinen eigenen Forschungen beschäftigst, das Leben selbst wird eines Tages in seiner unerschöpflichen Vielfalt zur Übung, die den Weg und das Ziel vereinigt.

Für welchen Yogaweg du dich auch entscheidest, und das gilt auch für alle anderen spirituellen Wege, es ist von großer Bedeutung, daß du dich immer wieder von den Energien der Trägheit und der Unlust reinigst und alle Übungen regelmäßig durchführst. Für manche

Übungsweisen ist es besonders günstig, sich täglich eine ganz bestimmte Zeit zu nehmen. Mache dir immer dabei das große Ziel, das du erreichen willst, bewußt, dann wirst du leichter aufkommende Widerstände wie Zweifel und Bequemlichkeit überwinden. Ausdauer und Beharrlichkeit sind Zeichen deines Fortschritts. Eine Übung wird erst dann wirklich zur Übung, wenn du sie regelmäßig durchführst.

2. Konzentration

Die Grundlage einer jeden geistigen Übung ist die Konzentration. Sie begleitet als innere Kraftquelle alle Stufen des Weges. Sie ist nicht nur eine Übungsform, sondern auch eine geistige Lebenshaltung. Sie soll alle Kräfte deines Lebens auf den Weg und das Ziel ausrichten. Du konzentrierst damit deine dir zur Verfügung stehenden Energiequellen, so daß alle Fähigkeiten deines Wesens auf deinem Übungsweg genutzt werden können. Wenn du in dieser Konzentration und inneren Sammlung regelmäßig übst, entwickeln sich alle Möglichkeiten deines menschlichen Seins.

Deine physischen Kräfte entfalten sich und deine psychischen Energien werden geordnet. Deine intellektuellen Fähigkeiten, die du auf das geistige Leben konzentrierst, wecken in dir eine höhere Wahrnehmung für die inspirativen, schöpferischen Mächte, so daß du die spirituellen Bewußtseinsebenen und Welten in dir wachrufst und die höheren geistigen Kräfte zu dir heranziehst. Das hat zur Folge, daß sie dir auch bewußt werden und dienen. So wirst du immer mehr mit den geistigen Welten verbunden. Die Mauern zu den göttlichen Dimensionen werden durchlichtet und die Schleier, die sie verbergen, gelüftet. Die göttliche Welt wartet darauf, daß sie dir mit dem Licht der Wahrheit zur Seite stehen kann.

In der Konzentration werden alle dir zur Verfügung stehenden geistigen Kräfte gesammelt. Die wache Aufmerksamkeit des Geistes kann sich dabei auf verschiedene Gegenstände und geistige Inhalte richten. Der ganze Alltag, jede Handlung, die du vollziehst, sollen von ihr geprägt werden. Besonders bei der Durchführung von Übungen ist es notwendig, das Denken bewußt auf deren Ablauf zu konzentrieren und mit innerer Sammlung alle Schritte und Übungsformen durchzuführen. Das wird dir nicht immer leicht fallen, weil der mentale Geist des Menschen zerstreut ist und von den verschiedensten Eindrücken, Energien, Gedankenwellen und Bildern gefüllt ist.

Diese Hindernisse zu erkennen und die Zerstreuung zu überwinden, ist ein wichtiges Ziel des Yoga. Da sie in besonderer Weise die Ursache für alle Schwierigkeiten im Leben ist, wirst du in der Überwindung der Zerstreuung auch deine alltäglichen Lebensprobleme leichter lösen können und dafür sorgen, daß immer weniger auftreten. Auch beim Üben wirst du größeren Erfolg haben, die Wirkungen intensiver erfahren und deren Ziele früher genießen können. Aber nicht nur das Einüben der Konzentration bei den verschiedenen Übungen ist von Bedeutung, sondern sie selbst ist ein Übungsweg und birgt ihren Wert in sich. Deswegen wird die Konzentration im Yoga als eine besondere Stufe behandelt, die über das Zurückziehen der Sinne zur Meditation führt.

Die wahre Konzentration beginnt mit der Einübung der Achtsamkeit. In ihr verändert sich die Intensität deiner Wahrnehmung, so daß du lernst, die Dinge so zu sehen, wie sie wirklich sind. Dann wirst du das Leben ganz neu wahrnehmen und seine tieferen Dimensionen erkennen. So wirst du zum Beispiel eine Blume mit ganz anderen Augen anschauen. Wenn du sie nur mit deinen äußeren Sinnen wahrnimmst, die sich mit dem Verstandesdenken identifizieren, erkennst du die Blume in ihrer äußeren Struktur. Wenn du dich aber mit deiner ganzen inneren Aufmerksamkeit ihr zuwendest, dann erkennst du nicht nur ihre äußeren Formen, Farben und Düfte, sondern du erkennst ihre tiefere Schönheit, und es offenbart sich dir ihr Wesen. In diesem Augenblick berührt dich Liebe, und das Sein offenbart seine Schönheit.

In diesem Moment erfährst du die Konzentration ohne Anstrengung. Sie gelingt als eine geistige Qualität der Achtsamkeit, die mit dem Herzen verbunden ist. Sie vollzieht sich deswegen ohne Anstrengung, weil durch sie ein Hauch der Ewigkeit wach wird. In der wachen Aufmerksamkeit strömt die Liebe aus der Quelle des Seins zu dir. Du erkennst die wahre Konzentration also an der wachsenden Liebe, in deren Kraft du stets empfängst und nicht mehr ermüdest. Deshalb ist die Achtsamkeit eine wichtige Voraussetzung für die Meditation, über die du im nächsten Abschnitt einige Grundhilfen und Anleitungen erfährst.

3. Erfahrung

Die Erfahrung auf dem Weg nach innen hat bereits mit der Umkehr begonnen. Mit deiner Entscheidung für den spirituellen Weg hat sich schon das Tor zur Welt der Erfahrung geöffnet. Mit ihr und der gleichzeitigen Einübung aller anderen Stufen wird dir Schritt für Schritt eine tiefere Einheit mit allem Leben geschenkt. Je mehr Erfahrungen du machen darfst, desto besser begreifst du die Weisheitslehren der großen Meister, und um so intensiver werden ihre Aussagen und Wegweisungen zu einer erlebbaren Wirklichkeit. So werden auch die Zweifel und Unsicherheiten, die in dir hochkommen können und dich vom Weg abbringen wollen, durch die Erfahrungen verschwinden und ausgelöscht. Die menschliche Seele gibt sich nicht zufrieden mit Denkmodellen, Philosophien und reinen Glaubensvorstellungen. Sie will das, was sie beschreiben, erfahren. Die persönliche Erfahrung ist die beste Möglichkeit, ihre Wahrheit zu überprüfen und der schnellste Weg zum eigenen Wachstum und zur Verwirklichung des höheren Zieles.

Jeder Augenblick deines Lebens ist Erfahrung auf deinem Weg. In der Übung der kleinen Schritte und der konzentrierten Achtsamkeit erfährst du das Wunder des Lebens in jedem Staubkorn oder in jedem Baum ganz neu. Du erfährst das große Staunen über die Harmonie im Kosmos und in dir selbst. Du selbst darfst erfahren, daß du ein unsterbliches, göttliches Wesen bist.

Erfahrungen sind die Lichtpunkte, die neue Kräfte wecken, dir Mut und Sicherheit geben und dich der göttlichen Sonne entgegenführen. So wird der spirituelle Weg zum sonnenhellen Weg. Der Yogaweg ist ein Weg der Erfahrung des stets neuen Lebens. Alles Üben soll zu einem tieferen Erleben des Menschseins und zur Erfahrung des wahren Wesens führen.

Du wirst Stufe für Stufe ein lebendigeres Körperbewußtsein erleben und deine Gefühle auf eine neue Weise wahrnehmen; du wirst erfahren, daß du deine Gedanken besser kontrollieren kannst, und du wirst feinstofflichere Energien spüren, die dir die höheren Dimensionen der Liebe und des Friedens öffnen. So wirst du auf deinem Übungsweg die Erkenntnis der glückseligen Freiheit und die Liebe des göttlichen Lichtes im Körper, in der Seele und im alltäglichen Leben erfahren.

III. Das Ziel des Weges

1. Erkenntnis

In allem, was du auch tust, im Denken, Fühlen und Wollen, sei dir bewußt, daß du ein erkennendes Wesen bist, daß du Bewußtsein bist! Du sollst zur Selbst-Erkenntnis finden und durch die Kraft der Konzentration deiner geistigen Kräfte das Wesen hinter allem Sein erkennen. Erkenntnis ist mehr als Wissen, weil sie aus einer höheren Bewußtseinsebene kommt. Sie ist eine ganzheitliche Schau der Dinge, wie sie wirklich sind. Jede Erkenntnis verändert dich. Sie gleicht dem Blitzstrahl, der in seiner Lichtfülle in das Dunkel einbricht und es erhellt. Du wirst dabei immer wieder erkennen, daß der Grund allen Lebens die Liebe ist.

Die Erkenntnis der Liebe

An deiner wachsenden Liebe erkennst du deinen Fortschritt auf dem Weg nach innen. Durch die Liebe erkennst du, ob eine Erfahrung aus einer niederen Bewußtseinsebene kommt oder ob sie dir aus höheren Seinsebenen zuteil wird. In der ganzen Schöpfung kannst du die Liebe Gottes erkennen. Selbst in allen Grausamkeiten der Welt, im Leid, das dich berührt und erschüttert, und in allem Unfrieden, der auch dich unzufrieden macht und zweifeln läßt, offenbart sich der Urgrund der Liebe. Wenn du das erkennst, kannst du dich im Leid mit dieser Liebesenergie verbinden und sogar Haß und Grausamkeiten verwandeln. Das vermag kein vom Ego besetztes Bewußtsein dieser Welt. Wenn du die Welt verändern willst, mußt du in diese höchste bedingungslose Liebe hineinwachsen und selbst Liebe sein!

Die Erkenntnis des Friedens

In der reinen Herzensliebe wächst der Friede, der alle Vernunft überschreitet. Der Friede ist nicht eine Emotion, in der du ihn nur

fühlst, oder ein Produkt des Verstandes, der sich einen Frieden vor-
stellt. Der Friede, der aus der inneren Erkenntnis erwächst, ist ein
Zustand des Herzens und steht in innigster Verbindung zur Einheit. In
ihr ist alles Frieden. In dem Bewußtsein der Einheit bist du selbst bis
in dein tiefstes Zellenbewußtsein von ihm durchdrungen, und nichts
kann ihn erschüttern. Wenn du den Frieden mit dir selbst und mit deinem liebenden Ursprung, der der Friede selbst ist, gefunden hast,
dann wirst du ihn auch ausstrahlen. Du wirst ihn den Menschen in deiner Umgebung und den Gemeinschaften, in denen du lebst, schenken.
Schon durch deine Anwesenheit wirst du Frieden stiften.

Die Erkenntnis der Weisheit

Wahre Erkenntnis ist eine Berührung der Weisheit aus der Quelle
des Seins. Du kannst über das nur naturgebundene Denken und Handeln, das auf die Sinne ausgerichtet und auf den Verstand beschränkt
bleibt, hinausgelangen und aus dem Wissen eines höheren Bewußtseins schöpfen. Die Fähigkeit liegt in dir, vom intellektuellen Wissen
zur intuitiven, inspirativen und erleuchteten Weisheit bis hin zum
göttlichen Wissen emporzusteigen. Die höchste Erkenntnis kannst du
nicht aus eigenen Kräften erlangen. Sie wird dir in der Hingabe des
Herzens geschenkt, in dem die göttliche Weisheit verborgen liegt.
Wenn du aus dem liebenden Herzensgrund heraus lebst, wird sich die
Weisheit nicht nur im Alltag fruchtbringend auswirken, sondern du
wirst auch ihre Schwingung als tiefe Freude erfahren.

Die Erkenntnis der Freude

Die Frequenz der göttlichen Kraft ist reine Freude. Alles, was dir
aus dieser Quelle geschenkt wird, ist mit seliger Freude verbunden, ob
sie sich in der Liebe oder im Frieden zum Ausdruck bringt. Die
Erkenntnis selbst ist Freude. Die Meister des Lebens nennen sie in
ihren Einheitserfahrungen Sat – Chit – Ananda. Dieser Zustand kann
nur umschrieben werden. Er ist glückselige Freude – Ananda –, die
aus der Fülle des Seins – Sat – im menschlichen Bewußtsein – Chit –
in der Einheit mit dem höchsten Bewußtsein erfahren werden kann.
Diese Freude ist das glückselige, wonnevolle Licht der allumfassenden Liebe in der ununterbrochenen Erfahrung der Allgegenwart Got-

tes. In dieser Lichterfahrung der Freude sind alle Schatten des Leides aufgelöst, die die höchste Wirklichkeit verdeckt haben.

Die Erfahrung der glückseligen Freude ist die Wahrheit deines Lebens, und nur in der Tiefe deines Wesens kannst du sie erfahren. Sie liegt wie ein Same in dir verborgen. Der göttliche Strom der Liebe kann ihn aufbrechen. Mit jedem Schritt nach innen erkennst du schon jetzt, wie glücklich du sein kannst, wenn du dich von aller Abhängigkeit und Unwahrheit in deinem Leben befreist. Der Hauch des Sat – Chit – Ananda kann dich jederzeit berühren, denn das Ziel allen Lebens ist die allumfassende, beseligende Freude.

2. Die Freiheit

In deinem göttlichen Herzen bist du frei. Nur in dieser Tiefe erfährst du die wahre Freiheit. Nur die reine Liebe bahnt dir den Weg zur Freiheit des Herzens. Deshalb lebe sie! Suche den Frieden der Seele und die Freude, die nicht an die Bedingungen der Welt geknüpft sind, und werde frei! Erkenne immer tiefer, daß du ein freies, liebendes Wesen bist, das in seiner Gottesebenbildlichkeit mit der Freiheit der Unendlichkeit eins ist! Löse deine Verhaftungen an die materielle Welt! Wachse in die Freiheit der göttlichen Gesetze hinein, die die Naturgesetzlichkeit deines Daseins überschreiten! Erkenne deinen unsterblichen Geist, der ewig frei und nicht mehr begrenzt ist von Schuld und Sünde!

Du wirst auf deinem Weg viele Stufen der Freiheit erleben. Wenn du dich von einer Abhängigkeit befreist, wenn du eine schlechte Gewohnheit überwindest oder unabhängig wirst von den Meinungen anderer Menschen, dann näherst du dich Schritt für Schritt der großen Befreiung.

Kommst du durch Übung und Meditation in tiefere Seelenschichten und erweiterst dadurch dein Bewußtsein, öffnen sich dir immer größere Freiheitsräume. Das Ziel deines spirituellen Weges aber ist die endgültige Befreiung von allem Leid und allen weltlichen Bindungen. Es ist die Erlösung aus dem Kreislauf von Geburt und Tod durch die Vereinigung mit Gott und der Erkenntnis der letzten Wirklichkeit.

3. Einheit

Die Einheit ist die Schau Gottes in allen Dingen. Die Yogis nennen diesen Zustand Samadhi, was so viel wie Erleuchtung oder das Erwachen zu seinem wahren Wesen bedeutet, in dem der Mensch sich selbst als eins mit Gott erkennt. „Tat-tvam-asi" ist auch ein Begriff, der diesen Zustand beschreibt. Er bedeutet „das-bist-du", das heißt, daß das Absolute mit dir wesenseins geworden ist. In diesem Zustand der Einheit ist das Egobewußtsein überwunden.

Wenn du erleuchtet bist, wirst du aus eigener Erfahrung wissen, daß du weder Körper, noch Gefühle, noch Denken bist, sondern reines Bewußtsein, das jenseits der Dualität liegt und das die von Raum und Zeit begrenzte Dimension überschreitet. Die Meister bezeichnen diesen Erleuchtungszustand auch als „Leere", was nicht nichtige Leerheit bedeutet, sondern das Undenkbare, Unfühlbare, Unbegrenzte, Unendliche, jenseits von Sein und Nichtsein. Deshalb kann die Einheit letztlich nicht beschrieben werden, du mußt sie erfahren. Zu diesem hohen Ziel will Yoga hinführen.

Die Yogawege

In allen Yogawegen wirkt das kosmische Gesetz der allumfassenden Liebe. Die kosmische Liebe steht in der Gesetzmäßigkeit des Dienens. Deshalb sei der Karma-Yoga als Weg des liebenden Tuns an erster Stelle beschrieben. Er verhilft dir in besonderer Weise, deine innere Geisteshaltung im Dienst am Nächsten zu verwirklichen und die innere Übung mit der äußeren Übung im Leben zu verbinden.

Karma-Yoga

Alles in deinem Leben ist Tun. Ob du denkst, sprichst, meditierst oder sonstige Handlungen vollziehst, du bewirkst etwas in dieser Welt. Du bist also Ursache für das, was du in deinem Leben erlebst. Die Meister des Yoga haben dieses kosmische Gesetz von Ursache und Wirkung im Karma-Yoga, dem Weg des Tuns, angewandt.

Da also alles, was du tust, eine Wirkung hat, solltest du darauf achten, nur jene Ursachen zu setzen, die Wirkungen hervorbringen, die für deinen geistigen Weg förderlich sind und allen Menschen dienen. Du mußt wissen, daß in dir ein Potential von geistigen Kräften wirkt, das aus der Summe aller Taten der Vergangenheit gebildet wird und über Äonen hinweg jetzt dein Verhalten und dein Schicksal mitbestimmt. So ist das aus unrechtem Tun und falschen Handlungen entstandene Karma im Menschen stets anwesend und beeinflußt die gegenwärtigen Gedanken, die aufkommenden Gefühle, die Entscheidungen, die Verhaltensweisen und zukünftigen Handlungen. In jeder Tat ist also die Saat für dein Schicksal enthalten. „Was du säst, das wirst du ernten", heißt es in der Bibel.

Diese schicksalhafte Verkettung mit deinen vergangenen Handlungen ist ein großes Hindernis auf deinem Weg zum göttlichen Menschen. Deswegen ist es notwendig, alle Kräfte einzusetzen, dich aus dieser Verhaftung zu befreien. Allein dieses Wissen hilft dir schon, Verantwortung zu übernehmen und nicht blinde Kräfte für dein Schicksal schuldig zu machen. Wenn du bereit bist, Verantwortung zu übernehmen, dann wirst du nur die Handlungen vollziehen, jene Worte sprechen und die Gedanken zulassen, die keine negativen Wirkungen haben. Tue das, was dir der Augenblick des Lebens anbietet! Vertraue auch hierbei auf die göttliche Führung, daß du die Aufgabe und die Arbeit bekommst, die gerade für dich in diesem Augenblick richtig ist.

Frage nicht nach Belohnung und suche keine Anerkennung! Laß dich nicht von vordergründigen Zwecken, deinen Wünschen und Begierden verleiten, sondern handle in selbstloser Tat um des Tuns willen, und bringe all dein Handeln Gott zum Opfer dar! Damit lebst du auch in der Gegenwart, die, wie du weißt, die einzige Wirklichkeit des Lebens darstellt. So wirst du in der Erfahrung des gegenwärtigen Augenblicks in all deinem Handeln nicht nur eine größere Freude des Lebens gewinnen, sondern du wirst im rechten Tun, das jetzt von dir verlangt wird, dein zukünftiges Schicksal bestimmen. So schenkt dir der Dienst im Karma-Yoga als reiner Liebesdienst den wahren Reichtum des Lebens.

Das ist dir nur in der reinen Herzenshingabe möglich, die dich mit dem göttlichen Grund verbindet und aus der du deine Kräfte schöpfst.

Sie sind dir nicht nur für dein eigenes Wachstum gegeben. In deinem Tun setzt du Impulse, die dem einzelnen helfen, aber auch der ganzen Menschheit in ihrer Entwicklung zum Sein des göttlichen Menschen dienen. In der Übung des Dienens sind deine Kräfte auf das Bewußtsein der Liebe ausgerichtet. In ihr wirst du die Erfahrung der Einheit mit der absoluten Liebe erkennen dürfen.

Der Jnana-Yoga

Der Jnana-Yoga, der Weg der Weisheit und des Wissens, führt dich in die Erkenntnis der Wahrheit der kosmischen Ordnung, in die alles Tun eingebunden ist. Er führt dich über das Studium der heiligen Schriften und der Weisheitslehren der großen Meister zu der inneren Quelle des Wissens. Auf diese Weise gelangst du zu höheren Erkenntnissen des universellen Lebens, die dich von allem Nichtwissen befreien. So wird dein Geist von allem Ballast der Unwissenheit gereinigt und von seiner Trägheit, in der er sich selbst begrenzt, befreit.

In deinem Bemühen um Wissen und Weisheit erkennst du nicht nur die großen Lebensgesetze, von denen der Mensch abhängig ist, sondern auch das große kosmische Gesetz, das allem Leben zugrunde liegt und es ordnet. So lernst du Stufe um Stufe das unergründliche Geheimnis der Schöpfung in allen Dimensionen kennen und näherst dich immer umfassender dem Urbild der Weisheit, das die Wahrheit selbst ist. Wenn du dich mit dem ursprünglichen Wissen verbindest, wird es dich in den Bewußtseinszustand transformieren, in dem im höchsten Wissen alles eins ist.

Raja-Yoga

Eine umfassende Darstellung der Yogalehre hat Patanjali als Raja-Yoga in den sogenannten Yoga-Sutras in kurzen, das Wesentliche zusammenfassenden Sätzen gegeben. Dieser Yogaweg ist nach den kosmischen Gesetzen des spirituellen Wachstums aufgebaut und beschreibt die verschiedenen Stufen zur Erleuchtung, dem großen Ziel eines jeden Yogaweges.

Der Übende gelangt zur Vollendung, indem er die verschiedenen Elemente der menschlichen Natur, den physischen Körper, die Gefühle, den aktiven Willen und das wahrnehmende Denken beherrschen lernt. Patanjali hat erkannt, daß vor allem die Hindernisse weggeräumt werden müssen, damit sich das Einheitsbewußtsein verwirklichen kann.

Erst wenn die Gedankenbewegungen zur Ruhe gekommen sind und der Geist von ihren Energien befreit ist, erst wenn das große Hindernis des Nichtwissens überwunden ist und der Übende in einem langen Reinigungsprozeß zur Selbsterkenntnis und zu seinem wahren Wesen gefunden hat, ist seine Verblendung aufgelöst, und er ist vorbereitet, daß die Erleuchtung geschehen kann.

Wieder beginnt auch bei Patanjali der Weg mit der Umkehr. Sie vollzieht sich im Loslassen aller Bindungen an Gedanken und Gefühle. Durch die Übung der ununterbrochenen Konzentration und der Hingabe kommen sie zur Ruhe und werden geordnet, bis sie auf höheren Stufen vom Allbewußtsein durchdrungen werden. Damit der Mensch von der Schwere seines Daseins frei wird und in die Leichtigkeit des göttliches Lebensspieles einschwingen kann, muß er einen langen Übungsweg gehen. Diesem Ziel dient der Acht-Stufen-Pfad, den Patanjali überliefert hat:

1. Er beginnt mit der Anweisung zur Einhaltung von ethischen Grundprinzipien des Lebens, die das äußere und das innere Leben des Übenden unter das große göttliche Gesetz der Ordnung stellen. Du kannst auf dieser Stufe die wichtigsten sittlichen Vorbedingungen für die große Einheitserfahrung kennenlernen. Die Grundhaltungen, die als äußere Disziplin mehr dem Zusammenleben und dem sozialen Frieden dienen, lauten: Gewaltverzicht, Wahrhaftigkeit, Nicht-stehlen, Wandel in Gott, Begierdelosigkeit.

2. Für das Wachstum des inneren Lebens werden folgende Regeln aufgestellt: Äußere und innere Reinheit, Zufriedenheit, Beständigkeit im Üben, Selbststudium, Hingabe an Gott.

3. Die Beherrschung des Körpers ist eine wichtige Voraussetzung für den aufrechten Sitz in der Meditation. Er soll fest und leicht sein,

damit die Konzentration ohne Störung gelingt und die Energie des Atems frei fließen kann. Die verschiedenen Körperübungen können dir dabei helfen, daß du diese Festigkeit und zugleich die Leichtigkeit erreichst.

4. In der Achtsamkeit des Atems schwingst du dich in das Gesetz des großen kosmischen Atems ein. Durch das bewußte Erleben des Atemrhythmus und das damit verbundene bewußte Empfangen der Lebensenergie kannst du in der Atemstille eins werden mit dem kosmischen Atem.

5. Durch das Zurückziehen der Sinne wird die Sammlung nach innen verstärkt.

6. So kannst du dich dann leichter verinnerlichen und konzentrieren. Damit wächst deine Fähigkeit, das Denken bei einem Objekt verweilen zu lassen, ohne daß es abschweift und sich in der Zerstreuung verliert.

7. Auf der Stufe der Meditation näherst du dich dem Ziel des Yogaweges, die Einheit zu erfahren, in der dein Bewußtsein mit dem Objekt verschmilzt.

8. Die Erfahrung der Einheit mit allem Sein wird im Yoga samadhi genannt. In diesem überbewußten Zustand werden die Dualität und die Trennung aufgehoben.

Alle diese Stufen auf dem Weg zur Erleuchtung sind nicht voneinander getrennt, sondern sie fließen ineinander über. Sie sind miteinander verbunden wie die Glieder einer Kette.

Hatha-Yoga

Auch der Hatha-Yoga ist ein Weg, der die Erfahrung der Einheit zum Ziel hat. Durch Körperhaltungen, durch Atembeherrschung, durch Entspannungstechniken, durch Reinigungsübungen, durch die Sammlung der Energien und durch die Technik bestimmter Gebärden werden die Energieströme sowohl in grobstofflichen, als auch in feinstofflichen Ebenen ausgeglichen und der Körper auf eine höhere Schwingungsebene transformiert.

Hatha-Yoga kann dir helfen, deinen Körper als Instrument des Geistes zu erfahren und ihn an die höhere Dimension des Bewußtseins anzuschließen, damit er vom Höchsten Licht durchströmt werden kann. So wird der Hatha-Yoga über den Körper zu einem Lichtbrückenbauer in die höhere Dimension des Bewußtseins, die zur Erfahrung der Einheit führt.

Eine wesentliche Schlüsselfunktion spielen hierbei verschiedene Energiezentren des Körpers, die wie kosmische Fenster die Lichtkraft des höchsten Bewußtseins aufnehmen. Diese feinstofflichen Zentren bezeichnet der Yoga als Chakras. Auch wenn du nicht Yoga übst, ist es wichtig für dich, um die Existenz und Wirkungsweise der Energiezentren zu wissen.

Chakra ist ein Sanskritwort, das soviel wie Rad bedeutet. Mit dieser Bezeichnung ist die Schwingung der Chakraenergie gemeint, die je nach Aktivierung in bestimmten Frequenzen schwingt. Wenn du dich in deinen feinstofflichen Körper einspürst, wirst du die sieben Hauptchakras wahrnehmen, die in ihrer Wurzel im feinstofflichen Bereich der Wirbelsäule liegen und sich wie Lotosblüten mit einer entsprechend verschiedenen Anzahl von Blütenblättern nach vorne öffnen.

Es gibt viele Nebenchakras, die alle mit einem Hauptchakra in Verbindung stehen. Alle Chakras schwingen im feinstofflichen Körper. Sie versorgen nicht nur deine feinstofflichen Körper mit höherer Energie, sondern sie beleben auch deine in ihrem Bereich der Wirbelsäulenabschnitte gelegenen grobstofflichen, körperlichen Funktionssysteme wie Drüsen, Nerven, Blutgefäße und Organe.

Jedes Chakra ist eine Schwingung, in der sich das höchste Bewußtsein in den verschiedenen Zentren als eine spezifische, schöpferische Kraft manifestiert hat. Diese göttliche Lichtkraft soll durch das Erwachen des höheren Bewußtseins im Menschen geweckt werden, was eine immer höhere Schwingungsfrequenz in den Chakras zur Folge hat. Sie wirkt sich bis in die grobstofflichen Zellen des Körpers aus. Ganz besonders werden die Gehirnwellen und das Nervensystem davon beeinflußt.

Die Chakras kreisen in einer bestimmten Frequenz und stehen in ihrer spezifischen Schwingung mit den anderen in Verbindung, so daß sie alle untereinander in Beziehung stehen und sich gegenseitig anregen oder auch blockieren können. In ihrer Gesamtheit bestimmen sie in ihrer Bewußtseinsenergie die Entwicklung des Menschen. So wird deine gegenwärtige Bewußtseinsentwicklung entscheidend davon beeinflußt, welch höhere Frequenz in den Chakras erreicht werden kann.

In jedem gereinigten und transformierten Chakra können nun höhere Bewußtseinsenergien wirken. Es sind nicht mehr die ungeordneten Kräfte des Ego, die Herrschaft über die Energiezentren haben, sondern die göttlichen Lichtkräfte, die sie leiten. So kann sich durch die Transformation des dritten Energiezentrums das Mitgefühl entwickeln, das die universelle Liebe, die im nächsten Chakra, im Herzzentrum, zum Ausdruck kommt, vorbereitet. Wenn du ein liebender Mensch wirst, wird sich dein Herzzentrum öffnen. Worte, die du aus der inneren Kraft des Lichtes sprichst, werden durch das Kehlkopfchakra auf eine höhere Schwingung gebracht und üben eine tiefe Wirkung auf die Menschen aus. Durch die Entfaltung des Stirnchakras empfängst du die Klarheit des Geistes und öffnest dich für die höhere Welt der Intuition und Inspiration. Alle Zentren werden in erster Linie durch Liebe und eine ethische Lebensführung gereinigt, transformiert und entwickelt.

Das Ziel des Yoga ist es, die höchsten Schwingungsebenen aller Chakras zu erreichen, um sie durch Aktivierung in das höchste Bewußtsein hinein zu transformieren. Diese Aktivierung geschieht letztlich einerseits durch eine göttliche Kraft, die im Yoga als Kundalini bezeichnet wird, und andererseits durch die ständig einströmende göttliche Lichtenergie. Die Kundalinikraft ist eine verdichtete göttliche Bewußtseinsenergie, die in bildhafter Weise als zusammengerollte Schlange bezeichnet wird und am Eingang des Energiekanals in der Wirbelsäule liegt.

In der heutigen Zeit ist der Körper, ganz besonders das Nervensystem, einer viel höheren kosmischen Bewußtseinsenergie ausgesetzt, als das noch vor hundert Jahren der Fall war. Das Energiepotential wächst täglich. Der physische Körper wird dadurch heute gezwungen, sich in seiner Entwicklung darauf einzustellen. Er muß sehr sorgfältig auf die immer stärker werdende Einstrahlung der göttlichen Energie mit ihrem transzendenten Licht vorbereitet werden.

Der Hatha-Yoga kann hierfür eine große Hilfe sein, so daß der Körper durch den Prozeß der Reinigung verwandelt wird und mit allen seinen Zellen und Bewußtseinsschichten an die höhere Schwingungsebene angeschlossen werden kann. Durch die verschiedenen Haltungen, durch die Bewußtmachung und Beherrschung des Atems, durch die Reinigungsübungen und durch die Energielenkung wird der Körper durchlässiger und transparenter für die einstrahlende Lichtenergie.

Viele Menschen haben die neue Dimension des Lichtes bereits erkannt und erfahren. Mit Freude und Zuversicht ergreifen sie die Chance der Höherentwicklung, die ihnen und der ganzen Menschheit zum Heil dient. Ihre und auch deine Chakras werden bereits von einer höheren Energie beeinflußt und auf eine höhere Entwicklungsstufe transformiert, so daß das neue Bewußtsein schneller Wirklichkeit werden kann.

Bhakti-Yoga

Der Bhakti-Yoga ist ein gutes Beispiel dafür, daß alle Wege ineinanderfließen. Der Mensch, der sich Gott vorbehaltlos hingibt und die Liebe zu allem Sein einübt, geht den Bhakti-Yoga-Weg. Es gibt aber nun keinen einzigen Weg, bei dem die Liebe fehlen dürfte. Im Bhakti-Yoga wird sie uneingeschränkt gefordert. Deshalb müssen in besonderer Weise alle Kräfte und Fähigkeiten eingesetzt und konzentriert werden, um sich ständig der göttlichen Liebe hingeben zu können.

Die universelle Gesetzmäßigkeit der Liebe reinigt alle Egoschichten des Übenden, die ihn von der göttlichen Liebe trennen. Der Liebende erfährt die wachsende Einheit nach jeder Reinigung, in jeder Hingabe, in all seinen hingebungsvollen Übungen.

Der Liebende ist als Liebender schon frei, auch wenn diese Freiheit noch eine Stufe auf dem Weg zur unendlichen Freiheit ist. Für den Liebenden hat das keine vorrangige Bedeutung mehr. Wer wirklich liebt ist frei und eins mit dem Geliebten.

Du kannst an der folgenden Übersicht noch einmal die wichtigsten Schritte des Yoga ablesen:

1. Die Umkehr von einem weltgebundenen Leben hin zu einer bewußten, vom Geist geprägten Lebensführung.

2. Die Hingabe an das höchste Sein und seine kosmische Weisheit und die Bereitschaft zur Reinigung aller Schichten der Psyche, des Körpers und aller Bewußtseinsschichten.

3. Die beharrliche Einübung des Weges mit Hilfe aller zur Verfügung stehenden Kräfte, die regelmäßige Meditation und der Mut zur Erfahrung eines Lebens, das in die Dimension des höheren Bewußtseins führt.

4. Die Ausstrahlung und die Integration der Liebe, des Lichtes und der glückseligen Freude in das alltägliche Leben.

5. Die Einbindung des Alltags in die ununterbrochene Ausrichtung auf die Allgegenwart Gottes, um in der bewußten Erfahrung des gegenwärtigen Augenblicks die Einheit in allem zu erkennen.

Meditation

Die Meditation ist ein Weg, der dich in der Übung und Erfahrung der Stille zu deinem inneren Wesen führt, damit sich das höchste Bewußtsein mit dir vereinigen kann. In allen Religionen findest du vielfältige Formen und Praktiken der Meditation. Trotz dieser Vielfalt sind die Grundelemente überall gleich. Zu jeder Meditation gehören einzelne Schritte. Sie lassen dich in deinen inneren Raum der Stille eintreten und führen dich in deine Mitte.

Die ersten Schritte zur Meditation

Der erste Schritt nach innen besteht in der Sehnsucht, dein wahres Wesen zu finden und den Sinn deines Daseins zu erkennen. Sie ist die grundlegende Motivation, den Weg der Meditation zu gehen. Sie dringt nicht von außen zu dir, sondern kommt aus deinem Inneren und entspringt der Natur und Dynamik deines Geistes. Sie weckt in dir das Bedürfnis, still zu werden, dich in der Stille nach innen zu wenden. Nur im tiefsten Seelengrund wirst du deine göttliche Natur erfahren können und eins werden mit dem Urgrund der Liebe. Deswegen ist die Meditation deine wichtigste Übung.

Jedem wahren Übungsweg liegen innere Gesetzmäßigkeiten zugrunde, die die Meister erkannt und erfahren haben. So können sie dem Menschen auf dem Weg nach innen Wegweisungen geben und bewährte Hilfen anbieten, so daß die Orientierung auf dem Weg zum Urgrund des Seins nicht verloren geht. Sie weisen durch ihre Erfahrung immer wieder darauf hin, daß als wichtigste Voraussetzung für die Meditation die Stille eingeübt werden muß, denn die Meditation ereignet sich im unendlichen Raum der Stille deines Geistes. In heiterer Gelassenheit und im friedvollen Dasein deines liebenden Herzens bist du einfach, klar und rein der göttliche Mensch, der du bist, der du warst und immer sein wirst. Du sollst aber bewußt zum göttlichen Menschen erwachen und die Einheit mit allem Sein und mit dem Urgrund der Liebe auf einer neuen Stufe deines Menschseins erfahren!

Dennoch gibt es auf dem Weg zu dieser allumfassenden Erleuchtungserfahrung viele Stufen, in denen sich das große Ziel in Teilzielen verbirgt. Je nach deiner Entwicklungsstufe bekommen sie für dich eine andere Bedeutung.

Die Übung der Meditation

Zu Anfang mag dich in der lärmenden Welt das tiefe Bedürfnis nach Ruhe und Frieden dazu bringen, die Meditation zu üben. Oder es bewegen dich das Leid dieser Welt und der Unfriede unter den Menschen, im Gebet und in der Meditation helfen zu wollen. Zahlreiche Menschen meditieren in Gruppen, um mit heilenden Gedanken des Friedens die Atmosphäre der Welt zu reinigen. In einer Zeit, in der Leistungsdruck und Anfälligkeit für die negativen Wirkungen von Streß, Hetze und das Getriebensein ständig zunehmen, werden Meditationspraktiken angeboten, mit deren Hilfe der Meditierende frei wird von diesen negativen Auswirkungen der modernen Gesellschaft. Gesundheit, Wohlbefinden und Gelassenheit, innere Sammlung und Konzentrationsfähigkeit sind wichtige Stufen des inneren Weges, aber sie sind nicht das Ziel der Meditation. Sie bleiben nur Teilziele und halten dich unnötig auf, wenn du sie als alleiniges Ziel betrachtest.

Das Ziel einer jeden Meditation ist und bleibt immer die Einheit mit Gott! Es gibt kein anderes. Besonders in Schwierigkeiten, die auf dem Meditationsweg und im Alltag auftreten, gibt es dir Kraft und Ausdauer. Deshalb sei dir des Zieles stets bewußt!

Die Einstimmung in die Meditation

Beginne jede Meditation mit einem bestimmten Ritual, mit dem du alles, was dich umgibt, heiligst. So stimmst du dich geistig auf das Ziel deiner Meditation ein. Wähle eine Zeit aus, in der du ungestört bist, so daß du dich jeden Tag darauf einstellen kannst. Lege auch ihre Zeitdauer fest. Es ist sehr wichtig, daß du regelmäßig meditierst.

Ein Gebet, ein Textabschnitt eines Meisters oder aus einer heiligen Schrift können dir am Anfang helfen, dich auf die andere Dimension des Bewußtseins einzustimmen.

Besinne dich ebenso sorgfältig auf das Instrument deines Geistes, deinen Körper. Erspüre ihn als Tempel des Geistes. Pflege deine äußere Erscheinung vor jeder Meditation. Sei dir bewußt, daß die Erfahrung der Einheit auch die vollkommene geistige Schönheit zum Ausdruck bringt. Laß schon vor deiner Meditation die Gedanken und Gefühle in dir zur Ruhe kommen.

Der Meditationsraum

Ordne den Raum oder die Umgebung, in der du meditierst. Der Raum sollte gut gelüftet und nicht zu warm sein, damit du nicht ermüdest, aber auch nicht zu kühl, daß du nicht frierst. Die äußere Ordnung des Raumes ist eine Widerspiegelung deiner inneren, geistigen Ordnung. Überall herrscht das Gesetz „wie innen, so außen". Schaffe dir eine Atmosphäre, in der du dich wohl und vor äußeren Einflüssen beschützt fühlst.

Die Sitzhaltung

Die Sitzhaltung kann deinen körperlichen Bedürfnissen entsprechen. Du solltest dir aber von Anfang an angewöhnen, aufrecht und gerade zu sitzen. Du kannst auf einem Stuhl meditieren, auf einem Bänkchen, oder du kannst ein festes Meditationskissen benutzen. Wichtig ist bei der Wahl deiner Sitzgelegenheit, daß du darauf für wenigstens fünfzehn Minuten frei und aufrecht sitzen kannst. Die entspannte Aufrichtung wird dir durch regelmäßige Übung immer leichter fallen.

Die Hände können locker übereinander im Schoß ruhen oder wie im Pharaonensitz auf den Knien liegen. Wichtig ist, daß deine Handhaltung die gelöste, aufrechte Haltung unterstützt, so daß die innere gelassene, heitere Geisteshaltung nicht durch eine starre Körperhaltung verlorengeht.

Nun kannst du deine Augen schließen. Lasse die Augenlider entspannt zufallen. Wenn die Gedankenflut zu stark ist und die Augen unruhig sind, so daß die Augenlider flattern, kann es zu Anfang deiner Meditationspraxis für dich eine Hilfe sein, ein Meditationsobjekt zu wählen. Eine brennende Kerze ist eine gute Konzentrationshilfe, wenn du sie längere Zeit anschaust, bis der Blick ruhiger wird.

Viele Meditationsrichtungen geben die Anweisung, die Augen halb zu öffnen, um den wachbewußten Kontakt zur Welt aufrechtzuerhalten und gleichzeitig die Aufmerksamkeit nach innen zu lenken.

Die Atem-Achtsamkeit

Wenn du nun gut vorbereitet bist, kann die Wahrnehmung der äußeren Sinne nach innen gerichtet werden. Die wichtigste Hilfe auf dem Weg zu deinem wahren Selbst ist stets dein Atem. Er ist das Verbindungsglied zwischen deinem inneren und deinem äußeren Wesen, zwischen Körper, Seele und Geist. Er durchdringt alle Schichten des Bewußtseins.

Du erinnerst dich sicher an den Abschnitt in diesem Buch, der dich zum Fest deines Lebens führen sollte. Dort ist dir die Übung der Atem-Achtsamkeit schon begegnet. Ganz besonders in der Meditation erfährst du, welch ein kostbares Instrument in dir schwingt. Sei dir bewußt, daß der Atem auch in der Meditation dein Fühlen und Denken begleitet. Wenn du auf der Ebene deines Egobewußtseins denkst, schwingt sich der Atem mit seinem Rhythmus auf diesen Gedanken ein. Wenn du traurig bist oder voller Ungeduld, verändert der Atem der Gefühlsebene entsprechend sein Schwingungsmuster. Wenn deine Gedanken in der Meditation zur Ruhe kommen und sich ordnen, dann beruhigt sich auch der Atem und findet seinen natürlichen Rhythmus wieder, in dem er eins wird mit der ursprünglichen Seelenschwingung, so daß ihre heiligen Kräfte über den Atem alle Schichten des Körpers und der Psyche heilen können.

Die höhere Stufe der Atemachtsamkeit ereignet sich deshalb in ruhiger, gelöster und vor allem heiterer Gelassenheit. Wenn es dir gelingt, auf diese höhere Schwingungsebene des inneren Atems zu gelangen, dann befreit er dich von störenden Gefühlen und Gedanken und von dem Willen des Egobewußtseins. Das Egobewußtsein kann den inneren Rhythmus deines Atems nicht bestimmen, es wird aber zu Beginn der Meditation den äußeren Atemrhythmus noch begleiten. Erst wenn du deine ganze Aufmerksamkeit an den Atem bindest, können deine Gedanken und Gefühle zum Schweigen gebracht werden.

Manchmal sind die Gedanken, Bilder und Vorstellungen während der Meditation so stark, daß du von ihnen in deiner Übung der Atembeobachtung abgelenkt wirst und sie dein Bewußtsein besetzt halten. Dann kann es notwendig sein, diese Gedankenschwingungen bewußt anzuschauen und wahrzunehmen. Damit wird die Meditation zunächst eine Zwiesprache mit dir selbst. Du begegnest durch die nach innen gerichtete Wahrnehmung zuerst den Schichten deines Alltagsbewußtseins. Unzählige Gedanken und Gefühle, aber auch nie vorher wahrgenommene Körperempfindungen können dich überfluten. Deine Übung besteht darin, diese Schichten wahrzunehmen und zu erkennen.

Wenn du diese Gedanken und Gefühle anschaust, ohne dich mit ihnen zu identifizieren, werden sie meistens nach einer kurzen Zeit verschwinden und sich auflösen. Gewöhne dir an, die Gedanken nicht zu bewerten und zu beurteilen. Bekämpfe und verdränge sie nicht, sondern lasse sie geduldig vorüberziehen. Manchmal ist es aber auch notwendig, die Ursache ihres ständigen Erscheinens herauszufinden. Wenn dir das nicht gelingt oder wenn du in tiefere Seelenschichten vordringst, deren ungeordnete Energien dich überfluten, dann solltest du Hilfe bei deinem Meditationslehrer suchen.

Bei allen auftretenden Schwierigkeiten und Problemen hilft die weise Regel: Loslassen, loslassen, loslassen. Habe keine Angst, wenn unbewußte Kräfte zum Vorschein kommen; sie sind bereit, gereinigt und transformiert zu werden. Alle ungeordneten Energien müssen auf dem Weg zum göttlichen Menschen verwandelt werden.

Transformation geschieht, wenn du immer wieder die gelöste innere Haltung mit deinem Atem verbindest und alle Unruhe mit der Ausatmung freigibst. Der Atem führt dich in den gegenwärtigen Augenblick. Nur er existiert wirklich! Er ist das Schwingungsfeld, in dem sich dieser eine Atemzug der Gegenwart zum großen kosmischen Atem weiten kann. Deshalb kehre immer wieder zu deinem Atem zurück.

Diese wunderbare Übung wird dir in allen Lebenssituationen helfen, deine Mitte zu finden und freier zu werden von allen Begrenzungen und Beeinflussungen des Egobewußtseins. Die Atem-Achtsamkeit ordnet alle Lebenskräfte in dir, denn der Atem birgt die Lebenskraft in sich, die dich mit allem verbindet. Der Atem selbst ist ein Instrument der Ewigkeit und führt dich zur Freiheit. In ihm kannst du die unendliche Weite des Raumes wahrnehmen und empfinden. In ihm erfährst du glückselige Einheit mit dem Allgeist, der der Ursprung deines Atems ist.

Die Übung mit dem Wort

Um deine Aufmerksamkeit zu sammeln und sie noch stärker an den Atem zu binden, kannst du auch ein besonderes Wort auswählen, das dich auf deinem meditativen Weg begleitet.

Es kann ein kurzes Gebet sein oder ein Wort, das dich anspricht. Du kannst auch einen Satz aus einer heiligen Schrift oder ein Weisheitswort eines großen Meisters auswählen. Du kannst dein Wort auch von deinem Meditationslehrer erhalten. Indem du es meditierend in dein Bewußtsein aufnimmst und es in deinem Herzen bewegst, trittst du in eine innere Beziehung zu ihm. In dieser Innigkeit offenbart sich dir die Wahrheit, die sich in seinem Wortklang verbirgt.

Wenn du ein Wort gefunden hast, das dich so berührt, als würde es zu dir gehören, wenn es eine innere Freude hervorruft und eine verborgene, ja vertraute Sicherheit in dir weckt, dann kannst du es für deine regelmäßige Übung nehmen und in der ständigen Wiederholung seine Schwingung in deinen Atem einfließen lassen. Du solltest innerlich die einzelnen Silben der Worte oder den Satz im Rhythmus deines Atems aussprechen.

Durch die ununterbrochene lautlose Wiederholung des Wortes füllt es dein Bewußtsein ganz aus. Alle Gedanken und Sinneswahrnehmungen verschwinden im Laufe der Übung. Das Gemüt beruhigt sich,

so daß dich das Wort in deine Mitte führen kann. In deinem Wesens-
zentrum kannst du mit der Schwingung des Wortes eins werden.
Wenn du zum Beispiel das Wort Liebe gewählt hast, liegt der Sinn der
Übung mit dem Wort darin, daß du die Liebe in deiner Mitte wahr-
nimmst und daß du selbst Liebe wirst. Für alle anderen Worte wie
Friede, Licht, Freude oder Stille gilt das gleiche. Oder wenn du das
Wort Christus beständig in deinem Inneren wiederholst, dann hat es
den Sinn, daß du eins wirst mit dem Christusbewußtsein.

Solche Worte, die man in der Meditation im Atemrhythmus ständig
wiederholt, haben in ihrer Schwingung eine große Wirkung. In den
östlichen Religionen und im Yoga werden bestimmte Silben ausge-
wählt, die in ihrem Klang eine Energie aus dem Urgrund des göttlichen Seins zum Ausdruck bringen. Sie werden Mantras genannt. Die
spirituelle Überlieferung weiß aus Erfahrung, daß solche Silben oder
Silbenverbindungen durch ihre Schwingung eine Erweiterung und
Transformation des Bewußtseins bewirken. Ebenso werden die feinstofflichen Körper und ihre Energien beeinflußt und auf eine höhere
Schwingungsebene gebracht.

Ein solches Wort kann dich heilen, transformieren, reinigen und
mit dem Göttlichen verbinden. Durch die Übung mit dem Wort im
Atem wird der Same für das Wort des göttlichen Menschen gelegt.
Wenn dir dein Wort einmal geschenkt wird, dann laß es zur Grundlage
deines inneren Denkens werden. Es kann dich im alltäglichen Leben
zur Stille führen und dich für eine ständige Inspiration aus höheren
Bewußtseinsebenen öffnen. So kann dich dein Wort in deinem meditativen Leben begleiten und zu einer wahren Kraftquelle werden.

Stufen zur Erleuchtungserfahrung

Wie du weißt, ist das Ziel der Meditation die Erleuchtung, die große
Einheitserfahrung, in der die polare Welt von Raum und Zeit überschritten wird, um sich in die Unendlichkeit der göttlichen Seinsfülle
zu öffnen. Du wirst noch unzählige Tore des Bewußtseins bis zur Einheit mit allem Sein durchschreiten. Gehe unbeirrt weiter, um in die
höchste, intimste Verbindung zu gelangen, die möglich ist, die Erfahrung der Liebe zwischen dir und Gott. Die Zwiesprache der Liebe zwi-

schen dir und dem göttlichen Grund findet ihren Höhepunkt, wenn dir die Gnade der Einheit mit Gott geschenkt wird und dein Wesen mit ihm verschmilzt.

Wenn du auf dem Weg der Meditation fortschreitest, wirst du einzelne Erfahrungsstufen erleben, an denen du deinen inneren Transformationsprozeß bis hin zur Erleuchtung erkennen kannst. Es sind spirituelle Gesetzmäßigkeiten, die dir Orientierung und Sicherheit geben können. Diese einzelnen Stufen können sich trotz ihrer inneren Gesetzmäßigkeit individuell zum Ausdruck bringen.

1. Zu Beginn deiner Meditation wirst du von deinem Alltagsbewußtsein bestimmt. Eine Fülle von Gedanken kann dich überfluten. Deine Aufmerksamkeit wird auf Gefühle und Körperempfindungen gelenkt. Wünsche und Bedürfnisse aus dem Egobewußtsein kommen hoch. Jetzt beginnt die Übung der Atem-Achtsamkeit oder die Übung mit dem Wort.

2. Durch die beständige Konzentration ohne Anstrengung auf den Atem oder das Wort lösen sich die Gedanken- und Gefühlsschwingungen vom Alltagsbewußtsein. Durch die bewußte Wahrnehmung der Bewegungen im Bewußtsein gewinnst du Abstand von ihnen. Bestehende Identifikationen können aufgelöst werden, und du wirst zum Beobachter dieser Energien in deinem Egobewußtsein.

Durch längeres Sitzen in einem ungewohnten Meditationssitz treten manchmal Schmerzen oder andere unangenehme Körperempfindungen auf. Vielleicht ist es dann notwendig, die Sitzform zu verändern. Wenn du deine liebende Aufmerksamkeit zu den schmerzenden Körperbereichen hinlenkst, lösen sich häufig die Verkrampfungen und Energieblockaden auf. In den meisten Fällen hilft es, die Schmerzen zu akzeptieren und die damit verbundenen Gefühle loszulassen.

3. Im Laufe der Übungszeit gelingt es dir immer besser, die in der zweiten Stufe beschriebenen Schwierigkeiten zu überwinden. Die Bewegungen im Bewußtsein kommen zur Ruhe. Die Zerstreuung wird überwunden, und die Bewußtseinskräfte werden gesammelt. Es entsteht der Zustand der Ruhe. Er vertieft sich in der Wahrnehmung des Atems, den du in diesem einen Augenblick erfährst. Das Bewußtsein wird ruhig und klar wie ein klarer Bergsee, in dem sich die

Gipfel der Berge widerspiegeln und der Betrachter bis auf den Grund schauen kann. In dieser Klarheit des Bewußtseins gewinnst du eine neue Lebenssicht. Unwesentliches fällt ab, und du erkennst das Wesentliche. Im Abstand zur Welt, der dir Ruhe schenkt, kannst du neue Entscheidungen fällen und dein alltägliches Leben nach der göttlichen Ordnung ausrichten.

Die feinstofflichen Körperbereiche werden gereinigt. Oft zeigen sich diese Läuterungsprozesse in verschiedenen Farben, die du vor deinem inneren Auge siehst. Es kann sein, daß du auf dieser Stufe die lichthaltigen Dimensionen des Körpers und ihre verschiedenen Farbnuancen oder andere Lichtreflexe wahrnimmst. Eine wundersame, vielfältige Welt breitet sich vor deinen inneren Sinnen aus, wenn du dafür offen bist. Du beginnst, deine Energiezentren und -bahnen zu spüren, ja selbst die Aura und die Chakras werden dir realer. Auf dieser Ebene der feinstofflichen Wahrnehmung ist es dir durch intensive und hingebungsvolle Übung möglich, die innere Struktur des Körpers zu erschauen, so daß du die Bereiche erkennen kannst, die nicht genügend von Lebensenergie durchströmt sind und Krankheitsherde in sich bergen. Gleichzeitig kannst du auch deine inneren Heilkräfte spüren, die diese unausgeglichenen Energien zu ordnen vermögen.

Auf allen Meditationsstufen gibt es bestimmte Gefahren und Täuschungen. Besonders in den ersten Phasen des meditativen Weges ist die Gefahr der Projektion groß. Wünsche aus dem Egobewußtsein, Vorstellungen und Bilder, die auftauchen, sind häufig Widerspiegelungen aus dem Unterbewußtsein. Sei deshalb wachsam und bleibe nüchtern! All diese Erfahrungen können eine Hilfe sein, aber sie sind keine Erleuchtung. Deshalb mache weiter in deiner Übung!

Durch die regelmäßige Meditation wird dich der Zustand der inneren Ruhe auch in deinem Alltag begleiten, so daß dich Streß und Hetze, Nervosität und ungeordnete Gefühle immer weniger beeinflussen. Beharrlichkeit und Geduld sind besonders auf dieser Stufe vonnöten. Dieser Hinweis ist deswegen so wichtig, weil viele Menschen mit der Übung der Meditation beginnen, deren Früchte gern genießen wollen, dann aber aufgeben, wenn die Schwierigkeiten des mühseligen Übens auftreten.

Wenn du auf dieser Stufe der Meditation den Zustand der Ruhe vertiefen kannst und du dich in weiteren Tiefen ganz dem höchsten Sein hingibst, können sich die folgenden Stufen übergangslos ereignen, aber auch in einem Akt der Gnade unmittelbar geschenkt werden.

4. Im tieferen Zustand der Ruhe verändert sich das Bewußtsein des Körpers. Du verlierst die Empfindung für seine begrenzte Struktur. Du kannst dabei das Gefühl bekommen, daß er sich grenzenlos ausweitet und seinen natürlichen Körperraum überschreitet. Habe keine Angst, in diesem Zustand den Körper zu verlieren. Seine grobstoffliche Struktur bleibt erhalten, aber er wird nun transparent für die feinstofflichen Energien. Das Bewußtsein der Ruhe wirkt sich nun auch im Körper mit all seinen Zellen aus.

Jetzt ist es dem Bewußtsein möglich, sich so zu weiten, daß keine Körperwahrnehmung mehr vorhanden ist. Damit wird auch das Egobewußtsein überschritten. Nun kommen alle Gedanken, Wünsche und Regungen zum Schweigen. Die äußeren Sinneswahrnehmungen werden nach innen gelenkt, und die inneren Sinne erwachen.

5. In einer plötzlich auftretenden Stille, die dir geschenkt wird, überschreitest du auf dieser weiteren Stufe der Meditation das Raumbewußtsein. Du atmest im raumlosen Raum. Du erlebst die innere Freude und Freiheit der raumlosen Dimension. Die erwachten inneren Sinne werden zur Brücke der Glückseligkeit. Auf dieser Stufe erfährst du das Glück deiner Seelenschwingung.

6. Das Bewußtsein nimmt nun die feinstofflichen Körper intensiver wahr und kann dabei erfahren, wie sie sich vereinheitlichen und zu einem Punkt verschmelzen. Gleichzeitig weitet sich das Raumempfinden in die kosmische Dimension aus. Du erfährst dich als das Selbst, das als Mitte des ganzen Seins an der Erfahrung des unbegrenzten Raumes teilnimmt. In diesem Bewußtsein erlebst du dich als „Tropfen im Ozean" oder als ein Organ im unendlichen kosmischen Leib. Du erschaust dein Wesen. Obwohl du eins bist mit allem Sein, erfährst du dich trotzdem noch als Individuum. Diese Erfahrung des wachbewußten Zustands der Einheit muß nicht zwangsläufig verlorengehen, wenn du die Augen öffnest und die Welt wieder mit den äußeren Sinnen wahrnimmst.

Auf einer fortgeschrittenen Stufe wirst du den Zustand der Einheit mit allem Sein auch in deinem alltäglichen Leben aufrechterhalten können. Hier kannst du erahnen, in welcher Seinsfülle der göttliche Mensch leben wird.

Auf dieser Ebene werden dir individuelle und ganz von deiner Entwicklung abhängige Erfahrungen geschenkt. Die Gnade der persönlichen Liebe Gottes kann dir geschenkt werden. Du wirst inspiriert und erfährst persönliche Weisungen und Einweihungen. Tiefe Wirklichkeiten der inneren Strukturen des Körpers können geschaut werden. Astralreisen werden möglich, wenn sie für deinen individuellen Weg nötig sind. In gnadenhaften Visionen bekommst du Einblicke in die göttliche Welt, die dich auf diese Weise auf deinem geistigen Weg führen kann.

Du erfährst, daß du nicht allein bist, sondern von den himmlischen Mächten liebevoll begleitet und beschützt wirst. In demütiger Hingabe kannst du die liebende Berührung mächtiger Engelwesen spüren. In ihrer machtvollen Schwingung bekommst du eine Ahnung von der Größe und Allmacht Gottes. Besonders in der entscheidenden Wende zur neuen Zeit, in der der Mensch zum göttlichen Menschen heranreifen soll, treten wieder vermehrt Engelwesen in das Bewußtsein vieler Menschen, um sie zu belehren, zu reinigen und zu heilen.

Auf dieser Stufe kannst du deinen geistigen Meistern bewußt begegnen. In unendlicher Liebe empfängst du ihre Weisungen und spürst dankbar ihre Nähe auch im täglichen Leben. Wenn du solche Erfahrungen geschenkt bekommst, ist es besonders wichtig, die Gabe der Unterscheidung der Geister anzuwenden, damit du keinen Projektionen und Selbsttäuschungen zum Opfer fällst. Deine Verantwortung für die Wahrheit wächst mit deinem geistigen Fortschritt. Wenn du Zweifel hast, dann suche Rat bei deinem Wegbegleiter oder einem kompetenten Lehrer.

Die bewußte Verbindung mit der göttlichen Welt ist echt, wenn sie dich mit Liebe und Weisheit erfüllt, dir Kraft und Mut auf dem Weg zum göttlichen Menschen vermittelt. So beglückend alle Erfahrungen sein mögen, sie sind nur eine Stufe auf dem Weg.

7. In einer weiteren Tiefe der Meditation beginnt auch eine neue Dimension des Bewußtseins. Du erreichst sie nur, wenn du völlig leer geworden bist von Bildern und Vorstellungen und wenn auch die letzten Gefühlsregungen ausgelöscht sind. Auf dieser Ebene des Bewußtseins tritt der Übergang von der Stille in den Frieden ein.

Es ist jener Friede, der alle Vernunft überschreitet und dich mit einem unsagbaren Glück erfüllt. Dein äußeres Wesen wird davon nicht mehr berührt. Es ist nicht der Friede, den Menschen schaffen, es ist der Friede, der aus dem göttlichen Sein strömt und dein ganzes Wesen erfaßt. In ihm ist keine Bewegung mehr. In ihm offenbart sich die Glückseligkeit des Seins. In der Erfahrung des inneren Friedens bist du eins mit dem Kosmos und eins mit allen Wesen. Du erkennst den Funken des Friedens und der Liebe in allem Sein und in jedem Wesen, das ist.

Der göttliche Friede transformiert dein ganzes Wesen! Er verwirklicht sich in dir selbst. „Plötzlich erfährt der Tropfen alle anderen Tropfen." Dieses Bild ist eine symbolische Beschreibung dieser Einheitserfahrung mit allen Wesen. Sie wird als bleibende Erfahrung in das Bewußtsein eingeprägt. Aus dieser Schau erwächst eine vollkommene Vergebung und Heilung aller Verletzungen. Die kosmische Liebe strahlt durch alle Wunden hindurch und reinigt sie, so daß auch alte Wunden im neuen Licht des göttlichen Bewußtseins auf dem Weg der Reinigung aufgedeckt und in der Liebe des Lichtes geheilt werden können.

Das setzt einen Reingungsprozeß in Gang, der dich mit seiner unaufhaltsamen Dynamik im äußeren und inneren Leben verwandelt. Diese heilsame Kraft führt dich fast immer an die Grenze, die du auch als eine spirituelle Krise erfahren kannst. Die göttlichen Kräfte transformieren und verwandeln dein ganzes Wesen. Sie reinigen und läutern alle Schichten deines Bewußtseins, deines feinstofflichen und grobstofflichen Körpers, bis du rein geworden bist für ein neues göttliches Leben. Die göttliche Lichtkraft ist unerbittlich hart, aber nur, um dich aus dem träumenden Stadium deines Menschseins herauszureißen und dich als Mensch in deiner göttlichen Würde erwachen zu lassen. Du erwachst zu deinem wahren Selbst. Die Erfahrung dieser

Meditationsebene kann Stunden bis Tage auch im Alltag anhalten, und das Einheitsbewußtsein „Alles ist Gott" geht nicht mehr verloren.

8. Wenn du den Bewußtseinszustand des inneren Friedens erreicht hast und beharrlich weiter meditierst, kann dich die Gnade in noch tiefere Dimensionen des göttlichen Seins führen: Die Vitalkraft zieht sich aus dem physischen Körper zurück. Das höhere Bewußtsein überstrahlt dein ganzes Wesen. Der Körper wird steif und kühl. Das Zeitgefühl verändert sich völlig. Du erfährst, wie sich die Zeit in einer unvorstellbaren Weise beschleunigt, um dich über die Begrenzung der Zeit hinauszuführen. Du fühlst dich gleichsam wie durch eine Art Lichtkanal in eine Sphäre geschleudert, die frei von Zeit und Raum ist. Oder es kann der Eindruck einer Lichtspirale entstehen, die dich in die andere Bewußtseinsdimension bringt.

Das ist die Erfahrung des geistigen Todes. Das Egobewußtsein stirbt, und das große Leben erwacht in dir. Jetzt ist kein Körperbewußtsein, kein Gefühl und keine Schau mehr vorhanden. Das Bewußtsein erfährt sich nicht mehr als Individuum und nicht mehr als Tropfen im Ozean. Du bist eins mit Gott.

Jetzt bist du eins im absoluten Schweigen im Nichts. Kosmische Fülle und Leere. In dieser Leere erkennst du das wahre Wesen der Dinge. Es ist unwahrnehmbar, unfühlbar, undenkbar. Es gibt kein Objekt und Subjekt mehr, keinen Schauenden und kein Geschautes. Es gibt nicht mehr „diese" Welt und die „jenseitige" Welt. Alles ist eins. „Form ist nichts als Leere. Leere ist nichts als Form." Gott ist. Die Zeit steht still.

Auch auf dieser Stufe kannst du verschiedene Grade der Erleuchtung an Intensität, Klarheit und Genauigkeit erfahren. Der Weg in die Fülle des Seins hat kein Ende.

9. So kann ein weiteres Tor des Bewußtseins durch Gnade durchschritten werden. Plötzlich kann die Energiespirale in der verbleibenden Kontemplation wieder auftauchen und das Bewußtsein mit einer unendlichen Kraft, die immer schneller zu werden scheint, wie in einem Sog in höchste Dimensionen emporschleudern, bis sie anhält.

Das Nichts und das Sein, die Leere und die Fülle verschwinden. In der absoluten Verschmelzung mit dem göttlichen Grund ist es unmöglich, Erfahrungen mitzuteilen. Es existiert im Bewußtsein nur noch das Eine, die allgegenwärtige, alles durchdringende, alles belebende Liebe Gottes. Nun ist das Egobewußtsein mit all seinen Bindungen an die Welt, mit seinem sinnlichen Begehren, mit seinem Dünkel, mit seiner Unruhe und Zerstreuung, mit seinen Zweifeln und seiner Unwissenheit keimlos ausgelöscht. Aus diesem Liebesbewußtsein heraus, das dein wahres Wesen ist, wirst du dann in dieser Welt leben. Dieser Strom der unendlichen Liebe wird durch heilende und befreiende Kraft wirken. Die Barmherzigkeit Gottes überfließt dich, und der Wille wird in dir geboren, allen Wesen in dienender Liebe beizustehen, daß auch sie wieder in die Einheit der Gottseligkeit zurückfinden. Der kosmische Christus in deinem Herzen wird dir die Kraft geben, daß du nun den göttlichen Menschen hier auf dieser Erde verwirklichen kannst.

Ahnst du jetzt diesen wunderbaren Zustand, wenn du diese Botschaft hörst? Vielleicht ist er dir näher, als du glaubst, und die Liebe Gottes pocht an dein Herz, dich zu entscheiden, jetzt deinen geistigen Weg zu beginnen oder ihn intensiver zu gehen. Jeder kleinste Schritt ist von Bedeutung, der dich der Erleuchtung entgegenführt. Lasse nicht nach in der Übung der Hingabe! Erkenne deine Bestimmung und werde frei!

Die Übung im Alltag

Alle spirituellen Übungen sollen sich im Alltag auswirken. Der Alltag ist das Übungsfeld, auf dem du den göttlichen Menschen ein-üben kannst. Das bedeutet, daß deine alltäglichen Handlungen, deine Gewohnheiten und Anschauungen von einem neuen Geist erfüllt wer-den sollen, der dich ständig mit der Urquelle des Lebens verbindet. Er verleiht dir die Kraft und den Mut, täglich Schritte zu gehen, die dich deinem göttlichen Leben entgegenführen und dir gleichzeitig das göttliche Leben vergegenwärtigen, denn dieses eine Leben umgibt dich jetzt, in diesem Augenblick.

Deswegen gewöhne dich daran, nur in der Gegenwart zu leben, zu denken, zu sprechen und zu handeln. Wenn du deine Arbeit in diesem gegenwärtigen Augenblick bewußt vollziehst, wird sie leicht und ver-zehrt keine unnötigen Kräfte. Jeder auf diese Weise bewußt gelebte Augenblick deines Lebens ist eine Art Kommunion mit der göttlichen Liebe. So wird dein Tun und Handeln zum Liebesdienst.

Mit jedem Schritt nach innen wird auch dein äußeres Leben größer und reicher. Du wirst die hohen Werte, die du in der Meditation erfährst, immer umfassender leben können. Du wirst ein liebender, freundlicher, friedvoller Mensch und wirst toleranter und verantwor-tungsbewußter handeln.

Die ganze Schöpfung entsteht aus der Quelle des Seins, und je näher du zur Quelle kommst, um so klarer und reiner empfängst du ihre schöpferischen Inspirationen für deinen Alltag. Du mußt dir nur immer wieder bewußt machen, daß alles Leben aus dem Geist kommt und sich von innen nach außen entfaltet. Je weiter du dich von der Quelle des Lebens entfernt hast, desto schwieriger wird es für dich, seine wahren Werte, die das Leben schaffen und prägen, zu erkennen.

Die Menschen wollen zwar Liebe und Frieden erfahren, aber wenn sie nur auf ihre eigenen begrenzten Kräfte bauen, ist der Strom zur ursprünglichen Kraftquelle abgeschnitten, und es wird immer schwerer, die Liebe zu leben und Frieden zu schaffen. Die Kanäle der Liebesströme sind unterbrochen. Auch die Lebenskräfte werden reduziert. Das Leben wird schwer, mühselig und anstrengend. Die Gefühlskräfte dieser Menschen werden krank wie die Blätter eines Baumes, die vertrocknen, weil die Wurzeln nicht mehr mit der Quelle verbunden sind.

Der Weg nach innen kann deshalb die Rettung für viele Menschen, ja, für die ganze Erde bedeuten. Je mehr Menschen sich wieder bewußt an die Quelle des Lebens anschließen, den Sinn des Daseins erkennen und einen geistigen Weg gehen, um so mehr strahlen die Kräfte des wahren Lebens wieder in den Alltag hinein. Eines Tages wird die Dynamik des göttlichen Bewußtseins alle Lieblosigkeit, alle Gewalt und Unwahrheit in Liebe verwandeln. Der Keimling des göttlichen Lebens wird wachsen, bis er zu einem mächtigen Baum des Lebens geworden ist, der göttliche Blütenpracht entfaltet und reiche Frucht trägt.

Dieser Keim ist schon in dir angelegt. Das vollkommene göttliche Leben lebt jetzt in dir! Es muß nur entfaltet werden, denn das Leben selbst ist immer vollkommen. Du mußt diese Vollkommenheit leben und verwirklichen. Jetzt bist du mit deiner ganzen Kraft gefordert, selbst zur Quelle zu gehen und ihre Früchte, die du auch in der Meditation empfängst, im Alltag Wirklichkeit werden zu lassen. Der Alltag wird zu deinem wichtigsten Übungsfeld für die Entwicklung zum göttlichen Menschen!

Du kannst dich in deiner Übung im Alltag wieder an drei Grundhaltungen des spirituellen Lebens orientieren, die deinen Weg nach innen begleiten. In dem Maße, wie du sie verwirklichst, kannst du erkennen, aus welcher Bewußtseinsebene heraus du handelst und welche Fortschritte du machst.

Nicht-haften

Auf deinem geistigen Wege wirst du immer bewußter leben und im Reifungsprozeß der Selbsterkenntnis immer klarer wahrnehmen, welche Kräfte und Energien dich bestimmen und welche Motivationen und Ziele dich lenken. Du erkennst klarer, welche Abhängigkeiten du hast und an welchen Dingen du anhaftest. Solange du frei wählen kannst, was du tun und lassen willst, bist du selbsbestimmt. Wenn du aber zwanghaft an falschen Gewohnheiten und Verhaltensweisen festhältst, dann sind sie ein Hindernis auf deinem Weg zur Freiheit. Verhaftetsein macht dich unfrei und abhängig.

Bei der Anleitung für die Meditation bist du schon belehrt worden, daß du Gedankenbilder und Gefühle loslassen mußt, um in die Freiheit des Geistes zu gelangen, der dich zum göttlichen Menschen führt. Im Alltag kannst du das Loslassen weiter üben und verstärken, wenn du von unliebsamen Gedanken und unangenehmen Gefühlen geplagt wirst, wenn sie dich in deinem Tun stören und dich hindern, deine alltäglichen Pflichten zu erfüllen. In der Meditation hast du erfahren, wie du deine störenden Gedanken und Emotionen loslassen kannst. Im Alltag hast du die Gelegenheit, sie beherrschen zu lernen. Du kannst ihre unausgeglichenen Energien ausgleichen und sie neu ordnen, so daß sie dir dienen.

Wichtig ist es vor allem, dich von der Abhängigkeit der niederen Emotionen wie Trauer, Angst, Zorn, Aggression und Ärger frei zu machen. Sie ziehen dich auf eine niedrige Schwingungsebene herunter, so daß die höheren Frequenzen des Geistes nicht mehr genügend einwirken können.

So bemühe dich stets, auftauchende negative Gefühle sofort wahrzunehmen und deren Ursache zu erkennen! Unternimm die notwendigen Schritte, um die entsprechenden Kräfte auszugleichen oder die Probleme aufzulösen! Begib dich wieder auf eine Gefühlsebene, die von Liebe, Freude, Vertrauen, Hoffnung und Dankbarkeit beherrscht wird! Die wahren Gefühle kommen aus der Seele! Je mehr sich dein Seelenbewußtsein entwickelt und die Schichten des Ego durchbricht, desto höhere Gefühle wirst du erleben und um so intensiver werden deine eigenen wahren Gefühle in deinem Herzensgrunde wachgerufen.

Wie du weißt, bestimmt das Egobewußtsein den Alltag der meisten Menschen. Seine Bedürfnisse und Wünsche, die besonders durch die Sinne geweckt werden, machen dich oft unfrei, träge und bequem. Sie binden dich an Verhaltensweisen, die dich auf deinem Weg nach innen hindern, das zu tun, was richtig ist, und das zu üben, was wesentlich ist. Wenn du das erkannt hast, beginnt wieder die Übung des Loslassens.

Manchmal ist es auch notwendig, dich von Gegenständen und sonstigen materiellen Gütern zu trennen, wenn sie das Habenwollen verstärken und die Erfahrung des Seins in deinem Herzen nicht zulassen. Dies bedeutet nicht, daß du die Fülle der Gaben Gottes in seiner Schöpfung nicht genießen darfst. Im Gegenteil, sie sind zu deiner Freude geschaffen. Aber das Verhaftetsein an Reichtum und die damit verbundenen Folgen wie Bequemlichkeit, Genußsucht und Machtmißbrauch lassen dich leicht dein Lebensziel vergessen. Deshalb sei frei im Geist von allen Bedingungen!

Besonders Vorstellungen und festgefahrene Meinungen, die sich oft unter einem wissenschaftlichen Kleid verbergen und die nicht mehr deiner jetzigen Bewußtseinsstufe entsprechen, solltest du loslassen, damit dir neue Bewußtseinsinhalte und Wahrheiten geoffenbart werden können. Wenn das Alte festgehalten wird, kann das Neue nicht kommen. Alles, was überlebt ist, wird unwesentlich und zu einem Hindernis auf deinem Weg. Nicht alles, was gestern gut war, ist heute auch noch richtig. Die neue Zeit, die sich immer mächtiger im Bewußtsein der Menschen durchsetzen will, verlangt eine immer schnellere und bessere Anpassung an neue Werte, höhere Energien und tiefere Wahrheiten.

Wenn du dich besser kennenlernst und dich auch mit wachen Sinnen beobachtest, wirst du immer tiefere Schichten deines Wesens erfahren. Du wirst Verhaltensmuster und Programmierungen feststellen, die dich zwanghaft bestimmen und deine Energien lenken. Auch dieses Verhaftetsein gilt es aufzulösen und loszulassen. Oft ist es notwendig, nach tieferen Ursachen zu forschen, die bis in deine frühe Kindheit zurückreichen. In einem späteren Kapitel werden dir Hilfen gegeben, wie du sie erkennen, sie auflösen und deinen Verwandlungsprozeß aktiv unterstützen kannst.

Vielleicht mußt du auch ein liebgewordenes Selbstbildnis aufgeben, wenn es dich auf der Bewußtseinsebene des Ego festhält. Oder du mußt ein Gottesbild loslassen, das für dich nicht mehr stimmt. Wenn du dir die Bedeutung des geistigen Weges zum göttlichen Menschen stets bewußt machst, wirst du erkennen, wie notwendig es ist, dich von allen Verhaftungen dieser Welt zu lösen, die dich daran hindern, dein großes Lebensziel zu erreichen. Selbst den Wunsch, möglichst schnell zur Erleuchtung zu kommen und deinen geistigen Fortschritt erzwingen zu wollen, lasse los. Auch er ist ein Hindernis und verstellt das Wirken der göttlichen Gnade.

Das Leben, das du bist, ist im tiefsten Grunde göttlich. Wenn du dies erkannt hast, können dich nicht mehr so sehr die äußeren Hüllen des Lebens faszinieren, die mit dem Strom der Zeit vergehen. Die Einübung des Nichthaftens im Alltag ist eine not-wendige Lösung, ja Erlösung von allen festgefahrenen und toten Strukturen in deinem Leben. Mit jedem Loslassen unwesentlicher Dinge wirst du frei für das Neue und für die Fülle der Schöpfung in ihrer Schönheit. Ihr innerer Reichtum ist nicht von dieser Welt. Gerade deshalb wirst du so reich beschenkt. Das klingt paradox. Aber in dem Maße, wie du die äußere Welt losläßt, wirst du von ihr beschenkt.

Löse die Ketten, die dich an diese Welt binden, auf!
Erkenne, daß du frei bist!
Lebe die Liebe!
Rufe das Höchste herbei!
Vertraue dem Licht!
Wundere dich nicht mehr!
Du bist das Wunder!
Lebe im Licht!

Reinheit

Wenn du einen verunreinigten See von allem Unrat befreist, wird er klar und rein. Du kannst dein Bewußtsein mit einem großen See vergleichen, in dem sich die ganze Schöpfung widerspiegelt. Wenn du diesen Bewußtseinsee zu reinigen beginnst, erfährst du die göttliche Schöpfung in dir.

Alle Übungen, ob sie geistig, körperlich oder als Übung des Loslassens im Alltag von dir vollzogen werden, helfen dir, den See deines Bewußtseins zu reinigen. Die Übung im Alltag wird von der wachsenden Reinheit deines Bewußtseins befruchtet. Durch deine Ausstrahlung erkennen deine Mitmenschen, daß du dich veränderst. Wie von einem Zauber berührt, fühlen sie sich zu dir hingezogen. Sie spüren die Strahlkraft der Wahrheit, die durch die Reinheit deines Bewußtseins hindurchleuchtet. Sie sehen das Leuchten deiner Augen, die einen Strahl der wahren Liebe aussenden. Deine Nähe schenkt eine ganz besondere Wärme und Geborgenheit, auf die sie sich vertrauensvoll einlassen möchten.

Die Reinheit ist bereits ein Geschenk auf dem Weg nach innen. Sie ist eine Frucht des oft mühevollen Loslassens. Reinheit als Übung muß darüber hinaus auch deinen Alltag bestimmen. Deswegen ist es sinnvoll, daß du regelmäßig Reinigungsübungen durchführst, die deinen Organismus und die Energiebahnen deines Körper von allen Schlacken und Blockaden befreien. Auf diese Weise können alle Zellen vom kosmischen Energiefluß durchströmt werden. Auch deine Gedanken, Gefühle und der Wille werden von der reinigenden Energie geklärt und von ungeordneten und dunklen Kräften gereinigt. Der Körper wird klar und durchlässig für das Einströmen der lichtvollen göttlichen Kräfte und in dieser Reinheit zu einem Instrument, das den göttlichen Menschen empfängt.

Besonders die tägliche Übung der Meditation, die sich auf den Alltag auswirkende innere Sammlung, der ständige Kontakt mit dem göttlichen Urgrund im Gebet und in der Hingabe, ein gutes Gewissen, klare Verhältnisse in deinem privaten Bereich und die Entscheidung für das göttliche Leben verstärken die Reinheit des Herzens.

> So zart ist der Schleier zur Ewigkeit,
> daß nur der hauchlose Hauch der
> Reinheit ihn in Schwingung versetzt.

Die spirituellen Übungsregeln aller Religionen und die damit verbundenen ethischen Normen haben den Sinn, das Egobewußtsein von allen Unreinheiten zu befreien und es auf die wahren Werte des Lebens auszurichten. So sind die beiden ersten Stufen des Patanjali im Yoga Anweisungen, wie in der inneren und äußeren Disziplin das Bewußtsein von ungeordneten Bestrebungen und Handlungen gereinigt werden soll. So lehrt Buddha im edlen achtfachen Pfad, einer Lebens- und Geistesschulung, die alle wichtigen Aspekte des spirituellen Lebens einbezieht, Wege zur Reinheit. Die zehn Gebote des Alten Testamentes sind nicht nur als moralische Gesetze zu verstehen.

Ihre Einhaltung reinigt den Menschen von allen ungeordneten Trieben und Leidenschaften. Jesus Christus hat geradezu die reine Gesinnung zum Maßstab seiner Nachfolge erhoben: „Selig sind die, die reinen Herzens sind."

In der Lehre Christi wirst du erkennen können, daß die Reinheit alle Stufen deines Wesens durchdringen muß. Die Nachfolge Christi ist die Einübung der Reinheit im Alltag! Nicht nur dein Denken und deine Gefühle sollen diese reine Schwingung ausstrahlen, sondern dein ganzes inneres Bewußtsein, auch dein Wille sollen von Aufrichtigkeit, Selbstlosigkeit, Klarheit und von reiner Absicht geprägt sein. Die Reinheit öffnet den Strom der Liebe in dir. Sie ist es, die dich mit der Quelle der Liebe verbindet. Alle Bereiche im Alltag können von dieser Übung der Reinheit durchdrungen werden: deine Beziehung zu den Mitmenschen, dein Verhalten in der Arbeitswelt, die Erfüllung deiner täglichen Pflichten und Aufgaben, deine Freizeit und vor allem auch dein Umgang mit dir selbst.

Demut

In der heutigen Zeit ist das Wort Demut fast ausgestorben, weil immer weniger Menschen bereit sind, auf einen höheren Willen zu hören und ihm zu gehorchen; achte einmal auf die Wortverbindung – hören – horchen – gehorchen. Sie wollen ihr Leben lieber selbst bestimmen und sind dabei oft rücksichtslos egoistisch. Es ist dem modernen Menschen nicht mehr bewußt, daß eine höhere Intelligenz viel besser weiß, was für das Leben am besten ist. Er glaubt nicht mehr daran, daß die göttliche Kraft, die alle Probleme der Evolution in wunderbarer Weise gelöst hat, auch die persönlichen Probleme zur rechten Zeit auflösen kann.

Wieviel Leid ist schon in die Welt gekommen, weil sich der Mensch in seiner Überheblichkeit zum Mittelpunkt der Welt gemacht hat. Wieviel Weisheit und wahres Wissen konnte sich nicht verbreiten, weil Menschen in ihrer Überheblichkeit, die sie noch mit einem wissenschaftlichen Mäntelchen verbrämten, schon alles zu wissen glaubten. Die Arroganz ist deswegen so gefährlich für den geistigen Weg, weil sie die spirituelle Entwicklung sehr behindert oder gar unmöglich macht.

Die Einübung der Demut kann dir helfen, aus dem Gefängnis dieses modernen Zeitgeistes auszubrechen. Demut ist eine Frucht des Loslassens. Sie wächst mit der Reinheit. Du wirst demütig, wenn dich das Göttliche berührt. Wenn du die ersten zarten Schwingungen der Liebe empfängst, die dich erzittern lassen, und wenn du gleichzeitig die unendliche, unbegrenzte Macht dahinter spürst, dann wächst wahre Demut in dir. Die Demut ist der höchste und edelste Mut des Menschen!

Die Demut ist aus dem Wortstamm Dien-mut entstanden. Der Mensch dient und handelt nach dem höheren Gesetz der göttlichen Ordnung. Es gehört Mut dazu, in allen Situationen dem Leben zu dienen. Es erfordert Demut, wenn du auf die innere Stimme hörst und ihr gegen den Widerstand der äußeren Welt folgst. Nur der demütige Mensch wird im Wissen um seine eigene Begrenzung bereit sein, auch Wahrheiten anzunehmen, die sein menschliches Begreifen übersteigen.

Demütig sein meint nicht Unterwürfigkeit, im Gegenteil, dein wahres Selbst-Bewußtsein wird dadurch gestärkt. Wenn du dein Haupt neigst und dich erhoben fühlst, dann ist das wahre Demut, wenn du dich dabei erniedrigst fühlst, dann ist es falsche Demut. Wenn du wahrhaftig demütig wirst, dann wächst in dir das Vertrauen, dich auf das einzulassen, was die Neue Zeit bringt, um den göttlichen Menschen in dieser Welt zu manifestieren.

Schon jetzt benötigst du Mut, gegen den Strom der Zeit zu schwimmen und dein Leben nach höheren kosmischen Gesetzen auszurichten. Es gilt, die normativ prägende Kraft der Gesellschaft zu überschreiten und in demütiger Liebe dazu zu stehen, das göttliche Leben zu verwirklichen und seine Gesetze zu repräsentieren!

Die Demut führt in den Frieden. Du brauchst nicht gewaltsam mit äußeren Mitteln zu kämpfen, denn sie verleiht dir Herzensmut und Herzenskraft zugleich. Sie ist das Schild Gottes im Menschen! Demut macht dich barmherzig und sanftmütig gegenüber allen Wesen, ob Freund oder Feind. So laß in der Hingabe deines Herzens die Demut reifen.

Transformation
zu einem
neuen Bewußtsein

Das Wagnis

Bist du schon einmal in deinem Leben das Wagnis eingegangen, deinem Seelenruf zu folgen, der dich in die Einheit führen will? Hast du schon einmal in der Begegnung mit der Natur einen beseligenden Augenblick der Einheit erlebt? Bist du schon einmal ganz mit dem Lebensatem eines Baumes verschmolzen? Hast du dich schon einmal darauf eingelassen, in den Wellen des Meeres zu versinken im Vertrauen darauf, daß dich die Welle wieder emporspült? Oder konntest du einmal in tiefer Liebe im Atem eines geliebten Wesens mitschwingen?

Wieviele Beispiele schenkt dir das Leben, die das Wunder der Einheit widerspiegeln! Immer ist es mit einem Wagnis verbunden, sich ganz dem anderen hinzugeben und in ihm aufzugehen, ganz Baum zu sein oder Welle des Meeres, ganz eins zu sein mit einem geliebten Menschen, um in dieser Einheit für einen Augenblick die Sehnsucht nach Liebe zu erfüllen und zu wissen, ihn nie wieder zu verlieren.

Das Wagnis, die Einheit mit dem Höchsten Sein zu erlangen, verlangt mehr als die Hingabe eines Augenblicks. Es fordert jeden Augenblick deines Lebens von dir, dich der höchsten Seelenführung zu übergeben, um dich von ihr in das Wunder der Einheit führen zu lassen.

Das Wagnis der Transformation

Alle bisherigen Schritte und Stufen deines Weges waren nötig, um eine neue Bewußtseinskraft in dir wachsen zu lassen. Sie schafft in dir die geistige Disziplin und die klare Gewißheit deines Lebenszieles. Sie gibt dir die notwendige Seelenenergie, nun das Wagnis einzugehen, das ganze Leben danach auszurichten und es dafür einzusetzen, Einheit zu erfahren und dich im Quellgrund des Seins so grundlegend verwandeln zu lassen, daß du ein neuer, göttlicher Mensch wirst.

Alles Leben unterliegt dem Prozeß der Verwandlung. Doch die Verwandlung zum göttlichen Menschen setzt einen Transformationsprozeß in Gang, der in seiner Intensität und Dynamik mit keinem anderen Vorgang im menschlichen Leben verglichen werden kann. Nichts auf dieser Welt treibt die menschliche Evolution so schnell voran, nichts fördert die persönliche Entwicklung eines Menschen tiefgreifender und umfassender als die Entscheidung, alle verfügbaren Kräfte dafür einzusetzen, das göttliche Leben zu verwirklichen.

Sie ist gleichzeitig mit dem größten Wagnis im Leben eines Menschen verbunden, den von der Natur bestimmten Entwicklungsprozeß zu überschreiten und den Aufstieg zum höchsten Bewußtsein mit der Kraft des Geistes zu wagen.

Das ist in letzter Konsequenz nur dann möglich, wenn dich die Liebe aus dem Sein berührt hat oder wenn die Sehnsucht deines Herzens so stark ist, daß nichts anderes mehr wichtig ist. Du solltest diesen Schritt vertrauensvoll mit all deiner Herzensliebe wagen, weil du dir gewiß sein kannst, daß sich das große göttliche Gesetz in dir verwirklicht.

Das Wagnis der Sterbens

Was dich auf deinem weiteren Weg erwartet, verlangt Unerschrockenheit und Mut, denn das Egobewußtsein will nicht sterben. Damit ist nicht der physische Tod gemeint. Das Sterben des Ego ist ein wachbewußtes Ereignis, das mit dem ununterbrochenen Wagnis verbunden ist, eine für das Ichbewußtsein vollkommen unbekannte Dimension des inneren Lebens durch dich handeln, denken und fühlen zu lassen. Wenn du das Wagnis eingehst, kannst du sicher sein, daß dir ein neues Leben geschenkt wird.

Um das geschehen lassen zu können, darf das Ego nicht durch eine voreilige und vor allem von ihm selbst bestimmte Disziplin abgetötet werden. Du mußt das Wagnis zulassen, deiner höchsten Seelenführung zu vertrauen, die das Ego zu sich heranziehen will, um es in ihrem Lichtgrund zu baden. Damit ist eine umfassende und immer tiefergehende Reinigung all deines Lebens verbunden. Es ist so, als würdest du einen Berg besteigen und an jeder Wegbiegung das alte Leben loslassen und mit jedem Schritt nach oben eine reinere Luft einatmen.

Dabei kannst du dein Egobewußtsein daran gewöhnen, sich immer besser im klaren Lichtbad der Seele zu Hause zu fühlen. Es verliert dabei seine Verhaftung an das begrenzte Leben dieser Welt und gibt seine fordernde Macht auf. Eines Tages stirbt das Egobewußtsein der Welt im Aufstieg ganz, aber gleichzeitig erwacht auf dem Gipfel im göttlichen Bewußtsein ein neues Selbstbewußtsein als ein vollkommenes Lichtinstrument des Geistes. Das Egobewußtsein wird also nicht ausgelöscht, sondern im Lichte verwandelt. Diesen Verwandlungsprozeß erfährt das Egobewußtsein als Sterben.

Das Wagnis des Aufstiegs

Wie es geschieht, wann es geschieht und wie du in diesem Bewußtsein neu erwachst, bleibt deinem Verstandesdenken verborgen. Wenn du dir wieder das Bild des Aufstiegs auf einen Berg vorstellst, dann ist jeder Schritt nach oben mit dem Wagnis verbunden, unbekannten Dimensionen des Geistes zu begegnen. Der Glaube, die Hoffnung und ganz besonders die Kraft der Liebe helfen dir, das Abenteuer der Begegnung mit der grenzenlosen Weite des göttlichen Bewußtseins auf dich zu nehmen.

Noch sind wenige Menschen dazu bereit. Aber du kannst schon jetzt erkennen, daß ihre Zahl ständig wächst. Es ist geradezu ein Zeichen dieser Zeit, daß das göttliche Licht in verstärktem Maße einströmt, um das neue Bewußtsein vorzubereiten. Der Quantensprung dieser Evolutionsstufe steht bevor. Deswegen ist es von außerordentlicher Bedeutung, daß möglichst viele Menschen dies erkennen und das Wagnis, sich von dieser neuen Energie erfüllen und transformieren zu lassen, auf sich nehmen. Bist auch du bereit dazu?

Die nächsten Schritte führen dich in neue Dimensionen, in denen du das alte Leben zurücklassen mußt. Wenn du deinen Aufstieg fortsetzt, wird ein Augenblick kommen, von dem an du nicht mehr zurückkehren kannst. Jeder, der einmal von der göttlichen Liebe berührt worden ist und eine tiefere Erfahrung aus dem Seinsgrund gemacht hat, kann nicht mehr in das alte Leben zurückkehren, an das sich das Egobewußtsein mit seinen Wünschen bindet. Jeder bisherige Schritt hat dich hierfür vorbereitet und deinem Ziel näher gebracht. Keine Mühe, keine Übung und keine Erfahrung war bislang umsonst!

Aber auf deinem Weg bist du nie allein. Gerade auf diesen Stufen des Aufstiegs findest du die treuesten und besten Weggefährten. Du wirst Freunde finden, mit denen du in einer viel tieferen Weise verbunden bist, als das in deinem zurückliegenden Leben möglich gewesen ist, weil euch die gleiche Seelenschwingung einer höheren Liebe verbindet. Dein innerer Meister begleitet dich in unbeschreiblicher Zärtlichkeit und Fürsorge, auch wenn du es in den Zeiten der Dunkelheit nicht immer erkennen kannst.

Das Wagnis des Aufstiegs liegt vor dir. Die Transformation zum göttlichen Menschen verlangt jetzt den ganzen Einsatz deines Lebens. Du kannst bewußt daran teilnehmen und im Licht der Liebe leben. Du selbst entscheidest dich für das Wagnis, auf dem Gipfel des Berges mit der Sonne aller Sonnen zu verschmelzen, um selbst ganz Sonne zu sein.

Die Übergabe

Wenn der Glaube zur lichten Erfahrung der Liebe wird und wenn das Verlangen deines inneren Seelenzentrums darauf besteht, dich zum Wesen aller Dinge zu führen, übergeben sich alle Bewußtseinsebenen in der wachsenden Freude und Zuversicht der inneren Führung. Mit zunehmendem Licht werden immer mehr Schatten sichtbar, die verwandelt werden müssen. Aber gleichzeitig kommt ein dich stets erneuernder Impuls aus dem Lichtgrund, der dir Kraft verleiht, auch die neu entdeckten Bewußtseinsschichten dem Höchsten zu übergeben. Wenn du an diesem Punkt angekommen bist, dann stehst du an einer Grenze, die du nur in der völligen Übergabe deines ganzen Lebens überschreiten kannst. Wenn du es wagst, öffnen sich die Tore zu einem neuen, göttlichen Land, das sich durch dich auf dieser Erde manifestieren will.

Die vollkommene Übergabe an den tiefsten Seinsgrund wird zu einem Fest in deinem Leben, das du nie vergißt. Alle inneren Seelenkräfte jubeln dir entgegen. Du kannst die Freude deiner Engel und inneren Seelenführer spüren, wenn du die Übergabe vollziehst. Von nun an wird dich die Weisheit und Liebe des göttlichen Seinsgrundes führen und zur Quelle des Lebens geleiten.

Wenn es geschehen darf, fallen ganz sanft die letzten Verhaftungen des Lebens von dir ab, und du fühlst dich leicht und frei. Es ist so, als würdest du von einer unendlich langen Reise nach Hause kommen und in der Ferne den Giebel deines Hauses wiedererkennen. Deine Füße tragen dich wie von selbst. Sie können keinen Schritt mehr falsch setzen, denn sie kennen den Weg nach Hause. Wenn du in deiner Heimat angekommen bist, erwacht in dir in einer jubelnden Erinnerung die lang vergessene Wahrheit deines göttlichen Ursprungs.

Ja, mit dieser Übergabe hat dein Erwachen begonnen. Die Lichtorgane der Seele beginnen sich zu entfalten, und in dem noch langen Transformationsprozeß, der vor dir liegt, werden sie dir immer vollkommener als Werkzeuge des Geistes dienen. Die Übergabe an den göttlichen Grund leitet eine ununterbrochene Hingabe deines Herzens ein, die alle Lebensprozesse einbezieht. Alles wird zur Hingabe im lichtvollen Erwachen zum göttlichen Menschen hin.

Nach der Übergabe eröffnen sich dir neue Dimensionen und Räume deines Bewußtseins, die dir vorher verschlossen bleiben mußten. Du wirst staunen über den Schatz, der in dir verborgen lag. In der Stille deines Herzens erfährst du deine Lebensaufgabe. Sie enthält jenen Plan, den eine unendliche Liebe seit Ewigkeiten für dich vorgesehen hat. In dieser göttlichen Vorsehung sind alle Lebensbereiche deines Daseins mit einbezogen. Wenn du dich dieser göttlichen Führung überläßt, wird dir alles zum Besten gereichen. Deine Hauptaufgabe wird künftig darin bestehen, dem Licht zu dienen.

Die Übergabe setzt eine Spirale des Aufstiegs in Bewegung, die mit keiner Dynamik der Welt verglichen werden kann. Je höher du in den Raum deines Bewußtseins emporsteigst, um so mehr durchpulst dich die Ewigkeit, und in der Ewigkeit wird die Zeit zum Paradox. Du erkennst eines Tages in einem Augenblick der Gnade, daß es keine Zeit gibt und daß der Raum grenzenlos ist. Was also kann dich noch beunruhigen, was kann dich noch unter Zeitdruck setzen und ruhelos antreiben? Alle Zeit, die es gibt, gehört dir!

Übergib dich voll Vertrauen dieser Ewigkeit! Mit der gläubigen Gewißheit der Liebe, die dich berührt hat, und in heiterer Gelassenheit gehst du nun von Augenblick zu Augenblick den Weg weiter. Es werden sich dir ständig neue Wegstrecken eröffnen. Du wirst an weitere Grenzen stoßen. Deine geistigen Führer sorgen auch weiterhin dafür, daß du keine überschreitest, für die du noch nicht reif geworden bist. An jeder Schwelle mußt du die Übergabe aus deinem reinen Herzen erneuern. Nur die Schwingung der Hingabe öffnet dir alle Pforten.

In der Liebe, die aus dem Grund des Schweigens kommt, bist du beschützt. Wandere ihr frohgemut entgegen! Laß dich von ihr in das unendliche Abenteuer deines Bewußtseins geleiten, das dich zu immer höheren und tieferen Erfahrungen deines Menschseins führt!

Das Abenteuer des Bewußtseins

Wenn das Leben in dieser Welt mit dem begrenzten Bewußtsein des mentalen Denkens schon zu einem Abenteuer wird, wieviel spannender wird dann das Leben, wenn sich die Tore des höheren Bewußtseins öffnen dürfen?

Auch das Bewußtsein unterliegt den Gesetzen der Evolution. Es hat sich aus niederen Stufen bis zum heutigen menschlichen Bewußtsein in Jahrmillionen entwickelt. Dein Bewußtsein, das dich auf seiner Stufe mit seinen Wahrnehmungs- und Erkennungsmöglichkeiten begrenzt, ist eine Manifestation des reinen Bewußtseins in dieser Welt, das sich in der Evolution zunehmend zum Ausdruck bringt. Aber jede durch das Egobewußtsein erzwungene zu frühe Erweiterung kann zu krankhaften Erscheinungen führen. Das Bewußtsein des Menschen wird dann mit Bildern und Inhalten aus dem Unbewußten überschwemmt, die er nicht einordnen kann, die Angst machen und zu unnötigen spirituellen Krisen führen.

Der kosmische Schöpfungsplan hat zwei Möglichkeiten vorgesehen, das Bewußtsein zu entwickeln. Der natürliche Weg gilt für alle Menschen. Auf ihm hat sich in einer über Millionen von Jahren gehenden Entwicklungszeit das menschliche Bewußtsein bis zur heutigen Stufe entwickelt. Der zweite Weg überschreitet die naturgebundene Entwicklung.

Schon immer gab es herausragende Persönlichkeiten, die durch einen geistigen Weg, durch persönliches Mühen und durch Gnade zu einem höheren Bewußtseinszustand gelangt sind. Jetzt erlebst du eine Weltenstunde, für die die Zeit reif geworden ist, daß das Bewußtsein aller Menschen in eine höhere Dimension erhoben werden kann. Was früher nur einigen Auserwählten möglich gewesen ist, soll einer immer größer werdenden Anzahl von Menschen geschenkt werden, bis schließlich die ganze Menschheit im neuen Bewußtsein erwacht.

Diese neue Bewußtseinsstufe hängt aber nicht mehr von den natürlichen Evolutionsgesetzen ab, sondern sie ist in ihrer Entfaltung abhängig von der freien Entscheidung eines jeden einzelnen, einen geistigen Weg zu gehen und sich dem göttlichen Licht zu öffnen. Aus diesem Grunde sind dir alle Belehrungen und Hilfen gegeben worden, damit du dich dem neuen Bewußtseinsstrom anschließen kannst, der jetzt die Menschheit durchströmen will.

Wenn du dein eigenes Herz sprechen läßt und mit wachen Sinnen die Welt beobachtest, wirst du viele Gründe erkennen können, warum die Menschheit für das Abenteuer des Bewußtseins reif geworden ist. Wie du aus eigener Erfahrung weißt, ist die Sehnsucht der Menschen nach einem größeren, freieren Leben so stark geworden, daß sie die entsprechenden Kräfte zu ihrer Verwirklichung hervorrufen wird. Das Wissen auf allen Gebieten, besonders auch in zunehmendem Maße um den Geist des Menschen, das Einsichten in die kosmischen Zusammenhänge ermöglicht, ist so angestiegen, daß das begrenzende Denken immer mehr erkannt und überschritten werden kann.

Die Energie, die dich durchströmt, hat sich so verfeinert, und die feinstofflichen Körper vieler Menschen sind so transparent geworden, daß die Mauer, die sie von dem höheren Bewußtsein trennt, zusammenstürzen kann. Mit der einbrechenden Lichtenergie, die alle Unwahrheiten aufdeckt und die Masken von den Gesichtern reißt, kann der Leidensdruck der Menschheit so groß werden, daß nur ein neues Bewußtsein aus der Sackgasse herausführt. Der Leidensdruck hat bereits dazu geführt, daß die Kommunikation unter den Menschen und die Verbindung unter den Völkern global geworden ist und sich einengende Sichtweisen und Grenzen auflösen.

Schon jetzt haben die bestehenden Lebensfelder, die alles mit allem verbinden, eine größere Einheit bewirkt, auch wenn du zur Zeit noch sehr viel Dunkelheit und Trennung in der Welt erkennen kannst. Aber unter der Oberfläche des äußeren Lebens beginnt der Keim des neuen Bewußtseins schon zu wachsen. Jeder einzelne Mensch, der auf das Abenteuer dieser kommenden Seinsstufe eingeht, trägt dazu bei, daß dieser Keimling wächst und das Gesamtbewußtsein der Menschheit verwandelt.

Auch deine Entscheidung, die du durch die Übergabe an den Seinsgrund gefällt hast, dein Üben und Mühen, verwandelt das alles verbindende Bewußtseinsfeld der Menschheit. Diese Tatsache wird heute schon von der Wissenschaft bestätigt. Forscher haben herausgefunden, daß sich das sogenannte morphogenetische Feld verändert, wenn sich ein Angehöriger einer Gattung eine neue Verhaltensweise aneignet bzw. angewöhnt. Bei den Menschen trifft das in besonderer Weise für das Bewußtsein zu. Diese Felder sind das Instrument des Geistes, um sich in Form und Gestalt zum Ausdruck zu bringen.

Bewußtsein ist der Motor allen Lebens! Du hast ja schon an dir selbst bei deinen spirituellen Übungen bis in deine Leiblichkeit hinein erfahren dürfen, daß hinter allen äußeren Erscheinungsformen geistiges Bewußtsein wirkt. Es lädt dich ein, in seiner Schöpfung an dem Abenteuer des Lebensspiels, das zum göttlichen Bewußtsein führt, mitzuwirken.

Das ist aber nur möglich, wenn du dich nicht mehr nur von der begrenzten Entwicklungskraft der natürlichen Evolution lenken läßt, sondern den Mut hast, sie zu überschreiten, und wenn du dich auf das Abenteuer des sich stets ausweitenden Bewußtseins einläßt. Die Weitung des Bewußtseins findet seine Entsprechung in dem ständig sich ausdehnenden Universum. Da du ein Mikrokosmos im Makrokosmos bist, geschieht auch in deiner persönlichen Bewußtseinsentwicklung die Ausweitung des göttlichen Bewußtseins im Universum.

Wie kein anderer hat Jesus Christus das Bewußtseinsfeld der Menschen verändert. In ihm hat sich das göttliche Bewußtsein in unvergleichlicher Weise mit der Materie verbunden. In seinem menschlichen Körper lebte und wirkte das Licht in einer solchen Fülle, daß sich auf dieser Erde die Lichtmaterie manifestieren konnte. In der Verklärung auf dem Berg Tabor und in seinen Wundertaten gab er den Menschen ein Zeichen dafür, daß es möglich ist, im göttlichen Bewußtsein die Naturgesetze zu überschreiten.

Christus legte den Keim in die Menschheit, daß sich einmal der göttliche Mensch in jedem einzelnen verwirklichen kann. So hat er freiwillig die Begrenzungen und Leiden der Menschen auf sich genommen und mitgetragen und sie grundsätzlich durch seine göttliche Liebe verwandelt. Die unendliche Liebe des göttlichen Bewußtseins und seine menschliche Hingabe haben eine Schwingung des Lichtes in die Welt gebracht, die die Bewußtseinsfrequenzen der

Menschen ständig erhöht. Dieses energetische Lichtfeld durchströmt auch dich. Es ist Licht vom höchsten Licht, das dich Schritt für Schritt aufweckt und dein Bewußtsein erleuchtet.

Bewußt kannst du das kosmische Christuslicht, das dir die neuen Dimensionen des Bewußtseins öffnet, in deinen Körper, in dein Fühlen und in dein Denken einstrahlen lassen. So wird dein natürliches Leben transformiert und die natürliche Evolution der geistigen Entwicklung angeglichen. Durch dein Wagnis, dich auf das Abenteuer des Bewußtseins einzulassen, erwacht die Natur mit dir. Diese Entwicklung geschieht bereits mit der ganzen Erde und all ihren Wesen. Das Abenteuer des Bewußtseins erwartet dich überall!

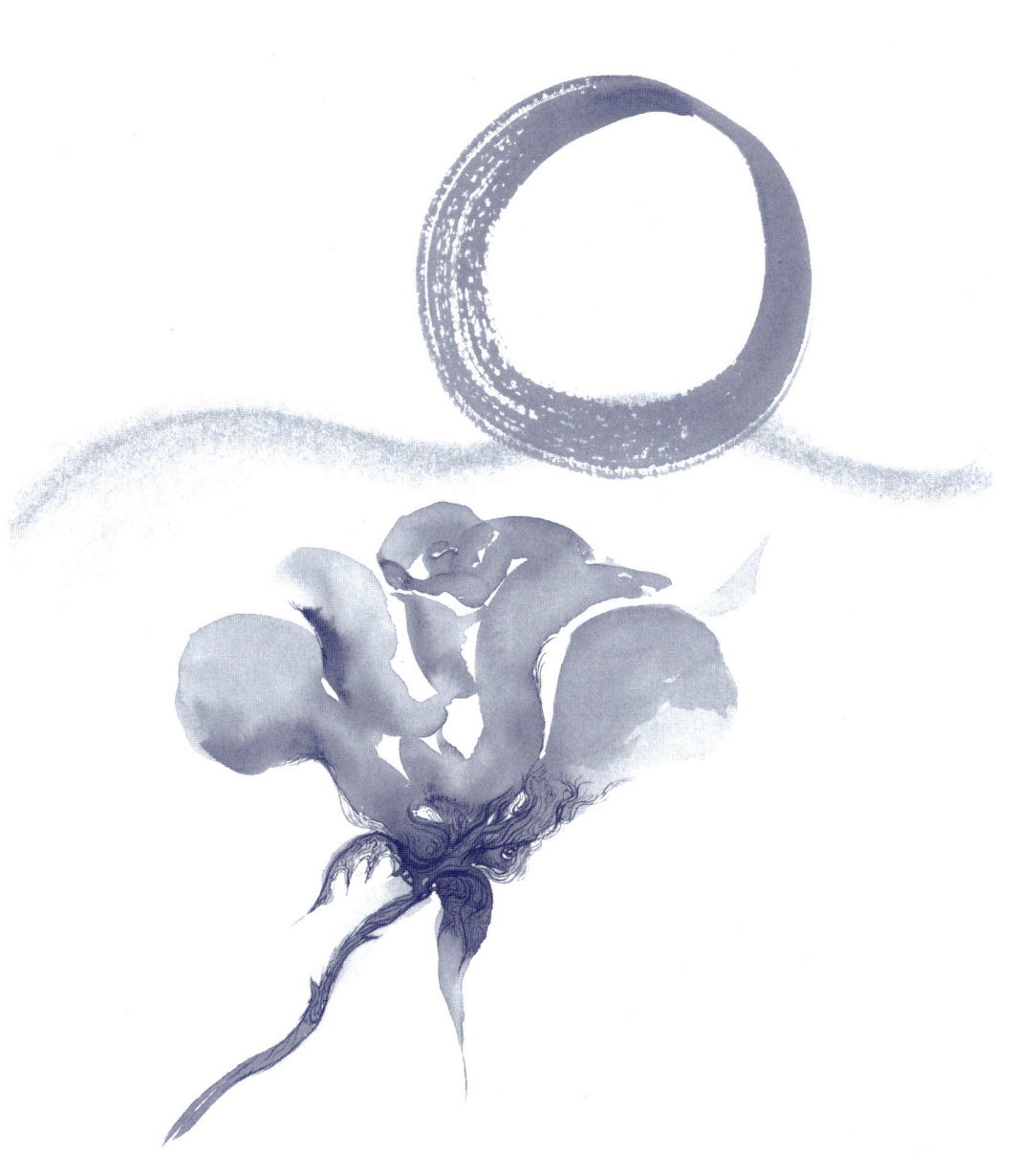

Erwachen im Sein

Bereite dich mit deinem ganzen Wesen darauf vor, in der unermeßlichen Weite des göttlichen Bewußtseins zu leben, das in dir erwachen
will. Entsage allen einengenden weltlichen Wünschen, die dich daran
hindern, und bejahe dein tiefstes Herzensbedürfnis, in die lichte
Weite deiner wahren Heimat zu wandern! Entsage dem Kleinmut und
der Hoffnungslosigkeit, die dich niederdrücken! Widerstehe dem
Zweifel, daß der göttliche Mensch und die Erfahrung der Einheit auf
dieser Erde nie möglich sein werden, wenn du die Situation der Menschen um dich herum und in der Welt betrachtest! Denke daran, daß
die Schrecken der Welt, Kriege, Hunger, Krankheit und Leid, das sich
die Menschen selber zufügen, nicht nur Ausdruck des Bösen sind, das
verwandelt werden muß, sondern daß sie auch Lernprozesse mit sich
bringen. Selbst in der tiefsten Dunkelheit ist der Keim des Lichtes
anwesend.

> Du BIST der göttliche Mensch!
> Du BIST in der Einheit allen Seins!
> Erwache!
> Erkenne dich!

Entsage allem, was dich von dieser Wahrheit trennt! Lebe schon
jetzt die Einheit! Verwirkliche sie Schritt für Schritt in all deinem
Tun! Vereine immer mehr deinen inneren Weg und dein äußeres
Leben zu einer höheren Qualität des Lebens!

Fühlst du bei diesem Aufruf, wie dein Herz beginnt, in Sehnsucht
zu schwingen? Oder meinst du, dieses Ziel sei viel zu hoch für dich?
Vielleicht denkst du an die vielen Tränen der Enttäuschung, die du
schon geweint hast. Viele Tränen erzählen dir von dem Leid der
Schmerzen auf dem Weg des Erwachens in die Einheit. Aber diese
Tränen der Verwandlung sind schon die Quelltropfen des Lichtes
gewesen, das mit dir eins werden will. Jeder Mensch mußte auf dem
Weg zum Urgrund allen Lebens die Tränen aus dem Quellgrund des
Lichtes kosten. So wie die Quelle des Waldes den trockenen Waldbo-
den fruchtbar macht für das aufkeimende Leben, so bereiten diese

Tränen den Weg zum Erwachen vor. Sie lösen in ihrer Reinheit die Hindernisse auf dem Weg zum Lichtgrund auf. Sie klären dein Wesen und führen dich zu neuen, höheren Stufen des Bewußtseins.

Eines Tages wirst du die Einheit kosten und dich von ihr berühren lassen. Schon lange vorher und oft unbemerkt von deinem äußeren Wesen, strahlt sie aus dem tiefsten Schweigen deines Herzens. Alles Große reift in der Stille! Liebe die Einsamkeit, in der sich das göttliche Licht einsamen kann. Pflege die Stille in deinem Leben. Vertiefe besonders die Qualität der Stille in der Übung der Meditation. Sie schenkt dir in der Erfahrung der Leere das Wunder der Einheit.

All-eins-Sein

Es gibt einen Raum in dir, der mit der Unendlichkeit verbunden ist. In ihm ist das All gegenwärtig, und du bist in ihm eins mit dem göttlichen Sein. Dieser Raum ist dein geistiges Herz. In ihm sind Himmel und Erde vereint. Es liegt hinter der Stille und dem Frieden, den du in tiefer Meditation erlebst. Es liegt im abgrundtiefen Schweigen sicher verborgen. In ihm erfährst du das glückselige All-eins-Sein. Es ist der Raum des unbenennbaren Herzens Gottes, des unaussprechlich Einen im All. Du erreichst ihn nicht aus eigener Kraft. Dir wird die Tür am namenlosen Tag aller Tage geöffnet.

Beide Räume, der Schrein deines Herzens und der namenlose Raum im Herzen Gottes, sind im Band der Liebe eins. Und doch ist es notwendig, zuerst den grenzenlosen Raum zu erfahren, der du selbst bist.

Die Übung der Meditation führt dich durch die Konzentration ohne Anstrengung zu immer tieferen Schichten deines Wesens. All dein Wollen, deine Gedanken und deine Wünsche müssen im Raum der Ruhe zum Frieden gekommen sein und vor der Tür der Stille verweilen. Erst die vollkommene Stille in dir kann dich tiefer in den Grund deines Herzens führen. Die Stille braucht Zeit, um dich ganz auszufüllen, bis du von den letzten Resten des Lärms gereinigt bist.

Dein Meditationswort und ganz besonders der Hauch deines Atems sind nun die einzigen Gefährten der Stille. Sie sind wie ein Lichtstrahl, der dich ohne Umwege vor das Tor zum Raum des Schweigens geleitet. Bevor du diesen Raum betreten darfst, in dem du das All-eins-Sein erfährst, müssen die letzten Reste des Egobewußtseins sterben. Dieser Tod führt dich zu einem neuen Leben.

Jetzt bist du allein. Dein Atem schmeckt den Hauch der Ewigkeit. Du hast alles zurückgelassen, auch dein inneres Wort. Kein äußerer Halt kann dich stützen. Erst das Alleinsein führt dich zum All-eins-Sein, in dem sich deine reine Liebe mit der All-Liebe vereinigt. Nur die innere Herzensliebe, die dich durch die Sehnsucht nach dem Quellgrund aller Liebe auf deinem Weg begleitet, besitzt das wortlose Schlüsselwort des Schweigens, das die Tür zum göttlichen Leben öffnet. Wenn sich das Tor des Schweigens im Schrein deines Herzens öffnet, bist du all-eins.

Einheit

Tiefstes Geheimnis im göttlichen Sein.
Das All ist in Allem und doch bleibt's all-ein.
Nicht Mutter noch Vater kannst du es benennen.
Es ist nicht im Denken für dich zu erkennen.
Nicht teilbar ist's, noch in Worte zu fassen.
Einsam erfährst du's, mußt dich in Liebe Gott lassen.
Das All ruht im Einsamen, ist Einheit im All.
Schweigende Stille, kein tönender Schall.
Erwacht trinkt die Seele aus dem Quellgrund des Seins.
Sie atmet das Lichte und Dunkle als eins.
Das Schwingen der Seele gleicht göttlichem Tanz.
Das Herz ist voll Jubel, dein Leben ist ganz.
Liebe erfüllet das ewige Wesen.
War es denn jemals schon anders gewesen?

Alte Wunden im neuen Licht

Auf dem Weg nach innen durchleuchtet das Licht des erwachenden Bewußtseins immer tieferliegende Schichten deines Menschseins. So wie die Sonne das Dunkel der Wolken durchdringt und alles sichtbar macht, so beginnt die göttliche Lichtkraft alle Räume deines Bewußtseins zu erhellen.

Deine innere Sonne, die dich tiefer durchstrahlen wird, als das Licht der Sonne die Erde zu erhellen vermag, ist dein höchstes Selbst, das immer an die Lichtkraft des göttlichen Geistes angeschlossen bleibt. Auf dem Weg zu Gott strahlt dir das Licht aus der Urquelle des Seins mit seiner reinigenden Kraft entgegen. Gerade deshalb erkennst du auf dem Weg zu deiner inneren Sonne nicht nur neue Dimensionen des Lebens, die dich mit Glück, mit Freude und wachsender geistiger Kraft erfüllen, sondern du nimmst durch ihre reinigende und ordnende Kraft auch die verborgenen Schatten in dir wahr, die du in den Tiefen deines Bewußtseins verdrängt hast.

Nur durch die göttliche Lichtkraft von innen beginnst du, dich in allen Räumen deines Bewußtseins so wahrzunehmen, wie du wirklich bist. Das Licht deckt alles auf. Es durchleuchtet alle deine Schichten mit ihren Strahlen. Viele Räume sind durch deinen Weg schon erhellt und verwandelt worden. Du wirst Schritt für Schritt darauf vorbereitet, tiefer voranzuschreiten. Die Übung im Alltag, die Disziplin im Leben, das Wissen durch Erkenntnis und die Erfahrung der göttlichen Berührung werden dir helfen, die dunklen Schichten des Bewußtseins zu erhellen und die unerlösten Kräfte zu befreien. Durch das zunehmende göttliche Licht besitzt du die Kraft, die noch ungelösten Schatten deines Lebens aufzulösen.

Sei dir bewußt, daß nicht mehr nur die alltäglichen Probleme mit ihren Gewohnheiten verwandelt werden wollen und daß nicht nur die bewußten Verletzungen und Narben im Licht der Liebe geheilt werden müssen, sondern daß auch die alten unbewußten Wunden deines Lebens nun vom Licht des neuen Bewußtseins aufgedeckt werden, je tiefer du in die verborgensten Schichten deines Wesens vordringst. In diesem Licht wird wirklich alles erneuert.

Das neue Licht bahnt sich den Weg von außen nach innen und von innen nach außen. Es hinterläßt nur die göttliche Lichtspur. Wenn du dich in hingebungsvoller Liebe und Demut dem Licht öffnest, liegt der sonnenhelle Weg vor dir. Auf ihm werden alle Schatten, die dein Bewußtsein trüben und einengen, aufgelöst. Du kannst keinen Schritt weitergehen, wenn diese Hindernisse nicht beseitigt werden. Ist dir bewußt, daß du das Schattenspiel deines Lebens nur mit dem Licht des göttlichen Bewußtseins erkennen kannst?

Im Licht des neuen Bewußtseins schmerzen die Narben und alten Verletzungen, die dir zugefügt wurden und die du verursacht hast, noch mehr als vorher, als du noch in deiner Unbewußtheit mit deinen Gewohnheitsmechanismen die Schattenseiten verdrängen konntest. Im neuen Licht besitzt du die Kraft der Reinigung. Im Licht des neuen Bewußtseins werden alle Verdrängungsmuster und unwahren Glaubensvorstellungen, die dir ein falsches Selbstbildnis widerspiegeln, aufgelöst. Im Quellstrom der Wahrheit wird alles in die kosmische Ordnung hineingeführt.

Der Weg durch die Wüste

Auch wenn du von der göttlichen Liebe berührt wurdest und in einem Augenblick die Gnade der Einheit erleben durftest oder sie zumindest erahnen konntest, ist es dir noch lange nicht möglich, das Licht des neuen Bewußtseins aus dem göttlichen Grund ständig wahrzunehmen und zu erfahren. Die Macht dieser lichtvollen Energie wird die Schattenseiten deines Lebens erbarmungslos sichtbar machen. Nur das Licht konnte sie aufdecken.

Oft spürst du den Schmerz der nicht verheilten Wunden aus deinen unterbewußten und unbewußten Schichten so intensiv, daß sie alles Lichtvolle in dir zu verdunkeln scheinen. In den Stunden des spirituellen Leidens kannst du dich zu deinem Entsetzen wie von der Quelle allen Lebens abgeschnitten fühlen, so daß du dich fühlst wie ein verdürstender Wanderer in der Wüste, der nach Wasser lechzt. Du fühlst nur noch den Schmerz der Füße auf dem Weg und die vollkommen ausgetrocknete Kehle. Was dir bleibt, um zu überleben, ist der unerschütterliche Glaube an die Quelle, die dir versprochen wurde. Wie dich die gleißende Sonne der Wüste so blendet, daß du sie selbst nicht mehr wahrnehmen kannst, so kann dir in diesen Leidensstunden der Wüstenerfahrung das göttliche Licht so nahe sein, daß du es in deinem Seelenschmerz nicht mehr zu fühlen vermagst und es sogar als Dunkelheit empfindest.

Immer wieder wird dein Glaube auf deinem Weg zum göttlichen Menschen geprüft und in der Überwindung der Schwierigkeiten gleichzeitig gestärkt. In den oft qualvollen Stunden der Dunkelheit, in der du das Licht nicht mehr erkennen kannst, ist der Glaube das Licht der Hoffnung in dir, das nie ausgelöscht werden darf. Der Glaube an die Anwesenheit des göttlichen Lichtes, das selbst im Schmerz seine Liebe offenbart, und die unerschütterliche Hoffnung, in dieser Liebe das große Ziel zu erreichen, begleiten dich sicher durch alle Abenteuer deines Bewußtseins. Sei dir bewußt, daß du nie allein bist und immer von der Liebe getragen wirst, ob sie dich dabei hinauf in lichtvolle Sphären führt oder durch die Abgründe der Wüste deines Lebens begleitet.

Die Leere der Wüste ist ein Symbol für die Krisenzeiten deines Weges, auf dem du leer geworden bist, dich wie ausgebrannt fühlst und auf dem du nichts mehr besitzt, woran sich dein Leben klammern könnte.

In der Wüste fehlt dir die wichtigste Grundlage zum Überleben, das Wasser. In der Lebenswüste wird dir auch ein Wasser genommen. Es entspringt der Quelle, aus der deine Sinne trinken. Es ist die Quelle des weltlichen Lebens, aus der deine Gedanken, Gefühle und Empfindungen neue Nahrung finden. Es ist die Quelle, von der du immer noch glaubst, daß sie den Durst deines Lebens stillen könnte.

In der Wüste wirst du gezwungen, nach einer Quelle zu suchen, die dein Leben retten kann. In der spirituellen Krise mußt du eine Quelle finden, aus der die Wasser des Lebens entspringen. Mit deren Lichtkraft kannst du die dunklen Ebenen durchschreiten, bis du wieder im Licht bist. Die Quelle des Lebens liegt gleich einem kostbaren Schatz im Grund des Herzens verborgen. In der inneren Wüste lernst du in der wachsenden Sehnsucht nach Befreiung, nach dieser Quelle zu graben, um überleben zu können. Gerade in solchen Krisenzeiten erkennst du klarer als in manch anderen Lebensabschnitten, in denen es dir gut geht, wie lebenswichtig es ist, diese innere Quelle zu finden.

Der Glaube und die Hoffnung wissen, daß in deinem Inneren die Quelle sprudelt, die nie versiegt. Ihre Lebenswasser verwandeln deine dunklen Schatten und deine depressiven Gemütszustände in Licht. In ihrer Liebe stillt sie auch deinen weltlichen Lebensdurst und beschenkt dich darüber hinaus mit der Überfülle der reinen Freude.

Finde diese Quelle in deiner Wüstenerfahrung! Verbanne die Ängste, die dich in deiner Not befallen, und erkenne sie als eine Fata Morgana! Vertreibe die Müdigkeit mit der Hoffnung, die durch die Liebe in dir gewachsen ist! Erkenne in deiner Herzensweisheit, daß dich Wüstenerfahrungen in ihrer reinigenden Kraft auf dem Weg zum göttlichen Bewußtsein schneller voranschreiten lassen!

Spirituelle Krisen

Auf dem Weg zum göttlichen Menschen steigst du aus der Begrenzung deines jetzigen Bewußtseins immer weiter hinauf in die unbegrenzte Dimension eines neuen, göttlichen Bewußtseins. Werde dir noch einmal in aller Klarheit bewußt, daß du Zeuge eines Evolutionsschrittes der Menschheit bist, der das Bewußtsein in einem Quantensprung zu einer höheren Stufe führen wird, und daß du ein Teil dieses Geschehens bist. Du selbst kannst in deiner eigenen Transformation den Verwandlungsprozeß zum göttlichen Menschen beschleunigen, wenn du auf das sich stets erneuernde Wagnis deiner Übergabe an das göttliche Sein eingehst.

Nur die Menschen, die sich für das neue Bewußtsein öffnen und wach werden für eine höhere Dimension des Lebens, besitzen die innere Kraft und erhalten auch die Fähigkeiten, aus der Dunkelheit ihrer Unwissenheit und der damit verbundenen Begrenzung, aus der Unfreiheit und dem Leid bewußt in das universelle göttliche Bewußtsein aufzusteigen.

Nur diejenigen, die mutig die Disziplin auf sich nehmen, die natürliche Trägheit im Körper und im Geist zu überwinden und die alten Lebensgewohnheiten aufzugeben, sind für die Aufnahme einer höheren, kraftvolleren Lichtenergie vorbereitet.

Du kannst nicht erwarten, daß der Aufstieg aus der Dunkelheit des Nichtwissens in das Licht der wahren Weisheit leicht ist und ohne Krisen verläuft, auch wenn dich der geistige, spirituelle Weg Stufe um Stufe zu einem tieferen und befreienderen Erwachen führt. In deinem Reifeprozeß erfährst du eine immer umfassendere Weite und Freiheit in deinem Leben und den Jubel des Herzens, der dich in immer beseligendere Tiefen deiner Seele führt. Dieses Wissen wird dir in Krisen helfen.

Aber es treten auch unvermeidliche Zwischenphasen auf. Unverarbeitete Konflikte, unausgeglichene Energien, uralte Verletzungen der Seele blockieren den Fluß deines Bewußtseins. Sie scheinen deinen Fortschritt zu verhindern, bis auch diese ungeordneten Kräfte von deinem höheren Selbst durchlichtet und gereinigt sind. Oft genug spürst du sie hautnah als Schmerz oder gar als eine Krankheit. Es kann dir auch geschehen, daß du völlig im Dunkel des Unwissens tappst und nicht weißt, was dir geschieht.

Krisen begleiten das ganze Dasein des Menschen. Immer sind es Angebote des Lebens, daran zu wachsen und zu reifen. Wenn du eine körperliche Krise in der Form einer Krankheit überwunden hast, bist du nach der Genesung reifer und widerstandsfähiger geworden. Vielleicht erinnerst du dich jetzt an eine Kinderkrankheit oder an eine andere Krankheit in deinem Leben. In einer Krisensituation hast du die letzten Gifte der Krankheit ausgefiebert, und am Morgen wachtest du dann mit klarem Blick auf.

Auch die Lebenskrisen nehmen einen ähnlichen Verlauf. Das Leben führt dich in Grenzsituationen, in denen du erkennst, daß du etwas verändern mußt. An den Höhepunkten solcher Ereignisse stehen immer wichtige Entscheidungen an, die dir neue Perspektiven eröffnen können. Eine solche Krise will dich wachrütteln und dir zeigen, daß dein Leben in eine falsche Richtung läuft und daß du alte Lebensgewohnheiten aufgeben mußt. Wenn du den Aufruf der Krise nicht hören willst und die Botschaft des damit verbundenen Leides nicht erkennst, kann sie zwar für eine Zeitlang verdrängt werden, aber sie wird wiederkommen und dich schwerer belasten als vorher. Jede Krise ist ein Instrument des Lebens, einen Genesungs- und Reifungsprozeß in Gang zu setzen.

Eine spirituelle Krise hat noch eine viel größere Bedeutung als eine Krankheits- und Lebenskrise. Es werden viel tiefere Schichten angesprochen. Alle ungeordneten in dir schlummernden Lebens- und Bewußtseinskräfte drängen in einer solchen Krise zur Heilung. Sie führt dich in eine Reinigungsphase, in der alle Hindernisse für das Einströmen der göttlichen Lichtenergie aufgelöst werden. Die göttliche Kraft ist zwar immer da, aber sie kann sich in einer ungeläuterten Seele nicht in ihrer Fülle manifestieren. Sie reinigt dich, heilt dich gleichzeitig und macht dich neu.

Durch den Schmerz und die Not, die mit einer spirituellen Krise verbunden sind, zwingt sie dich, eine klare Entscheidung für das göttliche Leben zu fällen.

Überwindung der spirituellen Krisen

Wenn du dir diese Tatsachen bewußt machst, überwindest du eine spirituelle Krise ohne unnötige Ängste. Erinnerst du dich an deine Entscheidung, das Zentrum deiner Lebensausrichtung nach innen zu verlagern? In einer spirituellen Krise bist du leicht geneigt, dieses Zentrum als Quelle deines Lebens in dir zu vergessen. Du siehst nur noch das Problem, das dich in der Grenzsituation peinigt.

Die Gefahr dieser Krisen liegt dann nur darin, daß du dich hilflos fühlst und nach den äußeren Hilfen der Welt suchst. Sie können dich aus der Krise nicht befreien. Die Wissenschaft besitzt noch nicht das Verständnis für diese Dimension der Reinigung. Die äußere Welt fürchtet sich sogar davor, weil das Massenbewußtsein mit seinen Mechanismen spürt, daß du dich durch diese reinigende Energie der Krise von seinen Bindungen löst. Alle Mittel und Methoden der Psychologie, die aus dem mentalen Bewußtsein heraus entstanden sind, haben das Ziel, daß du in der Gesellschaft funktionierst. Jede spirituelle Krise führt aber weit darüber hinaus und besitzt in sich selbst schon die Heilkraft, die zu ihrer Überwindung führt.

Eine normale Lebenskrise will dir zeigen, daß du in deinem Leben etwas verändern mußt. Sie soll zu einer Neuordnung des Lebens führen, damit du wieder glücklicher, zufriedener und gesünder werden kannst. Dieses Ziel verfolgen die herkömmlichen Heilweisen der Medizin, der Psychologie und anderer Therapien. So manche Lebenskrise wird aber zu einer spirituellen Krise, wenn sie tiefere Schichten aufbricht.

Die spirituelle Krise will dich zu einem höheren Bewußtsein erheben. Da sie dich in den Raum des göttlichen Bewußtseins führen will, kommt dir die göttliche Kraft in ihr entgegen, um dir alle Hilfen anzubieten, die zu ihrer Überwindung notwendig sind. Erkenne deshalb in diesen Dunkelheiten, daß dir die Urquelle der Kraft und Weisheit zur Seite steht! Das göttliche Licht in deinem Wesenszentrum gibt dir die Kraft, die Krisen durchzustehen. Es weiß um die Mittel, diese Krisen zu lösen und die damit verbundenen ungeordneten Kräfte zu er-lösen. Auch wenn du es gerade dann nicht spürst. Das Licht der Liebe verläßt dich nie! Gerade in den Dunkelheiten einer

Krise ist es dir näher, als du dir selbst bist. Es schickt dir alle Hilfen, die du für die Bewältigung und für die Transformation der ungelösten Schatten in dir benötigst. Kennst du nicht die Geschichte der zwei Spuren im Sand?

Ein Mensch sah in einem Traum eine lange Fußspur auf einem Meeresstrand. Er erkennt, daß darin sein ganzes Leben abgebildet war. Als er genauer hinschaute und sein Leben dabei überblicken konnte, sah er zu seiner Überraschung eine zweite Fußspur neben der seinen. Im Traum erkannte er, daß es die Spur Gottes war, der ihn in seinem Leben begleitet hatte. An manchen Stellen aber entdeckte er nur noch eine Fußspur. Als er näher hinblickte und sein Leben in diesen Wegstrecken widergespiegelt bekam, waren das immer Zeiten, in denen er Leid und Schmerzen ertragen mußte und der Lebensweg steil und schwierig wurde. Im Traum beschwerte er sich bei Gott und sagte: „Du bist mit mir Seite an Seite durch das Leben gegangen, in guten wie in schlechten Zeiten; aber auf manchen schweren Strecken des Lebens, als mich Leid und Sorgen niederdrückten, hast du mich alleingelassen." Da sprach der Herr zu ihm: „Mein Kind, ich begleitete dich dein ganzes Leben, doch in den schwersten Zeiten habe ich dich getragen."

Deshalb mache dir stets bewußt, daß du nie allein bist und gerade in solchen Krisen getragen wirst. Diese Liebe führt dich auch zu einem spirituellen Lehrer oder Meister, wenn du ihn als Wegbegleitung brauchst. Auch erfahrene Freunde, denen du vertrauen kannst und die dich verstehen, können dir mit Rat und Tat zur Seite stehen. Nimm ihre Hilfen dankbar an. Viele Menschen sind heutzutage durch ihre eigenen spirituellen Erfahrungen über das herkömmliche Wissen der Therapien und deren Methoden hinausgelangt und haben im Licht des neuen Bewußtseins neue Wege zur ganzheitlichen Heilung gefunden. Sie sind wie du auf dem Weg zum Licht. Aus dieser Quelle empfangen sie immer feinstofflichere Techniken und Hilfen, die die Kanäle für das Fließen der göttlichen Energien öffnen, Blockaden lösen und die spirituellen Wachstumsprozesse beschleunigen helfen.

Die größte Hilfe zur Überwindung der spirituellen Krisen ist aber die nie nachlassende Ausrichtung deines seelischen und mentalen

Bewußtseins auf den göttlichen Willen! Er will durch dich wirken und in deinem Wesenszentrum zum Ausdruck kommen. In der Disziplin der Achtsamkeit auf diese Herzenskräfte wirst du mit einem tieferen Verstehen ausgerüstet, das dir den Sinn deiner Krisensituation offenbart. Auf diese Weise wirst du erkennen, daß auf dem Weg nach innen immer tiefere Bewußtseinsschichten wach werden, die gereinigt und durchlichtet werden müssen. Diese unerlösten Energien verdichten sich in den verschiedensten Körperebenen zu Blockaden, die du dann als Schmerzen oder Krankheiten in deinem physischen Körper erfahren kannst.

Oft wirst du dich fragen, warum du mit solchen Schwierigkeiten zu kämpfen hast. Im Laufe deiner Existenz hast du viele falsche Handlungen gegen den göttlichen Urplan der Liebe und des Lebens vollzogen. Wenn du sie bisher noch nicht erkannt hast und du dich immer noch unbewußt mit diesen falschen Handlungen und Entscheidungen in ihren Wirkungen identifizierst, bestimmen sie durch die Herrschaft des Egobewußtseins deine Gemütslage, dein körperliches Wohlbefinden und schränken deine Entscheidungsfreiheit ein. Damit hat sich das Bewußtsein vom Fluß des Lebens gelöst, so daß der göttliche Liebesstrom nicht mehr frei fließen kann. Durch Unwissenheit werden dir die wahren Zusammenhänge des Lebens verschleiert, und es entstehen fortdauernd neue falsche Entscheidungen, die das klare Wasser der Quelle verunreinigen und das Bewußtsein immer mehr trüben. Die dadurch entstandenen karmischen Verstrickungen sind die Ursache deiner Krise, in der alle diese unerlösten Blockaden und Energien aufgelöst werden müssen.

Du selbst kannst dich jetzt neu entscheiden und die Identifikation mit deinem Egobewußtsein lösen. Dies kann in einem Augenblick der Erleuchtung geschehen, vollzieht sich aber meist in einem längeren Prozeß der Reinigung, den du auf den verschiedenen Ebenen deines menschlichen Seins erfährst. An diesem Läuterungsgeschehen nehmen nicht nur Seele und Geist teil, sondern auch der Körper. Auch er muß transformiert werden, damit er die Fülle des göttlichen Lichtes manifestieren und an der Glückseligkeit des göttlichen Menschen teilhaben kann. Im Abschnitt über die Transformation des Körpers wirst du darüber mehr erfahren.

Die Feinstoffkörper

Feinstofflichkeit ist ein Ausdruck für Energie. Du kannst deinen grobstofflichen Körper mit deinen äußeren Sinnen fühlen und sehen. Den Feinstoff- oder Energiekörper kannst du nur mit deinen inneren Sinnen wahrnehmen. Du fühlst zum Beispiel die Ausstrahlung eines Menschen und ihre Wirkung auf seine Umgebung, ohne daß du sie siehst. Du spürst seine angenehme oder unangenehme Nähe und erlebst ein Gefühl der Sympathie, wenn dein Energiekörper in Harmonie mit dem Menschen schwingt.

Auf einer höheren Stufe der Bewußtseinsentwicklung kannst du deine inneren Wahrnehmungsorgane so weit schulen, daß du den Energiekörper als eine farbige Umhüllung des Menschen erkennst, die sich je nach seiner Gedanken- oder Gefühlseinstellung verändert. Diese Umhüllung ist dir als Aura bekannt. Sie umgibt und durchdringt dich mit ihren verschiedenen Energiekörpern, die ineinanderschwingen und sich gegenseitig in ihrer Funktion unterstützen. Jede deiner menschlichen Ebenen manifestiert sich auch in einem feinstofflichen Körper. Sowohl deine vitalen Lebensenergien als auch deine Gefühlswelt und das mentale Bewußtsein drücken sich in einem feinstofflichen Energiekörper aus. Ein besonders strahlendes Energiefeld besitzt deine Seele. In ihrer Gesamtheit bilden sie den individuellen Menschen, der du jetzt bist. Auch sie sind vom Egobewußtsein beeinflußt und von den unreinen Energien deiner Vergangenheit verdunkelt. All diese Körper erfahren in ihrer Durchlichtung auf dem Weg nach innen eine Befreiung aus der Enge des Egobewußtseins.

Das ist auch ein Grund, weshalb du auf dem Weg nach innen wieder sensibler wirst, so daß dich zum Beispiel die Ausstrahlung von Menschen und auch die Atmosphäre bestimmter Räume auf eine Weise stören, wie du es zuvor nicht gekannt hast. Sie können dir sogar Schmerzen bereiten. Schon zu Anfang des Weges schwingst du dich ja durch deine nach innen gerichtete Bewußtseinswahrnehmung auf eine feinstofflichere Energie ein. Du beginnst, dich intuitiv von Dingen zu lösen, die deine neue, feinere Wahrnehmung stören, bis die unreinen Schwingungen in dir gereinigt sind und du keine Resonanz mehr für ungeordnete Kräfte in dir hast.

Die Kraft der Reinigung

Jede überwundene spirituelle Krise übt ihre reinigende Kraft auf das ganze Leben des Menschen aus. Da im Laufe dieses Verwandlungsprozesses Hindernisse, Blockaden und festgefahrene Strukturen in den verschiedenen Schichten deines Wesens aufgelöst und transformiert werden, kann die göttliche Lichtenergie freier und intensiver durch dich hindurchströmen. Indem sie Schicht um Schicht durch das Licht aufgedeckt werden, erwachen ihre schlummernden unerlösten Energien. Du kannst nie im voraus wissen, welche Schatten dabei ans Licht kommen und welche Bewußtseinsenergien sich mit ihren Kräften gegen das göttliche Leben wehren und dich in die reinigende Kraft einer Krise führen. Vergiß nie, daß in solchen Zeiten der göttliche Grund deine größte Hilfe ist. Je vorbehaltloser du dich ihm übergibst, um so hilfreicher spürst du seine heilende Nähe. Denn allein diese Kraft der Liebe kann dich zu einem neuen Menschen verwandeln.

Noch ist das Egobewußtsein nicht verwandelt. Es wird sich immer wieder mit seinen Wünschen und Bedürfnissen melden und sich in den Vordergrund stellen. Aber gerade durch die reinigende Macht einer spirituellen Krise hat das Ego einen Teil seiner Macht verloren. Wie eine Knospe nach langer Winterszeit in der Lichtkraft der Frühlingssonne aufbricht, so wird dir neues Leben geschenkt.

Dein Körper wird durchlässiger für die feineren Lebensenergien. Wenn sich psychische Blockaden, die sich als Muskelpanzer manifestiert haben, lösen konnten, bist du nicht nur in deinen seelischen Bereichen freier, sondern dein Körper wird energiegeladener, gesünder und leistungsfähiger sein. Aus dieser Kraft heraus wirst du deine täglichen Pflichten und Aufgaben viel leichter ausführen können. Die Leichtigkeit, die dir aus der reineren Energie des Körpers zufließt, überstrahlt deinen ganzen Alltag und überträgt sich auch auf deine Umwelt. Deine Mitmenschen spüren das Neue in dir, das sich nach einer dunklen Zeit des Durchgangs jetzt offenbaren kann.

So wie ein Tänzer nach langer, mühevoller Übungszeit – auch er mußte lernen, im Schmerz zu lachen und in der Wüste der Erschöpfung von der reinigenden Kraft einer harten Disziplin zu trinken – mit seinem Tanz eins geworden ist und in seiner Meisterschaft den Zuschauer in die Leichtigkeit seines Tanzes hineinzieht, so wird dein Wesen, das du wahrhaftig bist, eins mit allen Schichten deines Menschseins, und es wird mit seiner belebenden Kraft auf sie ausstrahlen. Auch die Feinstoffkörper erlangen durch die reinigende Kraft des göttlichen Lichtes wieder ihre ursprüngliche Strahlkraft.

Durch die Reinigung einer spirituellen Krise werden Körper, Seele und Geist immer mehr zu dienenden Instrumenten für das Wirken des Selbst. Die göttliche Lichtenergie verdichtet sich in deinem Willen zu einer starken Kraft, die dein ganzes Leben neu gestalten kann. Dein eigener Wille wird immer mehr eins mit dem göttlichen Willen. So wächst du Schritt für Schritt in die Meisterschaft deines Lebens hinein und wirst einmal als Meister das Spiel deines Lebens tanzen können. Wenn du schon jetzt ein Leben in der Leichtigkeit des Tanzes führen willst, dann erhebe deinen Geist in die himmlischen Gefilde der Reinheit. Laß deine Gefühle von den Schwingungen der Liebe durchdringen! Bewege deinen Körper im Bewußtsein der Ewigkeit! Dann erhältst du die Dynamik des Lichtes aus der Quelle des Seins. Sie schenkt dir eine unvergleichliche Freude und Glückseligkeit.

Wirkung der Reinigung in der Gefühlswelt

Auch deine seelische Ebene wird immer lichter und freier. Die dunklen Gefühlswelten werden transformiert, und hellere Gefühlsgefilde öffnen sich. Die Kraft der Reinigung erhebt dein Emotionsniveau. Wenn du einen Verlust erleidest, kannst du gleichwohl noch traurig sein. Wenn du in Gefahr bist, magst du noch Furcht haben; aber du wirst nicht mehr von diesen Emotionen gefangengehalten. Wenn die Gefahr vorüber ist, geht auch die Angst weg. Eine neue, innere Kraft hilft dir, jene Gefühle zu haben oder zuzulassen, die deiner Lebenssituation entsprechen. Du mußt dich nicht mehr zwanghaft an Geschehnisse der Vergangenheit gefühlsmäßig binden, sondern kannst in einer neu gewonnenen Freiheit die Freude des gegenwärtigen Augenblicks erleben. Deine wachsende Feinfühligkeit verhindert, daß du die Gefühle anderer verletzt und ihnen wehtust. Du wirst auch viel eher die Probleme und Nöte deiner Mitmenschen spüren und ihnen dadurch besser helfen können.

Im Jetzt bist du an deine wahren Herzensgefühle angeschlossen. Liebe, Güte, Barmherzigkeit, Vertrauen und Begeisterung öffnen die Pforten der Seele. Sie vereinigen sich mit der ursprünglichen göttlichen Liebeskraft, die durch dein Wesen strömt, und erheben dich zu immer höheren Lichtschwingungen deiner Emotionen.

Die reinigende Kraft des göttlichen Lichtes öffnet dich für die Eingebung eines höheren Bewußtseins. Weil sich deine Schwingungsfrequenz erhöht, wird es für die göttliche Welt, für deine Meister und geistigen Wegbegleiter leichter, sich mitzuteilen und dir Weisung und Geleit zu geben. Vertrau ihren Eingebungen! Sie kommen aus dem Lichtbewußtsein und führen dich zum Lichtdenken, aus dem du ein neues Leben gestalten kannst. Dein Alltag wird froh und glücklich.

Die Kraft der Reinigung in der Gedankenwelt

Es kann sein, daß nach einer spirituellen Krise schöpferische Fähigkeiten, die vorher verschüttet waren, aufbrechen. Manche Menschen entdecken ihre künstlerischen Kräfte und beginnen zu malen oder zu dichten. Auch das Denken wird durch die reinigende Kraft deines Weges klar, einfach und harmonisch. In dieser neuen Denkkraft kannst du das um sich selbst kreisende, egozentrierte Denken loslassen. Fixierte Meinungen und überlebte Auffassungen lösen sich auf.

In freier Disziplin werden sich deine Gedanken bewußter auf den spirituellen Fortschritt ausrichten. Dein ganzes Denken muß sich auf die Erleuchtung konzentrieren und den göttlichen Menschen erstreben! In ihm kommt die reinigende Kraft zur Vollendung. Sie stärkt auch deinen Glauben und die Hoffnung, daß der Hauch des herannahenden Lichtes in Fülle erlebt wird. Leid und Schmerz einer spirituellen Krise verwandeln sich in Glückseligkeit.

In dieser neuen Kraft lernst du, deine Gedanken immer mehr zu beherrschen und die Zerstreuung zu überwinden. Du bist nicht Spielball deiner Gedanken, sondern bist Ursache. Dein Wesen bestimmt, was du denken willst, und nicht mehr niedere Bewußtseinsschichten, die sich dir aufdrängen. Auf diese Weise kommen deine Gedankenwellen zur Ruhe, so daß du im Schweigen und in der Stille immer mehr dich selbst erkennst.

Die reinigende Kraft des Schweigens

Du besitzt ein machtvolles Instrument, das dich in deine eigenen Tiefen führt. Es ist das Schweigen. Hülle dein Ego immer mehr in die friedvolle Ruhe ein, in der es stille wird, so daß die innere Stimme deines höheren Selbst zu ihm durchdringen kann. Im Schweigen wird das Ego zum Diener seines Herrn. In der schweigenden Sphäre der Meditation kannst du dein Bewußtsein reinigen lassen und dein Leben neu ordnen. Nur wenn du schweigen lernst, vernimmst du die Stimme deines wahren Wesens, und du hörst das liebende Werben Gottes, dich ihm hinzugeben.

Das Schweigen ist mächtig, deinen Verstand zu einem geläuterten Verstehen zu führen. Im Schweigen kommen deine Emotionen zur Ruhe, und in der reinigenden Kraft des Schweigens wird die wahre Gefühlskraft in dir geweckt: die Liebe deines göttlichen Herzens. Im Schweigen wirkt die göttliche Kraft der Liebe!

In der Reinheit deines schweigenden Herzens erkennen deine Sinne ihren rechten Sinn in dieser Welt. Mit reinen Augen sollst du die Welt in ihrer Schönheit sehen. Mit reinem Gehör nimmst du die Laute der Welt wahr, so wie sie sind, und du erkennst sie in ihrer Einheit mit dem Urton als eine Lichtschwingung Gottes. Im geläuterten Fühlen strahlt die barmherzige Liebe zu allen Menschen dieser Erde hin, und du schmeckst in der Reinheit deines Herzens ihre köstliche Speise als Kraft allen Lebens. Du atmest den Duft der Weisheit und der Wahrheit. Die Kraft der Reinigung wird dich Stufe um Stufe verwandeln und zu einem neuen Leben führen.

Verwandlung

Bist du bereit?
Die Musik der Welt verlangt deinen Ton aus der Ewigkeit.
Bist du bereit?
Der Fluß erwartet dich in deiner Reinheit.
Bist du bereit?
Die Vögel unter dem Firmament und die Tiere der Erde suchen dich
in deiner göttlichen Freude.
Bist du bereit?
Die Blumen strecken ihre Lichtarme aus nach deinem Licht.
Bist du bereit?
Das Kind in der Wiege sehnt sich nach der Vollendung deiner
Meisterschaft über das Leben.
Bist du bereit für die Verwandlung?
Alles wartet auf dich!
Alles ist bereit für dich!
Bist auch du bereit?

Dann wach auf!
Verwandle den Ton deiner inneren Welt
in den Klang der Ewigkeit.
Verwandle das trübe Flußbett deines Lebens
zur sprudelnden, reinen Quelle der Weisheit.
Erhebe dein Herz aus der Erdenschwere der Gefühle
hinauf in die Freude, die Himmel und Erde vereint.
Weite deine Liebe aus,
bis daß ihr süßer Duft
das Licht allen Lebens in sich vereint.
Laß dich verwandeln!
Gib dein Leben dem Schmelztiegel der Liebe hin!

In der gegenwärtigen Zeit ist die Evolution auf einer Stufe der Bewußtseinsentwicklung angelangt, in der das ganze Leben durch die Einstrahlung des höchsten Bewußtseins eine Neuordnung erfährt. Das einstrahlende Licht läßt die Frequenz aller Energien auf dieser Erde höher werden. Da in allen Lebensenergien Bewußtsein mitschwingt und der Mensch die höchste Stufe des Bewußtseins zum Ausdruck bringt, ist es für ihn von besonderer Bedeutung, sich auf das höhere, einstrahlende Energiefeld einzustellen. Es ist deshalb für dich wichtig, auf dem Weg zum göttlichen Menschen zu erkennen, daß sich das göttliche Licht der Liebe aus der höchsten Schwingung der Einheit als die schöpferische Kraft des Geistes in der Materie, im Leben und im Bewußtsein zum Ausdruck gebracht hat. In der Materie sind Leben und Bewußtsein schon keimhaft enthalten. Im Evolutionsgeschehen hat sich aus der Materie das Leben durch den ewig wirkenden göttlichen Geist entwickelt. In der Entfaltung des Lebens wiederum konnte sich das Bewußtsein immer stärker und vielfältiger zum Ausdruck bringen, bis es im Menschen eine Stufe erreichte, auf der er sich selbst erkennen konnte.

So kannst du begreifen, daß Evolution gleichzeitig auch Transformation bedeutet. Die Materie mußte sich so weit verwandeln, daß aus ihr das Leben entstehen konnte. Das Leben hat sich so entwickeln müssen, daß sich durch seine Dynamik Bewußtsein zum Ausdruck zu bringen vermochte. Das menschliche Bewußtsein muß sich nun so weiten und verwandeln, daß sich in ihm der göttliche Geist manifestieren kann.

Da du als Mensch alle diese Evolutionsstufen in dir trägst, ist es notwendig, daß alle diese Schichten, von deinem Körper angefangen, über deine in dir wirkenden Lebensenergien bis zu deinem geistigen Bewußtsein transformiert werden. Alle diese Grundkräfte wirken ineinander und bedingen sich gegenseitig. Der Körper erhält seine Energien durch die ständig in ihn einströmende Lebenskraft, die wiederum von der Bewußtseinskraft ihre Dynamik erfährt. Auf diese Weise wird die Transformation zu einer höheren Bewußtseinsstufe von einer harmonischen Höherentwicklung aller Kräfte getragen.

Das Überleben des Menschen wird in der Zukunft davon abhängen, in welchem Maße sich der Mensch diesem Prozeß öffnet. Wenn du dich dieser heiligen Kraft der Verwandlung, die die Evolution bis in die höchste Stufe führen will, hingibst, hast du als Mensch die einmalige Chance, dich über die Begrenzung der Natur zu erheben und eine höhere Bewußtseinsdimension zu erreichen, die in das göttliche Leben führt.

Der Sinn deiner Transformation

Du bist als göttliches Ebenbild in deiner Individualität das kostbarste Glied einer Kette aus Licht und Liebe. Das Band der Liebe, das dich mit dem Urgrund verknüpft, ist einmalig. Auch wenn du dich als ein individuelles Einzelwesen erfährst, so bist du doch ganzheitlich in deiner eigenen Tiefe nicht nur mit allen Wesen dieser Erde verbunden, sondern mit der ganzen Schöpfung. Deshalb ist deine Transformation nicht nur für dich von entscheidender Bedeutung, sondern für alle Wesen, und auf der gegenwärtigen Evolutionsstufe hängt das Überleben der Menschheit auf dieser Erde davon ab.

Der lange Weg deines Erwachens zum göttlichen Menschen und der damit verbundenen Höherentwicklung hat Spuren in deinen von Bewußtsein durchdrungenen menschlichen Schichten hinterlassen, die alle transformiert und auf eine höhere Bewußtseinsstufe erhoben werden müssen. Für deine Menschwerdung waren und sind sie bis auf den heutigen Tag von großer Bedeutung. Aber wie du schon in vorhergehenden Abschnitten gelesen hast, enthalten sie, individuell verschieden, viele ungeordnete und unerlöste Bewußtseinsenergien, die du als Blockaden, Schmerzen, Hindernisse und Widerstände, die sich dem Verwandlungsprozeß widersetzen, erlebst. Diese Zusammenhänge und deren Gesetzmäßigkeiten mußt du erkennen, um deine Transformation mit großer Zuversicht und Ausdauer und in einer sich ständig erweiternden Freude über die Befreiung deiner wahren Person zu beginnen.

In allen Schichten deines Körpers, deiner Psyche und deines Geistes findest du vier Energiemuster, die du als Blockaden erfahren kannst und die deine Entwicklung zum göttlichen Menschen und das Einströmen des verwandelnden Lichtes verhindern:

1. Blockaden, die aus deinem jetzigen Leben kommen.

2. Blockaden, die durch die genetische Vererbungslinie von deinen Vorfahren entstanden sind.

3. Blockaden aus deiner individuellen Evolution als Mensch in früheren Leben.

4. Blockaden, die mit der Evolution der ganzen Menschheit verknüpft sind. Sie liegen im kollektiv Unbewußten und archaisch Unbewußten.

An dieser Aufstellung kannst du sehen, daß deine ganze Vergangenheit und die der ganzen Schöpfung in dir angelegt ist. Die Blockaden sind Reste von ungelösten Energiemustern, die unter anderem durch falsche Entscheidungen, Nichtvergebung, unverarbeitetes Leid, nicht ausgeheilte psychische Wunden und nicht angenommene oder falsch gelöste Verwandlungsprozesse entstanden sind. Diese Blockaden, die dein Egobewußtsein bestimmen, prägen nicht nur dein jetziges Lebensgefühl, sondern verhindern auch, daß du deinen göttlichen Ursprung erkennst, und bewirken, daß dein Weg zum göttlichen Menschen verdunkelt wird. Sie sind die Ursache für deine Unwissenheit und deine Zweifel. Beseitige deswegen deinen mangelnden Glauben an dich selbst und überwinde deine Kleingläubigkeit, daß die Transformation zum göttlichen Leben nicht möglich ist! In dem Maße, wie du diese Blockaden in allen Schichten auflösen kannst, entstehen neue Kräfte, wachsen Hoffnung und Zuversicht.

Die verwandelnde Kraft des neuen Bewußtseins reicht bis in alle deine Tiefenstrukturen hinein, nicht nur deines grobstofflichen Körpers, sondern auch deiner feinstofflichen Hüllen und Seelenschichten. In deinem Erwachen durchlichtest du sie. Du erkennst dabei immer tiefere Ursachen all deiner Leiden, und du erfährst immer umfassender, wer du bist. Jeder Schritt der Transformation führt dich dem Licht entgegen, und du empfängst schon zu Beginn deines Weges einen Hauch der Segnungen, die in dir selbst, in deinem göttlichen Grund schlummern. Mit deiner wachsenden Hingabe, deinem intensiver werdenden Bemühen und Streben nehmen sie ständig zu und stärken die Kraft, auch die Schmerzen und Ungewißheiten, die mit der Transformation einhergehen, geduldig zu ertragen. Die Zeiten der Dunkelheiten, die dir in einer Krise begegnen, dürfen dich von dieser

Wahrheit nicht abhalten. Im Gegenteil, eine Krise kann zu einem Riesenmeilenschritt auf dem Weg zum Licht werden, weil du durch eine Blockade hindurchbrichst, die dich jahrelang oder ein ganzes Leben lang negativ beeinflußt hat. Mit jeder Befreiung schwingt die Lebenskraft in dir in einer lichtvolleren Frequenz, so daß sie immer mehr der höheren Bewußtseinskraft angeglichen werden kann.

Die Wahrheit des höchsten Bewußtseins wird von Blockaden in den verschiedenen feinstofflichen Energiekörpern verhüllt, die sich auf dem Evolutionsweg gebildet und verfeinert haben. Sie verdecken in ihrer ungereinigten, verdunkelten Energieform die Wirklichkeit ihrer inneren Lichtkörper.

1. Die physische Körperhülle läßt in ihrer Grobstofflichkeit deinen göttlichen Lichtkörper nicht durchscheinen.

2. Der ungereinigte Ätherkörper mit seinen feinstofflichen Schwingungen hemmt das Einströmen der göttlichen Lichtkraft.

3. Der ungereinigte vitale Feinstoffkörper blockiert die göttliche Lebenskraft.

4. Die ungereinigte emotionale Körperhülle verdeckt die wahren Gefühlsschwingungen aus dem Urgrund aller Liebe.

5. Der ungereinigte mentale Feinstoffkörper verhüllt die Weisheit allen Lebens.

6. Die ungereinigte astrale Hülle verhindert mit ihren unerlösten Kräften die Verbindung mit der göttlichen Welt.

7. Der spirituelle oder Kausalkörper als Ausstrahlung des wahren Wesens wird von allen ungereinigten Energiekörpern verhüllt. Wenn ein Funke aus dem wahren Gefühl der Liebe zu ihm durchdringt, eine Ahnung der Einheit oder ein Gedanke der tieferen Weisheit ihn berührt, beginnt er zu leuchten.
Im göttlichen Menschen findet er seine höchste Strahlkraft.

Der spirituelle Körper

Mit der zunehmenden Strahlkraft deines spirituellen Körpers erwacht deine Seele. Der spirituelle Körper antwortet auf dein Erwachen mit der Sehnsucht nach mehr Liebe, nach tieferen Gefühlen für das Wahre und Schöne in deinem Leben und nach einem höheren Wissen, das dich zur erleuchteten Erkenntnis führen will, bis dich endlich der Seelenaufschrei nach der Einheit mit dem Ursprung allen Lebens erschüttert.

Die Transformation zum göttlichen Menschen erhält einen neuen Rhythmus, wenn sich der spirituelle Körper schon durch die zarteste Bewegung und den leisesten Ruf von außen nach innen eine kleine Lichtbahn der Sehnsucht schaffen kann. Dann beginnt die Dynamik des göttlichen Lebens zu wirken.

Wenn die spirituelle Seelenschicht erwacht, zieht sie alle Kräfte zu sich heran, die aus der Sehnsucht nach mehr Liebe und Einheit im Menschen lebendig geworden sind. Sie schenken der Seele die Lichtenergie, die sie benötigt, um den Transformationsprozeß von innen zu verstärken und sich auf die Transformation der göttlichen Lichtquelle einzuschwingen.

Die Transformation der Psyche

Das höchste Selbst, die Geistseele, die du als Individuum bist, durchstrahlt als innere Sonne deines Lebens alle Schichten deines gewordenen Menschseins. Alles, was du als Mensch bist, wird von der höchsten Geistseele belebt und beseelt. Alles in dir ist in seinem Ursprung mit ihr verbunden. Die Seele ist deine wahre Person, die Körper, Psyche und Geist zu einem Wesen verbindet. Du erkennst das nicht mehr, weil dein Egobewußtsein die Herrschaft über die Seele bekommen hat.

Die Verwandlung des Egobewußtseins

Im Laufe deiner langen Entwicklungsgeschichte mußten zunächst die Egokräfte mit ihren grobstofflichen Bewußtseinsenergien entfaltet werden, um das Überleben in dieser materiellen Welt zu sichern. Sie haben sich aber mehr oder weniger verselbständigt und ihren wahren Ursprung und ihre dienende Aufgabe vergessen. Die Seele mit ihren höheren Bewußtseinskräften wurde von ihnen verhüllt, und der göttliche Funken, der du bist, mit grobstofflichen unerlösten Energien und karmischen Verstrickungen zugedeckt.

Wie du weißt, haben die Egokräfte zum großen Teil die Führung in deinem Leben übernommen und deine Seele mit ihren Kräften, die aus den Ebenen des Körpers, der Psyche und des Geistes kommen, versklavt. Der Körper mit der Macht seiner sinnlichen Begierden und Wünsche, seiner Schwerfälligkeit und Trägheit, die Psyche mit ihren fordernden Gefühlsschwingungen, der Geist mit seinen Meinungen, begrenzten Vorstellungen, Urteilen und mit seiner zweifelnden Kritik, bestimmen vorrangig das Verhalten des Menschen bis zum heutigen Tage. Selbst die Grundkräfte der Seele, die Liebe, die Freude, der Frieden und ihre schöpferische Kraft werden von der Macht des Ego beeinflußt.

Du aber mußt dir immer wieder bewußt machen und in diesem Bewußtsein leben, daß du in deiner Tiefe ein Lichtwesen bist, das als Ebenbild Gottes dem Durchbruch des göttlichen Lebens in der Welt dienen will! Du mußt erkennen, daß der göttliche Mensch im innersten Heiligtum deines Herzens verborgen ist! Du kannst spüren, daß der Keim zu einem neuen Bewußtsein in dir ruht! Es ist wichtig, dir stets klar zu machen, daß die Egokräfte dir zu dienen haben. Du bist das göttliche Bewußtsein, das als Seelenindividualität auf diese Erde gekommen ist, das von Leben zu Leben wächst und das die Essenz aller Vergangenheit in sich birgt! Du bist das Wesen, das die Sehnsucht in sich trägt, das göttliche Leben auf dieser Erde zu verwirklichen! Du bist das Selbst, das dereinst in der beseligenden Schau Gottes zur Einheit, aus der es gekommen ist, zurückkehrt!

Damit sich der Odem Gottes, der du bist, in einem grobstofflichen Körperwesen aus animalischem Ursprung manifestieren konnte, mußten sich Seelenschichten in energetischer Form verdichten, um sich als Lebens- und Gestaltprinzip im Menschen zum Ausdruck zu bringen. Der göttliche Lichtfunke im tiefsten Grund deiner Seele ist von all den damit verbundenen Unvollkommenheiten nicht verunreinigt worden. Dein innerstes Wesen ist eine reine Flamme der göttlichen Liebe, die ihre Reinheit in allem Evolutionsgeschehen bewahrt hat. In ihr bist du stets mit deinem göttlichen Ursprung verbunden und eins. Es ist dir nur nicht mehr bewußt, weil sich die göttliche Flamme zurückgezogen hat, sonst würdest du als Mensch mit seinen grobstofflichen Energien versengen und verbrennen. Erst wenn durch einen langen Entwicklungsprozeß diese grobstofflichen Egokräfte vergeistigt und transformiert werden, kann sich diese wahre göttliche Natur in deinem Menschsein in Fülle offenbaren und der göttliche Mensch Wirklichkeit werden.

Diese niederen, bewußten Seelenschichten haben sich mit den grobstofflichen, nur auf das vitale Überleben ausgerichteten Egokräften verbunden und sich damit identifiziert. Sie haben sich mit dem Ego als ihrem scheinbaren Herrn arrangiert und sein begrenztes Wissen als absolute Wahrheit in sich aufgenommen. Dadurch ist die Verbindung zur höchsten reinen Seele verdunkelt und oft ganz unterbrochen. Das ist der Grund, weshalb sich Menschen heute in dieser Unwissenheit mit dem Ego identifizieren und sein begrenztes Bewußtsein für das wahre Bewußtsein, seine angemaßte Identität für die wahre Identität halten. Deswegen sind sie in eine solche Abhängigkeit geraten und können nicht loslassen, was für eine neue Stufe des Bewußtseins in der Evolution hinderlich ist. In ihrer begrenzten Sicht ist kein Platz für das Neue, das kommen will. Vom unersättlichen Lebensdurst angetrieben, verfallen sie der Angst, daß sie ihn nicht stillen können, und werden in dieser Angst noch enger und kleiner und vergessen ihre wahre Herkunft und ihr wahres Lebensziel.

Diese sich nach unten verjüngende Spirale wird im Transformationsprozeß umgedreht, und der ewige Kreislauf des Egobewußtseins wird unterbrochen. Erst wenn du das erkannt und akzeptiert hast, kann die Verwandlung aller deiner Bewußtseinsschichten auf einer höheren Ebene beginnen.

Die Transformation der Seelenschichten

Alle Seelenschichten zusammen, ob sie sich mit ihrer höchsten Seele verbunden wissen oder nicht, bilden deine Psyche. Die Seele drückt sich in besonderer Weise durch die Gefühle aus. Durch sie empfindest du deinen Körper, und durch dessen Instrumente nimmst du die Umwelt wahr. Ohne Gefühle ist dein Verstand kalt und herzlos. Er wird von ihnen beeinflußt, denn zuerst fühlst du, und dann denkst du. Das Egobewußtsein besitzt durch die Gefühle große Macht. Der Aufstieg in ein höheres Bewußtsein muß deswegen immer mit der Transformation deiner Psyche und all ihrer Seelenkräfte einhergehen, denn sie ist die bewegende Energie deines Tuns. Aus diesem Grund muß die Erkenntnis, daß der göttliche Mensch möglich ist und daß du ihn verwirklichen willst, sich in deine Gefühlsschichten einsenken. Der erste Schritt zur Transformation der Psyche besteht also darin, alle Gefühle auf das kommende neue Bewußtsein auszurichten und sie zu motivieren, es anzunehmen und zu leben.

Du kannst ein heiliges Gefühl für das Neue in deinem Leben entwickeln. Es erfüllt dich mit einer lichtvollen Kraft und mit einer klareren Bewußtheit. Deine Seelenschichten fühlen diese Lichtkraft noch nicht oder nur verhüllt, weil sie sich als getrennt vom höchsten Selbst erfahren, in dem das ewig Neue liegt. Richte deshalb das Bewußtsein deiner Gefühlswelt immer wieder auf das Erscheinen des Neuen aus. Mache dir bewußt, wie beglückend es für dich sein wird, wenn die

Lichtschwingungen der Liebe aus der Ewigkeit im heiligen Augenblick des Lebens dich durchströmen und dir ein völlig neues Lebensgefühl schenken. Im neuen Licht der glückseligen Freude und des tiefen Friedens, der alle Vernunft übersteigt, werden alle Schranken und Begrenzungen in Weite und Freiheit verwandelt.

In der Erfahrung des heiligen Augenblicks ist das Leben immer neu, ist die Liebe immer neu, und sie erneuert dich von Augenblick zu Augenblick. Neu ist der Friede, den du in diesem einen Augenblick einatmest. Im neuen Licht des Friedens fallen alle Schranken und Begrenzungen weg. In diesem neuen Licht bist du zu Hause. Das Gefühl, das aus ihm geboren wird, ist die Freude selbst. Es ist dein wahres Gefühl, und alle hohen Gefühlsschwingungen, die dann entstehen, sind in diesem heiligen Augenblick der Ewigkeit gleichzeitig in dir anwesend. Auf diese Weise werden all deine vordergründigen Seelenschichten auf der Gefühlsebene immer mehr transformiert, und dein wahres Selbst kann die Führung im Leben übernehmen.

Die heilige Flamme des Herzens wird einmal ihre wärmenden Strahlen der Liebe, ihre Lichtkraft der Freude und ihre Gelassenheit im Frieden in alle verwandelten Ebenen, die gleichsam für diese Wunder geschaffen wurden, einstrahlen und dein ganzes Wesen erfüllen. So wird dein Leben mit der wachsenden Transformation der niederen Natur immer reicher und sonnenheller. Erwache in einem ganz neuen Lebensgefühl für diesen heiligen Augenblick in dir, und sei bereit, so oft du kannst, dich darauf einzustimmen! In ihm sind alle Kräfte der Verwandlung stets gegenwärtig.

Entwicklung der wahren Seelenkräfte

Die Transformation zum göttlichen Menschen soll alle deine Seelenschichten zu ihrer Lichtheimat führen, in der sie erkennen, daß sie selbst aus der Liebe geboren sind. Wenn die Seele in ihr wahres Gefühl der glückseligen Freude emporgehoben wird und in den Frieden, der alles vereint, wachsen in dir eine ständig sich entfaltende Motivation und neue innere Seelenkräfte, so daß sie die alten Programmierungen und Gewohnheiten des Fühlens, die auch dein Denken belasten, Schritt für Schritt verwandeln können.

Mit den wachsenden Seelenkräften der Liebe, der Freude und des Friedens im Licht der Hingabe an die innere Führung beginnt erst dein wahres Menschsein. Im Band der Liebe besitzt die Seele die Macht, die tierhafte Natur in dir zu verwandeln, die dich in ihrer naturgebundenen Triebhaftigkeit abhängig macht und durch die du Haß und andere krankmachende Gefühle erlebst. Du fühlst dich nicht nur von außen der Gewalt ausgeliefert, sondern auch in dir selbst quälen dich Zorn und die vielfältigen Auswüchse der Aggressionen. Deine innere Seelenkraft, die deine unerlösten Gefühle befreit, erhebt dich wieder zur Würde des Menschen, in der die Liebe zu allem Sein erblüht und in der die göttliche Freude in dir aufleuchtet.

Stärke deshalb deine Seelenkräfte mit allen dir zur Verfügung stehenden Mitteln! Lasse nicht nach in der Übung der Meditation und anderer Übungsformen, für die du dich entschieden hast, sie als tägliches Programm zu absolvieren! Liebe die Stille und verbinde dich in der inneren Sammlung mit deinem göttlichen Ursprung, dann wird dein Seelenlicht immer mehr leuchten, und du kannst in seiner Helligkeit alle ungeordneten und negativen Gefühle und Eigenschaften aus deiner Psyche bis in die letzten Ecken und Winkel deines Bewußtseins aufspüren!

Erkenntnis des Ursprungs deiner Gefühle

Verfolge deine Gefühle bis zu ihrem Ursprung zurück, der oft in alten Seelenverletzungen aus der Vergangenheit verborgen liegt. Erinnere dich an die vier Tiefenschichten deiner Psyche, in denen du die Ursachen deiner Energieblockaden findest. Dann kannst du auch ermessen, in welch tiefen Dimensionen die Gefühle liegen, die dich oft überfallen wie ein Dieb in der Nacht, deren Ursprung dir unbekannt ist, die dich herunterziehen und deine Seelenkräfte negativ beeinflussen. An viele Wurzeln wirst du nur schwer herankommen können, sie sind karmisch begründet. Vertraue darauf, daß das allwissende göttliche Licht diese unerlösten Gefühlsschwingungen zur rechten Zeit auf deinem spirituellen Weg aufdeckt und befreit.

Manche Gründe für ständig wiederkehrende Emotionen werden dir auch durch Träume und Visionen bewußt, so daß du sie erkennen, anschauen und auflösen kannst. Für manche Menschen ist auch ein Therapeut vonnöten, der unerkannte Ursachen von verwirrenden Gemütszuständen aufdecken hilft.

Es ist von großer Bedeutung, daß im Reifeprozeß zum göttlichen Menschen alle eingefahrenen Gefühlsreaktionen, die den Durchbruch ins Licht verhindern, erkannt und verwandelt werden. Manchmal bergen sie auch wichtige Botschaften in sich, deren Entschlüsselung dich einen großen Schub auf dem Weg vorwärtsbringt. Viele Energiemuster, die sich seit unerfüllten Kindheitstagen in dir festgesetzt haben und deine Gefühlslage beeinflussen, kannst du im Laufe deines Transformationsprozesses selbst aufspüren und deren aufgestaute Kraft für die höheren geistigen Ziele benutzen. Erst wenn das Kind in dir mit seinen Seelenwunden, die aus mangelnder Liebe und Zuwendung entstanden sind, von der unendlichen Liebe Gottes geheilt wird, bist du frei für die höheren Entwicklungsstufen.

Dann wirst du nicht nur in bestimmten Höhepunkten deines Lebens von Liebe, Freude und Frieden beschenkt, sondern deine ganze psychische Grundbefindlichkeit ist von diesen hohen göttlichen Gefühlen erfüllt. Dann brauchst du dich auch nicht mehr in dieser kindlichen Weise mit anderen zu vergleichen, weil dein Selbstbewußtsein in dieser göttlichen Kraft ständig wächst. Denn gerade aus dem ständigen Vergleich mit anderen Menschen erwachsen Gefühle wie Neid, Eifersucht, Ehrgeiz, Angst, Mißgunst, Ärger und Aggression. Alle diese negativen Gefühlsmuster sind ein Hindernis auf dem Weg und müssen transformiert werden.

Die Auflösung ungeordneter Gefühlsenergien

Es ist wirklich möglich, diese Emotionen zu verwandeln. Ein wichtiger Schritt besteht darin, daß du sie als schädigende Kräfte und als Energieverschwendung erkennst und dich mit ihnen nicht identifizierst. Du weißt ja, daß sie aus den Egoschichten kommen. Schon indem du sie mutig anschaust und ihnen mit deiner inneren Kraft standhältst, verlieren sie ihre Macht. Dann brauchst du dich nicht mehr von ihnen beherrschen zu lassen und kannst ihre Grundmuster durch die zunehmende Erkenntnis und das wachsende Licht auflösen.

Gerade die göttliche Lichtkraft ist die wichtigste Hilfe für die Transformation deiner Psyche.

Manchmal ist es auch hilfreich, ganz bewußt das gegensätzliche Gefühl in dir zu erschaffen. Wenn zum Beispiel Abneigung und Haßgefühle aufkommen, entziehe diesen Emotionen die Aufmerksamkeit und die Kraft deines Geistes. Erschaffe in dir ganz bewußt das Gefühl der Liebe und des Verstehens. Wenn dich Trauer erfüllt, dann mache dir die Freude bewußt.

Du solltest niemals deine Wut und deinen Zorn an anderen auslassen und sie dabei verletzen. Die Notwendigkeit, diese Verletzungen wieder in Ordnung zu bringen, ist viel schwerwiegender als das momentane Gefühl der Erleichterung. Wenn du solche aufgestauten Gefühlsenergien einmal loswerden willst, dann kannst du sie ja in Verbindung mit der Atemkraft ausatmen oder ihre Energie durch eine sportliche Betätigung oder eine körperliche Arbeit transformieren. Du darfst deine unangenehmen und negativen Gefühle nicht verdrängen, wenn sie hochkommen, sondern du mußt sie verwandeln. Ausleben und Ausagieren bedeutet eine Energievergeudung, aber keine Heilung der Ursachen. Auf dem Weg zum göttlichen Menschen mußt du die Ursprungsbedingungen erkennen, annehmen und verwandeln durch eine neue Sichtweise und durch eine größere Freiheit aus der Lichtkraft Gottes, die alles neu macht.

Befreiung der Ängste

Deine Ängste sind die größten Hindernisse auf deinem Weg. Sie rühren vor allen Dingen daher, daß du nicht den heiligen Augenblick der Gegenwart leben kannst. In ihm bist du völlig frei und von der angstfreien Sphäre Gottes umhüllt.

Da du aber durch deine Egokräfte ständig mit angstbesetzten Erfahrungen der Vergangenheit verbunden bist und sie auch in die Zukunft projizierst und deswegen durch deine Angst die Zukunft vorwegnimmst, ist es so schwer für dich, diesen einen heiligen Augenblick, der allein existiert, zu leben. Alles, was du bisher über die Transformation deiner Gefühle erfahren hast, gilt natürlich genauso für die Auflösung und Verwandlung deiner Ängste.

Eine der grundlegendsten Ängste, unter denen fast alle Menschen leiden, ist die Angst vor dem Tod. Sie entsteht auf subtile Weise immer wieder neu, weil du deine wahre Heimat, die Ewigkeit, aus der du kommst, vergessen hast.

Transformiere die Angst vor dem Tod, indem du dir bewußt machst, daß du ein unsterbliches Kind der Ewigkeit bist!

Die Trennung von Gott, die dein Egobewußtsein erlebt, verursacht Trennungsängste, die sich in der Angst vor Einsamkeit und Verlassenheit zum Ausdruck bringen. Sie werfen dich immer wieder auf dich selbst zurück und verstärken die Abgrenzung zu anderen Menschen, so daß dich dein Egoismus immer tiefer in die Isolierung führt.

Transformiere diese Angst vor Trennung und Einsamkeit, indem du erkennst, daß du in deinem wahren Wesen nicht von Gott getrennt bist und einmal diese Einheit in Fülle erfahren darfst!

Das Gefühl der Trennung vom Urgrund verursacht eine weitere Form der Angst. Um sie zu überwinden, kann das Egobewußtsein auch Gewalt anwenden. Gewaltanwendung erzeugt wiederum Angst bei dem, der sie erleidet, aber auch bei dem, der sie anwendet. Sie restimuliert zugleich eine Kette von Ängsten aus der Vergangenheit, die aus der Erfahrung von Gewalttätigkeit entstanden sind und die die gegenwärtig empfundene Angst verstärken. Gewaltanwendung, die mit Haß, Aggression und Verletzung einhergeht, ist die Umkehrung der Liebe. Wenn Menschen aus der Liebe gefallen sind, neigen sie zur Gewalt und fürchten Gewalt, auch wenn sie nicht bedroht sind. Sie haben aber auch in ihrem Gefühl der Trennung Angst, selbst Gewalt anzuwenden, um diese Trennung auf gewaltsame Weise zu überwinden. Gewalt verursacht immer Unterdrückung und Unfreiheit und hält dich auf einem sehr niedrigen Bewußtseinszustand.

Transformiere die Angst vor Gewalt, indem du dich ständig an die All-Liebe anschließt, und betritt in der Erfahrung dieser Liebe das Land der Freiheit!

Durch Trennung und Gewalt entstehen Schmerz und Leid. Je stärker du dich in deinem Egobewußtsein mit der materiellen Welt identifizierst, desto intensiver leidest du unter der Angst vor Krankheit und Schmerzen. Sie signalisieren der begrenzten Natur in dir, daß ihr

Überleben in Gefahr ist. Deswegen reagierst du auf diesen Gefühlsebenen mit Angst. Schmerz und Krankheit werden auf der jetzigen Bewußtseinsstufe nicht aufhören; aber wenn du die Angst vor ihnen verlierst, haben sie ihren Biß verloren, und du wirst frei über sie hinauswachsen, deinem hohen Ziel entgegen.

Transformiere die Angst vor Schmerz und Krankheit, indem du die Identifikation mit deinem auf den Körper fixierten Egobewußtsein aufgibst!

Alle Verluste, die du erleidest, machen dir Angst. In deiner Vergangenheit hast du schon so viele Verluste erfahren, daß du selbst vor drohenden ähnlichen Geschehnissen von Angst gequält wirst. Deshalb wirst du von einem ständigen Verlangen nach Leben bedrängt, das diese Verluste verhindern oder ausgleichen soll. Dieser Lebensdurst ist die Ursache für die Angst, etwas im Leben zu verpassen. Je stärker der Mensch sein Bewußtsein auf materielle Genüsse und auf das Konsumverhalten richtet, desto größer werden die Wünsche, desto unruhiger ist sein Herz, desto bedrängender und größer ist die Angst vor dem Verlust. Wenn du das Leben der Menschen in der heutigen Zeit nüchtern und wach betrachtest, erkennst du in ihrem Verhalten die Angst vor Verlusten. Aus diesem Grund ist das Gefühl der Unsicherheit so groß, und die Menschen halten alles fest, was ihnen scheinbar Sicherheit bietet. Deswegen können sie das Alte und Überlebte auf allen Egoebenen, ob das Gefühle, Gewohnheiten, Verhaltensmuster, Meinungen oder Anschauungen sind, nicht loslassen.

Transformiere die Angst vor Verlusten, indem du den unbegrenzten Reichtum der göttlichen Welt erkennst!

In der materiellen Welt ist das Neue immer eine Wiederholung des Alten in neuer Form, aus der das Verhaftetsein an die begrenzte Energie der materiellen Welt entsteht. Das wahrhaft Neue aber fließt ständig aus dem schöpferischen Liebesakt in diese Welt. Es ist nicht mit mentalen Maßstäben zu begreifen. Deswegen lehnt das Ego das Neue ab und hat Angst davor. Es will sich nicht verwandeln, sich dem Neuen nicht öffnen, und es verhindert in dieser Angst deinen Selbstwerdungsprozeß. Du weißt nicht, wie der göttliche Mensch sein wird, denn er ist der wahrhaftig neue Mensch. Das Ego fühlt aber, daß es sterben muß, und davor hat es Angst, und es wehrt sich deswegen mit all seinen Kräften gegen das Neue.

Transformiere deine Angst vor dem Neuen, indem du dich nicht mit den Widerständen des Ego identifizierst und dich dem Neuen öffnest!

Das Erwecken von Vertrauen

Die Gefühle zwingen dich immer wieder, daß du in alte Lebensmuster mit ihren Gewohnheiten aus der Vergangenheit zurückkehrst. Die Gegenwart ist oft für deine Gefühlswelt mit Ungewißheit verbunden. Sie weiß nichts von der Einheit mit ihrer inneren Seelenführung. In deiner gegenwärtigen Lebenssituation stürmen so viele Einflüsse von innen und außen auf dich ein, daß deine Gefühle oft auf eine niedrigere Ebene gezogen werden und du von Unsicherheit und Zweifel geplagt wirst. Einflüsterungen des Ego, den spirituellen Weg abwertende Bemerkungen aus deiner Umwelt beeinflussen dich. Das daraus entstehende Mißtrauen ist eines der gefährlichsten Hindernisse auf dem Weg.

Laß es zu deiner ständigen Übung werden, daß du die Seelenkraft des Vertrauens stärkst, indem du dich immer wieder neu deiner inneren Führung anvertraust. Dein ganzes psychisches Verhalten muß von dem Glauben getragen sein, daß dich die Mühsal der Verwandlung zu einem glücklicheren, erfüllteren und zufriedeneren Leben führt. Mit der Zeit befreist du dich von allen Zweifeln, die aus dem Mißtrauen geboren werden. Im Sakrament des heiligen Augenblicks kannst du sie ganz loslassen, auch deine Unsicherheit und deine Ängste. Du entdeckst, daß du gerade in der bewußten Erfahrung des gegenwärtigen Augenblicks mit der Ewigkeit verbunden bist und auch das Wissen über die Ursachen all deiner Zweifel und Ängste erhältst. So kannst du sie durch Erkenntnis und durch die aus der Ewigkeit in die Zeit strömende Gnade auflösen und in Kraft und Vertrauen umwandeln.

Die vergöttlichte Liebe

Die alles verwandelnde Kraft auf allen Ebenen und in allen Entwicklungsstufen ist die Liebe. Sie ist das innere Licht deiner Seele, aus der alle anderen Gefühlskräfte geboren werden. Sie ist deshalb auch die erste Kraft, die verletzt und verraten wurde. Der Liebesverrat entsteht im ersten Augenblick der Trennung vom göttlichen Ursprung. Er setzt sich überall dort von Augenblick zu Augenblick fort, wo eine Trennung vollzogen wird.

Die Liebe birgt die Erinnerung an die verlorene Einheit in sich. In ihr ist noch die Sehnsucht nach dem verlorenen Paradies lebendig. Aus diesem Grunde ist die Liebe auch die Brücke zurück zur Einheit mit Gott und damit zur Erfahrung der Einheit mit allem Sein. So wie sich das Leben und das Bewußtsein in die Materie eingesenkt haben und eine grobstofflichere Frequenz annehmen mußten, so hat sich auch die Liebe mit der Natur verbunden, um zunächst das natürliche Überleben zu sichern. So wie Bewußtsein und Lebenskraft im Laufe der Evolution auf eine höhere Schwingungsebene transformiert werden müssen, so muß auch diese vitale Liebe verwandelt werden, damit sich die göttliche Liebe mit der menschlichen Liebe vereinen kann.

Auf der jetzigen Stufe der Evolution ist der Mensch zu dieser reinen, bedingungslosen göttlichen Liebe nur selten fähig. Heilige und Meister haben sie verwirklichen können. Die Liebesbeziehungen der meisten Menschen sind von der vitalen Liebe bestimmt, die mit der Kraft der Leidenschaft und der Lust ausgestattet ist, um das Überleben zu sichern. Mit ihr identifiziert sich das Ego. Sie ist auf die Befriedigung der triebhaften Liebeskräfte ausgerichtet.

Selbst wenn diese vitale Liebe mit geistigen Werten, mit Schönheit und Idealismus verbunden ist, bleibt sie doch selbstbezogen, weil sie nicht genügend aus dem wahren Selbst lebt und sich nicht dem göttlichen Strom der Liebe öffnet. Da sie vor allem aus ihrer triebhaften Natur ihre Kraft bezieht, ist sie kurzlebig und vergänglich. Wie oft hast du schon erlebt, daß sich Menschen nicht mehr lieben, wenn ihre egoistischen Vorstellungen und Wünsche nicht mehr erfüllt werden. Die vitale Liebe liebt den anderen, weil er Objekt für die Befriedigung naturhafter Bedürfnisse nach Vereinigung, nach Lust, nach Gemeinschaft und Verbundenheit ist. Wenn dies nicht mehr möglich ist oder gar abgelehnt wird, dann vergeht die Liebe, und sie schlägt oft in Abneigung oder gar Haß um.

Diese Liebe muß auf eine höhere geistige Liebe transformiert werden. In einer natürlichen Liebesbeziehung geht es um körperliche Freuden und um die gegenseitige Fürsorge, aber auch um Verantwortung und das Wohlergehen des anderen, sowie um die Überwindung der Einsamkeit. Die wahre göttliche Liebe aber will mehr. Sie möchte in der Freude des Zusammenseins die Sehnsucht nach einer höheren Einheit wecken. Sie will in der Fürsorge für den anderen das Vertrauen wecken, von der Liebe Gottes geführt zu sein. Sie will in der Verantwortung für den anderen die Sehnsucht nach dem geistigen Fortschritt des Geliebten wecken, und sie will in der Überwindung des Alleinseins zur All-Einheit führen. Damit dieses hohe Ziel erreicht wird, muß die vitale Liebe ständig verfeinert und auf eine höhere Energieschwingung gebracht werden. Sie muß immer mehr aus dem Inneren der Seele kommen. Aus dem Seelengrund herausfließend, wird sie zarter, feiner und reiner, denn dort wird sie vom Quellgrund der göttlichen Liebe gespeist.

Diese Transformation geschieht in Schritten, die dich manchmal die göttliche Liebe wie einen Sturzbach erleben lassen, der dich verwandelt. Sehr oft vollzieht sich diese Transformation in einem mühsamen Ringen um Nächstenliebe oder in einem harten Kampf gegen die vitalen Wünsche des Ego; aber auch die vitalen und körperlichen Ebenen sind Empfänger der göttlichen Liebe. So nimmt die göttliche Liebe die Form der menschlichen Liebe an. Sie bleibt die Urliebe! Nur das Instrument, durch das sie strömt, verändert sie und bringt sich entsprechend seiner Entwicklung und Reife zum Ausdruck. Je reiner und feiner das menschliche Instrument wird, desto mehr wird es zum Spiegel der göttlichen Liebe. Die Transformation all deiner naturbedingten Egoschichten läßt auch eine reinere, bedingungslosere Liebe einströmen, die dich wiederum in ihrem stärker werdenden Strom verwandelt.

Die Liebe wird dann freier von äußeren Bedingungen und ist nicht mehr abhängig von der Befriedigung ihrer naturhaften Bedürfnisse. Sie kann nicht mehr so leicht durch niedere Gefühle wie Zorn und Eifersucht erschüttert werden. Liebe wird zum freien, alles einbeziehenden Wohlwollen, das alle und alles einschließt und niemanden ausschließt. Liebe wird zum ständig strömenden Fluß des Gebens und

Verschenkens. All dein Tun wird zum Liebesdienst. Jede tiefere spirituelle Erfahrung öffnet die Pforten der Seele für einen stärkeren Strom der Liebe aus dem Herzen Gottes.

Je stärker du in deiner inneren Reinheit die Liebesschwingung Gottes anziehst, desto intensiver fließt sie in einem reichen Liebesstrom durch dich hindurch zu allen Wesen. Du selbst mit all den menschlichen Schichten bist davon nicht ausgeschlossen. Im Gegenteil, du lernst, dich auf neue Weise in diesem Lebensstrom, der alles verwandelt, selbst zu lieben und dich auch in deinen Begrenzungen und Fehlern anzunehmen. Die Menschen vergessen leicht, daß Nächstenliebe nur aus der wahren Selbstliebe heraus möglich ist. Ein mit sich unzufriedener Mensch, der sich nicht liebt, kann auch den Mitmenschen nicht liebhaben. So kann sich aus der Selbstliebe die Nächstenliebe entfalten.

Wenn du immer sensibler und transparenter für den göttlichen Liebesstrom wirst, wird er auch Haßgefühle auslöschen, wenn sie in dir aufsteigen. Die Nächstenliebe wird zur Feindesliebe, und der Haß wird überwunden. Haß hat in allen Menschen eine bittere Spur des Schmerzes, des Leidens, der Krankheit und des Todes hinterlassen. Auch in dir. Der Haß verhindert nicht nur die Verwandlung, er zerstört sie im zartesten Keim, wie ein Tropfen Salzsäure ein Samenkorn vernichtet. Der Haß ist die Umkehrung der Liebe. Auch der Mensch, der haßt, will in zerstörender Weise die Verbindung mit seinem Opfer. Auch in ihm ist noch göttliche Liebe anwesend; aber sie ist von ihrem Ursprung so weit entfernt, daß sie wie ein Gegenpol wirkt und in dem Maße ihrer Entfernung blind geworden ist für die wahre Schwingung der Liebe.

In einem solchen Zustand ist Höherentwicklung und Transformation nur schwer möglich, im Gegenteil. Der Hassende verstrickt sich immer mehr in seiner Blindheit in das Gefängnis seiner haßerfüllten Gefühle und Bestrebungen. Auf dem Weg zum göttlichen Menschen muß jegliche Form von Haß und damit verbundene Gefühle wie Aggression, Neid, Mißgunst und versteckte Feindseligkeit aufgelöst und in Liebesenergie verwandelt werden. Schon allein die Erkenntnis dieser Zusammenhänge kann in dir den Wunsch wecken, dich von diesen negativen Gefühlen zu befreien.

Es gibt zwei grundlegende Wege, um diese zerstörerischen Energien, die mit dem Haß und dessen Folgen verbunden sind, zu transformieren. Der eine ist die Vergebung und der andere die totale Hingabe an die absolute Liebe, die dich in ihr Schwingungsfeld hineinzieht und alle gegen die Liebe gerichteten Kräfte und Impulse verwandelt. Die bedingungslose Vergebung befreit dich von allen Lasten, die der Haß über deine Herzensliebe geschüttet hat. Darunter liegt unberührt und unverletzt die göttliche Liebe, die kein Haß der Welt erreicht. Sie ist der Balsam für alle deine Verletzungen, die du durch Gewalt und Haß erleiden mußtest. Sie gibt dir auch die Kraft, immer und in jeder Situation zu vergeben. Das ist die unabdingbare Voraussetzung für den nächsten Schritt auf dem Weg zum göttlichen Menschen!

Wenn dir in deiner totalen Hingabe die Gnade geschenkt wird, auch jenen Menschen zu vergeben, deren Verwundungen und Beleidigungen tief in deinem Unterbewußtsein vergraben sind, dann wirst du eine Flut von Liebeskräften spüren, die auch dich heilen. Durch deine Vergebung wird die Liebe zur befreienden Heilkraft für alle, denen du Leid zugefügt hast. Erst wenn diese alten Wunden durch die Vergebung geheilt werden, wird sich auch die vitale Liebe der göttlichen Liebe übergeben; denn die bedingungslose Vergebung ist ein Akt des wahren Selbst. Die Seele wird befreit, und in der seelischen Liebe kommt die göttliche Liebe zum Ausdruck. In ihrer Fülle und Glückseligkeit bist du zu Hause angekommen.

Das Aufbrechen der Seelenfreude

Was wäre dein Leben ohne Freude? Sie ist die lachende Schwingung der Liebe. Sie ist die Melodie, nach der das Schöpfungsspiel tanzt. Sie ist die Kraftquelle, die unmittelbar mit dem Ursprung der Seligkeit verbunden ist. In der Freude schwingst du dich in den Rhythmus des göttlichen Lebens ein. Wenn die Freude deine Schritte begleitet, wird alles leicht, dein Denken, deine Gefühle und dein Tun. Der geistige Flügel der Freude ist die Begeisterung. In ihrer Schwingung kannst du immer mehr Menschen mitreißen, sich dem Reigen der Freude, die aus Gott kommt, anzuschließen. Echte Freude steckt an!

Sie kommt aus den höheren Seelenschwingungen. Mit ihr kannst du die vielen schweren Energien der Traurigkeit und des Schwermutes transformieren. Sie und alle niederen, ungeordneten Gefühlsenergien verhindern die Seelenfreude. Auch in diesem Zusammenhang erkennst du wieder die Bedeutung des Transformationsprozesses, der den gesamten Menschen umfassen muß. Die Freude selbst aber wird auf deinem Weg zum göttlichen Menschen auf eine höhere Schwingung gebracht, und sie beschenkt dich mit größerer Seligkeit.

Viele Menschen leben mehr in der äußeren Freude, die von materiellen Dingen abhängig ist. Sie bleiben oft auf der Ebene der körperlichen und vitalen Freude stehen und verhindern dadurch das Einströmen der höheren geistigen Freude. So gilt es auch, die Freude auf eine höhere Schwingung zu transformieren. Die Sinnenfreude kann sich auf den grobstofflichen Genuß konzentrieren und ist dann in der Gefahr, darin verhaftet zu bleiben und abhängig zu werden. Wenn sich die Freude aus der Seelenebene mit dieser Freude verbindet und die Führung übernimmt, dann werden die Sinne in eine feinere Schwingung transformiert. In dieser zarten Energie, die, wie du ja weißt, viel stärker ist als alle grobstofflichen Kräfte, durchdringen sie in ihrer Freude alle Egoschichten, so daß auch die Körperzellen daran teilnehmen dürfen und darin Lust und Seligkeit erfahren. Dann wird das Schauen, Hören, Fühlen, Riechen und Schmecken zum Loblied Gottes. Dann kann die Freude am Leben, die Freude an der Natur zur Brücke einer großen Erfahrung werden, in der du die Freude des Schöpfers widergespiegelt findest.

In diesem Verwandlungsprozeß wächst auch die Freude an geistigen Werten. Wenn du dich über geistige Wahrheiten und Erkenntnisse, über philosophische Zusammenhänge und die Weisheit der Meister freuen kannst, wird dich diese geistige Freude beflügeln, die Seligkeit der göttlichen Freude erfahren zu wollen.

Die Freuden, an denen du früher so festgehalten hast, verlieren dann ihren Stellenwert, wenn sie von einer höheren Freude überstrahlt werden. In dieser Freude kannst du dich frei machen von alten Bindungen und Verhaftungen. Aus ihrem Fluß heraus kannst du dem neuen Gesetz dienen: Geben!

Es kann nur in Freiheit aus der Freude erfüllt werden. Schwinge deine Gefühle auf diese hohe Energie ein, und erkenne immer wieder neu, daß du mit allen Engeln und Wesen im Universum eine einzige Gemeinschaft der Freude im Licht der Liebe Gottes bildest. Dir wird alles geschenkt, was du für dein Leben und für deinen Wachstumsprozeß brauchst. Freue dich darüber und sei glücklich! Freue dich über jeden Menschen, dem es gut geht! Freue dich in der Fülle des Lebens, und vertraue darauf, daß du immer so viel bekommst, wie du brauchst und für deinen Wachstumsprozeß nötig ist! Lebe die Freude, dann lebst du die Liebe! In ihrer Einheitsschwingung bekommst du eine Ahnung von der ekstatischen Kraft, die die ganze Schöpfung in Seligkeit vibrieren läßt.

Deine Würde als Mann und Frau

Eine wesentliche Aufgabe in der Transformation der Psyche besteht darin, deine menschliche Natur in ihrer Würde als Mann oder Frau zu erkennen und von alten, unterdrückerischen Mustern, die im Laufe der Evolution entstanden sind, zu befreien. Über die ganze Menschheitsgeschichte sich hinziehende, von Rasse, Zeit, Kultur und Zivilisation abhängige Verhaltensweisen prägen auch heute noch dein Lebensgefühl als Mann oder Frau. Besonders die Sexualität hat die Rolle der Geschlechter bestimmt. Auf deinem Reifungsprozeß ist die rechte Sicht und Bewertung der Sexualkraft und deren Transformation von großer Bedeutung.

Der Mensch ist ein Ausdruck der göttlichen Liebe und ein Ebenbild Gottes. Seine Lebens- und Liebeskraft hat in der Welt der Polarität den Menschen als Mann und Frau geschaffen. Dadurch hat der Schöpfer nicht nur sein göttliches Bewußtsein mit der Materie verbunden, sondern die Urliebe hat damit einen bewußten Kanal in der Liebe zwischen Mann und Frau erhalten. Diese ursprüngliche göttliche Liebe hat sich in die Natur des Menschen gesenkt und ihre individuelle Ausprägung in der menschlichen Liebe gefunden.

Die Sehnsucht des Menschen nach der Einheit mit Gott findet ihren menschlichen Ausdruck in der gegenseitigen Anziehung zwischen Mann und Frau. Deswegen ist sie auch eine große Hilfe zurück zur

342

ursprünglichen Gottesliebe, die sich einmal im göttlichen Menschen in Fülle zum Ausdruck bringen wird. In seiner sich ergänzenden Liebe wachsen und reifen die Liebespartner zu ihrem vollen Menschsein heran.

Die Schöpfungskraft Gottes, aus der das Leben und die Liebe ständig fließen, hat die Urenergie der Liebe mit der Lebenskraft, die ständig Leben zeugt und erhält, verbunden. So sind Liebe und Sexualität im Ursprung eins und sind auch im Menschen zu einer wunderbaren schöpferischen Einheit verbunden.

Die göttliche Energie in der Sexualität

Die sexuelle Energie ist die größte schöpferische Kraft des Lebens. Ihr Ursprung ist die Liebe, und ihre Frequenz schwingt im Licht der göttlichen Freude. In dieser vollendeten Einheit aus Liebe und Freude vermag sie alles in Bewegung zu setzen, aber wenn sie aus dieser Einheit gefallen ist, kann sie zerstören. In ihrer Trennung ist sie mit vielen negativen Gefühlen und Eigenschaften wie Eifersucht, unbeherrschter Leidenschaft, Machttrieb und Narzißmus verbunden. In ihrer göttlichen Ordnung schenkt sie Kraft und Heilung, in ihrer ungeordneten, von der Liebe getrennten Form macht sie krank. Da sie aber ein Instrument der Natur ist, folgt sie dem Bewußtsein, das sie leitet. So kann diese Energie als heilige Kraft des göttlichen Geistes das Universum ordnen, sie kann aber auch durch ein niederes, unwissendes Bewußtsein mißbraucht werden und Chaos und Leid verursachen.

Als bewußtes Wesen liegt es in der Verantwortung eines jeden, mit dieser göttlichen Energie sorgsam umzugehen. Bedenke, daß der naturhafte Trieb, der mit dieser Kraft verbunden ist, aus dem Bewußtsein der niederen Natur stammt, dem höheres Wissen nicht zugänglich ist. Dein Egobewußtsein wird vom Naturtrieb beherrscht, und es benutzt diese Energie für sein Überleben in Zeit und Raum. Du aber bist ein Kind der Ewigkeit, und du sollst auf der Erde deine Spur der Ewigkeit hinterlassen. Deine Lebensenergie in dir als Mann oder als Frau ist eine reine, göttliche Liebeskraft, die nicht vom triebhaften Egoismus beherrscht werden darf. Wenn du die Sexualenergie kontrollieren lernst und unter die Herrschaft deines Geistes bringst, werden dir neue Seelenkräfte zufließen. Gleichzeitig wird dabei deine vitale Natur gereinigt und auf eine höhere Schwingung gebracht, so daß die Seele freier wird und die göttliche Liebe hindurchfließen kann, die wiederum die Sexualkraft transformiert.

Weil du die göttliche Liebe noch nicht in ihrer beseligenden Fülle erfahren hast, magst du oft unbewußt die Erfüllung deiner Liebe in der Sexualität suchen. Hinter dieser Fixierung auf Sexualität steht letztlich die Sehnsucht nach unbegrenzter Liebe in der Einheit mit Gott. Wie begrenzt die vitale Liebe dagegen ist, erkennst du daran, daß sie zu Ende geht, wenn die sexuelle Anziehungskraft wegfällt.

Die Menschheit hat seit eh und je die Macht der Sexualität erkannt. In allen Kulturen und Religionen wurden Regeln und Verhaltensweisen aufgestellt, um diese Urkraft zu ordnen. Das ist sicher notwendig gewesen und ist auch heute für das soziale Verhalten von großer Bedeutung. Durch Unkenntnis über die wahre Natur der Sexualkraft und aufgrund unnötiger Ängste, aber auch um andere Menschen aus Machtmißbrauch zu kontrollieren, entstanden Schuldgefühle, die tief im Unterbewußtsein des Menschen sitzen.

Die Sexualkraft kann nicht transformiert werden, wenn diese Schuldgefühle nicht aufgelöst sind. Sie können in Verbindung mit unnötigen Tabus und Verboten die mit der Sexualität verbundene Lebensenergie im Fluß hemmen. Dadurch entstehen Blockaden, sowohl im Körper als auch in der Psyche, die auch das Einströmen der göttlichen Lichtenergie hemmen und ihren freien Fluß hindern. Deine Geschlechtlichkeit als Mann und Frau wirkt sich ja nicht nur im Körper aus, sondern in allen geistig-seelischen Schichten deines Menschseins.

Im Laufe der Entwicklungsgeschichte haben sich daraus bestimmte Verhaltensweisen, Gefühle, Rollen, Aufgaben und auch das Selbstbild von Mann und Frau entfaltet, die jeden prägen. Dadurch ist das Frau- und Mannsein festgelegt und fixiert und auf die jeweilige Geschlechterrolle beschränkt. Den Menschen ist nicht genügend bewußt, daß beide Kräfte, das männliche und das weibliche Prinzip, das die Wissenschaft animus und anima nennt, als Manifestation des Einen, in dem alle Gegensätze aufgehoben sind, in ihnen lebendig ist und als das Eine, Göttliche zum Ausdruck kommen soll.

Die Vereinigung des männlichen und weiblichen Pols

In der fernöstlichen Philosophie werden diese kosmischen polaren Kräfte, die du in der gesamten Schöpfung findest, Yin und Yang genannt. An ihrer Wirkung in der Natur kannst du auch die Eigenschaften des männlichen und weiblichen Prinzips in dir erkennen. Die Yin-Kraft, die deine weibliche Energie bedeutet, ist die empfangende, aufnahmebereite, zarte Natur in dir. Mit ihr sind im Wesentlichen Sensibilität, Gefühlsstärke und Intuition verbunden. Die männliche Seite in dir wird durch die aktive, schöpferische Tatkraft, aus der heraus du handelst und sprichst, zum Ausdruck gebracht. Wenn du eines dieser beiden Wesensprinzipien nicht leben kannst, weil eine bestimmte Rolle, die von der Gesellschaft, durch Erziehung oder andere Ursachen festgelegt wurde, sie unterdrückt, dann kannst du nicht dein volles Menschsein verwirklichen. Du kannst in dieser Einseitigkeit nicht in den göttlichen Menschen hineinwachsen, in dem alle Kräfte in wunderbarer Harmonie vereinigt sind.

Entdecke in dir als Mann ein Antlitz, das dir als weiblicher Gegenpol zu deiner männlichen Gestalt zart entgegenleuchtet! Du erkennst deine weibliche Seite an dieser Zartheit und Sensibilität für das Schöne in deinem Leben. Mit ihr liebe die Natur, mit dieser deiner Sensibilität wecke die schöpferischen Fähigkeiten der schönen Künste in dir! Du wirst ein besseres Gefühl für die feineren Energien des Lebens in dir wecken, so daß du dich als Mann mit deiner Kraft im Leben behaupten kannst, ohne Gewalt anzuwenden. Du wirst die Schönheit des Lebens mit anderen Augen sehen, wenn dich die weibliche Seite deiner Seele durchstrahlt und erfüllt.

Mit anderen Augen, mit den Augen der Seele, wirst du dann einer Frau begegnen, sie lieben und ihre Weiblichkeit nach den inneren Gesetzen des Geistes achten. Erst wenn du die weibliche Seite in dir entdeckst, kannst du die Frau, die du liebst, wirklich verstehen, und auch deine triebgebundenen Gefühle verwandeln sich in Herzensgefühle. Deine Herzensliebe ermöglicht es, daß du dich mit deiner ganzen Hingabe und deiner ganzen Zartheit auch in der sexuellen Begegnung verschenken kannst. Diese Freude ist die Freude der Liebe, die Himmel und Erde vereinen kann. In ihr findest du die Spur der Ewigkeit.

Auch als Frau bist du aufgerufen, die männliche Seite als deinen Gegenpol in dir zu erleben und dich in deiner Ganzheit zu erkennen. Wenn du die Kraft des Mannes in dir weißt, bist du nicht mehr abhängig von der äußeren Macht des Mannes. Oft ist es ja gerade die äußere Kraft, zu der du dich in deiner Weiblichkeit, in der du dich als vermeintlich zerbrechliches Geschöpf siehst, angezogen fühlst. Die Sehnsucht nach Schutz und Geborgenheit ist ein uraltes Muster für dich als Frau, nach deinem Gegenpol zu suchen. Damit bringst du selbst den Mann in eine Machtposition, die er in seiner Unwissenheit für die eigenen Zwecke seines Mannseins ausnutzt. Aus beiden Verhaltensweisen erkennst du, daß das Egobewußtsein die Geschlechterrolle benutzt, um seine Befriedigung zu finden.

Jetzt fühlst du vielleicht, wie wichtig es ist, beide Seiten deines Menschseins in dir selbst zu entdecken und zu entwickeln, um in diesem Verwandlungsprozeß die Macht des Ego zu brechen. Macht spielt sich nur nach außen hin auf und ist innen häufig ohne Substanz. Innen liegt auch im Mann ein ganz zarter Kern, der durch deine Vorstellung von Mannsein nicht leben darf und der oft genug überfordert wird.

Stärke dein Selbstbewußtsein als Frau, indem du in dir die männliche Kraft wachrufst! Die Vereinigung dieser beiden Urprinzipien schenkt dir das Urvertrauen wieder, aus dem heraus du frei und ohne Abhängigkeit leben kannst, denn es hat seine Quelle in der göttlichen Lebensenergie selbst. In dieser Freiheit kannst du auch deine weibliche Seite authentisch leben.

Benutze ohne Angst dein diplomatisches Geschick, um Frieden zu stiften! Hilf dem Mann mit deinem Einfühlungsvermögen, richtige Entscheidungen zu fällen! Setze deine intuitive Kraft ein, um auf gesellschaftlichem und politischem Gebiet neue Wege aufzuzeigen! Sei dir bewußt, daß ohne deine Zartheit und Schönheit die Welt ärmer wäre! Schenke deine Mütterlichkeit, die Leben gebiert und es in seiner Entwicklung behütet und erzieht, allen Menschen! Die Menschen hungern danach. Mit dieser gelebten Fraulichkeit wirst du keine Schwierigkeiten mehr haben, in der heute noch vorrangig von Männern geprägten Gesellschaft anerkannt zu werden. Im Gegenteil! Jetzt ist deine Zeit gekommen, der Erde zu helfen und den Mann seine verlorene Seite in sich durch deine liebende Hilfe wiederfinden zu lassen.

Wenn du dein spezifisches Mann- und Frausein in diesem Wissen leben kannst, dann bist du einige Schritte in deinem persönlichen Reifungsprozeß weitergekommen. Diese Transformation, die dich auch in ein neues Bewußtsein als Mann oder Frau führt, geschieht erst, wenn du das Urprinzip des Weiblichen und Männlichen als Einheit in dir verwirklichen kannst. Diese Verwandlung vollzieht sich in jedem Augenblick, in dem du unmittelbar mit dem Strom des Lebens verbunden bist. In dieses Fließen von auf und ab, von außen und innen, von unten und oben, in dieses Kommen und Gehen, in das Sich-Verdichten und Ausweiten der Kräfte von Yin und Yang bist du als menschliches Wesen hineingestellt. Du kannst sie leben!

In dem Wiederentdecken deiner männlichen und weiblichen Energie kannst du dich diesem Fluß des Lebens anpassen, indem du so handelst, wie die Ereignisse des Lebens es von dir erfordern. Alles, was du festhältst, weil du eine bestimmte Rolle spielen willst, bereitet dir Schwierigkeiten. Wenn du dich den Angeboten des Lebens, die jeweils deine verschiedenen Urkräfte des Frau- und Mannseins in dir ansprechen, verweigerst, schaffst du dir Probleme, die dich in deinem Reifungsprozeß hindern.

Leben ist Übergang von einer Polarität in die andere. Yin und Yang sind aber dennoch in ihrem Wechselspiel eins. Verlangt das Leben Ruhe und Besinnung oder will das göttliche Licht in dich einströmen, und du lebst dann nicht deine weibliche Seite, wirst du nicht offen und empfangsbereit, sondern lebst deine männliche aktive Seite weiter, dann kann der Transformationsprozeß nicht geschehen. Darin liegt auch ein Grund, weshalb viele Männer in der heutigen Zeit noch keinen Zugang zu einem spirituellen Weg finden, der von ihnen Hingabe, Demut und Stille fordert. Andererseits dient es auch nicht dem Reifeprozeß, wenn deine schöpferische Tatkraft verlangt wird und du dich dann in dein stilles Kämmerlein zur Meditation zurückziehst.

Transformiere deine verschütteten Seelenkräfte als Frau oder als Mann, indem du sie erweckst und dem Fluß des Lebens mit seinen Erfordernissen anpaßt! Wenn du deinen männlichen und weiblichen Pol in dir vereinst und alte überlebte Rollen ablegst, die dich zwanghaft festlegen, näherst du dich dem Urprinzip, in dem alle Kräfte eins sind.

Die Transformation des Körpers

Die Entwicklung aller lebendigen Formen und Körper, von der Materie zur Pflanze, von niederen, einfach strukturierten Lebewesen über die höher entwickelten Tiere bis hin zum Menschen, wird von der göttlichen Schöpferkraft verursacht und gesteuert. Sie verwirklicht sich in einem Evolutionsprozeß, der zu immer größerer Komplexität und Bewußtheit führt. Dieses wichtige Gesetz der Evolution hatte in der Vergangenheit Geltung und wird auch in der Zukunft Gültigkeit behalten. Sie drängt immer darauf hin, die bisherigen Grenzen zu überschreiten und ständig Neues zu schaffen.

Auch in deinem Körper ist die göttliche Lebenskraft vollkommen anwesend. Sie ist dir nur nicht bewußt. Wie wären sonst die wunderbaren Lebensfunktionen deines Körpers in Harmonie und Ordnung möglich! Der Transformationsprozeß des Körpers hat den Sinn, diese göttlichen Lebenskräfte in ihrer Unbewußtheit bewußt zu machen, alle Energien zu ordnen, zu verwandeln, ihn auf eine höhere Schwingungsfrequenz zu bringen, ihn aufnahmebereiter für das einströmende Licht zu machen, um den göttlichen Menschen vorzubereiten.

So wie ein Blick auf das Evolutionsgeschehen dir das Wesen des Körpers in seiner jetzigen materiellen Struktur näherbringt, so weitet sich auch die Erkenntnis über die zukünftige Evolution des Körpers, die mehr eine Transformation sein wird. Da die äußere Gestalt des Körpers im wesentlichen vollendet ist, wird sich der Transformationsprozeß einerseits mehr auf die Bewußtwerdung des im menschlichen Körper schlummernden göttlichen Geistes konzentrieren. Auf der anderen Seite wird die Durchdringung und Vergeistigung des Körpers bis in die letzten Zellen mit deiner eigenen Seelenkraft und der herabströmenden Lichtkraft Gottes geschehen, die die Evolution des Menschen in der Manifestation des göttlichen Menschen zu ihrem Höhepunkt führt. All dies geschieht im Transformationsprozeß des Körpers.

Die Transformation der feinstofflichen Körper

Gleichzeitig werden dabei auch deine feinstofflichen Körper bewußter und auf eine höhere Schwingungsstufe gebracht, so daß sie nicht nur die transformierende Energie des höheren Bewußtseins aufnehmen können, sondern auch feiner in ihrer Struktur und differenzierter in ihren Bahnen und Kanälen werden. Auf diese Weise werden sich neue, feinstoffliche Energiezentren bilden, die wiederum höhere Aufgaben übernehmen und den Lichtleib des göttlichen Menschen vorbereiten.

Während dieses Transformationsprozesses werden sich verschiedene Körperebenen im grobstofflichen und feinstofflichen Bereich besser durchdringen und sich gegenseitig in ihren Aufgaben unterstützen. So bekommt dein grobstofflicher Körper Energie durch Nahrungsaufnahme, Sauerstoff, Licht und Bewegung. Die dadurch entstehenden Lebensenergien dienen wiederum auch den feinstofflichen Körpern.

Die Chakras und ihre Energiebahnen nehmen die höhere Energie auf, transformieren sie auf deine Schwingungsebene und beleben damit deinen ganzen Körper. In der Zukunft werden die Chakras eine noch größere Bedeutung bekommen, weil sie als Antennen für die Aufnahme der überbewußten Lichtkraft eine Schlüsselfunktion für die Transformation zum göttlichen Lichtleib haben. Durch das einströmende Licht haben sich die Chakras bei vielen Menschen schon mehr geöffnet und eine Verwandlung auf eine höhere Schwingungsfrequenz erfahren. Es gibt heute schon eine große Anzahl von Übungen, die die Chakras reinigen und öffnen. Mache dir aber immer wieder bewußt, daß die Hingabe und die Übergabe deines ganzen Wesens an Gott die Grundvoraussetzung ist für all deine Übungen, die die Chakras öffnen und entwickeln. Dann wird dieser Reinigungs- und Entfaltungsprozeß von einer höheren Intelligenz gesteuert, und es entstehen keine Schäden.

Die Reinigung der Chakras ist unumgänglich, denn sie sind es, die in ihrem ungereinigten Zustand alle Energieströme in dir blockieren, da sie nicht nur störende Energien von außen aufnehmen, die du relativ leicht ausgleichen kannst, wenn du sie dir bewußt machst und im göttlichen Licht verwandelst, sondern auch den Stempel deiner ganzen Vergangenheit als Mensch tragen. Sie bergen in sich Energien aus dem kollektiv und archaisch Unbewußten deines Wesens und deiner persönlichen karmischen Schichten, die in Verbindung mit den feinstofflichen Körpern und mit dem Bewußtsein des physischen Körpers stehen. Der Transformationsprozeß in diesem feinstofflichen Bereich ist deshalb langwierig und bedarf vieler Geduld.

In dem Maße, wie der grobstoffliche und die feinstofflichen Körper Stufe um Stufe gereinigt werden, können sie auch von den höheren Energien durchströmt werden, so daß sie von der Vibration der Wonne und der Freude des göttlichen Lichtes durchdrungen werden. Dein Körper wird auf diese Weise auch gesünder und leistungsfähiger. Das ist aber nur möglich, wenn gleichzeitig auch deine weiteren Bewußtseinsebenen von ungeordneten, unausgeglichenen Energien gereinigt und ihre Schichten transformiert werden. So siehst du, daß die einzelnen Verwandlungsprozesse deines Menschseins ineinanderfließen und sich wechselseitig bedingen.

Äußere Voraussetzungen für die Transformation

Damit der Transformationsprozeß des grobstofflichen und feinstofflichen Körpers leichter gelingt, müssen bestimmte Voraussetzungen in deiner Lebens- und Ernährungsweise erfüllt werden.

Die meisten Menschen wissen heute, wie wichtig Gesundheit und Wohlbefinden für das Lebensglück sind. Sie wissen um die Notwendigkeit einer ausgeglichenen Lebensweise und um die Bedeutung einer gesunden Ernährung. Viele Menschen haben sich bereits auf eine gesunde Lebensweise umgestellt und auch ihre Ernährung nach biologischen Grundsätzen ausgerichtet. Das ist eine große Hilfe für das Kommen eines neuen Bewußtseins. Wenn sich aber die Lichtkraft verstärkt und stärkere Transformationsprozesse eintreten, genügt die Motivation für die Veränderung der Lebensweise, ein gesundes, schmerzfreies und glückliches Leben zu führen, nicht mehr.

Wenn du dich für den geistigen Weg zum göttlichen Menschen entschieden hast, dann muß dein ganzes Leben mit all seinen Äußerungen deinem großen Lebensziel untergeordnet werden. Von dieser

Sicht her bekommst du genügend Kräfte geschenkt, Grundsätze einer gesunden Lebensweise und Ernährung zu verwirklichen. Es geht dabei vor allen Dingen darum, daß die transformierenden Energien in ihrer Wirkungsweise nicht gehindert werden. Im Gegenteil, sie müssen gestärkt und unterstützt werden. Deswegen sind besonders jene Lebensgewohnheiten, die dich mit den verschiedensten Energieformen des Lebens in Verbindung bringen, zu überprüfen und gegebenenfalls zu verändern.

Reinigung der äußeren Energiefelder

Wie du weißt, lebst du in einem Energiefeld. Du bist umgeben von Energie und durchstrahlt von Energie. Diese Energiefelder beeinflussen Körper, Seele und Geist. Sie schaffen Wohlbefinden oder stören deine Lebensenergien. Das Energiefeld prägt deinen äußeren Lebensraum, deinen Wohnraum und den Raum deines Körpers. Deswegen achte darauf, welche Energien in diesen deinen Räumen schwingen. Halte dich, so oft du kannst, in der Natur auf! In guter Luft und sonnendurchfluteter Atmosphäre kannst du deine Kräfte regenerieren. Es ist nicht so wichtig, ob du wanderst, im Garten arbeitest oder Sport treibst. In einer reinen Umwelt überwiegen die negativen Ionen als Sauerstoffträger, die dich auch mit dem transformierenden Prana aufladen.

Diese negativen Ionen schaffen auch ein gesundes, sauberes Wohnklima, in dem du dich wohlfühlen kannst. In vielen Wohnungen geht diese gute Atmosphäre durch eine Vielzahl von modernen Einrichtungen verloren. Du solltest wissen, daß elektromagnetische Felder, die zum Beispiel von elektrischen Geräten ausgehen, Gegenstände, die von Sendern und Satelliten aufgeladen werden, Kunststoffe mit ihrer unnatürlichen Ausstrahlung ein chaotisches Ionenklima schaffen und deine Körperenergie und Bewußtseinskräfte negativ beeinflussen. Dasselbe trifft auch für die Kleidung zu. Synthetische Stoffe laden sich ebenso auf und verhindern das Durchströmen der pranischen Energie.

Besonders mußt du darauf achten, daß dein Schlafraum frei von solchen störenden Feldern ist. Wenn du noch neben einem Radiowecker schläfst, brauchst du dich nicht zu wundern, daß du morgens nicht erfrisch aufwachst und häufig von schweren Träumen geplagt wirst. Dein Bett sollte auch nicht auf einer geopathischen Zone stehen, die von unterirdischen Wasseradern, Verwerfungen oder Kreuzungspunkten der Energiefelder der Erde wie Currynetz bzw. Globalgitternetz verursacht werden. Wenn du dich mit dieser Problematik auseinandersetzen willst, dann kannst du die Zusammenhänge in einer inzwischen reich angewachsenen Literatur nachlesen.

Eine energetisch saubere Schlafstätte ist für den Transformationsprozeß in besonderem Maße von Bedeutung, nicht nur weil du deine eigenen Kräfte regenerieren mußt, sondern weil während des Schlafens selbst transformierende Kräfte aus der göttlichen Sphäre dich durchströmen und reinigend durchlichten. Sorge deshalb auch für ausreichenden Schlaf und schaffe dir Räume der Stille, in denen du dich der transformierenden Energie hingibst. Sie kann in manchen Nächten so stark auf dich einwirken, daß du nicht schlafen kannst. Ärgere dich nicht darüber. Nutze die kostbare Stille der Nacht, um dich in Hingabe verwandeln zu lassen. Du wirst im Unterschied zu einer normalen schlaflosen Nacht erfahren, daß du am nächsten Morgen nicht müde bist, sondern mit innerer Freude und regenerierter Lebenskraft dein Tagwerk erfüllen kannst.

Je mehr dich die göttliche Lichtenergie durchströmt, um so leichter stellt sich ein natürlicher Rhythmus von Arbeit, Schlaf und Freizeit ein. Gerade die Freizeit wirst du dann nicht nur mit Vergnügungen ausfüllen, sondern, dem inneren Drang folgend, sie benutzen, dich nicht nur zu erholen, sondern in der Erholung den inneren Weg weiterzugehen. Letztlich soll dein ganzer Lebensrhythmus in das transformierende Übungsfeld einbezogen werden. Alle Angebote des Lebens dienen der Transformation. Aus dieser Sicht verstehst du auch, warum die regelmäßigen Übungen, ob das Yoga, T'ai Chi, Gebetsgebärden, Meditation oder sonstige Übungen sind, einen so hohen Stellenwert auf deinem Weg zum göttlichen Menschen haben.

Die Aufnahme von Lichtenergie durch die Nahrung

Wenn die beschriebenen Energien schon einen so großen Einfluß auf dich haben, dann kannst du dir vorstellen, wie wichtig die Energien sind, die du dir durch die Nahrung zuführst. Vielleicht kennst du den Satz: „Was der Mensch ißt, das ist er". Die Nahrung liefert aber nicht nur die Bausteine für den Aufbau deines Körpers und ist nicht nur Verbrennungsmaterial für die Bereitstellung körperlicher Kraft, in der du deine verbrauchte Energie erneuerst, sondern in den Nahrungsstoffen selbst ist eine Energie enthalten, die dich in all deinen Wesensschichten beeinflußt. Mit der wachsenden Achtsamkeit und dem Hinhorchen auf die wahren Bedürfnisse deines Körpers wird er dir durch ein inneres Gefühl mitteilen, was er braucht. Die Körpersensoren werden feiner und sensibler für falsche Ernährungsgewohnheiten, die dem Körper Schaden zufügen.

Die Ausrichtung auf ein höheres Bewußtsein verändert die energetischen Abläufe in deinem Körper. Deswegen sollte die Ernährung kein Hindernis für die feinstofflichen Lichtenergien sein, sondern im Gegenteil, sie sollte das Wirken der göttlichen Lebenskräfte durch eine richtig ausgewählte Nahrung unterstützen. Die meisten Menschen wissen nicht um die energetische Bedeutung der Ernährung und achten auch nicht genügend auf deren vitalstoffreiche Zusammensetzung. Besonders beim Essen wirken sich die Wünsche und Bedürfnisse des Egobewußtseins aus. Das Ego richtet sich nicht nach dem Maß der Qualität, sondern nach dem Maß der Quantität und des Genusses. Deswegen essen viele Menschen zu viel. Nicht alles, was gut schmeckt, ist auch gesund! Das eigene Überleben, der Genuß und die Lust, die mit dem Essen verbunden sind, stehen für das Ego immer im Vordergrund. Die Nahrung, die nach diesen Prinzipien ausgesucht wird, verschafft zwar Genuß und erhält die Lebensfunktionen, aber sie reicht nicht aus, um die Gesundheit des Körpers langfristig zu garantieren und um die Grundlage zu schaffen, die nötig ist, den Körper auf eine höhere Schwingungsebene zu transformieren.

Aus all diesen Gründen mußt du eine Nahrung auswählen, die verdichtete Lichtenergie im Wachstumsprozeß in sich gespeichert hat und die mit Pranaenergie aufgeladen ist. Die in der Nahrung enthaltenen Lichtmoleküle, die auch Biophotonen genannt werden, regenerieren nicht nur deine Zellen, sondern sie enthalten auch Informationen für die Körperzellen, die eine geordnete Verdauung ermöglichen und den Stoffwechsel fördern. Wenn du deinen Körper durch eine lebensspendende Lichtnahrung ernährst, verstärkst du deine innere geistige Lichtenergie, die ja deine ursprüngliche Lebenskraft in dir ist. Dein sich weitendes Bewußtsein und das sensibler werdende Körperempfinden werden deswegen immer mehr Sonnennahrung wie frische Salate, Gemüse, Obst und Getreidearten bevorzugen. In ihrem natürlichen Zustand ist das Licht der Sonne noch enthalten. Wenn du vitalstoffreiche Lichtnahrung zu dir nimmst, verbinden sich die äußeren Lichtenergien mit deinen eigenen inneren Lichtfrequenzen und werden eins in der Kraft des göttlichen Lichtbewußtseins. Mit dem wachsenden Licht in deinem Bewußtsein und deinen Körperzellen wirst du auch keine tierische Nahrung mehr zu dir nehmen, wenn du nicht aus geographischen Gründen zu deinem Überleben darauf angewiesen bist.

Die Aufnahme der Lichtenergien durch die Nahrung ist von außerordentlicher Bedeutung für deine Transformation. Es findet gleichsam ein geistiger Assimilationsprozeß statt. Er ist die Vorstufe für die ‚communio sacralis‘, die für den göttlichen Menschen mit seinem Lichtleib die Grundnahrung seines Lebens sein wird.

Wenn du in diesem Bewußtsein in dankbarer Freude, die sich auch in einem Dankgebet zum Ausdruck bringen sollte, in Ruhe und innerer Sammlung dein Essen einnimmst, kann jede Mahlzeit ein Schritt vorwärts auf deinem Weg der Transformationen bedeuten.

Die Transformation der vitalen Lebensenergie

Da dein physischer Körper eng mit deiner Psyche und deren Bewußtseinsschichten verbunden ist und das Ego im Körper seine stärkste Macht ausübt, wirken sich die psychischen und mentalen Blockaden und Verletzungen auch auf der Körperebene aus. Deswegen müssen sie erkannt und geheilt werden.

Der Überlebenstrieb des Ego mit seiner vitalen Kraft hat auf dieser Ebene abgrundtiefe Ängste, die von lebensbedrohlichen Situationen aus der Vergangenheit herrühren, in deine Zellen eingepflanzt, die das wahre Licht der Freude auch im Körper verdecken. Viele Energieblockaden verschwinden, wenn die dahinterliegende psychische Verwundung geheilt wird. Aber auch durch die Wahrnehmung der körperlichen Probleme kannst du auf krankmachende Ursachen im psychischen, vitalen und mentalen Bewußtsein schließen. Alle Ebenen sind ja in der Einheit deines Menschseins miteinander verbunden. Wenn ein Teil leidet, dann leidet das Ganze.

In der Dunkelheit und Trägheit des Körperbewußtseins fehlt der Antrieb fast völlig, die Wahrheit des Zellenbewußtseins als Licht und Liebe wieder aufzudecken. Wenn das neue Lichtbewußtsein auf deinem inneren Weg stark genug werden kann, verweht es wie ein kraftvoller Wind die Macht des Ego, das mit seiner Unwissenheit bis in deine Knochen eingegraben ist. Das neue Licht ist ganz besonders für deinen Körper die alles verwandelnde göttliche Lebenskraft. Das Bewußtsein dieser universellen Lebensenergie wird durch die Transformation jede Zelle deines Körpers beleben, so daß sie ihren inneren Lichtkeim wecken kann.

Mit der sich auf dem Weg zum göttlichen Menschen ständig erhöhenden Frequenz deines Bewußtseins muß die Lebensenergie deines Körpers Schritt halten. Nur dann ist eine vollkommene Transformation auch des Körpers möglich. Er besitzt seiner Natur gemäß die niedrigste Bewußtseinsfrequenz. Er ist abhängig von der vitalen Lebensenergie, die ihn durchströmt und belebt. Du kannst eine starke, vitale Lebensenergie haben und dich einer stabilen Gesundheit und Kraft erfreuen. Dein Bewußtsein kann dagegen träge und stumpf sein. Das Überleben auf dieser Erde verlangt zuerst eine starke Lebenskraft. Auf ein höheres Bewußtsein ist es scheinbar nicht angewiesen. Deshalb identifizieren sich die meisten Menschen naturgemäß zuerst mit ihrem Körper und seinen vitalen Gesetzen.

Die der Lebensenergie zugrundeliegende, antreibende Kraft ist aber dennoch das Bewußtsein! Aus dem göttlichen Bewußtsein ist die ganze Schöpfung hervorgegangen. Es erschafft ständig Neues, es erhält und zerstört, damit Neues entstehen kann. Diese Bewußtseinskraft bringt in der Überwindung von Chaos das geschaffene Sein auf eine höhere Ebene, indem sie das in der Materie und in allen Lebensformen ruhende Bewußtsein weckt und gleichzeitig neue Bewußtseinskräfte, deren Frequenzen sich ständig erhöhen, einfließen läßt.

Das bedeutet, daß auch die vitale Lebensenergie immer wieder neu der höheren Bewußtseinsfrequenz angeglichen werden muß. In diesem Verwandlungsprozeß wird keine Seinsstufe und Bewußtseinsschicht ausgelassen.

Die göttliche Lichtkraft wird einmal in der ganzen Schöpfung erwachen und in dir in Vollkommenheit erblühen und Frucht bringen. In Zukunft wird das vitale Überleben der Menschen auf diesem Planeten allein dadurch möglich sein, daß sich der Mensch diesen höheren Kräften öffnet. Wenn er auf seiner Stufe des Egobewußtseins verharrt, degeneriert seine Lebensenergie, weil das begrenzte Egobewußtsein mit seinen verschiedenen Ebenen verhindert, daß der Mensch zu einem durchlässigen Instrument wird, das die höheren Bewußtseinsenergien durchdringen und beleben können. Die hohe Bewußtseinsfrequenz wirkt auf eine nicht angeglichene, niedere Schwingung der Lebensenergie im gesamten physischen Körper so kraftvoll ein, daß Störungen nicht ausbleiben. Ganz besonders die feinstofflichen Zentren und das Nervensystem leiden dann darunter.

Wenn du dein Bewußtsein erweiterst, muß die Lebensenergie deines Körpers mit dieser Höherentwicklung Schritt halten können. Auch er muß an den geistigen Gesetzen des Lebens teilnehmen. In deinem Körper soll das göttliche Leben vollendet zum Ausdruck kommen. Das Prinzip der Quantität, das das naturhafte Leben beherrscht und das auf das natürliche Leben in Raum und Zeit fixiert ist, muß sich in die Qualität eines höheren Bewußtseins und seiner geistigen Lebensenergie transformieren. Sie allein reinigt die vitalen Kräfte mit ihrem Licht. So wächst der Mensch vom Haben, dem Gesetz des naturhaften Lebens, ins Sein, das die geistigen Gesetze offenbart. Auch du bist in diesen Transformationsprozeß hineingestellt. In der erhöhten Frequenz deiner Lebensenergie, die sich deinem Bewußtsein anpaßt, wird auch dein Körper das Licht ausstrahlen.

Wie du schon in vorhergehenden Kapiteln erfahren hast, ist auch der sexuelle Trieb in seinem Ursprung reine, göttliche Lebensenergie. Sie wirkt als ursprünglich schöpferische Kraft, die das Leben fortpflanzt und erhält, als stärkste vitale Energie in dir und kann gleichzeitig zu einem Motor für deine Transformation werden. Der Ursprung dieser dynamischen Kraft ist reine Liebe und alles erfüllende Glückseligkeit. In deinem Streben, die Lust der vitalen Sexualkraft mit ihren vielfältigen Ausdrucksmöglichkeiten zu genießen, suchst du letztlich immer den Ursprung dieser Kraft, Liebe und Glückseligkeit.

Durch die Lichtkraft der reinen Lebensenergie wird der sexuelle Trieb in eine höhere schöpferische Kraft transformiert, so daß in dir neue schöpferische Kräfte erwachsen, die kreative Fähigkeiten in dir entfalten. Die verwandelte Vitalkraft kann nun ständig heilend und regenerierend auf deinen Körper einwirken. In ihrer erhöhten Frequenz durchströmt sie dann alle Zellen deines Körpers und schenkt dir eine so hohe Glückseligkeit, daß sie mit keiner sexuellen Erfüllung des vitalen Triebes zu vergleichen ist. Diese Frequenz der Freude ist eine grundlegende Heilkraft für deinen ganzen Körper. Sie trifft in diesem Prozeß auf die Grundfrequenz einer jeden Zelle, die ebenfalls in ihrem reinen Zustand Freude, Licht und Glückseligkeit ist. Du wirst über diese Mitteilung erstaunt sein, weil du bisher die Schwingung der Freude im Körper selten erfahren hast und mehr seine Schwere und Trägheit spürtest. Aber es ist so: Jede Zelle schwingt in ihrem Ursprung in diesem Liebeslicht der Freude. Du wirst sogar fähig sein, mit dieser transformierenden Energie bis in die genetische Information hineinzugelangen, um dort die göttliche Ordnung der Liebe ihr heilendes Werk vollbringen zu lassen.

Hierfür lohnt sich jede Mühsal. In der Erfahrung der lichtvollen Freude, die alles überstrahlt, und in der glückseligen Liebe, die all deinen Weltenkummer zerschmelzen läßt, wirst du zur Vollendung des göttlichen Menschen kommen. In diesem Zusammenhang erkennst du wieder, wie wichtig die Transformation deines Körpers und deines ganzen Wesens ist, um die Grundschwingung des Lebens, die Freude und Glückseligkeit ist, zu erfahren.

Auf dem Weg der Transformation des Körpers wirst du stufenweise neue Erfahrungen mit dieser reinen Liebe und dieser vollkommenen Freude machen. Dein ganzer Lebensprozeß kann dir dabei helfen, den Körper auf eine ständig wachsende höhere Schwingung einzustellen. Besonders wenn du einen Menschen aus deiner Seelentiefe heraus liebst und wenn sich eure Körper vereinen, laß dieses höhere, göttliche Bewußtsein mitschwingen. Die vitale Ekstase kann sich dadurch immer mehr an eine feinstofflichere Schwingung angleichen, bis sie eines Tages vollständig von der höheren Lebensenergie durchdrungen und gelenkt wird, die alle Zellen deines Körpers mit ihrer Glückseligkeit durchströmt.

Eine Voraussetzung hierfür ist die Einübung einer tieferen Liebesfähigkeit in deinem ganzen Leben. Sie bezieht sich nicht nur auf den Partner, sondern auch auf das Gefühl der Liebe für dich selbst und für deinen Körper. Dabei spielen deine Sinne eine große Rolle. Sie können auf die Wahrnehmung der Signale der Liebe ausgerichtet werden. Sie können geschult werden, immer feinere Schwingungen der Liebe aufzuspüren, so daß sie bis über die Körpergrenzen hinaus im Bereich der Aura die Frequenz der Liebesekstase fühlen.

Die höchste Glückseligkeit erfährst du nur in der Liebeskraft des göttlichen Geistes. Allein dafür ist die Transformation deines Körpers vorgesehen. In deinem Lichtkörper, in den sich dein physischer Körper immer mehr verwandelt, ohne daß er seine physische Struktur verliert, bist du eins mit der universellen Liebe und in einer glückseligen Freude, die weit über alle ekstatischen Freuden hinausreicht, mit allen Wesen verbunden.

Die ständig zunehmende göttliche Lichtenergie ist für die grobstoffliche Natur deines Körpers eine hohe Anforderung. Alte Lebensgewohnheiten sind oft ein Hindernis, weil sie mit ihren Energiemustern das Neue nicht zulassen. Neue Verhaltensweisen müssen dafür gefunden werden, die der jetzigen Evolutionsstufe entsprechen und die mit deiner Entwicklung Schritt halten, damit die neuen Lebensenergien einströmen können.

Auch die religiöse Praxis, in der du lebst, genau so wie die religiöse Erziehung, die den Körper häufig in seiner spirituellen Bedeutung vernachlässigt, müssen die Leiblichkeit des Menschen mehr mit einbeziehen. Du wirst erfahren, daß sich das göttliche Licht intensiver mitteilen kann, wenn dein Körper in seiner Haltung zum empfangenden Instrument wird. Körperhaltungen, die du in deiner religiösen Praxis einnimmst, und Symbole, die du nachvollziehst, bekommen eine viel tiefere Bedeutung. Sie erfüllen dich mit einer größeren Freude. Vor allem lernst du sie von ihrem Ursprung her besser zu verstehen und kannst sie mit mehr Innerlichkeit nachvollziehen. So werden Gebärden zum Gebet. In dieser Einheit von Körper und Seele wird die Lebensenergie zur glückseligen Erfahrung.

Eine neue Wahrnehmung des Körpers

Dein Körper ist als beseelter Leib keinen Augenblick vom höchsten Bewußtsein getrennt. Das Gefühl der Trennung rührt von einer falschen und unvollkommenen Wahrnehmung deines Körpers her und kommt von der Idee des Egobewußtseins, daß der Körper nur von ihm beherrscht wird und nur eine grobstoffliche Materie darstellt, die das Ego für seine Zwecke benutzen kann. Er ist im Gegenteil das Gefäß des göttlichen Geistes. Das bedeutet auch, daß du eine neue Einstellung und eine neue Wahrnehmung für deinen Körper bekommen mußt. Er ist nicht nur das Instrument, mit dessen Hilfe du auf dieser Erde leben und genießen kannst und der dir nicht nur Lust und vitale Lebensfreude schenkt. Er ist der kostbare Schrein, in dem du die Wonne einer vom Geist durchstrahlten Leiblichkeit erfährst.

Das Bewußtsein, daß dein Körper ein heiliger Tempel ist, muß als Motivation seiner Transformation bis in die letzten Zellen einsinken. Auch in ihnen wird sich die göttliche Lebensenergie mit dem höchsten Bewußtsein manifestieren. Alle deine Seelenempfindungen spiegeln sich in deinem Körper wider. Jede Zelle reagiert auf deine Bewußtseinsimpulse. Die Transformation deines Körpers beginnt, wenn du dir das Wunder deines göttlichen Leibes bewußt machst. Achtsamkeit und liebende Aufmerksamkeit sind transformierende Kräfte, die von deinem inneren Wesen ausgehen, das wiederum in besonderer Weise mit dem göttlichen Lichtgrund verbunden ist. Aus dieser Quelle fließen durch Bewußtseinsausrichtung Energien, die die Körperzellen reinigen und auf eine höhere Schwingung bringen. Die neue Wahrnehmung durch den beobachtenden Geist transformiert den Körper in wachsender Intensität in einen Zustand, in dem der universelle Geist den göttlichen Menschen verwirklichen kann.

Deswegen mußt du auf einer höheren Ebene für deinen Körper sorgen, ihn vor schädigenden Einflüssen schützen und alles tun, daß er sich gesund und wohl fühlt. Dann bekommen auch die körperlichen Übungen eine viel tiefere Dimension. Du wirst sie mit einer größeren Wachheit ausführen. Besonders diejenigen Übungen sind von Bedeutung, die ihn durchlässig und transparent für eine feinstoffliche Energie machen. Wenn du beginnst, diese zarten Kräfte wirklich zu fühlen, wenn du sie in deinen unterschiedlichen Energiekörpern in ihrer Wirkung spürst und dadurch diese feinen Bereiche deines Wesens erfährst, dann bist du schon einen großen Schritt vorangekommen. Du erlebst dich als ein Wesen, das einen physischen Körper ,hat', aber Leib ,ist' in seiner feinstofflichen Schwingungsebene. Die damit einhergehende Bewußtheit deines Körpers kann sich auf deinen ganzen Alltag übertragen, bis schließlich jede Bewegung Bewußtsein ist.

Die Transformation der Sinne

Eine höhere Schwingungsfrequenz in deinem Körper schenkt dir mehr Freude und Glück, als es die grobstofflichen Körperempfindungen und Sinnesgenüsse vermögen. Aber auch die Sinne selbst werden durch die stärker werdende Bewußtseinsmacht reiner, feiner, wacher und sensibler. Die Achtsamkeit, mit der du wahrnimmst, öffnet auch die Sinnespforten weiter. Viele Hindernisse werden dadurch im Transformationsprozeß ausgeräumt, so daß deine Bewußtseinskräfte die Sinnesorgane stärker durchdringen können.

Mit der Wachheit der Sinne wirst du auch empfindsamer für störende, ungeordnete und disharmonische Sinneseindrücke. Es ist eine wichtige Aufgabe in deinem Verwandlungsprozeß, sie ständig zu integrieren und sie in deinem Bewußtsein so zu ordnen und auszugleichen, daß sie deine Energien im Körper, in der Psyche und im Mentalen nicht stören. So wirkt sich die Transformation bis in den Alltag aus. Deine wachsende Seelenkraft, die ordnende Kraft deiner Gedanken, das liebende Verstehen aus deiner Gefühlswelt und vor allem das stärker werdende Licht können dir dabei eine große Hilfe sein. In heiterer Gelassenheit wirst du alle störenden Sinneseindrücke ertragen können, wenn sie nicht zu verwandeln sind.

360

Viel wichtiger für den Transformationsprozeß ist es aber, daß durch die zunehmende Sensibilität der Sinne vertiefende Wahrnehmungen und bewußtseinserweiternde Sinneserfahrungen möglich werden. Du nimmst die Farben intensiver wahr, deine Ohren nehmen einen volleren harmonischen Klang auf. Der Geschmack der Speisen wird reichhaltiger. Dein Gefühl wird zarter und intensiver. Deine Nase nimmt feinere Düfte wahr.

So wirst du durch die Transformation der Sinne zu höheren Erkenntnissen über die Wirklichkeit des Lebens kommen. Du wirst dich lebendiger mit der Größe der Schöpfung verbinden können. Du wirst dich eins fühlen mit der Natur, ihrer Kraft und ihrer Schönheit. In der Wachheit deiner Sinne kann dich diese erhabene Schönheit so berühren, daß du eins wirst mit ihr und Landschaft, Meer, Baum oder Blüte dir die Urkraft des Schöpfers offenbaren. In einem Augenblick der Gnade erfährst du die Einheit des Geschauten und seiner Wesenskraft in deinem eigenen Wesen. Eine solche Seinserfahrung führt dich tiefer in das kosmische Bewußtsein. Die Pforten deiner Seele öffnen sich weiter dem einströmenden göttlichen Licht, das wiederum umfassender transformieren kann.

Spirituelle Erfahrungen beschleunigen den Transformationsprozeß des Körpers. Das geschieht, wenn du immer klarer erkennst, daß dich Sinneswahrnehmungen von deinem inneren Weg ablenken können und wenn du lernst, sie zu beherrschen. Dann kannst du frei deine Aufmerksamkeit zurückziehen und im Schweigen der Sinne und in gesammelter Achtsamkeit in die Schwingungen deines Körpers eintauchen und auch seine feinstofflichen Energien wahrnehmen. Du wirst die Fähigkeit entwickeln, mit deinem Körperbewußtsein zu kommunizieren, und du wirst das Licht der Zellen schauen.

Du wirst erstaunt sein, daß deine Zellen Licht ausstrahlen und im Licht miteinander kommunizieren. Erkenne, daß deine innere Körperstruktur aus der Lichtkraft gebildet wurde und daß sich das Urlicht in jeder Zelle widerspiegelt. Es ist ein Zeichen der jetzigen Zeit, daß sich die Wissenschaft mit diesem Phänomen beschäftigt und herausgefunden hat, daß das Licht der Zelle eine universelle Wahrheit ist, die wesentliche Prinzipien der Evolution zu entschlüsseln vermag. So kann dir in diesem Augenblick bewußt werden, daß die Evolution in all ihren Stufen und Graden aus der Aktivität des Bewußtseins hervorgegangen ist.

In diesem Bewußtsein, das auch in dir wirkt, kannst du Kontakt mit dem Lichtbewußtsein deiner Zellen aufnehmen, deren disharmonische Energien erkennen, die Schmerzursachen erfahren und sie in der Lichtkraft heilen. Dein Zellenbewußtsein selbst ist fähig, deiner Seele das rechte Mittel für deren Heilung mitzuteilen. Da die Seele auf dieser Lichtebene mit dem Zellenbewußtsein verbunden ist, kann sie dir auch durch Träume und innere Schau tiefere Einblicke in die Ursache deines Leidens vermitteln. Das kann dann leichter geschehen, wenn du dich deiner Seelenführung vor dem Einschlafen anvertraust und mit erwachten inneren Sinnen einschläfst.

Laß dich niemals mehr durch ein Leid niederdrücken! Ergreife jede Gelegenheit, deinen Körper durch Transformation zu einer lichtvolleren Gesundheit zu führen. Vermittle deinen Zellen immer wieder das Bewußtsein der Gesundheit. Deine inneren Sinne können durch Imagination und Visualisation Bilder von Kraft und Gesundheit nach innen nehmen und ihnen die Erkenntnis in der Lichtkraft des Bewußtseins vermitteln, daß sie in ihrem Ursprung gesund sind.

Wenn du deine Sinnesorgane ständig in einem wachen Geisteszustand für eine allumfassende Wahrnehmung einübst, werden sie bis an die Grenzen ihrer Fähigkeiten geführt. Die Sehnsucht deines Geistes, Wahrheit zu schauen und im Erkennen zu verkosten, läßt die Sinne die Grenze der äußeren Wahrnehmung überschreiten. In diesem Augenblick erwachen die inneren Sinne. Sie transformieren die äußere Wahrnehmung in die innere Schau.

So wird das Sehen zum inneren Schauen. Du erschauderst in der Fülle der Liebe. Das Hören wird zum inneren Lauschen. Im Lauschen vernimmst du das Wunder des Klanges. Am inneren Duft erkennst du die Seelenschwingung. Das Verkosten der Wahrheit öffnet dein Herz. Staunend fühlst du im Innern die Weite des Universums.

Krankheit als Transformation des Körpers

Es ist vollkommen natürlich, daß du gesund sein möchtest und den Wunsch hast, keine Schmerzen leiden zu müssen. Der Weg zum göttlichen Menschen führt dich in eine Gesundheit, die weit über das Gesundheitsverständnis des natürlichen Lebens hinausgeht. Auf dem Weg nach innen werden alle Hindernisse ausgeräumt, die der Gesundheit im Wege stehen, und neue geistige Kräfte zugeführt, die zu dieser universellen Gesundheit hinführen.

Du selbst hast diese Ursachen für Krankheit und Leid im Laufe deines Lebens und in den früheren Stufen deiner Entwicklung in dir geschaffen. Die Gesetzmäßigkeit der Entwicklung führt jeden Menschen an diese karmischen Verstrickungen mit ihren Blockaden und unausgeglichenen Energien heran, die sich als eine Krankheit oder als andere schmerzvolle Erfahrungen äußern. Du bist aber an einen Zeitpunkt deiner Entwicklung herangekommen, in dem dich der Transformationsprozeß an die Ursachen deines Leidens heranführt. Durch dein Wissen um diese Zusammenhänge bist du den leidvollen Erfahrungen nicht mehr hilflos ausgeliefert. Die Reinigung all deiner Schichten und ihre Durchlichtung spiegeln dir die Ursache wider, und du kannst sie in diesem Erkennen mit Hilfe der Lichtkraft auflösen.

Im wachsenden Lichtbewußtsein werden alle unbewußten, verdrängten, krank machenden Energien wieder hochkommen. Es ist deshalb wichtig, daß du deine inneren Sinne in der Disziplin deines Weges darauf auszurichten lernst, damit du die Botschaft des Leides verstehst. Viele Ursachen deiner Krankheit oder deines Unwohlseins sind aus falschen Entscheidungen entstanden, die du gegen das große kosmische Lebensgesetz gefällt hast. In einer höheren Erkenntnis wirst du selbst genügend Gründe für einen kranken Körper finden, die persönlich auf dich zutreffen. Du hast dann die Chance, falsche Lebenshaltungen in einer neuen Lichterkenntnis zu verändern und zu transformieren. Natürlich gibt es auch schicksalhafte Verflechtungen, die du im Augenblick noch nicht verändern kannst und die du einfach durchleiden mußt; aber sie reinigen und transformieren dich. Das Bewußtsein für Schmerz und Leid darf aber nun nicht mehr vom Egobewußtsein für ein schwächendes Selbstmitleid benutzt werden.

Eine neue Lebensweise beginnt zum Beispiel damit, daß du deine Ernährungs- und Lebensgewohnheiten veränderst, wie du es in einem vorhergehenden Kapitel gelesen hast. Lerne selbst die Verantwortung für deine Heilung zu übernehmen! Lichtnahrung kann als Heilmittel wirken.

In der Natur findest du einen Medizinschrank der Fülle. Je lichtvoller und je höher die geistig-energetische Wirkung eines Heilmittels ist, desto tiefer führt sie zu den Ursachen der Erkrankung, so daß sie aufgelöst und geheilt werden können. Jede unnatürliche, grobstoffliche Medizin behandelt Symptome und verdeckt oft ihre Ursachen.

Hinter deinem Leid steht eine kraftvolle Gesundheit. Diese Wahrheit muß tief in dein Bewußtsein eindringen und deine Einstellung gegenüber Krankheit und Schmerz bestimmen. Du bist fähig, selbst eine Erbanlage für eine Krankheit kraft deines wachsenden Lichtbewußtseins zu transformieren. Erwecke deine inneren Heilkräfte! Die göttliche Lichtenergie, die sich mit deiner Lebenskraft vereint, kann alles kranke Leben in dir heilen und neu ordnen und dir eine stabile Gesundheit schenken. Der göttliche Mensch wird ein gesunder Mensch sein.

Die Heilung der Erbanlagen

Die Transformation des Körpers wird in eine solche Tiefe hineinreichen, daß auch die Gene im Sinne einer Höherentwicklung verändert werden. Die Erbanlagen sind ein wunderbares Instrument, um erreichte Stufen der Evolution des Lebens weiterzugeben. Halte einen Augenblick inne, und staune über das Wunder des Lebens! Selbst ein Bakterium hat 6000 verschiedene Geninformationen, die seine Fortpflanzung garantieren. Um wieviel reicher und vielfältiger sind die Erbanlagen, die in dir wirken. Jede Zelle, die deinen Körper aufbaut, trägt ein individuelles Programm in sich. So wie im Laufe der Evolution die Schöpfungskraft ständig mit ihrer intelligenten Lichtenergie Zellen mutieren ließ und diese Mutationen immer wieder Neues hervorbrachten, so wurden auch die Erbinformationen ständig durch äußere und innere Einflüsse verändert. Das bedeutet auch, daß mit wachsendem Bewußtsein des Menschen durch falsche Entscheidungen und Verhaltensweisen auch falsche Programme und Eindrücke deinen Zellen aufgeprägt wurden. Du bist auf diese Weise mit deiner ganzen Vergangenheit verbunden. In dir spiegelt sich die Geschichte deiner Ahnen wider. Deine Körperstruktur, deine Denkweise, deine Intelligenz und schöpferische Kraft, dein ganzes Menschsein hast du in gewisser Weise von deinen Vorfahren ererbt. Aber nicht nur positive Seiten, sondern auch krankmachende Mechanismen, die du von deinen Vorfahren geerbt hast, prägen heute dein Leben.

Du selbst hast dich für diese Familie, in der du geboren worden bist, entschieden, um in den darin liegenden, auch negativen Erbanlagen einen Lernprozeß durchzumachen. So können diese Programme in den Genen, die dein Verhalten auf natürliche Weise bestimmen, ein Motor für die Transformation werden. Es ist von großer Bedeutung, daß du dir diese Erbinformationen bewußt machst! Es geschieht dadurch, daß du mit wachem Bewußtsein deine Reaktionen im Innen und Außen deines Wesens, deine Handlungen und Einstellungen beobachtest und sie dann veränderst, wenn sie dir auf dem Weg zum göttlichen Menschen hinderlich sind. Du bist jetzt auf einem Bewußtseinszustand angelangt, von dem aus du diese alten, überlebten Programme auflösen kannst.

Du mußt zum Beispiel nicht an einem Herzinfarkt oder einer anderen bedrohlichen Krankheit zugrunde gehen, nur weil dein Vater oder deine Großmutter daran gestorben sind. Es ist richtig, daß deine Körperzellen von den Erbanlagen beeinflußt sind. Aber du kannst jetzt in einer neuen Erkenntnis und Erfahrung deinen Zellen durch eine entsprechende Lebensweise und Lebenseinstellung ein neues Programm vermitteln. Vor allem darfst du dich nicht mit diesen alten Kodierungen identifizieren. Du bist ein freies, selbständiges Individuum, das jetzt lebt! Du bist nicht mehr an vergangene Verhaltensweisen gebunden! Du mußt dich nicht mehr so verhalten wie dein Großvater oder deine Großmutter! Das Leben hat sich verändert und wird ständig neu. Es kann seine Aufgabe nur erfüllen, wenn es frei wird von überlebten, zwanghaften Verhaltensweisen.

Du bist kraft deines Geistes fähig, dich von diesen Identifikationen zu lösen und deinen Zellen ein neues Lebensprogramm einzuprägen.

Damit dir dieses wichtige Transformationswerk gelingt, müssen deine geistigen Fähigkeiten und Bewußtseinskräfte ständig wachsen: Erkenntnisfähigkeit, Selbsterkenntnis, Willenskraft, Disziplin und Ausdauer.

Die stärkste Hilfe kommt aber vom göttlichen Licht, das die genetische Programmierung durchbrechen kann. Ohne das göttliche Bewußtsein vermagst du nichts!

So wie in der Vergangenheit die Evolutionskraft ständig die Gene der Lebewesen verändert hat, um sie zu höheren Stufen zu führen, so kann auch heute das göttliche Lichtbewußtsein deine Gene transformieren, um den göttlichen Menschen hervorzubringen. Dieses Licht war noch nie stärker als heute. Höheres Bewußtsein vermag immer niedrigeres Bewußtsein zu beherrschen! Da auch die Gene, wie alles im Körper, vom menschlichen Bewußtsein durchdrungen sind, können sie durch deine Bewußtseinskräfte in Einheit mit dem höchsten Bewußtsein transformiert werden. So kannst du wieder erkennen, von welcher Bedeutung es ist, dich diesem Licht zu öffnen und es in dir wirken zu lassen.

Diese Transformation der Gene ist nicht mit der modernen Genmanipulation zu vergleichen. Diese greift willkürlich in das natürliche Geschehen ein, ohne die kosmischen Gesamtzusammenhänge zu kennen und zu berücksichtigen. Der Verwandlungsprozeß zum göttlichen Menschen wird von demselben Geist gesteuert, der die Erbanlagen auch geschaffen hat. Die Freiheit und Würde des Menschen wächst in der Transformation.

Die Transformation des mentalen Bewußtseins

Ein noch machtvolleres Hindernis für die Transformation zum göttlichen Menschen begegnet dir in deinem mentalen Bewußtsein. Seine subtilen Blockierungen reichen bis in den spirituellen mentalen Bewußtseinskörper. Dabei wird gerade im mentalen Bewußtsein durch die Kraft deiner Gedanken die Entscheidung für den Weg nach innen gefällt. Im mentalen Bewußtsein wird dir der Abgrund der Trennung zwischen dir und deiner inneren Heimat bewußt. Das Bewußtsein der Trennung und die damit verbundene Identifikation mit den Erscheinungen dieser Welt bleiben dennoch lange bestehen, auch wenn das neue Licht in deinem mentalen Bewußtsein die Unwahrheiten des Lebens aufdeckt, die durch die Trennung von seiner Quelle entstanden sind.

Für das mentale Bewußtsein ist die Wahrheit aus dem göttlichen Ursprung zu Beginn schwer zu verstehen, weil es sich seine eigenen Wahrheiten geschaffen hat. Mit seinen Fähigkeiten des Denkens allein kann es sich nicht an das Bewußtsein der Ewigkeit anschließen. Es erfährt naturgemäß die Begrenzung von Zeit und Raum und versucht dennoch, diese Begrenzungen mit seinen Mitteln zu durchbrechen. Die daraus entstehende Ohnmacht, die Trennung vom göttlichen Urgrund nicht aufheben zu können, verursacht die älteste Wunde der Menschheit, denn das Mentale bleibt in seinem eigenen Bewußtseinsraum gefangen.

Das mentale Bewußtsein setzt in seiner Begrenzung nicht nur seine intellektuellen Fähigkeiten ein, die Wunde der Trennung zu überwinden, sondern es arbeitet im Einklang mit dem physischen und dem emotionalen Bewußtsein. In ihrer gemeinsamen Ohnmacht, die Trennung aufzuheben, bleibt nur noch das Mittel des Vergessens und der Verdrängung des wahren Lebenssinns, um sich vor weiteren Verstrickungen zu schützen. Die Verdrängungen dieser Wunden begegnen dir nun auf dem Weg der Transformation zum Licht. Das bedeutet, daß selbst in deinen Körperzellen mentale Unwissenheit aufgedeckt und transformiert werden muß. Dafür ist eine höhere Energie nötig. Die göttliche Energie kann als verwandelnde Lichtkraft in alle deine Gedanken, in alle Gefühle und auch in deine Körperzellen einstrahlen. In dieser Lichtkraft liegt die Quelle zur ganzheitlichen Verwandlung all deiner menschlichen Schichten.

Dein innerstes Wesen, das ja als Ebenbild Gottes das göttliche Licht in sich trägt, ist sehr schnell bereit, den Weg zum göttlichen Menschen zu gehen, wenn es wieder die Ahnung von der Wirklichkeit seiner Urheimat bekommt. Aber die vom Egobewußtsein beherrschten Schichten haben es in ihrer Begrenzung schwer, diesen Verwandlungsprozeß zu akzeptieren. Ein Sinn des spirituellen Weges mit all seinen Übungen besteht darin, diese Egoebene darauf vorzubereiten, sich der Transformation im göttlichen Licht hinzugeben, bis durch Glaube, Hoffnung und Liebe ein solch hohes Bewußtsein entwickelt wird, daß das Ego frei zustimmt. Es muß sogar bereit sein zu sterben.

Die notwendige Zustimmung des mentalen Bewußtseins

Deine Entscheidung, dich verwandeln zu lassen, kann nicht ohne das mentale Bewußtsein geschehen. Seine kraftvollen Gedankenimpulse helfen dir, den Rückweg zum Ursprung seines Bewußtseins zu gehen, und es hat in dieser Übereinstimmung mit deinem innersten Willen selbst dazu beigetragen, die neue Energie herbeizurufen. Darin liegt deine Chance, das Bewußtsein mit weiteren Gedankenkräften aus der Quelle des Geistes zu speisen. Dadurch öffnet sich für das mentale Bewußtsein der geschlossene Kreislauf des gewöhnlichen Denkens und es kann immer klarer das höhere Wissen der Seele empfangen.

Im Kapitel „Das Bewußtsein des Menschen" bist du bereits in mehreren Abschnitten mit den verschiedenen Räumen und Dimensionen deines Bewußtseins vertraut gemacht worden, und du konntest auf deinem bisherigen Weg deine Gedankenausrichtung auf die Weisheit deines Herzens einstellen. Das allein reicht aber nicht aus. Die Transformation benötigt eine totale Zustimmung des mentalen Bewußtseins für die Verwandlung. Das bedeutet die Ausrichtung aller Gedanken auf den Verwandlungsprozeß, ebenso aller Gefühle, und es bedarf der Zustimmung des physischen Bewußtseins. In den Zellen des Körpers liegen nicht nur psychische Blockaden, sondern in dessen noch tieferen Schichten sind gerade die mentalen Irrtümer vergraben. Bleibe dir immer bewußt, daß die wesentliche Transformationskraft für das mentale Bewußtsein wie auch für alle anderen menschlichen Ebenen das Licht des Heiligen Geistes ist! Es allein vermag mit seinem göttlichen Auge alle Untiefen, Dunkelheiten und festgefahrenen Programmierungen aufzuspüren. Es allein kann im Akt der Gnade all diese Hindernisse auflösen und die Bewußtseinsschwingungen mit seiner Schöpfermacht reinigen und auf eine höhere Ebene und Frequenz erheben. Das geschieht aber nur in Freiheit. Deswegen ist deine freie Entscheidung für die Verwandlung von so großer Bedeutung und die Zustimmung aller Bewußtseinsschichten so wichtig.

Dein Beitrag zur Transformation des mentalen Bewußtseins

Du selbst kannst die Transformation des mentalen Bewußtseins vorbereiten und unterstützen. Du kannst seine Schwingung durch Übung, durch Lenken und Beherrschen der Gedanken, durch positives Denken, durch Veränderung von mentalen Einstellungen reinigen. Durch die Übung der Konzentration und der damit verbundenen Beherrschung der Gedankenwellen, durch Stille und ganz besonders durch die Kraft des inneren Schweigens, erhöhst du die Schwingung des mentalen Bewußtseins, und es wird fähig, dem Ursprung der Weisheit zu vertrauen.

Beginne nun damit, dich dem Ursprung der Weisheit bewußt anzuschließen. Der Ursprung in dir und in allem Sein ist vollkommen leer und klar. Er enthält trotzdem die Essenz allen Wissens. Diese Leere ist unfaßbar für alle deine äußeren Sinne, so wie das Urlicht unsichtbar für dein äußeres Auge ist. Deshalb kann das mentale Bewußtsein diese Wirklichkeit nicht erkennen und verneint sie. Führe mit deinem Seelenbewußtsein das Mentale immer tiefer in seine eigene Wirklichkeit! Bejahe in deinem Herzen das unfaßbare Geheimnis der Weisheit, und laß dein ganzes Denken daran teilhaben!

Auf diesem Weg erfährt es zwar noch deutlicher seine eigene Begrenzung, doch der damit verbundene Schmerz der Unwissenheit und des Zweifels ist bereits ein Heilschmerz, der durch die Einstrahlung des neuen Lichtes verursacht wird, um es für tiefere Inspirationen zu weiten und an die neue Dimension anzuschließen. Die Wunden im mentalen Bewußtsein dürfen im wahrsten Sinne des Wortes im neuen Lichtbad geheilt werden, denn in diesem geistigen Bewußtsein leuchtet die Wahrheit der Ewigkeit durch die beglückende Erfahrung der Erkenntnis zuerst auf.

In der lichtvollen Weisheit deines Herzens bist du an die Weisheit des Universums angeschlossen. Das kosmische Wissen ist deine innere Realität und nicht die Begrenzung deines Intellekts. Der Weg in diese Innerlichkeit ist nur deshalb so schwer, weil er verschüttet ist. Du siehst nur noch mit dem Auge, das keinen Zugang mehr zu der inneren Welt hat. Dein Auge besitzt aber eine unendlich weitreichende Dimension des Schauens. Das mentale Bewußtsein benutzt lediglich dieses äußere Wahrnehmungsfeld, sowie auch alle anderen Sinne, die aber ebenfalls in ihrem Ursprung an diese unbegrenzte Dimension angeschlossen sind. Werde dir daher bewußt, daß alles, was dir außen als Form und Gestalt erscheint, nicht die ganze Wahrheit sein kann, sondern nur ein nach außen gerichtetes Symbol einer inneren Wirklichkeit. Das mentale Bewußtsein muß begreifen, daß die äußere Erscheinung als ein Objekt mit seinen Fähigkeiten zwar auf verschiedene Weise erforscht werden kann, daß aber die letzte Wirklichkeit auch der äußeren Welt nur aus einer höheren Dimension des Bewußtseins erfahren wird. Dazu muß das mentale Bewußtsein seinen eigenen Ursprung erkennen. Erst dann kann die wahre Transformation in ein höheres Bewußtsein beginnen.

Das kann als eine Einübung zunächst nur in der Meditation geschehen. Du weißt inzwischen, wie schwer diese Einübung sein kann. Die Meditation ist aber die stärkste und wirkungsvollste Hilfe für dich, dem mentalen Bewußtsein sein Monopol zu entziehen, über seine Gedankenkräfte Macht über dich auszuüben.

Da das Loslassen der Bilder, Vorstellungen und Gedanken aus dem mentalen Bewußtsein nicht so leicht gelingt, besonders dann nicht, wenn sie mit Emotionen und Problemen beladen sind, ist es hilfreich, sie von einem höheren Geistesstandpunkt aus zu betrachten und sie in einer meditativen Übung bis zur Ursache ihrer Entstehung zurückzuverfolgen. Auf diese Weise kannst du auch an Geschehnisse herankommen, die noch ungelöste Energien in sich tragen. Es ist dir dann möglich, sie von einem neuen Standpunkt aus anzuschauen und sie durch eine Erkenntnis, durch Einsicht und besonders durch Vergebung aufzulösen.

Viele Schwierigkeiten in deinem Leben haben ja ihre Ursache im unbewußten Teil deines mentalen Bewußtseins, in dem diese Erfahrungen gespeichert sind. Oft sind sie ursächlich mit karmischen Verwicklungen verbunden, die weit in die Vergangenheit früherer Leben zurückreichen. Gerade diese dunklen Energien können letztlich nur mit Hilfe der höheren Lichtenergie transformiert werden.

In Visionen und Träumen können diese unverarbeiteten Geschehnnisse hochkommen. Sie werden dir auf diese Weise vom höheren Selbst bewußt gemacht, so daß du sie anschauen und transformieren kannst. Es ist wichtig, daß du lernst, deine Träume im Tagesbewußtsein zu halten, um sie richtig deuten zu können. Dabei kann dir ein erfahrener Therapeut oder ein spiritueller Lehrer, der deinen Weg begleitet, oder ein liebender Mensch, dem du vertrauen kannst, helfen.

Gerade in der Nacht, wenn das Mentale nicht von äußeren Einflüssen, von ständig wechselnden Gedanken und Eindrücken belastet ist, finden wichtige Transformationsprozesse statt. Du hast selbst vielleicht schon erlebt, daß Ärger verweht, Verdruß und Sorgen verschwunden waren, als du morgens aufgewacht bist. Auf deinem Weg zum göttlichen Menschen finden viel tiefere Verwandlungsprozesse statt, die sich auch nachts während des Schlafes vollziehen, wenn das mentale Bewußtsein nicht störend einwirken kann.

Verdränge nichts auf dem Weg zum göttlichen Menschen, sondern bringe alle dunklen Geschehnisse, die in dein Unterbewußtsein gesunken sind, mit der Kraft des stärker werdenden göttlichen Lichtes in die Helligkeit deines bewußten Geistes, um sie anzuschauen und zu verarbeiten! In einer neuen Erkenntnis kannst du sie auflösen. Dann können diese Energien frei fließen und in den Fluß des Lebens aufgenommen werden. Erkenntnis macht frei, das gilt auch hier.

In all deinem Bemühen mußt du die Begrenzung des Mentalen auf-brechen und es in seinem Denken für Geistesdimensionen öffnen, die ein neues Denken zulassen. Deswegen darfst du nicht an deinen Weis-heiten, Vorstellungen und Anschauungen, die aus deinem mentalen Bewußtsein kommen, hängenbleiben. Überprüfe sie im göttlichen Licht auf ihre Wahrheit! Laß all diese falschen Auffassungen und Meinungen, die dich behindern und begrenzen, los!

Gerade Meinungen, in die das Ego verliebt ist, entbehren oft jegli-chen Wahrheitsgehaltes. Sie entstehen meist aus Unwissenheit, aus Mangel an Übersicht und Verständnis, aus Vorurteilen und falschen Grundkonzeptionen des Lebens. Wieviel Leid ist durch diese persön-lichen Auffassungen und Weltanschauungen, die ganze Zeitalter geprägt haben, auf die Menschheit gekommen. Wieviele Schwierig-keiten im familiären Bereich, wieviel kriegerische Auseinanderset-zungen unter den Völkern, wieviel Haß und Intoleranz unter den Reli-gionen, wieviel Irrtum auf allen Gebieten sind daraus entstanden!

Auch du bist nicht frei von all diesen Unwahrheiten. Deswegen mußt du dich auf deinem künftigen Lebensweg immer für die Wahr-heit entscheiden. Wenn du sie noch nicht erkennst, solltest du alles tun, dich ihr zu nähern, und alle Hüllen und Schleier, die sie verber-gen, auseinanderreißen. Die Weisheit der Meister kann dir dabei hel-fen. Wenn du ihren Worten zuhörst, oder wenn du in ihren Büchern liest und darüber in einer besinnlichen Stunde nachdenkst, können deine Erkenntisse tiefer in deinen Herzensgrund einsinken. Dann erfüllst du dein mentales Bewußtsein mit einer transformierenden Energie, weil du über das Medium des Wortes mit der Wahrheit des göttlichen Lichtes verbunden wirst.

Du weißt, daß nicht nur die Sinne und die Emotionen unersättlich sind. Auch das mentale Bewußtsein kann unersättlich in seinem Wis-sensdurst sein. Verstärke den Wissensdurst deines mentalen Bewußt-seins, aber lenke seine Aufmerksamkeit auf die Wahrheit des Lebens, das aus der Ewigkeit kommt! Speise deine Gedanken mit neuen Iden-tifikationen und Zielen, die aus der Quelle des Lebens kommen! Hierin allein darf es noch unersättlich sein, und auf dieser Ebene sind ihm keine Grenzen gesetzt. Durchstrahle mit dem inneren Herzenswissen des göttlichen Lichtes dein mentales Bewußtsein, so daß die Weisheit des Herzens dein Leben bestimmt und du alles Nichtwissen auflösen kannst! Du wirst immer mehr durch den Transformationsprozeß des Weges in der Lage sein, negative, abwertende, traurige oder aggressive und ängstliche Gedanken in deinem mentalen Bewußtsein loszulassen. Du wirst fähig, sie in Gedanken der Liebe, des Verstehens, des Friedens und der Wahrheit zu transformieren. So kannst du dich Schritt für Schritt im Licht Gottes von den Lasten der Vergangenheit, die insbesondere aus dem mentalen Bewußtsein kommen, befreien. Du wirst nicht mehr zwanghaft durch Gedanken mit deiner Aufmerksamkeit in vergangene Zeiten gezogen und mußt nicht mehr in angstvollen Bildern an die Zukunft denken, sondern kannst in Dankbarkeit die Freude des Daseins genießen.

Du wirst begeisternd von deinen Erfahrungen sprechen und anderen helfen, sich auf das neue Bewußtsein einzulassen. Einem zweifelnden Verstand kannst du durch dein Wissen um die großen Evolutionsgesetze verdeutlichen und bewußt machen, daß die Evolution nicht zu Ende ist, sondern daß sie ihren Höhepunkt in der Entwicklung zum göttlichen Menschen findet. Warum sollte die Evolution aufhören, nur weil sich das naturhaft begrenzte Denken die weitere Entwicklung nicht vorstellen kann? Sei dankbar, daß das göttliche Bewußtsein deinen Verstand benutzt, um dir die Zukunft des Menschen zu offenbaren!

Das göttliche Bewußtsein kann sich einem transformierten mentalen Bewußtsein leichter mitteilen und seine Weisungen auf dem Weg der Intuition und Inspiration offenbaren. So wird sich Oberbewußtsein immer mehr manifestieren. Die neuen Worte, die du vernimmst, können dich führen und leiten. Es ist möglich, im Licht der Einheit zu leben und zu erfahren, was der göttliche Wille von dir erwartet. Er will sich auch durch deinen Verstand und in der Sprache mitteilen. So wird das mentale Bewußtsein in der Überwindung seiner Grenzen und der damit verbundenen Arroganz in Demut zu einem erleuchteten Instrument für das Kommen des göttlichen Menschen. Das Licht deines Geistes erhellt dein Bewußtsein. Es hilft dir auch, alle übrigen Schichten in das Licht des göttlichen Bewußtseins zu transformieren, so daß du selbst Licht wirst.

Dem Licht entgegen

Am anderen Ufer

Wer bist du am anderen Ufer?
Laß dich nicht aufhalten, diese Frage zu ergründen.
Wenn dich deine Schritte bis dorthin geführt haben,
dann wird dich die Seele aufrufen,
in ihren Brunnen hinabzusteigen.
Wenn du ihren Ruf wirklich vernimmst,
weißt du sicher, daß sie es ist.
Nichts kann dich mehr davon abhalten,
ganz in ihren Liebesbrunnen einzutauchen.
Bereite dich auf deine innere Tiefe vor.
In ihr empfängst du das Licht der Liebe.
Nur das Licht der Liebe
führt dich sicher an das andere Ufer.
Bist du bereit?

In den Tiefen des Brunnens

Nirgendwo findest du den Grund deines Brunnens
als in dir selbst.
Wenn du endlich erkannt hast,
daß dich die Transformation immer tiefer zu dir selbst führt,
bist du bereit, alles zu lassen und alles zu geben,
nur um ganz in dich selbst einzutauchen.
Du ahnst bereits,
wie wunderbar der Reichtum deiner Seele ist.
Der Klang der Liebe
beginnt dein Herz zu verzaubern.
Du hörst schon das Lied der Freiheit singen.
All diese Erfahrungen geben dir die Gewißheit,
daß dich nun nichts mehr aufhalten darf.
Tauche nun hinab in das Zentrum deiner Seele.
Dort begegnet dir das ewig neue Leben.
Es macht dich frei und heil.
Im Zentrum deiner Seele
wird die Vergänglichkeit der Natur zeitfrei.
Dein Bewußtsein überschreitet den Raum.
Leben wird ewig.

Jenseits von Zeit und Raum

Alles ist jetzt gegenwärtig in diesem einen Augenblick. In ihm schwingt die Anwesenheit Gottes im gleichzeitigen Nun. Jenseits von Zeit und Raum ist hier, dort, wo du stehst, oder dort, wo du gerade sitzt und dieses Buch in deinen Händen hältst. Du schaust auf und siehst den Raum vor dir, hinter dir, neben dir und über dir. Du glaubst, die Wände, die dich umgeben, begrenzen einen Raum? Das ist die große Illusion, die dir eine kleine Dimension deines Bewußtseins, die du Verstand nennst, vorspiegelt. Du weißt selbst, daß sich deine Vorstellung zum Beispiel von dem, was Raum ist, sehr schnell durch deine Gemütsverfassung verändern kann. Der Raum, in dem du sitzt, kann dir weit und lichtvoll erscheinen, wenn du voller Freude bist oder wenn du dich glücklich fühlst. Dagegen kann derselbe Raum eng werden wie ein Käfig, und du selbst sagst mitunter, daß „dir die Decke auf den Kopf fällt." Dabei hat sich nichts an der meßbaren Raumdimension verändert. Nur deine Bewußtseinswahrnehmung hat sich verändert. Sie kann sich erweitern oder kann sich verengen. Sie ist fähig, selbst die materielle Ebene, die einen Raum durch seine Wände begrenzt, zu überschreiten. Die Materie ist nicht das, wofür dein messender Verstand sie hält. Materie ist eingeschmolzenes Licht. Wenn du in das Licht deines höchsten Bewußtseins emporsteigst, durchlichtet es das eingefangene Licht der Materie, und die Wände werden transparent für deine innere Wahrnehmung.

Ähnlich verhält es sich mit der Zeit. Du hast dir gerade jetzt einen begrenzten Zeitraum gestattet, um in diesem Raum zu sitzen und in diesem Buch zu lesen. Vermutlich wartet schon eine andere Beschäftigung auf dich, die danach folgen soll. Die Vorstellung von Zeit ist eine Illusion, die aus der begrenzten Bewußtseinsebene stammt. Die Zeit ist genauso wie der Raum eine wertfreie Größe. Das Beispiel des Raumes kann dir auch hier einen Beweis liefern, daß du dich selbst in der Zeit einfängst. Wenn du liebst, vergißt du die Zeit. Ist es nicht so? Du bist erstaunt, daß die Zeit, in der du liebst, so schnell vergeht. Wenn du dagegen Schmerzen hast, kann eine Minute eine Ewigkeit für dich bedeuten.

Wenn du die begrenzende Dimension deines Bewußtseins in einem Geschenk der Gnade überschreitest, eröffnet sich dir die raum- und zeitlose Sphäre, die gleichzeitig immer mit dir und in dir anwesend ist. In ihr erfährst du das Sein, wie es wirklich ist. Du stehst mitten im Lichtfeld Gottes, in dem Leben und Sterben in ihrer Gleichzeitigkeit entstehen und vergehen. In ihm erfährst du die reine göttliche Liebe, die niemand beschreiben kann, aber die alles verwandelt und erneuert. In diesem verdichteten Feld stehst du im lichtlosen Licht, das unbegrenzt strahlt und von dem das materielle oder physische Licht, auch das der Sonne, seinen Ausgang gefunden hat.

Die raum- und zeitlose Dimension kann dich dann berühren, wenn du bereit bist, alle begrenzenden Bewußtseinsstrukturen zu durchschreiten. Hier beginnt der weglose Weg des absoluten Schweigens. Du mußt dich vom ganz großen, absichtslosen Schweigen einhüllen lassen und wahrhaftig bereit sein, durch all diese begrenzenden Dimensionen hindurch zu sterben. Vielleicht verstehst du den Sinn der Transformation jetzt noch besser, denn wie willst du sterben, wenn du noch Angst davor hast, dieses vom Ege bestimmte Leben zu verlieren? Wie willst du den mystischen Tod sterben, wenn du noch an irgend etwas in dieser Welt hängst und in deiner Begrenzung verharrst? Du kettest dich mit deinem klugen Verstand an dein Nicht-Wissen. Du behältst dein Bild von dir, das du in Wahrheit gar nicht bist. Dein wahres, göttliches Wesen ist jetzt, in diesem Augenblick, vollkommen da. Du kannst es erkennen und leben!

Überwinde auch die falsche Vorstellung, daß „das Jenseits" irgendwann einmal auf dich zukommt oder daß du in eine „andere" Raumdimension gelangst, so, als ob du mit einem Raumschiff diese Dimension erreichen könntest. Jenseits von Zeit und Raum meint nicht das Jenseits einer Sphäre, die „hinter" einem meßbaren Raum liegt, oder die „nach" einer Zeit kommt. Dein göttliches Wesen, das du in Wirklichkeit bist, erstrahlt jetzt, unberührt, im grenzenlosen Raum, der dich ewig umgibt.

Wenn du bereit bist, in der absoluten Hingabe des Herzens die Grenzen von Zeit und Raum zu durchbrechen, wird dir der rechte Augenblick für den Durchbruch zu deinem wahren Selbst in der zeit- und raumfreien Dimension von deiner inneren Führung geschenkt.

Die Liebe des Herzens bricht auf

Was ist Liebe des Herzens? Sie ist kein Gefühl. Sie ist keine Nähe. Sie ist nicht die zarte Berührung der Liebenden untereinander. Sie ist kein Verlangen nach dem, dem die Liebe gilt. Nichts von alledem ist Liebe, die aus der Quelle des Herzens in dir aufbricht. Wenn du in die raum- und zeitfreie Sphäre des Lichtes, das die Liebe ist, eintauchst, dann kannst du nicht mehr von der Liebe reden. Diese Liebe ist das anfanglose und endlose Sein. Sie ist so weit wie die Tiefe deines Herzens, in dem alles Vergangene und das Zukünftige dieser Welt und aller Welten verborgen liegen. Wenn du weißt, wie du selbst schon vor einer Million Jahren geliebt hast, dann erahnst du den Hauch der Liebe, der dich immer erhalten und ewig berührt und begleitet hat, immer wieder neu von Augenblick zu Augenblick.

Allein diese Liebe verursacht, daß Welten vergehen und entstehen. Sie verzaubert alle Herzen, und sie ist fähig, die verzauberten Herzen zu zerbrechen, um eine neue Dimension der Liebe zu erschaffen. Erst dann, wenn du erkennen darfst, daß du die Liebe bist, fragst du nicht mehr nach der Liebe. Erst wenn du dich von dieser Liebe verwandeln läßt, beginnt der göttliche Mensch in dir zu wirken. Doch Vorsicht! Diese Liebe kann dich verbrennen, wenn du nicht reif für ihre Macht geworden bist. Deshalb wartet sie in unendlicher Geduld eine Ewigkeit auf dich. Laß' sie nicht länger warten, und beginne jeden Augenblick deines Lebens absichtslos und ohne Unterschied einfach zu lieben. Denn die Liebe des Herzens kann dann aufbrechen, wenn du alles für die Liebe gewagt hast und wenn du alles hingegeben hast, was mit der Vorstellung der Liebe verbunden ist. Die göttliche Liebe des Herzens duldet keine Vermischung mit den Dingen dieser Welt. Sie ist bedingungslos und bleibt so unberührt und rein, wie kein einziges Wort dieser Welt es mitteilen könnte. Und doch sprudeln aus dem in Liebe verwandelten Herzen voll Staunen Worte hervor, um dir alles über die Liebe zu sagen. Sie sagen dir alles über die Liebe, obwohl sie wissen, daß sie nichts darüber mitteilen können, was sie in ihrem tiefsten Grund in Liebe verwandelt hat.

Liebe

Die Liebe des Herzens bricht auf.
Oh, Zauber der Liebesmacht.
Die Sehnsucht ist gestillt –
Nur eine Ewigkeit.
Wie wunderbar staunend lauscht mein Herz im Reich der Mitte.
Urgründliche Weite durchströmt mich.
Hör' ich das große Lachen der Liebe aus Seiner Quelle?
Sind es Seine Wellen, die mich berauschen?
Ich ertrinke in Liebe.
Nichts weiß ich mehr.
Die Liebe des Herzens ist aufgebrochen.

Der innere Meister

Alles wird zum Wunder des Lebens, wenn dich die Liebe berührt. Sie ist eine bis ins Mark erschütternde Macht, die dich in unendlicher Zartheit verwandelt. Nichts wird mehr so sein, wie es einmal war. Selbst die Freunde auf deinem Weg werden nicht immer dein Zittern vor dieser unergründlichen Allmacht verstehen.

Sorge dich nicht, wenn du einsam bist. Du bist in der Liebe wohl behütet. Nur durch sie kann sich dir dein innerer Meister offenbaren. Dein innerer Meister hat dich immer geführt. Aber erst wenn dich die Liebe durchdrungen hat, fällt der Schleier weg, der ihn im Schweigen der Liebe eingehüllt hat. Dein innerer Meister ist die Liebe selbst! Und das bist du! Es ist der reine Seelengrund, der alle Weisheit und Führung in sich birgt. Es gelingt dir nicht immer, diese Wahrheit anzuerkennen, denn du bist noch weiterhin daran gewöhnt, dich mit Bildern und Vorstellungen zu identifizieren. Sie begleiten dich nach wie vor.

Deshalb wird dir dein innerer Meister vielleicht als eine Gestalt erscheinen, oder es ruft dich eine Stimme, die du als deinen inneren Meister erkennst und der du vertrauensvoll folgst. Dein innerer Meister ist aber weder eine Gestalt, noch eine Stimme. Er ist das göttliche Licht selbst, das sich in deiner reinen Seele in Vollkommenheit zum Ausdruck bringen kann. Dennoch kann dir in dieser Gestalt oder in der Stimme die vollkommene Führung der Seele zuteil werden. Es ist nur wichtig für dich, daß du dich niemals mit diesen Erscheinungen identifizierst. Sie werden sich auf Grund deiner weiteren Entwicklung wieder verändern. Das geschieht so lange, bis du zum Meister deines Lebens selbst geworden bist. Das bedeutet, daß dann das göttliche Selbst durch die reine Seele als Meister deines Lebens ohne Hindernisse wirken kann. Wenn das geschieht, bist du auf einem gewaltigen Gipfel deines menschlichen Lebens angelangt. Wenn dein innerer Meister die Führung deines Lebens übernimmt, bist du nicht mehr abhängig von den begrenzenden Vorstellungen deines Egobewußtseins. Jetzt dient es der Liebe und kann alles, jeden Augenblick alles, ohne Ausnahme lieben. Wage alles für diese Liebe!

Weggefährten des Lichts

Wenn alle deine Seelenkräfte rein geworden sind und der göttlichen Wahrheit dienen, können sie sich mit deiner höchsten Seele vereinen. Ihre Seelenheimat ist das göttliche Licht, das sie immer umgibt. Erst wenn die dunklen Schichten der Seelenkräfte durch die Transformation auf dem Weg durchlichtet sind, kannst auch du ständig in diesem Licht sein, das dich zeit- und raumlos empfängt. In diesem Licht bist du als reine Seelenkraft von Anbeginn deiner Zeit zu Hause, und in diesem Licht bist du nicht allein.

Werde dir noch einmal bewußt, daß du in diese reine Sphäre auch nur durch die Reinheit deiner geläuterten Seelenschichten gelangst. Es gibt, wie du weißt, genügend andere Sphären und Welten, in denen dir Geistwesen begegnen können, die nicht dem Licht dienen. Überall wirkt das Gesetz, daß Gleiches Gleiches anzieht. Hierüber ist aber schon genügend in diesem Buch geschrieben worden, und du weißt, daß dich nur die Reinheit deiner Seele vor diesen dunklen Kräften schützt.

Wenn du die materielle Ebene deines Bewußtseins durch die göttliche Gnade verlassen hast, umgibt dich die feinstoffliche Lichtsphäre. In ihr stehst du in der Gnade. Die Gnade ist ja nicht ein Gesetz, in dem du an eine höhere Macht ausgeliefert bist, sondern sie ist die reine Nähe Gottes und die gleichzeitige, von weltlichen Dingen unvermischte Durchdringung der Welt durch das göttliche Feld. Die Gnade ist das gesetzlose Gesetz der All-Liebe. Sie strömt aus dem Sein, das mit deiner Seele eins werden kann. Aus dieser Gnade heraus können dir in der Sphäre des Lichtes deine Weggefährten begegnen.

Deine Lichtseelengefährten empfangen dich in einer übergroßen Freude. In ihrer Sphäre ist deine Lichtseele zu Hause. Sie lieben dich in einer Innigkeit, wie sie niemand auf dieser Welt mit all seiner Liebe zum Ausdruck bringen könnte, selbst wenn er dir alle Reichtümer dieser Welt schenken oder gar die Sterne vom Himmel holen würde. Die Schönheit und der Liebreiz der hohen Wesen verzaubern dich. Erst wenn du wieder auf die Ebene der dreidimensionalen Welt zurückkommst und staunend über das Geschehene nachdenkst, werden dich all diese Ereignisse innerlich berühren. In der Lichtsphäre bist du mit den Seelengefährten in einem reinen Gewahrsein verbunden, ohne daß dich ein Gefühl der Welt berührt.

Unmittelbar und klar empfängst du aus ihrem Licht ein Wissen, das für deine weitere Entwicklung von weittragender Bedeutung sein kann. Deine Lichtgefährten rufen dich auf, Verantwortung zu übernehmen und dich dort einzusetzen, wo du auf dieser Welt gebraucht wirst, denn auch sie dienen der Welt in unaufhörlicher Weisheit und Liebe. Durch deine Lichtgefährten kann dir auch deine Lebensaufgabe bewußt werden, wenn sie dir nicht schon vom Meister deiner Seele zuteil geworden ist. Deine Lichtgefährten weisen dich ein in die universelle Gesetzmäßigkeit des Kosmos, an der der göttliche Mensch teilnimmt. Sie helfen dir, in der zeit- und raumlosen Dimension weite Zeiträume zurückzuschauen oder in die Zukunft zu sehen, wenn es deiner Entwicklung dient. So kann dir in dieser Sphäre die ewige Wahrheit des göttlichen Menschen geschenkt werden und die Gewißheit, daß alle Menschen wieder in ihr göttliches Erbe hineinwachsen.

Nun bist du nie mehr allein. Die Lichtgefährten verlassen dich niemals, was immer du auch tust! Wenn du auf die Erdenebene deines Bewußtseins zurückgekommen bist und dir das Wunder aus deinen staunenden Augen wischst, kann dich zu Anfang eine schmerzliche Verlassenheit und Einsamkeit treffen. Laß es nicht zu. Dieses Gefühl der Sehnsucht kann dich berühren, weil dein Lichtleib noch nicht rein genug ist, um das Licht übergangslos in die materielle Ebene hineinzutragen, so daß du dir dieser Sphäre immer bewußt bist. Hierfür muß eine umfassendere Transformation noch tiefere Schichten in dir reinigen. Deine Lichtgefährten werden dir dabei helfen, wenn du sie darum bittest, denn diese Transformation überschreitet die Verwandlung des Egobewußtseins. Sie bereitet dich auf einer höheren Stufe auf das Leben im Licht vor. Es ist eine Transformation, die durch eine innere Einweihung individuell vollzogen wird und deshalb nicht mehr beschrieben werden kann. Das ist auch nicht nötig, denn wenn dir erst einmal die Gnade geschenkt wurde, den Kontakt zu dieser Sphäre aufzunehmen, wirst du ihren weisen Plan auch im alltäglichen

Leben immer deutlicher wahrnehmen. Oft ist es leichter, mit ihren zarten Schwingungen Kontakt zu bekommen als mit deinem inneren Meister. Du wirst ihre Nähe fühlen und ihren verständisvollen Trost in dunklen Stunden hilfreich spüren.

Wenn deine eigene Durchlichtung weit genug vorangeschritten ist, kannst du genau erkennen, welche Lichtgefährten zu dir kommen oder wer dich für eine Zeit auf deinem Lebensweg begleitet. Du kannst immer klarer durch ihre Schwingungen, ja manchmal sogar durch ihren Duft wahrnehmen, ob dich Engelwesen umgeben oder ein Lichtwesen aus höheren Welten, das dir als Führung zur Seite steht. Jeder Mensch hat für eine Zeit einen persönlichen Begleiter aus höchsten Sphären auf seinem Weg bekommen, der liebevoll mit ihm geht, ihn beschützt und führt. Es kann wichtig für dich sein, dieses hohe Wesen zu kennen und mit ihm Kontakt aufzunehmen. Es wird sich dir offenbaren, wenn du dazu bereit bist. Engel, Schutzengel oder andere Lichtwesen stehen als reine Seelenkräfte mit allen reinen Seelen in einer innigen Verbindung. In dieser Liebeseinheit wirken sie mit deinem inneren Meister gemeinsam, und mit ihm dienen sie dem göttlichen Liebesplan. Du erkennst in dieser Liebesgemeinschaft das Wirken des göttlichen Menschen, der durch deine reine Seele schon in dir angelegt ist.

Aber alle Engel und dein innerer Meister verneigen sich vor den Lichtwesen, die aus der höchsten Sphäre des Lichtes zu dir kommen. Es sind die Engelmächte und Hierarchien, die Cherubin und die Seraphim, vor deren göttlicher Macht sich alles neigt. Sie sind die Boten des Lichtes aus dem nächsten Umkreis des göttlichen Lichtes. Ihre Gestalt ist von der höchsten Intensität des göttlichen Liebesfeldes durchdrungen. Kein Mensch kann diese Kraft in seiner Nähe bewußt ertragen, dessen Herz nicht im Feuerofen der Liebe gereinigt wurde.

Alle Lichtkräfte stehen dir zur Seite, wenn du sie herbeirufst und bereit bist, mit ihnen der Liebe zu dienen.

Visionen

Visionen sind eine innere Schau, die aus verschiedenen Bewußtseinsebenen in dir aufsteigen und ihren entsprechenden Charakter besitzen. Viele Bilder und Gestalten können dir aus deinem Unbewußten und Unterbewußten in Form von Visionen begegnen. Sie enthalten wunderbare Geschehnisse, die mystische Tiefen aufweisen und dir deine spirituelle Entwicklung widerspiegeln.

Die höchste Vision ist die reine Schau ohne Bilder, in der du im reinen Gewahrsein das Göttliche schaust. Sie wird auch als Satori bezeichnet, als Samadhi oder als Unio Mystica. Bevor du dich nun mit der Vielfältigkeit der Visionen, die du erfahren kannst, vertraut machst, laß dir zuvor aufzeigen, welche Wirkungen sie in dir hinterlassen sollten, damit du sie als reine Visionen auf ihren entsprechenden Stufen erkennst.

Eine reine Vision verändert dich von Grund auf, ganz gleich, aus welcher Tiefe heraus sie dir geschenkt wird. Das göttliche Licht der Liebe ist immer die Ursache einer jeden Vision. Deshalb sind die reinen Visionen Erleuchtungserfahrungen. Das Licht der Verwandlung umhüllt dich mit liebender Wahrheit, wenn du in Verbindung mit deinen Lichtgefährten oder Engeln eine Wahrheit schaust. Die alles verwandelnde Liebe berührt dich, wenn dich der kosmische Christus erfüllt und durchlichtet. Doch erst wenn du in die höchste Gnade der reinen Schau Gottes emporgehoben wirst, bist du in Liebe verwandelt.

Immer will das Licht der Liebe deiner Bewußtseinsentwicklung entsprechend alle Unwahrheiten und Unreinheiten deiner ungeordneten Egokräfte aufdecken und verwandeln. Deshalb läßt dich eine reine Vision als erstes so demütig werden, daß du niemals mehr dazu neigst, dich selbst höher zu schätzen als irgendein Wesen auf dieser Erde. Du erkennst, wie wenig du über dich selbst weißt und wieviel weniger über das Wunder der Schöpfung. Die reine Schau, ganz gleich aus welcher Bewußtseinsschicht heraus sie zu dir kommt, läßt dich staunen über das Wunder der Weisheit, die dich führt und lenkt. Durch sie erkennst du die Ohnmacht deines Egobewußtseins, und du bist bereit, dich in tiefer Demut der inneren Führung der Seele anzuvertrauen.

Gleichzeitig erhebt dich die Liebe zur göttlichen Würde empor. Wie kannst du das verstehen? Nun, je tiefer du die Demut erfährst, desto strahlender wirkt das verwandelnde Licht in dir. Je umfassender dich die Macht der Liebe erreicht, um so kraftvoller dienst du dem göttlichen Leben. Darin liegt die Würde des Menschen. Du wirst durch die Liebe von dem Feuer der Begeisterung erfüllt, die dir hilft, in Freude ein glückliches Leben zu führen und mit Leichtigkeit alle Dinge loszulassen, die dich daran hindern, deinen Weg nach innen zu gehen.

In dieser Kraft und in diesem demütigen Licht der Freude wächst in dir ein großes Verlangen, alle Mängel des Egobewußtseins aufzudecken und zu reinigen. Du willst seine allertiefsten Dunkelheiten erkennen und verwandeln lassen. Das wird dir immer leichter gelingen, wenn du die göttliche Kraft in dir wirken läßt.

Eine Vision berührt dich in deinen feinstofflichen Energiekörpern und Energiezentren. Damit wird auch diese Schicht in dir geklärt oder gereinigt. Das ist ein wesentlicher Grund dafür, daß du sensibel wirst für alle Unreinheiten des Lebens. Durch diese Sensibilität wird der tiefe Wunsch in dir wach, ganz in die Reinheit und Vollkommenheit eines göttlichen Lebens hineinzuwachsen.

Dabei kann sich die Sensibilität oft im alltäglichen Leben auswirken. Du leidest intensiver am Elend vieler Menschen. Du erkennst auch klarer die Not der Seelen. Es drängt dich, in dienender Liebe zu helfen. Das liegt nicht allein daran, daß deine Umgebung unreiner ist als du, sondern weil die Welt weiterhin für dich ein Spiegel für deine innere Wirklichkeit bleibt. So kann es dir zum Beispiel geschehen, daß du gegen bestimmte äußere Dinge plötzlich eine unüberwindbare Abneigung bekommst. Natürlich mußt du diesem Gefühl folgen und eine unreine äußere Ebene verlassen oder noch besser verändern, wenn es dir möglich ist. Schau aber tiefer in dich selbst hinein, und decke in dir die verborgenen unreinen Schichten auf, die dieses Gefühl hervorgerufen haben.

Der Weg nach innen befreit dich nicht vom Leid, sondern von der Identifikation mit dem Leid. Die reinen Visionen führen dich in tiefere Transformationsprozesse, die tiefere unerlöste Schichten in dir aufdecken, und du mußt das Leid und die Schmerzen, die damit verbunden sind, erneut durchleiden, bis sie befreit sind. Neues Leid kann ein Zeichen sein, daß du reif dafür geworden bist, in eine weitere Entwicklungsstufe hineinzuwachsen. Die reinen Visionen hinterlassen eine so große Kraft und einen wahrhaftig heldenhaften Mut in dir, daß du sagen kannst: „Was kümmert mich das Leid, wenn ich um Gott und die Liebe weiß".

Diese Kraft verändert die Einstellung gegenüber dem Leid. Du erkennst, daß auch Leid Gnade sein kann, weil es auch die verhärtetsten Egokräfte aufbrechen und verwandeln kann. Du kreist auch nicht mehr in quälendem Selbstmitleid um dein eigenes Leid, sondern öffnest dich dem Leid der Mitmenschen, weil du spürst, ihr Leid ist auch dein Leid. Du wirst alles tun, um das Leid der Welt zu lindern, ganz gleich, in welcher Weise es durch deine individuellen Fähigkeiten geschehen kann.

In der reinen Vision erkennt das Egobewußtsein einerseits in Demut seine Machtlosigkeit, und andererseits erahnt es die Würde des göttlichen Menschen und die göttliche Macht der Weisheit, die dahinter steht. Deshalb helfen Visionen, das Egobewußtsein, das ja bis zu einer bestimmten Stufe noch in seiner Wahrnehmung daran teilnimmt, zu lehren, stille zu werden. Sie zeigen den Sinnen, welcher Reichtum in der Innenwelt verborgen liegt. Und du wirst alles tun, den Samen des Wachstums, den dir die göttliche Weisheit in einer reinen Vision in dein inneres Herz gelegt hat, aufgehen zu lassen. Dieser Same trägt Frucht in der Reinheit des Denkens und des Redens. Die Weisheit erfüllt dich mit Frieden, Klarheit und Bescheidenheit.

Die höchste Wirkung einer reinen Schau ist der Durchbruch der göttlichen Liebe zum Nächsten und zu dir selbst. Du erfährst, wie sehr du geliebt wirst. Du erkennst, daß keine menschliche Führung so weise sein kann wie die göttliche Führung. Doch das ist alles nichts im Vergleich zu der Erfahrung der absoluten Gewißheit, die eine reine Schau mit sich bringt, daß kein Wesen von dieser Liebe getrennt ist und daß das göttliche Feld der Liebe alles gleichermaßen mit seinem Licht durchdringen will.

So wächst du immer mehr in das tiefere Wissen hinein, daß alles, was dich umgibt, Ausdruck der Liebe Gottes ist, ob es ein Stein oder eine Pflanze, ein Tier oder ein Mensch ist. Der Nächste kann ein kranker Mensch sein oder das Nächste kann ein Garten sein, der gepflegt werden will. Alles das, was dir jetzt mit seinen Bedürfnissen begegnet, um durch deine Hilfe in die Ordnung der göttlichen Gesetze hineingestellt zu werden, ist dein Nächster. Wenn in diesem Augenblick das Telefon klingelt und ein Mensch deine Hilfe braucht, dann ist er dein Nächster und wichtiger als dieses Buch, das du gerade liest. Wenn du Lust bekommst, spazieren zu gehen, um dich mit der Natur zu verbinden, und dein Haus ist in Unordnung, dann trägst du Sorge dafür, daß für beides die Zeit reicht. Wenn du meditieren willst und deine Katze jammert, dann kümmerst du dich um ihre Bedürfnisse. Nichts wird unwichtig für dich, was dir begegnet, denn du hast erkannt, daß in allem die göttliche Kraft der Liebe wirkt.

Stufen der Visionen

Die verschiedenen Stufen der Visionen sind nicht unbedingt gesetzmäßig aufeinanderfolgende Schritte einer Bewußtseinsentwicklung, sondern sie sind lediglich Hinweise, aus welchen Schichten deines Bewußtseins heraus du eine Schau empfangen kannst. Reine Visionen sind immer auch Seinserfahrungen, durch die sich tiefere Dimensionen des Seins offenbaren. Sie sind in ihrer Ausdrucksform so vielfältig, daß ihre unerschöpflichen Möglichkeiten, die dir deine inneren Wachstumsschritte zeigen können, nicht aufgezählt werden. Deshalb mögen dir die folgenden sieben wesentlichen Schritte helfen, deine innere Schau einzuordnen.

1. Die Vision, die aus dem archaisch Unbewußten aufsteigt, ist schon in einem Kapitel ausführlich behandelt worden. Zusammenfassend sei noch an dieser Stelle gesagt: Eine Vision aus dem archaisch Unbewußten ist von bildhaften Symbolen geprägt, die dir in ihrem Ablauf oft wie ein Märchen erscheinen. Tatsächlich tragen sie häufig ähnliche Merkmale. So wie im Märchen der einfache Tölpel am Ende zum König wird, so kannst auch du in einer solchen Vision den inneren Auftrag aufgezeigt bekommen, dein kleines, beschränktes

Menschsein loszulassen und dich jetzt auf einen Weg, oft ist er in einer Vision als ein Berg dargestellt, zu begeben und nach dem Königreich zu suchen, um selbst König zu werden.

Viele Menschen erfahren in einer Vision die Begegnung mit einem Kind, das geboren werden will oder das du behüten und vor Gefahren beschützen sollst. Das Kind ist ein Symbol für das „Neue", das göttliche Bewußtsein, das in dir „geboren" wird. Durch Visionen aus der archaischen Bewußtseinsebene heraus wirst du fast immer auf deinem Weg geführt, ganz gleich, wo du zu stehen glaubst, denn der Weg hat viele Stufen.

Es braucht nun nicht mehr erwähnt zu werden, daß alle Bilder keine neuen Identifikationen schaffen dürfen. Schaue immer hinter ihre Aussagen, durch ihre bildhafte Symbolkraft hindurch.

2. Du kannst schon lange auf deinem Weg sein, vielleicht ist dir schon die reine Schau Gottes geschenkt worden. Doch plötzlich kann es dir geschehen, daß du eine Vision empfängst, die einen neuen Transformationsprozeß für dich einleitet.

So kannst du die Vision des Lichtkörpers erfahren, in der du den himmlischen Leib als deinen eigenen Körper wahrnimmst. Diese Schau ist in ihrem Charakter uralt, wie alle anderen auch. Dennoch wird dich diese Vision umfassender verwandeln, als das bislang der Fall war. Du weißt, daß die Entwicklung zum göttlichen Menschen in der heutigen Zeit auf einer Stufe angelangt ist, in der das Bewußtsein des Körpers mehr in die Verwandlung mit einbezogen wird als jemals zuvor. Das göttliche Lichtfeld ist bereits so machtvoll geworden, daß es auch den physischen Leib zunehmend in seine Lichtgestalt verwandelt.

Eine solche Transformationsvision hilft dir, das Bewußtsein ganz darauf auszurichten, daß auch dein Körper durch das Einströmen des Lichtes auf eine höhere Schwingung gebracht wird und transparent werden kann. Auch wenn du es noch nicht spürst, weil deine Wahrnehmungsorgane dafür nicht genügend entwickelt sind, geschieht die Transformation schon jetzt in dir. Die Mittel zur Verwandlung des Körpers sind bereits im großen Schöpfungsplan vorhanden und wirksam. Du wirst sie immer stärker erfahren. Eine Vision birgt immer in sich selbst schon die Lösung, den nächsten Schritt und das Mittel zur weiteren Entwicklung.

3. Ebenso kann dir eine Vision eine weitere Stufe der Transformation der Psyche übermitteln. Du wirst innerlich gewahr, daß dich durch die innere Schau ein Läuterungsprozeß erwartet, dem du mit großer Freude entgegensiehst, denn du bist dir gewiß, eine neue Stufe der Freiheit erreichen zu können. Es ist möglich, daß dich gerade diese Visionen stark erschüttern und berühren, so daß du in eine spirituelle Krise hineinkommst. Jede Seinserfahrung kann dich in einen vertiefenden Reinigungsprozeß führen. Du mußt dir dabei immer bewußt machen, daß dich eine höhere Weisheit leitet. In jeder reinen Vision ist im Hintergrund die Lichtkraft zugegen. Sie schützt dich mit ihrer ganzen Liebe und wartet geduldig darauf, daß du den nächsten Schritt tun kannst, um zu erwachen.

4. Eine Vision, die dir deine Lebensaufgabe zeigt, ist in besonderer Weise mit einer großen Klarheit und mit der Überzeugung von ihrer Wahrheit verbunden. Sie kann dir plötzlich in einer inneren Schau übermittelt werden. Ebenso kann dir dein Engel deine Aufgabe zeigen, oder dein innerer Meister teilt sie dir mit. Selbst eine innere Ansprache als Audition ist möglich, um dir deinen wahren Weg zu weisen.

Jeder Mensch ist erst dann wirklich glücklich, wenn er seine wahre, von der göttlichen Liebe zugedachte Lebensaufgabe gefunden hat und erfüllen kann. Eine solche Vision hilft dir mit ihrer Kraft, die dir aus der göttlichen Dimension zufließt, auch alle deine Fähigkeiten für diese Aufgabe zu entwickeln und einzusetzen. Wenn die Vision rein war, werden sich dir plötzlich Wege und Türen öffnen, die deiner Lebensaufgabe dienen. Du wirst überrascht sein, wie leicht plötzlich alles in deinem Leben fließt, obwohl du in einer neuen Aufgabe möglicherweise wesentlich mehr arbeiten mußt, als das vorher der Fall war.

Die folgenden drei Visionen besitzen einen anderen Charakter als die vorherigen. In ihnen nähert sich dein Bewußtsein anderen Seinsdimensionen und Sphären.

5. So kann dein Bewußtsein in einer Seinserfahrung die Grenzen der Zeit- und Raumdimension überschreiten. In ihr ist eine umfas-

sende Schau des Universums möglich, mit dem du dich in der Erfahrung eins fühlst. Du kannst den Erdenleib als Mutter erleben und ihr Leid spüren, das sie gerade durchleidet, und dich verbunden fühlen mit der Erde und allen ihren Bewohnern. Auch der kosmische Christus kann sich dir in einer alles verwandelnden Erfahrung offenbaren. Die Bedeutung einer solchen Vision erkennst du in der reinen Schau selbst. In diesem Einheitserleben wird dir eine tiefere Erkenntnis über das Leben und besonders über die Allgegenwart Gottes in der Alleinheit geschenkt.

6. Über die Vision in der feinstofflichen Sphäre ist im vorherigen Abschnitt „Weggefährten des Lichts" schon einiges gesagt. Die feinstoffliche Sphäre umgibt dich immer. Du kannst dich für ihre feinstofflichen Schwingungen jederzeit im schweigenden Lauschen öffnen und mit ihnen in der zeit- und raumfreien Sphäre das Fest der Liebe feiern. Warum tust du es nicht gerade jetzt? Laß dich doch einmal von deinen Lichtgefährten einladen. Sie laden dich jeden Augenblick deines Lebens ein, mit ihnen das Fest der Liebe zu feiern, und sie warten darauf, daß deine feinstofflichen Sinnesorgane wach werden, auch diese Wirklichkeit des Lebens zu erkennen.

Wenn du bereit bist, dich auf die feinstoffliche Ebene des Seins einzuschwingen, dann lege nun das Buch zur Seite. Lüfte den Raum, in dem du gerade sitzt, und heilige seine Atmosphäre mit deinen reinen Gedanken. Zünde eine Kerze an und schweige in der Stille des wortlosen Gebets. Empfange deine heiligen Gäste.

7. Die reinste Vision ist die Erfahrung des Seins. Sie ist eine unmittelbare Schau ohne Bilder und ohne innere Ansprache. In ihr bist du im Sein, das nicht beschrieben werden kann. Sie schenkt dir im Wesentlichen immer drei göttliche Zustände, die sich in deine Seele einsenken und als unverkennbare Eigenschaften in dir erwachen.

Die Wirkung der reinen Vision

1. In der raum- und zeitlosen Sphäre wird deine Aufmerksamkeit vollkommen und ganz auf die göttliche Gegenwart gelenkt, in der du alles, auch dich selbst, vergißt. Das geschieht aus folgenden Gründen: Im reinen Gewahrsein der göttlichen Nähe zieht dich das Licht allen

Lichtes in einer unergründlichen Klarheit an sich heran und in sich hinein. Du selbst wirst eins mit dem Licht und bist nicht mehr getrennt. Deshalb erscheint es dir im Nachhinein nicht als Licht, sondern als das lichtlose Licht.

Die göttliche Liebe sammelt alle Seelenkräfte auf die Liebe aller Liebe, so daß sich auch die Seele mit allen ihren Seelenkräften in dieser Liebe vergißt und mit ihr verschmilzt. Das ist ein Grund, weshalb der Mensch danach nichts über diese Liebe und dieses Licht aussagen kann. Aber beide, das Licht und die Liebe als eines, haben ihn verwandelt. Er trägt das Licht und die Liebe nun in seinem innersten Herzen.

2. Das Liebeslicht erweckt im inneren Herzen eine so große Glückseligkeit, daß selbst die lustvollsten Sinnesfreuden nur ein schwacher Abglanz davon sind. Nur ein kurzer Augenblick einer solchen Schau reicht aus, um die Schönheit und den unendlichen Reichtum der göttlichen Welt zu schauen, der nichts auf dieser Welt gleicht. Auch die Wahrheit des göttlichen Menschen kannst du fühlen. Sie bleibt als eine ewige Erinnerung in dir, und du wirst alles tun, um die glückselige Freude, die in dir bleibt, nicht von äußeren Einflüssen zerstören zu lassen.

Es kann dir auch geschehen, daß diese süße Freude deine äußeren Sinne erfüllt, so daß du plötzlich nach einer Seinserfahrung wunderbare Gerüche wahrnimmst oder wundersame, sphärisch anmutende Musik hörst. Selbst dein physischer Körper kann von dieser Glückseligkeit berührt werden und an einer ekstatischen Freude teilnehmen.

3. In diesem Liebeslicht der Freude ist die Sehnsucht der Seele wahrhaftig erfüllt. Sie ist in ihrer wahren Heimat angekommen. Sie hat alles gefunden, wonach sie suchte. Der glückselige Strom des göttlichen Friedens besitzt die Macht, alle Gedanken und Sinneskräfte im Augenblick zur Ruhe kommen zu lassen.

Du wirst dich immer an diesen Frieden erinnern, der dein Herz erfüllte. Keinen Augenblick mehr zweifelst du daran, daß die Liebe alles Leben gleichwertig durchstrahlt. Das Licht wird aus deinen Augen leuchten und dir die Kraft geben, alle deine Fähigkeiten einzusetzen, daß die Welt an dieser Wahrheit teilnehmen kann.

Leere und Fülle

Hauch der Freiheit!
Weite! Oh, himmlische Weite!
Sehnsucht zersprengt die letzten Grenzen des Herzens.
Heiß kocht das Licht in den Adern.
Nichts bleibt so, wie es ist.
Tosend erschallen alle Töne des Kosmos in meinem Ohr.
Gnade erbitte ich. Gnade.
Wahnsinniger Strudel der Zeit schleudert mich
in unendliche Gefilde.
Enger und Enger wird mein Gefährt.
Ich bin machtlos.
Da erreicht mich die Seligkeit!
Ich ertrinke in ihr.
Sie ertrinkt in mir.
Ich bin Es.

Zurück zum Ursprung

Die Liebe des Herzens führt dich zum Ursprung deines Seins zurück, mit dem du immer schon verbunden warst. Erkennst du nun die Nähe der Liebe, die dich umfängt? Nur dann fühlst du deinen gegenwärtigen Urquell. Was immer du tust, was immer du sagst oder denkst, laß es immer aus deinem Ursprung herausfließen. Übe in jedem Augenblick deines Lebens das Lauschen in den schweigenden Urgrund hinein. Gib dieses Lauschen an ihn ab, bevor du redest. Fühle in deine ursprüngliche Liebe hinein, bevor du ein Gefühl verschenkst. Handle in der zeitfreien Liebe des Urgrundes, und alles wird leicht in deinem Leben.

Sicher, nicht immer wird es dir gelingen, die alten Gewohnheiten der begrenzenden Dimension deines Bewußtseins zu überwinden. Doch die Liebe, die aus deinem Ursprung zu dir fließt, ist geduldiger als du selbst. Habe also auch Geduld mit dir. Auch wenn viele Wahrheiten, die dir in diesem Buch mitgeteilt werden, neu für dich sind und du deren Verwirklichung im menschlichen Leben nur ahnen kannst, dann sei trotzdem zuversichtlich, daß auch du eines Tages die Einheit mit der unendlichen Liebe Gottes erfahren darfst. Sie verlangt keine Wunder von dir! Du sollst in ihrem Wunder leben und selbst zum Wunder der Liebe werden!

Vergiß deshalb alle kleinen und großen Wunder dieser Welt, zu denen du hinpilgerst und die du bestaunst. Die göttlichen Wunder sind so klein wie ein Senfkorn und so groß wie das Universum. Aber was ist ein Senfkorn? Und was ist ein Universum? Das Wunder der Liebe aus deinem Ursprung ist fähig, das Universum in einem Senfkorn zu verstecken und das Universum aus einem Senfkorn entstehen zu lassen. Dein Urgrund ist so klein wie ein Senfkorn. Deine Liebe ist so groß wie das Universum.

Suche deinen Ursprung nicht mehr in den Zeiträumen der vergangenen oder zukünftigen Welten. Alles ist jetzt Ursprung. Finde das Jetzt! Erkenne das Nun! Hier ist dein Ursprung!

Heilung aus der Quelle des Seins

Das heilige Feld Gottes hat Einzug auf der Erde gehalten. Es erwartet jeden Menschen mit seiner heilenden Speise aus der Quelle des Seins. Du bist aufgerufen, an dieser heiligen Kommunion teilzunehmen. Sie ist die Hoffnung für die Geburt des göttlichen Menschen auf diesem Planeten. In ihr empfängst du das göttliche Licht als die Heilkraft aus dem heiligen Feld Gottes, das mit seiner Wahrheit alles Unwahre durchdringt. Mit seiner Liebeskraft heilt es alle Wunden der Erde. Mit seiner Lichtenergie kehrt es alles um, macht Ungeschautes sichtbar, so daß der verborgene Glanz der göttlichen Schöpfung in neuer Pracht erstrahlt. Jetzt, in diesem Augenblick, kannst du an einer neuen Schöpfung teilnehmen und die alten Gesetze verlassen, die dich müde gemacht haben, hilflos und so entsetzlich übersättigt mit all dem Unwahren, das darin enthalten ist. Die Erde will in diesem Licht heil werden. Jedes Kind, das dir auf dieser Erde begegnet, hat eine Zukunft des Friedens im heiligen Feld Gottes. Das neue Bewußtsein, von dem du so oft sprichst, wird im heiligen Feld geboren. Es ruft dich dazu auf, im heiligen Sein zu erwachen. Dort, wo du stehst, umgibt und durchdringt dich das Feld der Liebe. Deine höchste Seele zieht dich mit aller Macht hinauf, um in ihrer heiligen Quelle die verletzten Seelenschichten gesunden zu lassen. Deine Zellen verlangen danach, ihr Lichtbad zu nehmen und ihre verletzten Strukturen in der Liebe zu heilen. Alle Zellen fordern von dir, sich in der heilenden Kraft des Lichtes für das neue Bewußtsein des Körpers verwandeln zu lassen. Alles ist zur Heilung für dich vorgesehen.

Eine neue Dimension der Heilung

Bislang war es oft nötig, durch Leid und Schmerz zu höheren Erkenntnissen hindurchzustoßen. Auch dir wurde dieser Weg nicht erspart. Wenn du den geistigen Weg bis hierher gewissenhaft gegangen bist, ist in dir eine barmherzige Liebe wach geworden, in der du alles tun möchtest, um das Leid der Menschen und der Welt zu lindern. Doch zuerst mußt auch du heil und gesund werden.

Alles Leid besitzt eine verwandelnde Kraft, die nicht einfach fortgenommen werden kann. Dennoch wird sich das Leid in seiner Wirkung völlig verwandeln, wenn die Dimension Gottes zu dir hindurchbrechen konnte. Durch diese Dimension der Heilung können alle Menschen, alle Wesen und die ganze Erde gesunden. Wenn das Lichtfeld Gottes mit seiner reinigenden Kraft immer machtvoller durch alles Sein hindurchdringt, so wie es bereits jetzt geschieht, wird sich das unwissende Bewußtsein, das das Leiden bewirkt, völlig verwandeln, auch in dir.

Schon durch die Reinigung und den Transformationsprozeß hat sich dir eine neue Dimension der Heilung eröffnet. Es ist die gleiche liebende Lichtkraft Gottes, die die Schöpfung in ihrer Vielfalt hervorgebracht hat, die die Evolution führt und leitet, die reinigt, transformiert und heilt. In diesem Kapitel sollst du über den besonderen Aspekt der Heilkraft des göttlichen Lichtes im Heiligen Geist belehrt werden. Es möge in dir die Bereitschaft hervorrufen, das Lichtfeld der göttlichen Heilung in dir und um dich herum wahrzunehmen, damit du die neue Dimension der Heilung empfangen kannst und im neuen Bewußtsein selbst zum Lichtfeld der Heilung wirst.

Wie du aus der Kapitelüberschrift schon ersehen kannst, ist diese Heilweise wirklich neu. Du bist vielleicht schon anderen geistigen Heilmethoden begegnet, die mit Heilmagnetismus, mit Übertragung von persönlichen Heilkräften oder mit Heilenergien aus verschiedenen geistigen Ebenen heilen. Bei dieser Heilweise, über die du jetzt informiert wirst, wirkt nur die Heilkraft des göttlichen Geistes. An keine andere Ebene darfst du dich anschließen. Du mußt Kanal für den reinen Geist werden und dich in Demut und Hingabe dem heiligen

Feld der Heilung öffnen. Nur in deiner reinen Herzensabsicht wirst du von diesem Feld aufgenommen. Dann wird es dich mit seiner liebenden Kraft bis in die tiefsten Schichten deines Wesens hindurch reinigen und heilen, an die du selbst mit all deinem Bemühen nicht herankommen könntest.

Es werden sich jetzt vielleicht Widerstände aus deinem mentalen Bewußtsein regen. Denke an die Begrenzung deines Verstandes. Er kann dieses göttliche Feld der Heilung nicht begreifen. Aber durch die Erfahrung der wunderbaren Wirkung der Heilkraft wird auch das mentale Bewußtsein überzeugt werden und sich dieser Wahrheit öffnen. Bist du bereit für die Wahrheit deiner Heilung? Vielleicht bist du noch nicht genügend vorbereitet, vielleicht mußt du noch weiterhin Krankheit und Schmerz ertragen, denn das heilende Feld wird so lange alles ausbrennen, aufdecken und hinwegfegen, bis das reine Licht mit seiner verwandelnden Kraft alles durchdringt. Krankheit und Schmerz sind im heiligen Feld heilende Wunden, die dich selbst im Leid glücklich stimmen, denn du erkennst in großer Freude bereits durch den Schmerz hindurch die tiefere Wahrheit deines heilen Wesens. Im heiligen Feld nimmst du bereits teil an der Liebe, und du erfährst durch sie, daß sie alle Wunden heilt und alle vergangenen und zukünftigen Tränen trocknet. Die Wahrheit deines heilen Seins wird unverfälscht zum Vorschein kommen, und der Jubel in dir wird unermeßlich sein.

Heilungsmeditation

Eine neue Dimension der Heilung wartet auf dich. Wenn du sie empfangen möchtest, dann laß dich jetzt auf eine meditative Übung ein, die dich mit diesem heiligen Feld verbinden kann.

Du bist durch deinen unsterblichen Geist mit dem heiligen Feld Gottes verbunden. Die Kraft der zurückliegenden Reinigungen und die Tiefe der Transformation machen es dir möglich, dich nun in absichtsloser Bewußtheit an diese Dimension anzuschließen. Du bist in deinem Selbst eins mit dem Licht der heilenden Liebeskraft. Deshalb ist die Vorstellung des Lichtes und des Einströmens der Liebe zu Anfang dieser Übung eine zusätzliche Hilfe. Wenn dir die Gnade ge-

schenk wird, daß du direkt an die göttliche Lichtdimension angeschlossen wirst, brauchst du all diese Vorstellungen nicht mehr.

Wie du in eine meditative Übung hineingehen kannst, muß nun
nicht mehr erwähnt werden. Bereite dich hierfür vor. Spüre im
Schweigen deinen Körper. Erfahre ihn als den Tempel deines unsterblichen Geistes. Laß dir Zeit, bis das Gefäß vollkommen von deinem
Geist in einer lichten Klarheit durchströmt wird. Das ist der Augenblick, in dem du von allen Gedanken und Gefühlen vollkommen leer
geworden bist. Lasse dein Körpergefäß ganz vom Licht des Heiligen
Geistes durchfluten, und erfahre mit deiner inneren Wahrnehmung
die zunehmende Durchlichtung deines Körpers. In diesem Licht
kannst du nun mit allen deinen Organen, Zellen, Gefäßen und Nerven
Verbindung aufnehmen und dabei die physischen Strukturen in dir
mit dem reinen, lichten Geist der Liebe erfüllen lassen.

Wiederhole diese Übung jeden Tag. Nimm dir genügend Zeit dafür.
Die besten Stunden für diese Übung sind der frühe Morgen. In der Zeit
von 4 Uhr bis 6 Uhr ist das kosmische Energiefeld noch rein und klar.

Es kann ebenfalls hilfreich für dich sein, einmal in der Woche zu
fasten, um die reine Klarheit des Körpers ohne belastende Stoffwech-
selgifte zu spüren. Mit der Zeit wirst du durch diese Übung Kontakt
mit deinem Körperbewußtsein aufnehmen können und erkennen, daß
es durch das Licht verwandelt wird. Du wirst dieses Licht als Bewußtsein wahrnehmen und mit diesem Bewußtsein kommunizieren. Deine
Körperorgane werden dir ihre Geschichte erzählen. Erstaunt wirst du
feststellen, daß dein physischer Körper genauso wie alle anderen
Bewußtseinsschichten in dir nach ihrem Ursprung suchen, wie du
selbst. In all deine Bewußtseinsebenen ist dieser Impuls von Uranfang
an hineingelegt. Jetzt ist die Zeit gekommen, daß er stärker als in früheren Evolutionszeiten zum Durchbruch kommen kann, angeregt
durch die anziehende Macht des stärker werdenden göttlichen Licht-
feldes. Demütig erkennst du dann, daß die Einheit aller Körperebenen
und ihrer aufeinander abgestimmten Funktionen viel weiser ist, als du
es dir je vorstellen konntest. Erst jetzt lernst du zu begreifen, wie hei-
lig dein Tempel als Gefäß Gottes ist und wieviel Achtung und Aufmerksamkeit er benötigt.

Wirkung der Heilung

Wenn es dir gelungen ist, durch das Licht mit dem Bewußtsein des Körpers in Verbindung zu treten, dann kann das heilende Lichtfeld damit beginnen, das eingeschlossene Licht in den Zellen zu befreien. Hiermit beginnt eine neue Dimension der Heilung, die alle Zell- und Organstrukturen erneuert und deinen Körper in das Licht hinein transformiert. Du wirst mit deinem inneren Auge erschauen, wie deine Zellen im Licht baden. Ganz besonders wirst du das Licht durch seine Frequenz der Glückseligkeit fühlen. Dein Körper kann dabei in orgiastische oder ekstatische Zustände versetzt werden, wenn die Lichtfrequenz erhöht wird. Diese Ekstase ist nicht nur ein Ausdruck der Freude, sondern sie ist eine Botschaft des Lichtes, daß die Schwingungen der Reinigungsprozesse erhöht werden.

Die Lichtheilungen können den Transformationsprozeß mitunter so beschleunigen, daß sie Fieber hervorrufen und latente Krankheiten wieder zum Ausbruch bringen, damit sie geheilt werden können, denn gerade sie decken alte, kranke, verdrängte Schichten auf. Auch die Altlasten der Psyche werden durch die Lichtheilung hervorgelockt und gereinigt, so daß du immer freier wirst. Mache dir keine Sorgen, wenn die Schmerzen anfänglich schlimmer werden. Sie sind ein Zeichen, daß Heilprozesse einsetzen. Die höchste Intelligenz mit ihrer Schöpferkraft weiß zum rechten Zeitpunkt deiner Entwicklung, welche Energien, Schwingungen und Heilfrequenzen nötig sind, um Krankheiten zu heilen und den Körper in eine höhere Gesundheit zu führen. Die schöpferische Heilenergie könnte im Augenblick kranke Zellen abbauen und neue, gesunde schaffen, wenn der Mensch reif für seine ganzheitliche Heilung geworden ist. Das klingt wie ein Wunder. Aber die ganze Schöpfung und das Leben sind ja ein Wunder. Immer schon gab es Wunder in der Menschheitsgeschichte, in denen sich die göttliche Heilkraft offenbarte. Diese Wunder werden zum neuen Gesetz der Heilung.

Eine besonders wichtige Dimension der Heilung wird den Feinstoffkörpern zuteil. Gerade sie sind mit der Heilkraft in tiefster Weise verbunden. Ihre Frequenz kann sich nun durch die Reinigung aller grobstofflichen Schichten beständig erhöhen, bis daß das göttliche

Bewußtsein mit seiner Macht in die Feinstoffebenen, einschließlich der Chakras, einzieht und das Bewußtsein vollkommen umwandelt. Auf diese Weise wirst du der heile Mensch im neuen Bewußtsein.

Es ist nicht immer leicht, diese oft gewaltig voranschreitende Dimension der Heilung auszuhalten und den aufgewühlten Schlamm, der dabei hochkommt, anzuschauen und zu ertragen. Deine Lebensweise muß nun völlig auf diesen heiligen Prozeß eingestellt werden! Wenn es dir mit der Transformation zum göttlichen Menschen wirklich ernst ist, dann ist die allerhöchste Disziplin in allen Lebensprozessen absolut notwendig. Du mußt regelmäßig deine geistigen Übungen durchführen, eine gesunde Lebensweise einhalten, die Gesundheitsregeln beachten, und wenn es notwendig ist, deine Ernährung verändern und Genußgifte meiden! Vergiß auch nicht, dir genügend Zeit zur Regeneration zu nehmen. Gelingt es dir nicht, diese Disziplin einzuhalten, dann bist du nicht berechtigt, dich über dein Leid und den Zustand der Erde zu beklagen! Beginne zuerst bei dir selbst, und dann wage alles!

Die Heilung der Natur

Wenn dich das heilige Feld des Lichtes durchdringt und du wahrnimmst, daß die Heilung in dir wirkt, dann wende dich in dieser Lichtkraft auch der Natur zu. Deine Sinnesorgane sind nun so sensibel für das heilige Feld geworden, daß du es mit deinen inneren Sinnen in der Natur erspüren kannst.

Suche dir hierfür zuerst einen vertrauten Platz, an dem du dich immer wohl gefühlt hast. Vermutlich hat dich deine Sensibilität schon zu einem Ort geführt, an dem die Schwingungen besonders lichtvoll sind. Beginne an diesem Ort mit deiner heiligen Übung der Durchlichtung der Natur und schwinge dich in deinem Lichtbewußtsein auf die Umgebung ein. Auch in der Natur mit ihrer Vielfalt, Komplexität, Macht und Schönheit wirkt das Licht Gottes, wie du weißt. Licht verbindet sich immer mit Licht. Deshalb kannst du durch das heilende Kraftfeld, das in dir wirkt, Orte der Kraft schaffen. Pflanze so viele Kraftorte in deine Umgebung, in die Natur oder wo immer du auch bist, so viel du vermagst. Da du in deinem Bewußtsein mit dem heilenden Feld Gottes verbunden bist, wirst du immer mehr zum Kanal des Lichtes. Mit der Zeit wird es dir nicht nur gelingen, deine eigene Heilung zu vollbringen, sondern du darfst dieses Licht ebenfalls verschenken. So kannst du damit beginnen, Pflanzen, Bäume und Tiere zu heilen, ja sogar das Wasser und deine Nahrung von ihren Giften zu befreien.

Naturwesen

Wenn du mit deinem Bewußtsein und deinem Körper im heiligen Lichtfeld Gottes schwingst, erkennst du ganz besonders in der Natur, daß du nicht allein bist. Auch in diesem lichten Feld ist Bewußtsein, das als verdichtetes Bewußtsein in einer feinstofflichen Struktur eine Aufgabe der Liebe erfüllt. Diese Lichtwesen sind die Naturgeister, die aus dem Licht leben und wirken. In der feinstofflichen Wahrnehmung kannst du mit ihnen Kontakt aufnehmen und ihnen bei ihrer unermüdlichen Heilung der Erde helfen. Du wirst angesichts der nach außen hin sichtbaren Zerstörung der Erde erschüttert sein über das wahre Ausmaß der Zerstörung, wenn du die Feinstoffebene der Erde erkennst und die furchtbare Not fühlst, in der sich die Naturgeister befinden. Im Gegensatz zu den Menschen in ihrer Unbewußtheit sind sie reine, dienende Lichtwesen. Sie setzen alle Kräfte ein, um die Erde zu reinigen und zu retten, was zu retten ist.

Die reinen Naturwesen im Lichtfeld brauchen das Lichtbewußtsein des Menschen, um heilend auf der Erde wirken zu können. Wenn du diese Erde weiterhin mißbrauchst, wird alles, was für deine Entwicklung nötig ist, zerstört. Das wird nicht geschehen, wenn du mit vielen Menschen dieser Erde erkennst, daß das heilige Feld der Liebe mit seinem Licht herabgekommen ist, um alle Menschen und alle Wesen in die neue Dimension des Bewußtseins emporzuheben.

Die Geister der Dunkelheit

Die Greuel der Menschen haben aber inzwischen ein so erschreckendes Energiefeld geschaffen, daß ihre geistigen Gedankenstrukturen die feinstoffliche Atmosphäre verschmutzen. Diese Bewußtseinsverdichtungen sind Energiefelder, die, symbolisch ausgedrückt, in dämonenhafter Struktur inzwischen weite Reiche der Natur beherrschen und dazu beitragen, daß sich Katastrophen vermehren. Hinzu kommen noch all die unerlösten und gefallenen Wesen in den unteren Astralwelten.

Diese negativen Energien wirken nicht nur in der Natur, sondern sie üben auch auf den Menschen einen negativen, schädlichen Einfluß aus, besonders durch die abhängigen und ungeordneten Bewußtseinsschichten. So versetzen sie Menschen in Angst, Depression und in Aggression gegen sich selbst und andere und verstärken die Macht der dunklen Ebenen im Menschen. Aber sie besitzen ihre eigene Macht nur durch die Trägheit und Unbewußtheit der Menschen. Sie werden durch deren negative Schwingungen, durch unethische Verhaltensweisen, Haß und andere dunkle Gefühle angezogen. Natürlich versuchen sie alles, ihre eigene Macht in der Dunkelheit ihres Bewußtseins zu erhalten. Aber je stärker das Einströmen des göttlichen Lichtes wird, je mehr Menschen sich davon erfüllen lassen, desto mehr Licht dringt auch in diese dunklen Bereiche vor.

Das ist gleichzeitig eine Chance für die Rettung der Erde und die Verwirklichung des göttlichen Menschen, denn wenn diesen Energien ihre Kraft durch das erlösende Licht der Liebe und Erkenntnis entzogen wird, werden auch sie im Lichtfeld gereinigt und von ihrem Unwesen befreit. Deshalb ist es notwendig, jede Lichtkraft zu verstärken und die Liebe zu leben. Wenn genügend Menschen fähig sind, sich an das heilige Lichtfeld anzuschließen, könnte die geballte Lichtmacht der Menschen, durch die der Geist Gottes wirken kann, auch diese dunkle Welt befreien.

Suche dir Verbündete des Lichtes. Schließe dich Gruppen an, die mit dir gemeinsam an der Transformation arbeiten. Überall entstehen heute schon Gemeinschaften, die in ihrer Präsenz und ihrem spirituellen Bemühen im neuen Geist ein Lichtfeld bilden, das Auswirkungen in der gesamten Umgebung hat. Diese Gruppen müssen ein weltweites Netz schaffen, das alle im Licht erwachten Menschen miteinander verbindet. Immer mehr Menschen werden von der Wahrheit des göttlichen Lebens berührt werden. Sie setzen alle Kräfte ein, damit der

Keim des neuen Bewußtseins auch in anderen zu wachsen, zu blühen und zu reifen beginnt. So kann schon jetzt, in dieser Weltenzeit, die göttliche Gemeinschaft vorbereitet werden. Ihr, die ihr euch in einer solchen Gemeinschaft zusammengefunden habt, dient einander in Liebe, so daß immer mehr Kraft in euch wächst, mit dem empfangenen Licht in die Dunkelheit der Menschenherzen und der Welt hineinzustrahlen.

Heilung im Liebesdienst am Menschen

Die neue Dimension der Heilung ist raum- und zeitfrei, und ihre Heilenergie ist schneller als das physische Licht. Wenn du mit ihrer Kraft auf verschiedenen Ebenen begonnen hast zu heilen, wirst du spüren, daß auch deine Lichtkraft zunimmt. Deine Entwicklung als Heilerin oder Heiler wird nun völlig von innen gelenkt. Die damit einhergehende Transformation versetzt dich in ein übergroßes Staunen, und nichts scheint dir unmöglich. Laß dich niemals dazu hinreißen, diese Kraft für eigene, vom Egobewußtsein beherrschte Ziele einzusetzen! Das kann immer noch geschehen, denn das Egobewußtsein bleibt nach wie vor wach, wenn es auch im Hintergrund gebändigt zu sein scheint.

In dir kann das Bedürfnis wach werden, auch andere Menschen an dieser liebenden Heilkraft teilnehmen zu lassen. Werde nicht müde, selbst in der Lichtkraft der Demut zu stehen. Du bist ein Mensch mit einem Körper, der noch lange nicht Licht ist. Immer wieder wird dich das alte Naturgesetz einholen und deine vitalen Kräfte schwächen.

Erst wenn du dich wirklich frei fühlst, dann beginne damit, die dir nahe stehenden Menschen in verantwortungsbewußter Demut mit dieser heiligen Kraft zu erfüllen. Die Lichtkraft aus dem heiligen Feld ist so voller Weisheit, daß du die richtige Methode hierfür übermittelt bekommst. Das kann auch durch einen Lehrer geschehen, der aus diesem Lichtfeld heraus die Aufgabe bekommen hat, seine Heilmethode weiterzugeben. Die neue Dimension läßt sich aber nicht in eine Methode eingrenzen. Sie ist so individuell wie du selbst. Im neuen Bewußtsein, das aus dem heiligen Feld Gottes erwächst, gibt es keine festgelegten Methoden und Techniken mehr! Die einzige Methode, die du in allem, was dir aus dem heiligen Feld begegnet, erkennst, ist Liebe und Licht. Je stärker sich dieses Licht ausbreitet und die Herzen erfüllt, desto mehr wird es berufene Menschen geben, die sich in dieser Lichtkraft zunächst selbst heilen können, um dann als Heiler anderen zu dienen.

Die Ärzte werden dabei nicht überflüssig werden. Aber ihre Aufgabe wird sich Schritt für Schritt im Laufe dieser Entwicklung verändern. Sie werden weniger Krankheiten heilen müssen, dafür aber in der Gesundheitsvorsorge tätig sein. Nicht die Krankheit, sondern die Gesundheit wird im Mittelpunkt ihres Bemühens stehen. In diesem Auftrag werden sie krankmachende Einflüsse besser erkennen. Sie werden alle Mittel und Wege erforschen, um die besten Bedingungen für das Leben und die Gesundheit aller menschlichen Schichten vom Körper bis zur Seele herauszufinden. Viele von ihnen werden selbst zu Heilerinnen und Heilern, die im Heilungsfeld der göttlichen Liebe andere heilen.

Das alles umfassende heilende Lichtfeld wird sich auch in der Wirtschaft, in der Politik und in der Gesellschaft auswirken. Denn die Menschen, die in diesen Bereichen arbeiten und vom göttlichen Licht erfüllt sind, werden überholte und schädigende Strukturen in ihren Arbeits- und Lebensbereichen neu ordnen und ihre Umgebung heilen können. Das mag große Veränderungen mit sich bringen. Aber mache dir stets bei all den Umwälzungen, die du siehst, bewußt, daß im Hintergrund die göttliche Kraft wirkt. In ihr liegt alle Weisheit und Intelligenz verborgen. Sie wird den Menschen, die Verantwortung tragen, auch Wege zeigen, daß sich die Umwandlungsprozesse in allen Bereichen des Lebens zum Segen und zum Heil aller Bewohner dieser Erde vollziehen können. Entscheidend ist aber, daß sich immer mehr Persönlichkeiten aus allen gesellschaftlichen Bereichen dem göttlichen Licht der Liebe und des Friedens öffnen und sich davon leiten lassen.

Der neue Mensch

Im Schnittpunkt des Kreuzes

Schritt für Schritt bist du den Weg zum Berg des Erwachens hinaufgestiegen. Stufe um Stufe kam dir das Licht der Sonne aller Sonnen von oben entgegen. Dein Rucksack der Welt ist leer geworden. Der Gipfel empfängt dich. Der Strahlende steht vor dir.
Du stehst im Herzen Gottes.

Hunderttausendmal hast du diesen Augenblick ersehnt. Die Furcht vor dieser unendlichen Liebe hat dich gelähmt. Deine Trägheit hat dich zurückgeworfen. Die Sehnsucht erweckte dich wieder. Jetzt ist alles vergessen, denn du stehst im Herzen Gottes.

Wieviele Millionen Jahre glaubtest du in der Fremde zu sein! Du hast im ganzen Universum nach deiner Heimat gesucht. In alle Himmelsrichtungen ist dein Rufen nach der Quelle des Seins verhallt. Die Sterne, glaubtest du, seien die Rettung. Doch auch sie schleuderten dich wieder zurück, dorthin, wo du gerade stehst, ins Herz Gottes.

Unermüdlich erschaffst du Schöpfungen aus deiner hilflosen Begrenzung, nur um eine Erinnerung an die wahre Schöpfung wach werden zu lassen. Sie wurden zu langweiligem Ballast auf deinem wahren Weg. Alles hast du wieder gelassen. Nun stehst du leer im Herzen Gottes.

So fern schien dir das Herz aller Liebe, daß du keinen Augenblick daran zweifeltest, daß auch deine Liebe verloren ist. Im Hunger nach Erfüllung suchtest du dir eine neue Liebe. Auch sie wurde zum Trugbild und verwundete dein Herz.

Nun stehst du in der lebendigen Liebe,
mitten im Herzen Gottes.
Geheilt im Licht,
das dich segnet.
Erschöpft in der Schöpfung,
die dich erfüllt.
Alles ist nun dort,
wo es immer war,
mitten im Herzen Gottes.

Der neue Mensch

In der Fülle deines eigenen Herzens wird der neue Mensch geboren. „Wie wunderbar wird sein Leben sein", magst du sagen. Ja, wunderbar wird sein Leben im Licht der Liebe. Jede Beschreibung spottet seiner Größe. Und doch würdest auch du dich in der Überfülle deines Herzens hinreißen lassen zu beschreiben, was nicht beschrieben werden kann. Überaus köstlich duftet seine Haut im zarten Schimmer, vom Licht durchstrahlt. Seine Augen strahlen in der Liebe von tausend Sonnen. Jeder Schritt ist ein Segen für die Erde wie für den Himmel. Seine Hände streicheln die Blume wie das Kind in barmherzigem Verstehen. Zerbrechlich ist er noch, so zerbrechlich, der Neue, obwohl seine Stärke aus allen Poren quillt, um das Neue zu verteilen. Doch gerade das ist ihm verwehrt.

Die alte Welt mißachtet den neuen Menschen in seiner Geburt als Schwächling und Sonderling. Grob verlacht sie die zarten Gebärden. Die Mahnung, dem Licht zu dienen, wird schallend verlacht. „Wo ist denn das Licht, bei all dem Unrat, der dich umgibt?" Sie vergaßen, daß gerade sie, die Alten, ihn vor seine Tür geschüttet haben. Demütig räumt der Neue den Unrat fort. Höhnend beäugt von den Alten.

Der neue Mensch wird noch wund in der Welt der Menschen, die in der Begierde nach dem Licht der Liebe nur die Lust finden und an ihr irre werden. In ihrer Verwirrung kreuzigen sie das Neue, immer und immer wieder. Du glaubst es nicht? Immer noch nicht? In der Stille muß das Neue wachsen. Er, der neugeborene Mensch aus Licht und Liebe, wird wohl behütet von allen Mächten des Himmels. Wachsam wird er geleitet, bis er sich als Braut mit dem Bräutigam, den er in seinem Herzen schaute, vermählen darf.

Hüte das Neue in dir, wenn es in dir geboren wurde. Sicher, du bist geschützt von den Mächten des Himmels, aber die Tarnkappe des Lichtes fehlt dir noch, um die Schläge und Hiebe ohne Wunden zu überstehen, die dir die Alten schlagen. Warte im Neuen geduldig. Die Hochzeit wird kommen und dir ein Brautkleid anlegen, in dem du auf ewig geschützt bist. Das Neue braucht Zeit. Es braucht die Einsamkeit. Das Neue im Menschen will im keuschen Herzen behütet sein.

Die Hochzeit von Himmel und Erde

Erneut stehst du im heiligen Feld, mitten im Herzen Gottes. Nichts berührt dich mehr. Alles ist in einem Nun eingeschmolzen. Kein Licht, keine Dunkelheit, keine Liebe, kein Nichts ist in diesem Eingeschmolzenen. Nun bist du vermählt mit Himmel und Erde, mit Gott und der Welt, mit dem Kosmos und Christus.

Keine Vereinigung erfährt eine so tiefe Innigkeit wie die Hochzeit von Himmel und Erde. Ihre intimste Liebesnähe kann niemand beschreiben. Niemand erfährt sie. Und doch ereignet sie sich als ein kosmischer Akt der Verwandlung, der dich vergessen läßt, wer du warst, als du zu wissen glaubtest, wer du bist. Die Hochzeit von Himmel und Erde in dir läßt dich zum Niemand werden. Es ist dein neuer Name. Er ist der Urgrund der Liebe, aus dem du im Licht neu geboren wirst.

Nun bist du im heiligen Feld in der Hochzeitsnacht noch einmal umgekehrt. Als du den Weg begannst und deine Umkehr von der Welt vollzogen hast, schautest du immer dem Licht entgegen. Dein Fuß setzte jeden Schritt nach vorn, bis du den Gipfel erreichtest und in Seinem Herzen standest. Immer noch schautest du nach vorn, dem Licht entgegen, auch als neuer Mensch. Jetzt aber hat dich die Vermählung zu Seinem Eigentum gemacht, und Es, die Liebe aller Liebe, ist dein Eigen geworden. Nun schaust du nicht mehr nach vorn, sondern du bist in der Liebe, im Liebe; alles ist nun in dir eingeschmolzen.

Wie oft glaubtest du, daß es in einer Liebeseinheit mit dem Licht, das dir begegnete, geschah? Es war in diesen Augenblicken heller als du, die Liebe größer als dein Vermögen zu lieben, deshalb erlebtest du Einheit. Wie oft hast du geglaubt: „Das ist die Einheit." Alles war nur eine Vorbereitung für das Fest aller Feste. Alles war ein Vorgeschmack für das, was jetzt geschehen kann, wo dein Name Niemand geworden ist.

Jetzt schaust du im Licht nur noch Licht. Du erkennst in der Liebe nur die Liebe. Du verschenkst in der Freude nur die Freude. Du stiftest im Frieden nur den Frieden.

Als Vermählter des Lichtes kannst du vor die Menschen hintreten und ihnen das Neue zeigen, das aus der Liebe im heiligen Akt geboren wurde, ohne von ihnen verwundet zu werden, auch wenn sie dich kreuzigen. Das Neue ist mit dir unsterblich geworden. Unberührt und rein wird das ewig Neue allen Menschen eine neue Freude bringen; eine Freude, die sie aufrichtet, und eine Hoffnung, die sie tröstet in ihrer Angst. Jetzt kannst du unerschrocken in die Weite hineinrufen: „Seht, das Neue ist da! Berührt es doch! Laßt euch doch heilen von eurer Blindheit! Kommt, empfangt auch ihr das Neue und geht mit mir, ich kenne den Weg! Kommt!"

Leben im Licht

Deine Augen sehen im lichtlosen Licht
alle Schätze dieser Erde so,
wie sie wirklich sind.
Leben im Licht ist eine lachende Fahrt
durch die Straßen der vergangenen Träume.
Fort sind sie. Endlich fort.
Leben im Licht zeigt dir die Pforten
zu den weiten Feldern, auf denen die Liebe blüht.
Keine der Blumen läßt sich pflücken.
Alle wollen dir dienen.
Leben im Licht zieht dich hinauf
in das Land Nirgendwo.
Endlose Sternenreigen tanzen mit dir
den Tanz der Freude ohne Ende.
Du bist ein Kind der Sterne.
Endlich erkennst du es wieder im Leben des Lichtes.
Keinen Augenblick deines Lebens
vergeudest du mehr die Zeit für Ängste und Fragen,
auf die es keine Antwort gibt.
Du bist frei.
Keine Zeit holt dich ein im zeitfreien Sein.
Was du auch tust, es gelingt, im Raum ohne Absicht.
Was du auch denkst, es steht schon bereit
in der Sphäre des Geistes.
Nun bist du Diener als Mensch im Leben des Lichtes.
Die Welt erwartet dich!

Friede allen Menschen.
Liebe allen Wesen.
Licht in allen Herzen.
Freude der ganzen Schöpfung.
So sei es!

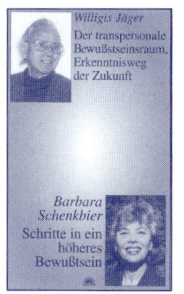

Über die Künstlerin:

Prof. Margitta Bukovski

- Geboren 1945 in Graz
- Intensive künstlerische Tätigkeit während der Gymnasialzeit
- Studium von Mathematik, Physik, Chemie, Astronomie und Kunst-geschichte an der Uni Graz
- 1984 Wiederbeginn der künstlerischen Tätigkeit als Autodidakt
- 1987 erste Ausstellungen in Mondsee und Salzburg
- Seit 1987 Leitung von Malseminaren und Kreativkursen
- Ausbildung bei Prof. Rudolf Seitz
- 1992 Gründung der Schule der Phantasie in Österreich
- Leitung von Ausbildungs- und Fortbildungsseminaren der „Schule der Phantasie" in Zusammenarbeit mit Prof. Rudolf Seitz, Begrün-der der „Schule der Phantasie in München"
- Ausbildung in Logotherapie und Existenzanalyse; Lebens- und Sozialberater
- Atelier in A 5440 Scheffau 211

Quellennachweis

[1] Capra, Fritjof, Wendezeit, S. 58, Knaur, 1988.

[2] Govinda, Lama, Schöpferische Meditation und multidimensionales Bewußtsein, S. 268, Aurum, 1988.

[3] Augros, Robert, Stancia, George, Die neue Biologie, S. 205, Scherz, 1988.

[4] de Chardin, Teilhard, Vom Glück des Daseins, S. 21, Walter, 1966.

[5] Jung, C.G., Von Religion und Christentum, Einsichten und Weisheiten, Briefe II, S. 437, Walter, 1990.

[6] Dürr, Hans-Peter, Zimmerli, Walther, Geist und Natur, S. 302, Scherz, 1989.

[7] Welte, Carsten, Gespräch mit Rupert Sheldrake, S. 68, Arum, 1991.

[8] Wolf, Fred Alan, Körper Geist und neue Physik, S. 358, O.W. Barth, 1989.

[9] Aurobindo, Integraler Yoga, Heft 1/1969, 6. Jahrg., S. 77, Herausg.: Deutscher Zweig der internationalen Aurobindogesellschaft. II. Der Yoga des integralen Wissens.

[10] a.a.O. S. 79.

[11] Bütler, René, Die Mystik der Welt, S. 217, O.W. Barth, 1992.

[12] a.a.O. S. 223.

Das Ende des Patriarchats

Claudio Naranjo

176 Seiten, gebunden, 4 Abbildungen, ISBN 3-928632-65-5

Claudio Naranjo, Pionier der Transpersonalen Psychologie, der das „Enneagramm" nach Europa gebracht hat, stellt in diesem Buch die Grundlagen der patriarchalen Ordnung in Frage und durchleuchtet, wie diese unsere Welt und unser Leben beeinflußt. Mit einzigartiger Einsicht und wissenschaftlicher Kompetenz führt Dr. Naranjo den Leser zu einer Sichtweise, die die väterlichen, mütterlichen und kindlichen Aspekte des Menschen und der Gesellschaft integriert.

Während viele Institutionen und einzelne die Lösung dieser Probleme vor allem auf intellektuellem Wege suchen und so immer wieder die gleichen Pfade beschreiten, liegt für Claudio Naranjo der Schlüssel zu einer Verbesserung der Situation im Abschied vom Patriarchat. Nur durch eine neue Gewichtung und gleichwertige Ergänzung von Intellekt, Emotion, Körper und Geist kann seiner Meinung nach eine Heilung auf individueller und kollektiver Ebene stattfinden, so daß eine Gesellschaft entstehen kann, in der sich das ganze machtvolle und kreative Potential des Menschen widerspiegelt.

Finde deine Ganzheit wieder

Mind Bridging – die Dynamik Holographischer Psychologie

Maria de Rocha Chevalley

416 Seiten, gebunden – ISBN 3-928632-58-2

Wir können unsere Ganzheit wiedererlangen, indem wir Teilstücke unseres Geist-Körpers wieder miteinander verbinden. Das geschieht durch den kreativen Umgang mit unseren Geist-Hologrammen, unseren Bewußtseins-Brücken. So stellen wir die Verbindung zu Unschuld, Spontaneität, Liebesfähigkeit, Mut und echter Lebensfreude wieder her. So entsteht wahrer Frieden in unserem Geist!

Indem die Verfasserin aus ihrer therapeutischen Arbeit heraus die Tiefe des holographisch-analytischen Geist-Körpers mit Hilfe ihrer intensiven persönlichen Erfahrungen durch zahlreiche praktische Übungen und hilfreiche Erklärungen auslotet, erklärt sie auf verständliche Art und Weise, was *Holographische Psychologie* und *Mind-Bridging-Dynamik* bedeuten. So ist dies nicht nur ein Buch für Psychologen, sondern für alle, die auf dem Weg zu sich selbst sind.

Das Vaterunser

Ein Weg für die persönliche und die globale Transformation

C.G. Weeramantry

Paperback, 272 Seiten – ISBN 3-928632-63-9

Dieses Buch ist eine zupackende Darstellung richtungsweisender Lebensregeln und zugleich eine Antwort, wie in einer Zeit ohne verbindliche Orientierung religiöse – und das heißt für den Autor: in allen Kulturen wirkende Prinzipien und Werte im praktischen, alltäglichen Leben und auf dem Gebiet der Rechtsprechung verwirklicht werden können. Im christlichen Kulturkreis sind diese in allen Weltreligionen gültigen Prinzipien besonders prägnant im Vaterunser zusammengefaßt. Es ist faszinierend, dem Autor zu folgen, wie er in diesem logisch-sachlich aufgebauten Werk zeigt, daß das Vaterunser nicht nur **das** Gebet des Christentums ist, sondern zugleich auch eine unerschöpfliche Schatzkammer an allgemein menschlichen und juristisch faßbaren Regeln und Rechten enthält. Ziel des Autors ist es, die hohen und zugleich einfachen Prinzipien des Vaterunsers in Regeln praktischen Verhaltens umzusetzen.

Geburtsstunde des neuen Menschen

Hugo Makibi Enomiya-Lassalle zum 100. Geburtstag

Roland R. Ropers

200 Seiten, gebunden,
ISBN 3-928632-38-8

Kosmisches Bewußtsein für den Menschen der neuen Zeit

Der bedeutende Lassalle-Kenner Roland R. Ropers, Herausgeber der wichtigsten Lassalle-Bücher in Deutschland, hat zum 100. Geburtstag von Pater Lassalle das geistige Vermächtnis dieses bedeutenden spirituellen Lehrers verdichtet. In diesem Buch finden Sie die wichtigsten spirituellen Weisungen und Einsichten des großen christlichen Zenmeisters über den Zen-Erleuchtungsweg und die christliche Mystik sowie die prophetisch erschaute Zukunft in einem neuen, dem integralen Bewußtsein dargestellt, wie sie Lassalle selbst formuliert hat. Die spirituelle Leuchtkraft der Worte des von vielen verehrten und geliebten Zenmeisters berührt die Herzen und vermittelt tiefe Erkenntnisse.

Der innere Schrei nach Erlösung

Befreiung von innen

François Brune

256 Seiten, gebunden,
ISBN 3-928632-44-2

Die Welt als Hologramm – Erlösung von innen

Während viele das Ende des Christentums voraussagen, unterstreicht der Verfasser die absolut einzigartige Bedeutung des Christus für die Entwicklung der Menschheit. Anders als die philosophische Theologie ist die mystisch-holographische Theologie darauf ausgerichtet, von innen heraus wirksam zu werden. Brune versteht die Welt als ein Hologramm, in dem alles mit allem verbunden ist, also auch jede Seele mit jeder anderen – und mit Christus, der aus der Tiefe einer jeden Menschenseele als Mittelpunkt des kosmischen Hologramms erstrahlt. Unfaßbar? Aber wie, wenn es wahr wäre? Das gilt es in diesem Buch zu entdecken, das so fesselt wie eine Abenteuerreise – die Reise in die mystische Erfahrung.

Der Weg durch den Sturm

Weltarbeit im Konfliktfeld der Zeitgeister

Arnold Mindell

248 Seiten, gebunden – ISBN 3-928632-29-9

Wie sollen wir Menschen an der Schwelle zum dritten Jahrtausend unsere gigantischen Probleme lösen? Ausgehend von seinen Erfahrungen in der psychotherapeutischen und supervisorischen Arbeit mit Einzelnen und Gruppen in vielen Teilen der Welt hat Mindell Ansätze für eine Methode entwickelt, welche Lösungen nicht von außen überstülpt, sondern Gruppen und Großgruppen dabei unterstützt, sich selbst kennenzulernen und bisher unterdrückte oder übersehene Teile als Ressourcen für den Umgang mit ihren Schwierigkeiten und zur Entwicklung von Gemeinschaft zu nutzen. Wie können Betroffene dabei unterstützt werden, aus ihrem Prozeß und ihrem jeweiligen Feld heraus Zugang zu den eigenen Potentialen von Führungskraft und Weisheit zu finden? Dieses Buch schildert Schritte auf dem steinigen Weg der Suche nach einer neuen „Weltarbeit", welche Erkenntnisse aus der Psychologie, den modernen Naturwissenschaften und den alten spirituellen und schamanistischen Traditionen zusammenbringt, um den Herausforderungen unserer Zeit zu begegnen.